ZHONGGUO NONGMIN HEZUO JINGJI ZUZHI FAZHAN
LILUN SHIJIAN YU ZHENGCE

中国农民合作经济组织发展：理论、实践与政策

◆ 黄祖辉 赵兴泉 赵铁桥 主编

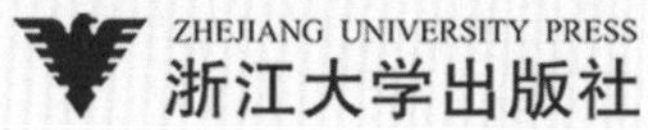

ZHEJIANG UNIVERSITY PRESS
浙江大学出版社

图书在版编目(CIP)数据

中国农民合作经济组织发展：理论、实践与政策/黄祖辉，赵兴泉，赵铁桥主编. —杭州：浙江大学出版社，2009.5
ISBN 978-7-308-06776-8

Ⅰ.中… Ⅱ.①黄…②赵…③赵… Ⅲ.农业合作组织—中国—国际学术会议—文集 Ⅳ.F325.12-53

中国版本图书馆 CIP 数据核字（2009）第 074256 号

中国农民合作经济组织发展：理论、实践与政策
黄祖辉　赵兴泉　赵铁桥　主编

责任编辑　陈丽霞
封面设计　刘依群
出版发行　浙江大学出版社
（杭州天目山路 148 号　邮政编码 310028）
（网址：http://www.zjupress.com）
排　　版　杭州大漠照排印刷有限公司
印　　刷　杭州浙大同力教育彩印有限公司
开　　本　787mm×1092mm　1/16
印　　张　18.5
字　　数　439 千
版 印 次　2009 年 5 月第 1 版　2009 年 5 月第 1 次印刷
书　　号　ISBN 978-7-308-06776-8
定　　价　38.00 元

浙江大学出版社发行部邮购电话（0571）88925591

序

今年，正值我国农村改革30年之际，也是《农民专业合作社法》实施1周年之时。为了回顾总结我国农民合作经济组织发展的历程和经验，研究探讨我国当前农民合作经济组织发展的有关理论和实践问题，借鉴交流有关国家和我国各地农民合作经济组织发展的经验和教训，农业部经管司和经管总站、国际劳工组织(ILO)、浙江省农业厅、浙江大学中国农村发展研究院、中国农村合作经济管理学会和《中国农村经济》杂志社于2008年9月18日至19日在浙江杭州联合召开了"中国农村改革30年:中国农民合作经济组织发展"国际研讨会。

自20世纪80年代以来，新型农民合作经济组织在广袤的中国农村大地上悄然兴起并迅速发展起来。这些以农民专业合作社为主要代表的新型组织制度形式，既蕴涵着中国农村社会中制度需求的极为复杂的利益机制，又内在着中国农业与农村制度供给的极为特殊的约束条件，更隐现着中国农民社会经济发展的制度前景。实践证明，以农民专业合作社为主要代表的新型农民合作经济组织是完善农村基本经营制度的重要内容，是农业转型升级的重要措施，是农民创业创新的重要载体，是农民增收的重要渠道，是建设高效生态现代农业的主力军，具有旺盛的生命力和广阔的发展前景。

近年来，浙江省以农民专业合作社和村经济合作社为主要形式，大力发展农民合作经济。2004年，我省率先通过地方立法，颁布实施了《浙江省农民专业合作社条例》，最早把农民专业合作社引入依法发展轨道，不断加大政策支持力度，深入开展生产标准化、管理规范化、经营品牌化、产品安全化、社员知识化"五化"创建活动，使农民专业合作社呈现出多元化、规范化发展的好态势。目前，全省7265家农民专业合作社拥有39.8万个社员，带动317万户农户，合作领域涉及农业各大产业的生产、加工、营销、服务等环节，已成为我省发展现代农业的骨干力量。与此同时，我省也十分重视村经济合作社建设。早在1992年我省就率先颁布了《浙江省村经济合作社组织条例》，2007年又对条例进行了修订，为我省在市场经济体制下发展农村公有制经济提供了法律保障。按照条例要求，我省积极创新农村集体经济发展方式，稳步推进农村社区股份合作社改革，扎实开展村级财务管理规范化建设、促进农村集体经济又好又快发展。

回顾近年来浙江省发展农民合作经济组织的实践，我认为，发展农民合作经济，一是要坚持依法发展，完善法律法规政策体系，确立其市场经济主体地位，明确发展方向、规范发展行为，实现健康发展。二是要坚持农民主体，始终把增进农民利益放在首位，保护好农民民主决策权，充分尊重和调动农民群众的创造性和积极性。三要坚持合作制内涵，真正按照合作制的要求引导农民在生产、加工、营销、服务等环节加强分工与合作，使个人利益和集体利益紧密连接，提高农民合作经济组织的运行质量。

今后，根据十七届三中全会精神，我们既要推进农业经营体制机制创新，加快农业经营方式转变，不仅要使家庭经营向采用先进科技和生产手段的方向转变，着力提高集约化水平；更要使统一经营向发展农民联合与合作，形成多元化、多层次、多形式经营服务体系的方向转变，发展集体经济，增强集体组织服务功能，培养农民新型合作组织，发展各种农业社会化服务组织，鼓励龙头企业与农民建立紧密型利益联结机制，着力提高组织化程度。要按照服务农民、进退自由、权利平等、管理民主的要求，扶持农民专业合作社加快发展，使之成为引领农民参与国内外市场竞争的现代农业经营组织。

在这次国际研讨会上，来自国际组织、高等院校和科研院所的数十位专家和学者，全国六省一市的相关农业部门负责人，以及浙江省许多优秀农民合作经济组织的负责人，围绕发展农民合作经济组织的重大意义、发展农民合作经济组织的实践经验、《农民专业合作社法》实施过程中的经验和问题、农民合作经济组织发展的制度安排与理论创新、农民合作经济组织发展的新形式和新问题、有关国家和国际组织的发展和对中国的项目支持等相关主题，进行了广泛而深入的交流探讨，得出了很多有价值的观点和结论。现在，有关主办单位将部分会议发言、入选论文汇编成册，将会对我国农民合作经济组织的发展起到很好的实践指导与推动作用。

特此为序。

茅临生

2008 年 10 月

CONTENTS
目录

中国农民合作组织发展的若干理论与实践问题 …… 黄祖辉(1)

中国农民专业合作组织发展演变及对策措施 …… 孙中华(6)

农民的靠山 企业的基石

——《农民专业合作社法》效果初现 …… 王超英(11)

浙江省农民合作经济组织制度创新的实践与思考 …… 赵兴泉(16)

集体所有制下的家庭承包制与家庭承包制基础上的专业合作制 …… 童日晖(23)

多主体干预下的合作社发展态势 …… 任大鹏(29)

农民专业合作社:中国现代农业企业组织典型形式 … 关付新 张建杰 张改清(32)

中国农业合作化与农村工业化 …… 王玉玲(40)

信息、博弈与利益:农民合作的一种经济学分析 …… 杨文选 孙巧云(50)

农民专业合作经济组织的发展机理

——模型与解释 …… 王阳 李君(56)

浙江省农民专业合作组织的发展与启示

——兼论地方政府在制度创新中的作用 …… 徐旭初 黄祖辉 邵科(67)

新情势下我国农民专业合作社的制度安排 …… 徐旭初(77)

农民合作社的全要素合作、自生能力与可持续发展 …… 王曙光(83)

成员异质性与农民专业合作社的组织结构分析 …… 黄胜忠 徐旭初(89)

农民专业合作组织治理机制研究 …… 宋茂华(99)

农民专业合作组织主导型的合作模式个案分析 …… 宋汶庭 傅新红 熊德平(107)

社区内"需求的自我供给"式灌溉管理制度改革探讨

——以山东费县大田庄乡改革为例 …… 孔祥智 史冰清(114)

农户参与用水者协会意愿的影响因素分析 …… 孔祥智 史冰清(126)

农民专业合作社联合社发展的探析

——以北京市密云县奶牛合作联社为例 …… 苑鹏(139)

农民专业合作社绩效评价体系初探…………………… 浙江省农业厅课题组(148)
农民专业合作社对农户收入影响的研究
——基于浙江省仙居县杨梅合作社的调查……………… 李曼琳　郭红东(156)
我国农民专业合作经济组织发展中的政府行为与相关政策法规……… 夏　英(170)
辽宁省农民合作经济组织运行的影响因素分析……………… 周　娟　张广胜(179)
社会主义新农村建设背景下农民合作的启动
——兼论培育农民专业合作组织的一条途径……………………… 邱梦华(187)
现代化语境中"农民专业合作组织"发展之价值与途径……………… 匡和平(194)
三类专业合作社农民政治参与比较分析…………………………………… 董进才(202)
农民专业合作社的益贫性及其机制………………………… 吴　彬　徐旭初(213)
略论农民专业合作社财务管理问题………………………… 刘广安　操亚龙(218)
基于农民专业合作社治理结构的法律服务……………… 任丹丽　陶光辉(224)
论农村市场中介组织的概念与边界………………………………………… 刘东英(230)
我国农村社区合作经济组织的产权制度安排………………………… 傅　晨(239)
中国农村集体经济组织的农业投资行为分析………………………… 韩东林(249)
农村土地股份合作制的农户收入效应
——基于江苏省苏南地区的农户调查………………………………… 张笑寒(257)
我国农村金融合作演化路径的模型分析………………… 佟光霁　王　威(265)
"国家与社会"视野下的近代农村合作运动…………………………… 刘纪荣(273)
新情势下中国农民合作经济组织的发展与变革
——"中国农村改革30年：中国农民合作经济组织发展"国际研讨会综述
……………………………………………………………… 徐旭初　邵　科(286)
后　记……………………………………………………………………… (292)

中国农民合作组织发展的若干理论与实践问题

黄祖辉
（浙江大学中国农村发展研究院）

一、研究农民合作组织的切入点：三种不同的研究视角

研究和考察农民合作组织可以有不同的角度。现实中，理论界对农民合作组织问题存在一定的争论，主要是对合作组织的认识存在不同的视角或不同的切入点。实际上，至少存在三种不同的研究农民合作组织的视角。

第一种是基于产业发展的视角。为什么要发展农民专业合作组织？可以从市场经济、产业化经营、产业组织发展的角度来研究它。这是因为在市场竞争不断加剧的情况下，小规模、分散的农户面临极大的风险和挑战，而通过建立农民合作组织，可以增强农民在市场的谈判力，帮助农民有效进入市场，解决农产品难卖等问题。因此，合作社的形成与发展，实际上既是农民和农业适应市场化的需要，又是农业组织纵向一体化和现代化的需要。无论从世界各国的农业现状看，还是从农业发展的一般规律来看，农民合作组织都是一个很重要的产业组织形式。这也是尽管我国的农民合作组织发展在历史上经历了很大的曲折，但当前政府对农民专业合作组织依然很重视，予以立法，鼓励其发展的基本原因。

第二种是基于农民权益的视角。这一视角实际上主要是从政治学和社会学有关公平和权益的角度来研究和看待农民合作组织。很多学者认为，农业之所以是弱质产业，关键是农民是弱势群体。只有把农民组织起来，通过农民自身的组织来维护和争取农民在经济社会中应有的权益，才能真正解决农民的弱势性和农业的弱质性问题。由于农民合作社具有组织农民的功能，因而在一定程度上能发挥维护与争取农民权益的作用。这就是不仅仅是经济学家，而且许多社会学家、政治学家对农民合作组织也感兴趣的原因。不过，从中国的国情以及农民专业合作社作为产业组织的基本性质看，如果在现阶段就偏向于从争取和维护农民权益的角度来研究，甚至于引导农民专业合作组织的发展，并不利于农民专业合作组织的健康发展。这样的研究视角的对象，应该是农协或农会，尽管这些组织与农民专业合作组织具有联系性，尽管农民专业合作组织也具有争取和维护农民权益的功能。

第三种是基于制度安排的视角。这是一种比较理论的，基于新制度经济学理论和方法基础上的研究农民专业合作组织的视角。在这种视角下，农民合作社被看成是一种组织制度的选择，是一种制度的安排。它从交易费用和制度安排的角度，回答合作组织为什

么在农业中如此普遍存在；揭示合作组织的制度特性与效率、合作组织与其他产业组织(如股份公司、家庭企业等)的区别、合作组织的规模特性与影响因素等。

二、农业合作组织的缘由与本质：与农业的家庭经营制度有关

合作组织在农业领域为什么这么普遍？为什么合作组织在工业领域几乎是凤毛麟角？回答这一问题需要从农业的产业特性出发，农业生产的自然性、周期性以及空间的分散性，使得家庭经营成为农业生产最为有效的组织形式，但是单个的家庭经营自身存在一定的局限性。一是对经营规模扩张的局限；二是在市场竞争中，尤其是在农产品供给过剩的买方市场情况下，缺乏市场谈判力和竞争力。克服农业家庭经营的局限性，简单地用其他类型的产业组织去替代家庭经营并不是理想的选择，因为这种替代尽管能克服农业家庭经营的局限性，但是却要以丧失农业家庭经营的效率为代价。合作组织是既能保持农业家庭经营的效率，又能克服农业家庭经营局限的产业组织。因此，农业中普遍存在合作组织的根本原因在于，家庭经营在农业的普遍性和家庭经营在竞争市场中的局限性。从这一意义上讲，农业合作组织与农业家庭经营是互为一体的，没有农业的家庭经营，农业的合作组织就失去了存在的必要。进一步说，农业的合作制如果不以相对独立的家庭经营为基础，那么，这个合作组织就不是真正意义上的合作组织。这是一个非常重要的命题，它是合作组织的本质所在和活力所在，是判断合作组织真伪的基本准则。强调这一点非常重要，因为我们国家的合作社曾走过一段弯路。20 世纪 50 年代初期的我国农业合作社，是遵循合作社基本原则的，但是随后却发生了质的演变，即社员家庭经营农业的自主性和主体性地位逐渐丧失，尽管此时它们仍被称作是合作经济，但实际上这种合作经济已经演变成了“一大二公”、低效率的集体经济。现实中，不少人担心农业合作社会重蹈覆辙，这并不足为奇。但只要坚持合作制的基本原则以及社员是相对独立的经营主体这一合作制的本质属性，那么这个合作社就应该是有效率的，反之，就要打个问号。

从交易关系和制度安排的角度看，合作社与社员的关系既不是完全外包的市场交易关系，也不是完全内化的科层治理关系，而是介于两者之间，是一种科层与市场相结合的产业组织。因此，从理论上推论，与家庭农业组织相比，农业合作组织的内部治理成本也许会高些，但市场交易成本却会较家庭农业组织明显偏低。与公司农业，或者科层式的农业相比，农业合作组织的市场交易成本并非会提高，但内部治理成本会较公司农业，或者科层式的农业明显偏低。

三、关于合作社的类型问题：三种既有联系又有区别的合作社类型

除了从具体产业(产品)和产业环节对合作社进行分类外，还可以从三种角度对合作社进行分类。

第一种是横向合作和纵向合作。从农民合作组织的历史发展角度看，先是横向的合作，然后才是纵向的合作。所谓横向合作，就是相同生产类型农民的合作，或者从生产环

节来讲，是相同生产环节农民的合作。农民横向合作的基本动因是增强市场谈判力，因为分散农户在市场中是缺乏谈判力的。其次，横向合作有助于农户之间的互助和生产设施的规模利用。所谓纵向合作，是产业上下游间的合作。如生产资料供应和生产的合作，生产与营销的合作等。纵向合作的基本动因：一是降低纵向交易成本，二是获取产后增值收益和控制市场。

第二种是社区合作和专业合作。社区合作的一个重要特点是合作成员的社区性，在我国，村经济合作社是属于社区合作的范畴，尽管村经济合作社在实践中还需不断改进和完善。社区合作既可以社区产业的发展作为合作的基础，也可以涉及社区公共事务和社区服务事业。社区性合作组织在亚洲国家比较普遍。专业合作是以某一产业或产品为基础的合作，专业合作不受社区限制，因而更适合市场化和产业化的发展要求。专业合作组织在欧美国家较为普遍。

第三种是传统合作和新型合作。传统合作还是新型合作是从合作社的内在制度变化和差异性来区别的。传统合作也可称作经典合作，这种合作组织是完全按照经典的合作制原则来组建和运行的。如：入社中的进出自由原则，决策中的一人一票原则，分配中的社员惠顾原则、公共积累原则，经营中的成员利益最大化原则，等等。新型合作也可称作新一代合作社，是 20 世纪 90 年代以来，伴随着农业产业化、市场化和全球化进程中的农业合作社制度的变革。新型合作组织的重要特点是在合作社中引入股权因素，进而在决策和分配过程中融入了股权的参与。对于新型合作还是不是合作制的问题，国内外仍存在争议。但不管怎么说，它是市场竞争和产业发展的结果，是制度的选择与安排，因而具有存在的必然性。在我国目前的农民专业合作社中，类似于这样的合作社也不少，但与欧美国家的新型(新一代)合作组织相比，主要的差异性在于：欧美国家的新型(新一代)合作组织是在传统合作社基础上发展起来的，是农民合作占主导、股份为辅的股份合作制，而我们的新型(新一代)合作组织大多是在公司或农业龙头企业基础上发展起来的，因而基本上是农民合作不占主导，而是企业(股份)控制为主。

四、合作社与农业产业化经营："三鹿奶粉"事件的反思

农业产业化的实质是农业的纵向一体化，它是当今世界农业发展的趋势，是现代农业的重要特征和竞争农业的必然选择。农业纵向一体化过程中的产业组织建构及其相互关系处理是农业产业化经营的关键。20 世纪 90 年代以来，我国的农业产业化经营开始被政府提到重要议事日程，并且得到了较快的发展，出现了多种形式的农业产业化经营的组织模式，其中最具主导性的是"公司(龙头企业)＋农户"，或者说"龙头企业带动农户"的组织模式。但是值得指出的是，我国的农业产业组织发展进程与农业的产业化进程并不是很协调，主要表现在农业的产业组织发展明显滞后于农业产业化的发展要求。具体地说，当市场竞争迫切需要农业朝产业化经营的方向发展时，我国的农业组织体系或者说农业经营体系并不完备。主要的问题是，由于村集体经济的普遍弱化与虚化，同时农民专业合作组织的空缺，以农户家庭经营与村集体经济组织相结合的农业双层经营体制大多是徒有虚名和名存实亡，这使得村集体在"统"的方面的功能，或者说在服务农户方面的功能，

没能得到有效体现，在这样的情况下，我国的农业产业化经营只能是"公司（龙头企业）＋农户"成为主导模式。尽管"公司（龙头企业）＋农户"的模式对于解决农户农产品难卖问题，对于我国的农业产业化经营发展，发挥了重要的作用，但仍然不能说是一种非常理想的农业产业化经营模式。其主要的局限性：一是公司（龙头企业）与众多分散农户打交道的交易成本非常高；二是在这种模式下，公司（龙头企业）与农户仍称不上是真正的利益共同体，而是两个利益主体，因而两者的关系比较脆弱，一旦政策与市场环境发生不利变化，两者很容易出现分离或不合作行为。近期我国所出现的"三鹿奶粉"事件，尽管主要与食品安全监测、监管不力有关，但从产业化的组织体系分析，也与"公司（龙头企业）＋农户"模式的局限性有密切关系。调查情况表明，"三鹿"奶业公司的奶源供应主要来自三个渠道：一是公司自办的奶场，二是中间商奶站，三是分散的奶农。问题奶主要来自中间商奶站和分散的奶农，而不是公司自办的奶场。其原因是：奶场是内化在公司的，与公司是一家人，两者是一个市场主体，是完全一体化的关系，而中间商奶站、分散的奶农与"三鹿"奶业公司是不同的市场主体，充其量是一种龙头企业带动型的、不完全一体化的产业化经营模式，因而在交易过程中往往会存在负外部性的自利行为。

因此，从产业化经营角度解决这一问题的途径，一是奶业公司办更多的直属奶场，即将奶业产业的上游环节内化于奶业公司。二是培育能和分散农户有机结合的产业组织，如专业合作社组织。三是发展行业协会组织，发挥行业协调与自律的作用。合作社参与农业产业经营有两种基本模式：一种欧美模式，一种是亚洲模式。欧美模式的特点是合作社自身向上下游延伸，就奶业产业而言，就是奶牛饲养、牛奶加工和销售等环节都内化在奶业合作社内部。当然这种模式也存在不足之处，主要是合作社的内部治理结构会比较复杂，管理成本较高。亚洲模式的特点是合作社不向下游延伸，尤其是不向深加工领域延伸，而是扮演连接、服务农户（社员）的中介作用，作为农户（社员）的代表，与下游龙头企业（如奶业公司）建立长期稳定的交易关系。亚洲模式实际上就是"公司＋合作社＋农户"的农业产业化经营模式，这一模式对于农民专业合作社还处在初期发展阶段的中国来说，是比较适合的。

五、合作社与现代农业发展：再谈农业的规模经营和经营体制

从我国的人地关系看，即使随着工业化和城市化的发展，农业劳动力还会继续向非农产业转移，我国农业建立在小规模农户经营基础上的格局恐怕在相当长时期内不会改变。与此同时，我们的农业不能由此而停留在传统农业的阶段，而是要向现代化发展。换言之，我们要探索小规模农户经营基础上的市场化与现代化道路。小规模农户基础上的农业能否实现现代化？答案应该是肯定的。农民专业合作社是开启小规模农业走向现代化之门的一把钥匙。

首先，在合作社框架中，小规模农户经营规模的劣势可以得到有效消除。这里需要对农业规模经营有个重新认识。不能单纯把农户土地经营规模作为农业规模经营的判别标志或唯一途径，而是要从专业化分工、多环节联系、多要素综合的途径来实现或判别农业的规模经营。许多国家现代农业的实践表明，小规模的农户生产同样可以实现规模化的

经营和农业的现代化，其中的关键是合作社发挥了作用。在合作社内部，通过分工与合作，农户（社员）可以专心于农业生产或养殖，而将其他的经营活动，如投入品的采购，新技术的选择，信息的获取，产品的分级、包装、加工、运输、营销以及品牌化等分离出去，由合作社统一经营与服务，由此就形成了农户（社员）生产小规模，合作社经营规模化的格局。简言之，通过合作社的制度设计与安排，可以走出一条生产小规模，经营规模化的现代农业发展道路。

其次，我国农民专业合作社的发展还隐含着农业经营体制变革的重大意义。改革开放以来，我国的农业经营体制演变为农户承包经营、村集体统一服务的双层经营体制。但在实践中，大多数村集体对农户经营的服务功能发挥得不是很理想，统分结合的农业双层经营体制流于形式，使农民在市场化和全球化进程中处于不利地位。如何改变这一局面？除了不断完善我国农村村级集体经济制度外，重要的途径是加快农民专业合作组织的发展，建立新型的农业双层经营体制。在新型的农业双层经营体制中，农户家庭依然是相对独立的农业生产经营主体，而“统”的功能可以由农民专业合作组织来替代。从传统的农业双层经营体制向新型的农业双层经营体制的转变，无论是对于中国农业产业组织体系的完善与机制创新，还是对于中国农业的转型和现代农业的发展，都具有极为深远的意义，应予以着力推进。

六、几点结论

（1）农业的家庭经营是农业合作制度与组织形成的基本前提。没有农业的家庭经营，农业的合作组织也没有存在的必要。在中国，以小规模家庭农业生产为基础的农业，不仅在短期内将存在，而且从长期看也将存在，因此，农民合作组织在中国是必然和正确的选择。

（2）在当前，农业的水平合作与纵向合作不仅需要同步发展，而且两者还应形成互动与互进。中国新型（新一代）农业合作组织的形成机理与欧美国家的新型（新一代）农业合作组织有所不同，但仍然可视作是一种发展趋势。

（3）要进一步发挥农民专业合作组织在农业产业化经营中的作用。中国现代农业发展的产业组织体系应该是“农户家庭＋农民合作组织＋龙头企业＋行业协会”的四位一体。合作社与农业产业化的结合方式可以有不同选择，关键取决于合作社的治理结构和产业特性。与此同时，要处理好农民专业合作组织发展与农村村级集体合作经济组织发展的关系，要积极支持与鼓励跨地区、复合型、多功能的农业合作组织的发展。

（4）中国农民专业合作组织的发展对于在小规模农业生产基础上实现规模化经营，对于创新我国农业经营体制，实现从农业的传统双层经营体制到农业的新型双层经营体制的转变，具有十分重要的意义。

（5）中国农民合作组织的发展不仅对于中国农民本身，而且对于中国乡村治理、中国农业现代化、中国新农村建设、中国政府体制改革与职能转变以及整个中国经济社会的进一步改革与转型，都将具有极其深远的意义。

中国农民专业合作组织发展演变及对策措施

孙中华
（农业部农村经济体制与经营管理司）

当前，中国农村改革与发展正站在新的历史起点上，完善有利于农业农村经济发展的体制机制需要取得重大突破，中国农民专业合作组织也需要在应对新的挑战中不断发展。对此，通过深入研讨和交流提出一些可操作性的对策与建议，十分必要。

一、中国的新型农民专业合作组织是广大农民的伟大创造和自愿选择，需要尊重和保护

近一个世纪以来，中国的农民合作社事业历经坎坷，曲折不凡。始于1915年的新文化运动和1919年的“五四”运动，使合作社思想在中国得以传播。20世纪20年代初，以章元善领导的中华慈善总会，以著名的中国乡村建设理论奠基人和平民教育创始者梁漱溟、晏阳初为代表的知识分子，以孙中山为代表的民主革命先行者，以及以陈独秀、李大钊等为代表的中国共产党人，在农村积极倡导和带领农民开展了许多有深远影响的合作社实践。但是，由于封建半封建的社会制度和连年战乱，旧中国的农民合作社事业始终无法顺利发展。

新中国成立前夕，中国共产党人在总结根据地和陕甘宁边区引导农民发展合作社经验的基础上，确立了通过开展互助合作，组织农民恢复发展农业生产的基本思路。到1949年，互助组在华北、东北等解放区快速发展。50年代初期，拥有了土地的广大农民在自愿互利原则基础上，大办互助组、初级社等各种形式的合作组织，农业生产迅速恢复，农村生产力迅速发展。但是，1958年开始的“大跃进”和人民公社体制，严重挫伤了农民群众的积极性和创造力，中国的农民合作社事业令人遗憾地受到挫折。

30年前，安徽小岗村18位农民联名签署“生死状”，搞包产到户，悄悄开启了中国农村经营体制改革与制度变迁的序幕。1978年底，具有划时代意义的中国共产党十一届三中全会召开，农村改革全面启动。解放思想、实事求是的大讨论，冲破了人们的思想禁锢。农村多种形式联产承包责任制的迅速推广，为推动农村经营体制改革奠定了坚实基础。1983年，中央关于农村工作的1号文件宣布彻底废除人民公社体制，在中国农村全面确立以家庭承包经营为基础、统分结合的双层经营体制。体制的转变和宽松的政策环境，激发了农民的积极性和创造力，家庭经营潜能得以释放，农村各种专业户大量涌现，一批由这些专业大户牵头，以提供技术信息服务为主的专业技术协会、专业技术研究会等具有合作制萌芽性质的专业合作组织应运而生。80年代末、90年代初，专业合作组织也逐步由

单纯向成员提供技术信息服务，转变为开展技术、信息、仓储、运销等综合服务。90年代中后期开始，各类专业合作组织为解决农产品卖难和农民增收问题，在坚持家庭承包经营基础上，通过开展资金、技术、劳动等多种要素合作，进一步拓展了合作的领域。进入21世纪以来，中国农民专业合作组织又有了新的发展，各类专业合作社如雨后春笋在各地农村蓬勃兴起，涉及的产业涵盖了种植、养殖、农机、土肥、手工编织等各个领域，业务范围进一步延伸到运输、仓储、初加工、农业投入品供应等各个环节，有的合作社产品已直供城市超市，有的已出口海外，加入到国际市场竞争的大舞台。农民群众通过自发组织兴办专业合作社，探索出了一条把农民群众组织起来发展规模经济、实现增产增收的好路子，受到广大农民的欢迎和拥护。据不完全统计，目前，各类农民专业合作组织已达到15万多个，成员总数已达到近4000万，是2002年的7倍多，其中农户成员3480多万，占全国农户总数的13.8%，比2002年提高了11个百分点，入社成员收入普遍比非成员农户高出20%以上，有的甚至高出50%以上。另据国家工商总局统计，截至2008年6月底，全国依法新登记并领取法人营业执照的农民专业合作社达到58072家，入社成员771850人(户)。

30年来的发展演变历程证明，中国新型农民专业合作组织，是农业生产专业化、规模化、市场化的必然结果，是农民群众在农村改革实践中的又一个伟大创造和自主选择。中国党和政府对农民群众的创造历来高度关注和重视，对农民群众的意愿历来格外尊重和保护。早在1984年，中央在当年的1号文件中明确指出：农民还可不受地区限制，自愿参加或组成不同形式、不同规模的各种专业合作经济组织。2007年开始实施的《农民专业合作社法》，借鉴国际合作社运动的基本原则，立足中国国情，把党的政策进一步上升为法律，赋予专业合作社法人资格，适度规范合作社的组织行为，明确规定国家的扶持政策，从而为促进和保护各类专业合作社加快发展，提供了坚实的法制保障。

二、中国的新型农民专业合作组织适应发展现代农业的客观规律和必然要求，是促进农村经济发展、社会和谐的有效载体和现实途径，需要支持和推动

新型农民专业合作组织的兴起，是继家庭承包经营、发展乡镇企业、农业产业化经营之后，中国农村又一项重大的体制创新。家庭承包经营作为农村的基本经营制度和各项政策的基石，被世界公认为中国农村改革30年取得的最重要的制度性成果，被誉为中国农村改革发展的第一次飞跃。新型农民专业合作组织就是在家庭承包经营基础上，在市场经济的环境下孕育产生的。在农户的土地承包经营权没有改变，生产自主权没有改变的前提下，通过专业合作组织提供一系列社会化服务，解决千家万户生产与千变万化市场的有效对接问题，将原本分散的单个农户组织起来，变成一个由各具独立产权地位、共同市场利益的"一体化组织"，对于这个一体化组织而言，统一面向市场、统一对外经营的专业化生产和集约化经营，使同类产品生产的产量规模扩大、效益提高，实现了另一种方式的规模经济，找到了一条有中国特色的农业规模化经营道路。我们认为，新型农民专业合作组织的发展，是对农村统分结合的双层经营体制的丰富和完善，是我国农村基本经营制度的一个创新，也是实现邓小平同志提出的中国农业"第二次飞跃"的重要突破口，完全符

合发展现代农业的客观规律和必然要求。

建设现代农业，既要靠物质技术装备做支撑，也要靠现代农业制度做保障。国际经验表明，建立现代农业制度的一个重要方面，就是要大力提高农业的组织化程度，积极推进农民的各种联合与合作，创新农业经营方式，培育发展现代农业经营组织。多数发达国家，百分之八九十的农民都加入了合作社，有的农户还同时加入好几个合作社。一些发展中国家，加入合作社的农户也越来越多。合作社的发展，不仅为农户提供产前、产中、产后一系列快捷有效的社会化服务，而且极大地促进了农产品产量增长、品质提升、加工增值和出口贸易，提高了农产品市场竞争能力，使农户获得了更多的增值利润，成为建设现代农业的骨干力量。我国农村改革30年来，特别是近几年来，各类农民专业合作社充分发挥自身优势，引领农民参与国内外市场竞争，有的在推动农业结构调整中施展本领，逐步成为挖掘农业内部增收潜力的重要组织资源；有的在连接农产品产销中崭露头角，逐步成为"农资下乡、农产品进城"的重要桥梁纽带；有的在传播市场信息、传导实用技术中大显身手，逐步成为农村实用人才的培养摇篮；有的在提升农产品质量安全水平中初露锋芒，逐步成为农业标准化生产、产业化经营的生力军。

尤其令人欣喜的是，农民专业合作社的发展，还为推动中国乡村社会经济制度变迁、发展农村基层民主、促进农村社会和谐，产生了更深层次的积极影响。合作社作为一种自治组织，其与生俱来的自助、民主、平等、公平和团结的价值观念，一直被人们称为"民主的学校和摇篮"。在这里，从建立合作社开始，起草制定章程和各项管理制度、盈余分配办法，到选举理事会、监事会等，大家都相互平等磋商，充分讨论，各抒己见。尽管目前农民专业合作社还处在初期发育和成长阶段，规章制度还不健全，作为合作社成员主体的农民平时主要忙于发展生产，对合作社的其他事务表现得并不愿意过多参与。但令人欣慰的是，对凡有损害农民利益的事，农民都会努力行使自身的权利；对凡与农民利益直接相关的事，农民都必定积极参与。在这个过程中，农民的民主意识不断增强，行使民主权利的能力不断得到锻炼和提高，农村基层民主制度建设的基础也越来越坚实。合作社作为一种互助组织，其信奉诚实、公开、社会责任和关心他人的道德观念与和谐理念，不仅有助于增强农民的合作意识，而且在合作实践中，有助于焕发农民自我教育的自觉性和创造性，逐步改变依靠姻缘、族缘或血缘的小农观念，增强互相理解和谅解精神，培育诚信团结、互助友爱、邻里和睦观念。农民专业合作社的发展，还进一步提高了农村妇女的社会地位，改善了乡村社会自治结构，加强了资源的节约和合理开发利用，促进了生态环境的保护和治理，这无疑对中国农村的现代化进程将产生深远的影响。实践表明，农民专业合作社正在逐步成为促进生产发展的助推器，改善干群关系的减压阀，建设和谐社会的稳定剂。

发展新型农民专业合作组织，既是发展现代农业的重要任务，也是建设社会主义新农村的一件大事，更是市场经济条件下政府指导农业和农村工作的重要职责。农民专业合作组织涉及的产业是弱质的农业，成员主体是弱势的农民，覆盖的地区在落后的农村。对农民群众在实践中创造的这种适合现代农业发展规律而又行之有效的新生事物，需要进一步解放思想，需要政府和社会各界大力支持、推动发展，尽快使之成为引领广大农民参与国内外市场竞争的现代农业经营组织。

三、中国的新型农民专业合作组织面临新的挑战，任重而道远，需要采取有效措施，加大扶持力度，促进加快发展

当前，我国农民专业合作组织特别是专业合作社总体上还处于发展的初级阶段，面临诸多新的挑战。从发展程度看，地区之间、产业之间还很不平衡，东部地区、城郊地区的发展水平和可持续能力相对较强，而中西部地区、边远地区、少数民族地区、贫困地区相对较弱；畜牧水产养殖业、瓜果蔬菜和花卉苗木等高效经济作物种植方面的合作社相对多一些好一些，粮食、油料、棉花等大宗农产品生产方面的合作社相对少一些差一些。从合作社内部看，成员覆盖面还不够广，带动农户的能力还比较弱，经营规模还不够大，经营水平有待提高，内部管理有待规范；虽然合作社都制定了章程，设立了理事会、监事会、成员(代表)大会，但有相当一部分还流于形式，缺乏有效的民主管理与监督机制。有的合作社财务管理等规章制度不健全，尤其是绝大多数都还没有建立起成员账户制度，成员民主管理、民主决策、民主监督的权利有待进一步加强。从发展的外部环境看，有关配套政策措施尚不完善；金融支持政策尚未出台，合作社贷款难的问题在绝大多数地方普遍存在；法律规定国家支持发展农业和农村经济的建设项目，可以委托有条件的有关农民专业合作社实施的具体政策尚未明确；一些已出台的税收优惠政策执行还不到位。

2004 年以来，中央连续 5 个 1 号文件，都明确提出了支持农民专业合作组织发展的一系列政策措施，而且力度一年比一年大。《农民专业合作社法》也专门设了一章“扶持政策”，从项目建设、财政扶持、金融支持、税收优惠等方面做了明确规定。这些措施和规定，既符合国际惯例，也符合农民专业合作社发展的客观需要。尽管这几年中央和地方政府逐步加大了对农民专业合作社的财政扶持力度，但与农民和合作社发展的需要相比还很不够。因此，要切实贯彻落实好法律的各项规定和中央近年来 5 个 1 号文件的政策精神，牢固树立扶持农民专业合作社就是扶持农业和农民的观念，进一步采取有效措施，加大扶持力度，加快促进发展。

一是要加大项目扶持力度。要努力改进支农方式，把合作社作为支农项目建设的实施主体，凡是国家支持发展农业和农村经济的建设项目，都可以委托和安排有条件的有关农民专业合作社实施。

二是要加大财政补助力度。对中西部地区、少数民族地区、边远地区和贫困地区的农民专业合作社，以及生产国家与社会急需的重要农产品的农民专业合作社，如粮食、油料、生猪、奶业等相关产业的农民专业合作社要给予优先扶持。

三是要加快出台金融支持政策。国家政策性金融机构要降低贷款门槛，采取动态授信，产品、销售订单合同抵押等多种形式，为农民专业合作社提供多渠道的资金支持。有关商业性金融机构也要采取多种形式，为农民专业合作社提供有力的金融服务。

四是要落实税收优惠政策。凡是国家规定的对农业生产、加工、流通、服务和其他涉农经济活动的相关税收优惠政策，农民专业合作社都应当享受。同时，还要根据实践需要，抓紧制定支持农民专业合作社发展的其他税收优惠政策。

五是要加大培训力度。加快培养造就一批懂技术、善经营、会管理、有奉献精神、能够

带领农民合作致富的合作社领头人。还要培养造就一支政策理论水平高、业务工作本领强、热心合作事业的农民专业合作社业务辅导员队伍。

六是要加强示范指导和典型宣传。广泛开展"农民专业合作示范社建设行动"，力争做大做强一批产业基础牢、经营规模大、质量安全优、品牌效益高、出口能力强、服务设施全、带动农户多、社会效果好的示范专业合作社。广泛开展普法宣传，增强各级干部依法指导、扶持和服务合作社发展的意识，增强广大农民依法兴办合作社的本领。不断加大典型宣传力度，进一步扩大社会影响，营造支持农民专业合作社发展的良好舆论环境和工作氛围。

当今世界日新月异，社会发展不断进步。中国改革开放 30 年的成就巨大，农村经济和社会事业发展呈现出朝气蓬勃的景象。实践无止境，创新无止境。希望广大理论研究工作者密切关注合作社发展中的新情况、新问题，比如如何处理农户土地承包经营权流转问题，组建土地股份合作社问题，发展联合社问题，与龙头企业、能人大户、出资成员和非出资成员的关系问题，与农村集体经济组织和村委会的关系等问题，以及需要进一步完善和明确、增强可操作性的相关法律问题，加强研究，从理论上予以升华，为指导农民专业合作社实践提供理论支撑。我们相信，有国家法律的保障，有政府政策的支持，有社会各界的关心，有农民群众的参与，中国新型农民专业合作组织的发展必定会迎来更加光明的前途。

农民的靠山　企业的基石*

——《农民专业合作社法》效果初现

王超英

（全国人大农委法案室）

《农民专业合作社法》已经实施一年多了，9 月全国人大常委会对这部法律的施行情况进行了一次执法检查，本人有幸参加对河北省和宁夏回族自治区的检查。结合这次检查的情况，向会议提供一点情况，希望有助于大家了解一年来这部法律发挥的作用，执行中存在的问题，有助于各位专家、学者的研究工作。

"农民的靠山　企业的基石"这个题目，是这次检查中我在宁夏中宁县富民枸杞专业合作社看到的，这句话是这个合作社的发起人、宁夏回族自治区区级龙头企业中宁早康枸杞开发有限公司董事长朱彦华先生概括的。我以为，这句话形象地总结了现阶段农民专业合作社在农业产业化中的主要作用，就是整合龙头企业与农民利益关系的平台，而这也正是我们制定《农民专业合作社法》的目的之一。

通过这次执法检查，我感到，各级党委、人大、政府十分重视《农民专业合作社法》的实施工作，从中央到地方各级政府的有关部门也都在各自的职责范围内为农民专业合作社法的顺利施行、为促进农民专业合作社的发展积极工作；广大农民对农民专业合作社十分欢迎，对现阶段农民专业合作社发挥的作用是满意的，并且希望在政府和社会各界的支持下，农民专业合作社能够更好更快地发展，为他们的增收发挥更大的作用。这些从以下几个方面的事实体现出来。

一、 完善《农民专业合作社法》的配套法规和政策 建立农民专业合作社发展的支持体系

一年多来，经过中央有关部门的努力工作，《农民专业合作社登记管理条例》、《农民专业合作社示范章程》、《农民专业合作社财务会计制度（试行）》、《财政部国家税务总局关于农民专业合作社有关税收政策的通知》先后颁布。这些配套法规、规章、政策，完善、细化了《农民专业合作社法》的有关规定，为《农民专业合作社法》的顺利实施打下了良好的制度基础。

与此同时，中央有关部门按照法律的要求积极做好指导、扶持、服务工作，典型引路，分类指导，安排资金、项目，提供信息和市场开拓服务，促进了农民专业合作社的健康发

* 根据 2008 年 9 月 19 日在杭州举行的"中国农村改革 30 年：中国农民合作组织发展"国际研讨会上的主题发言整理。

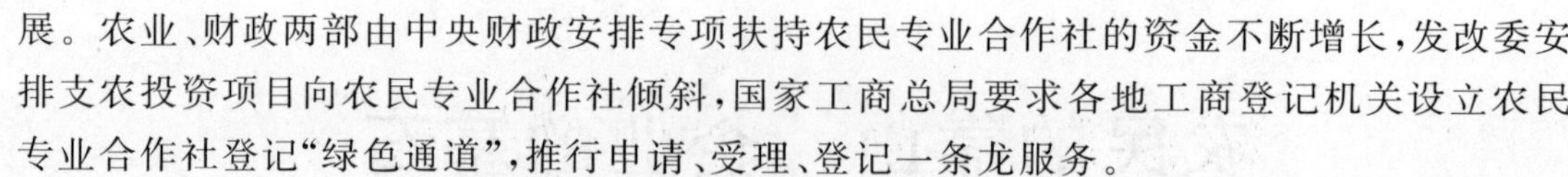

展。农业、财政两部由中央财政安排专项扶持农民专业合作社的资金不断增长，发改委安排支农投资项目向农民专业合作社倾斜，国家工商总局要求各地工商登记机关设立农民专业合作社登记“绿色通道”，推行申请、受理、登记一条龙服务。

各地方也积极为《农民专业合作社法》的实施采取措施，制定政策，安排资金，支持农民专业合作社的发展。河北省政府出台的《关于促进和支持农民专业合作社发展的若干意见》，从财政、税收、信贷、科技、用地、用电等15个方面对扶持政策进行了实化细化，并且每年安排600万元资金，专项用于扶持合作社发展。河北省各市、县政府也出台了促进农民专业合作社加快发展的政策措施。卢龙县在财政并不宽裕的情况下近几年也挤出了110万元资金扶持了22个农民专业合作社。宁夏回族自治区每年财政安排农民专业合作社的扶持资金有500万元，近两年实际执行数都远远超过了这个数字，每个市、县每年安排的扶持资金在50万～100万元。宁夏还将自治区农业产业化和农业部标准化、规模化种养项目向农民专业合作社倾斜，进一步为农民专业合作社发展提供资金支持。

经过多年的努力，特别是由于《农民专业合作社法》实施的推动，我国对农民专业合作社的支持体系已经初步建立。

二、农民专业合作社快速发展

据国家工商总局统计，截至2008年6月底，全国依法新登记并领取法人营业执照的农民专业合作社58072家（2007年底为26397家），入社成员771850人（个），成员中：农民成员73.95万人，占成员总数的96%，非农民成员2.94万人，占成员总数的3.81%，单位成员7400个，占成员总数不到1%；成员出资总额430.13亿元，平均每社出资74万元，出资中：货币出资为332.17亿元，占出资总额的77%。

截至2008年6月底，河北省依法登记的农民专业合作社达到3407家，成员出资总额32.9亿元，其中货币出资25.9亿元，成员总数4.4万个，其中农民占95%，合作社平均固定资产50万元。宁夏回族自治区依法登记农民专业合作社502家，成员出资总额3.2亿元，其中货币出资1.2亿元，成员总数7184个，其中农民成员6964人。初步判断，已经登记的合作社占这两省已存在的农民专业合作经济组织的50%左右。

三、合作效益初步显现

《农民专业合作社法》的立法目的，就是要通过确立农民专业合作社的市场主体地位，逐步规范和促进农民专业合作社的发展，充分发挥其在提高农业生产和农民的组织化程度，发展现代农业，促进农民增收等方面的作用。我们通过调研和考察，已经看到通过各级党委、人大、政府及其各有关部门和广大农民群众的共同努力，农民专业合作社在农业和农村经济社会发展中的重要作用已经逐步显现。

河北省沧州市政府的材料总结得好，“农民专业合作社是政府不投资的农民学校，是发展现代农业的有效抓手，有效地把千家万户小生产较好地组织起来，纳入市场体系，从而形成区域化布局、标准化生产、科学化管理、规模化经营和社会化服务的格局，对增加农产品竞争力、提高农民收入，推动新农村建设、构建和谐社会，都发挥了重要作用”。

我们看到，农民专业合作社的逐步规范和发展的效果主要有以下六点：

（一）提高了服务能力

农民专业合作社通过成员的紧密型合作，有效地提高了对社员的服务能力。河北省泊头市汇利农产品合作社，2008年由原来的协会转型登记为合作社后，加大了规范化生产的力度，实行了统一修剪、统一疏花疏果、统一肥水管理、统一病虫害防治、统一套袋、统一采收的“六统一”服务，并在此基础上，由社员自愿组成了剪枝、浇水、喷药、装箱、运输等合作生产组织，在技术、劳力、机具、设施上合理搭配，实现了机物共享、技术共享、优势互补，达到了生产操作统一、标准一致，收到了成本降低、效益提高的效果。

宁夏贺兰县金贵镇优质麦稻产销合作社，与农业技术推广体系相结合，引进新品种，统一提供技术服务，大力推广节水控灌等技术，使农民专业合作社成员能够尽快、统一地学习到生产所需要的科学技术。

农民专业合作社广泛开展农业科技服务弥补了现行农业科技推广服务体系的缺点和不足，满足了广大农民发展生产的需要，成为农业科技推广与普及的新力量，是农民获得新技术、新知识的新型组织保障。

（二）合作效益显著增强

农民专业合作社通过专业化合作生产，有效地扩大了生产经营规模，提高了生产效率，直接促进了农民增收。河北省青县勃翔农业种植专业合作社，2007年在种子、化肥、农机作业等方面为社员降低生产成本共16万元，节省劳动时间间接增收45万元，采用先进生产技术亩均增产400斤又增收120万元，统一耕作取消了田间路、地埂增加耕地234亩，直接增收18万元，四项合计共增收近200万元，以457户社员计户均增收4300多元。

（三）保证了农产品质量安全

通过合作社按照统一种养、统一农资供应、统一技术服务、统一质量标准、统一品牌销售，促进了优质品种、先进技术、标准化生产的应用，农产品质量明显提高。沧州市农民专业合作社2008年供应北京、供应奥运的食品中，无一出现质量问题。秦皇岛市的农民专业合作社已经注册商标品牌32个，通过无公害、绿色食品、有机食品认证75个，荣获省级以上名优或者名牌产品15个。我们考察的河北省秦皇岛市抚宁县利民板栗专业合作社还通过了日本的JAS认证，产品销往日本、韩国等5个国家。

（四）完善产业体系，加快现代农业发展

通过龙头企业与专业合作社的密切结合，完善了产业链条，壮大了产业基地，也夯实了农民专业合作社的产业基础。泊头市积极围绕专业生产发展农民专业合作社，与龙头企业和农产品基地建设配套推进，依托省、市级龙头企业和果品畜牧两大主导产业，新发展和重新注册了19个专业合作社，初步形成了“龙头企业＋合作社＋基地＋农户”的现代农业经营模式。

宁夏回族自治区龙头企业中宁早康枸杞开发公司牵头成立富民枸杞专业合作社，合作社与龙头企业、营销成员、生产成员通过合同，实行“七个统一”的管理体制，建立“企业＋合作社＋农民”的利益连接机制。几年来，龙头企业合同兑现率100%，并且都以高于市场的收购价格向农民返利，2006、2007年每公斤干果高出2～4元，2008年每公斤高出

4～6元。农民的利益通过合作社获得了保障，农民的生产行为通过合作社得到了规范，企业的利益通过合作社也得到保障，并且加快了发展速度。农民专业合作社真正成为龙头企业与合作社成员实现利益平衡的平台。

（五）依法规范，保障农民真正成为合作社的主体

《农民专业合作社法》，为保障农民在合作社中的主体地位、保护农民利益，对合作社的建设提出了一系列规范要求。我们看到的几个农民专业合作社，组织机构健全，制度建设完备，在这方面做得都比较好。特别是在宁夏中宁县富民枸杞合作社，还专门将合作社的各方面资料提供给我们。这些规范化建设，可以让农民体会到加入合作社是真正的合作，是可以享受到合作社提供的服务，是可以代表自己表达利益诉求和获得利益保障的组织实体。只有坚持依法规范合作社的建设，才能保障合作社不断健康发展，才能吸引广大农民自觉、自愿地加入合作社。

（六）促进了农村和谐社会建设

两省区都十分注重通过村党支部、村民委员会支持农民专业合作社的发展，鼓励农村干部、党员领办专业合作社，提高了村党支部的凝聚力和战斗力，进一步促进了农村和谐社会的建设。在宁夏“支部＋协会”形式的农民专业合作社占全区合作社总数的13.4％。

在河北省卢龙县勤胜蔬菜专业合作社，通过和社员的座谈，我们看到，农民专业合作社的成员民主管理、合作标准化生产、依法经营的运行机制，既提高了农民的科技素质，又增强了农民遵纪守法的自觉性；既提高了农民民主选举、民主管理、民主监督的能力，又培育了农民的集体观念，在农村和谐社会建设中发挥了重要作用。

《农民专业合作社法》实施一年来的实践证明，我们在立法时期望达到三个立法目标（第一，通过赋予农民专业合作社法人地位，确立一个新型的市场经济主体；第二，通过适度规范，在发展中规范，促进农民专业合作社的发展；第三，通过法律规范确立国家对农民专业合作社的支持体系，扶持、促进农民专业合作社的健康发展），是可以实现的。

一年来的实践证明，中国的农民专业合作社是受农民欢迎的，因为合作社可以真正解决农民实际问题，可以实现分散的生产与大市场的对接，可以满足农民对生产服务的需求。

一年来的实践还证明，法律提供的宽松环境，促进了农民专业合作社的多元化发展，农民专业合作社体现了丰富的中国特色，必将丰富国际合作社运动的经验和色彩。

总之，《农民专业合作社法》是一部符合中国农业和农村经济社会发展实际，符合中国农民专业合作社发展要求，能够促进农民专业合作社在中国农业和农村经济发展中充分发挥作用的法律。

四、当前面临的主要问题

虽然一年来的实践有很多的成绩，但是，还有一些问题需要解决。

（一）区域发展不平衡问题

地区发展不平衡。已登记的农民专业合作社主要集中在经济发达地区和部分农业大省。目前，登记户数列前十位的是：山西、浙江、山东、江苏、河南、辽宁、四川、江西、河北、重庆，这10省市合计登记了39704户，占登记总数的68%。其中，登记户数最多山西省有7254户，占总数的12.5%。在各省内部，同样表现出区域发展不平衡的问题。

（二）合作社成员间紧密的利益链条建设问题

特别是依托龙头企业和专业大户设立的合作社，如何建立龙头企业成员、专业大户成员与普通的农民成员之间的真正紧密的利益联结链条，是这类合作社巩固与发展的重要问题。

（三）简化登记手续问题

全国已登记的农民专业合作社，平均成员数量只有13个。从我们看到的情况分析，登记机关要求提供全体成员的身份证复印件，以及农民身份证明，是登记少的主要的原因。

（四）进一步完善农民专业合作社发展的外部环境问题

如：税务登记问题、法人代码登记问题、合作社生产设施用地审批问题、金融扶持问题、扶持资金下达问题、承担产业项目问题、土地集约化经营问题、其他负担问题(公章、环境影响评价等)。

这些问题，有一些是合作社建设问题，有一些是需要各级政府进一步提高认识，完善外部环境的问题。要看到，这些都是前进中出现的问题，要在不断促进农民专业合作社的发展中来解决。

合作社的建设问题，一方面要靠有关政府部门加强指导，完善合作社的制度建设；另一方面要加强培训，提高农民的自我维权意识；第三，通过政策手段，增强普通成员的经济地位，如将农业机械的购机补贴落实给合作社。

有关外部政策环境完善问题，一方面要靠中央有关部门出台有关措施；另一方面，地方各级政府及其有关部门，也要积极采取措施，探索解决的办法，如加大支农资金的整合力度，有关项目加大向合作社倾斜的力度等。

此外，我们还希望各地能加大对从事粮食生产专业合作社的支持力度，促进种粮农民通过合作生产提高种粮效益，增加粮食生产，保障粮食安全。

《农民专业合作社法》第五十条专门规定，国家对“生产国家与社会急需的重要农产品的农民专业合作社给予优先扶持”。鼓励、支持种粮农民兴办粮食专业合作社，对于促进农村彻底摆脱小农生产模式，可能是一项具有革命性意义的举措。希望各级政府积极加大对从事粮食生产的专业合作社的支持力度，促进这类专业合作社的发展。

同时，要注意在促进这类合作社发展中涉及的农民承包土地流转问题，还是要强调《农村土地承包法》规定的依法、自愿、有偿的原则，强调尊重农民的主体地位和选择。这个问题河北省青县勃翔农业种植专业合作社就解决得很好，他们就是通过合作社的示范作用，吸引农民自愿加入，促进了粮食的规模化生产。

浙江省农民合作经济组织制度创新的实践与思考

赵兴泉
（浙江省农业厅）

30年前，始于农村集体经济组织内部推行家庭联产承包责任制的探索，拉开了中国改革开放的序幕。经过30年的改革发展，我国经济和社会发生了翻天覆地的变化，农民收入不断提高，生活质量不断改善，农业综合生产能力大大增强。

回顾浙江省农村改革开放30年历程，在坚持市场化改革取向下，贯穿的主线之一，就是坚持和发展农业合作制，稳定和完善家庭承包经营为基础，统分结合的双层经营体制。一方面，与时俱进加强以社区土地集体所有制为标志的村经济合作社建设，先后颁布和修改了《浙江省村经济合作社组织条例》，明确农村集体经济组织法律地位，完善内部治理结构，大力发展村级集体经济，赋予村经济合作社新的内涵，使这一传统农村集体经济组织发出时代的光芒。另一方面，适应农业发展新阶段的要求，大力培育和发展农民专业合作社，在全国率先制定《浙江省农民专业合作社条例》，出台支持农民专业合作社的扶持政策，将农民专业合作社的制度引进到农业各产业发展之中，运用到农业生产经营各环节之上，不断提高农业生产经营组织化程度和农业现代化水平。村经济合作社、农民专业合作社相互促进，共同发展，相得益彰，成为目前全省数量最大、覆盖面最广、成员最多的两种合作社形态。至2007年，全省村经济合作社有31542个，拥有集体资产1588亿元和10719万亩农村集体土地，平均每个村经济合作社有503万元集体资产和3400亩集体土地，并与941.6万个农户签订土地承包经营合同。到2008年6月底，全省有农民专业合作社7265家，成员39.8万个，带动农户317.2万户，全省三分之一以上农户参加了农民专业合作社或受农民专业合作社带动。村经济合作社内部实行“统分结合、双层经营”，形成“土地集体所有制下的家庭承包制”，专业合作社内部再实行“统分结合、双层经营”，形成“家庭承包基础上的专业合作制”。两个层次的“统分结合、双层经营”互相配合，有效发挥了村经济合作社、承包农户、农民专业合作社各个层次的优越性，为农业和农村发展提供了良好的体制和机制保障，为社会主义新农村提供了较为有利的物质基础，促进了浙江农民人均收入连续23年保持全国各省、自治区、直辖市第一。

两大合作社同时在浙江欣欣向荣发展，其发生的背景是什么，具体是怎么发展的，绩效及发展趋势如何？

一、两大合作发展背景

村经济合作社，是源于1956年农村合作化时期形成的以土地公有制为基础，按社区设置的农村集体经济组织。它是我国以公有制为主体、多种经济共同发展的基本经济制度在农村的具体体现，是我国以家庭承包经营为基础、统分结合双层经营体制的农村基本经营制度的“母体”。30年来，集体统一服务与家庭承包经营有机结合，极大地解放和发展了农村生产力，为实现农业增产、农民增收、农村发展作出了巨大贡献。与此同时，随着工业化、城市化、市场化的快速发展，经济体制深刻变革，社会结构深刻变动，民主政治深入推进，对农村双层经营体制的“统”、“分”两个方面都带来了冲击和挑战。在保持农村基本经营制度长期不变的基础上，完善农村基本经营制度显得极为迫切。

（一）集体“统”面临三个方面的挑战

1. 农村集体经济组织主体设置趋于虚化，村内群众自治组织替代集体经济组织现象凸显

我国《宪法》、《民法通则》、《物权法》、《土地管理法》、《农村土地承包法》规定，农村集体资产属农村集体经济组织所有，农村集体经济组织依法负责对农村集体资产经营管理和保护，农村集体经济组织是家庭承包制的发包主体。但由于农村社区合作经济组织全国性立法滞后于村民自治组织，加之《村民委员会组织法》规定村民委员会“应当尊重集体经济组织依法独立进行经济活动的自主权”和“村民委员会依照法律规定，管理本村属于农民集体所有的土地和其他财产”，在实践中引起了误解和混乱，出现了村民委员会代行农村集体经济组织职能现象，村委会决议代替村集体经济组织决议、村民（代表）会议代替成员（代表）会议，以致不少农村集体经济组织名存实亡，少数甚至名亡实亡。这种混淆群众自治组织与集体经济组织的区别，使农村集体经济组织虚化的现象，在撤村建居、行政村合并中出现了许多无法解析的理论和现实问题，个别地方甚至出现平调不同农村集体资产的现象。

2. 农村集体经济组织法人身份难以取得，平等发展权利保护不足问题凸显

随着社会主义市场经济体制的确立，取得法人资格成为经济组织正常开展经营、公平参与市场活动的必备前提。农村集体经济组织由于不在现行企业、机关事业单位、社团三大法人类型之列，加之缺少上位专业法的具体规定，工商部门不予以登记，农村集体经济组织一直未能取得一般经济组织同等法律地位和市场待遇。如税务部门不予发放税务发票、金融机构不予开立银行账户、银行不予信用贷款。一些农村集体经济组织作为企业进行工商登记，登记后税收、财务制度按企业标准执行，这与其社区合作经济组织性质不符，与其实施国家《村集体经济组织会计制度》相矛盾。农村集体经济组织陷入了不予登记或登记为企业的两难困境，严重影响了农村集体资产的保值增值。

3. 农村集体经济组织成员资格缺少法定边界，集体财产收益分配矛盾凸显

农村集体经济组织孕育和产生在人口迁移严格管制、农民生产生活相对封闭的时代，早期只要户籍在村社区内的村民天然就是村经济合作社社员，农民作为集体经济组织的成员和作为户籍关系的村民基本合一。随着农村改革深化和城市化快速推进，人口迁移阀门逐渐打开，出现了是村民不一定是社员、社员不一定是村民的情况。以户籍和居住地为依据、配以村规民约的社员资格认定方式，在实践中碰到了许多困难和壁垒。一是土地承包经营权落实、土地征用补偿费和集体收益分配中，农嫁女、外来户、入赘男等特殊群体，由于社员资格缺乏具体法律规定，村规民约往往不承认其为社员，由此引发的纠纷日

益增多。二是在集体经济收益可观的农村社区，出现了“逆城市化”，有女不外嫁、外嫁不迁户、工作不外出，严重妨碍了人口自由流动。

（二）农户“分”的挑战体现在三个“深刻转变”上

1. 农产品供求市场结构深刻转变，一家一户生产经营面临风险加大

自20世纪80年代中期以来，农户生产不仅实现了自给自足，有效解决了温饱问题，而且实现了产品盈余，农户生产从自然经济向商品经济过渡。进入90年代中后期，农产品告别了短缺状况，由卖方市场进入了买方市场，农业生产从供给主导时代转入了需求主导的时代。农户一家一户经营承包土地，对市场流通领域十分陌生，市场信息不灵、谈判能力不足、运销渠道不畅问题突出。由于农产品普遍缺乏需求弹性，市场风险普遍较大，“蛛网理论”在承包农户身上频频应验，农户增产不增收现象屡屡出现。

2. 农村集体经济组织服务功能深刻转变，一家一户生产经营服务供给弱化

在实施农村双层经营体制初期，农户生产以完成国家强制定购和满足自给为主，经营结构单一，所需服务简单，主要由集体经济组织统一提供。随着国家统购任务的逐步取消和农业市场化的快速发展，农户生产经营不再整齐划一，日趋多样化，所需服务由简单排灌、种子供应等为主向多种生产技术、市场销售转变，面对日新月异的新技术和千变万化的大市场，农村集体经济组织不仅缺少技术力量，也缺少农产品营销能力，难以为农户有效提供生产经营服务，其服务功能逐渐从生产经营型为主向公共管理型为主转变，转移到提供社区基础性公共产品上。另一方面，农户为搞好农业生产经营，切实增加收入，对服务的需求日益增长，一增一减，服务供求缺口日渐加大。

3. 传统农业生产经营模式深刻转变，一家一户生产经营方式难以适应

改革开放以来，传统农业向现代农业转变的步伐不断加快，进入21世纪更是到了转变的关键阶段。现代农业的特征是专业化、规模化、标准化，要求用现代物质条件装备，用现代科学技术改造，用现代管理理论经营，用现代发展理念引领。以家庭为基本生产经营单元的农户土地经营规模小，经营分散，管理粗放，普遍缺少装备、技术和组织，难以适应现代农业发展要求，实现专业化、规模化、标准化的路途十分遥远。专业化、规模化、标准化三者的核心是规模化，规模化基础上的专业化才有效率，标准化才能降低实施成本。农业发展的国际经验和规律表明，创新经营形式，实现相互联合，把分散经营的点提升为有机整合的面，是引导小农生产适应现代农业发展需要，推进农业规模生产和集约经营的必然选择。

二、两大合作发展实践

出现三个“凸显”和三个“深刻转变”，主要根源是在以家庭承包为基础，统分结合的双层经营体制下“统”的功能趋于弱化和“分”对“统”需求日益增长之间的矛盾。破解这一矛盾的着力点在于强化“统”的地位、创新“统”的方式，满足“分”又好又快发展。实践中，我们以长期坚持农村基本经济制度为基础，以创新完善农村双层经营体制为主线，1992年在全国率先制定了《浙江省村经济合作社组织条例》，根据农村集体经济组织的基本特征，将其统一名称为“村经济合作社”，并于2007年重新修订颁布，2004年又率先在全国制定了《浙江省农民专业合作社条例》。坚持一手发展村经济合作社，不断完善集体所有制下

的社区合作机制；一手发展农民专业合作社，全新再造家庭承包制基础上的专业合作，着力形成两大合作发展有法可依、有措可举、相互促进、共同发展的新格局。

（一）积极发展村经济合作社

1. 推动村经济合作社立法修订

浙江省人大常委会于2007年9月修订颁布了《浙江省村经济合作社组织条例》，创造性地解决了村经济合作社发展中面临的制度性问题。一是明确规定村经济合作社与村民委员会的职责关系。前者代表全体社员履行集体资产所有权，后者代表全体村民履行群众自治权，两者相互尊重、各司其职。二是创新取得法人资格途径。规定县级人民政府免费向村经济合作社颁发《浙江省村经济合作社证明书》，村经济合作社凭证明书申领组织机构代码证，赋予其法人资格。三是对社员资格界定作了实体性与程序性规定。实体性规定法定的六类人员为社员、三类人员可以暂时保留社员资格。对上述群体以外的人员作了程序性规定，其是否具备或保留社员资格由社员（代表）大会表决通过。四是规范了内部治理结构。村经济合作社建立健全社员（代表）大会、管理委员会（社管会）、监督委员会（社监会）相互制衡的实体性组织机构。

2. 推动村经济合作社发展壮大

确立以市场为导向、立足资源优势、搞活资产经营、服务主导产业的发展理念，充分发挥土地集体所有制的制度优势，深入开发利用集体水源、山林、鱼塘、海涂、四荒地，大力发展水库、小水电、农产品基地、休闲观光农业；积极引导盘活集体存量物业资产，建设标准厂房、街面营业房、办公大楼、专业市场、仓储设施，筑巢孵卵，招商引资。村经济合作社初步实现了从效率低、风险大、以“建工厂、办企业”为主要内容的传统发展模式，向风险小、收入来源稳定、以“开发资源、兴办物业”为主要内容的新兴发展模式转变，经济实力明显增强，提供社区公共产品能力明显提高。

3. 推动村经济合作社规范管理

重点是规范村经济合作社财务活动，确保集体资产不流失。村经济合作社遵循“科技管账、制度管人”思路，建立健全财务公开和民主理财制度，全面推行村经济合作社会计委托代理制和电算化，积极推进县、乡、村三级财务计算机监管网络建设，全面实施以“万村审计”活动为主要载体的农村集体经济三年一轮审制度，初步形成了“群众民主监督、会计核算监督、上级审计监督、网络实时监督”四位一体的财务监督管理体系，村经济合作社财务规范化管理水平得到有效提升。

4. 推动村经济合作社产权创新

自20世纪90年代末以来，借鉴现代公司制治理模式，以明晰和保障集体资产的产权主体及其成员的主人翁地位为核心，将股份制引入合作制，积极稳妥地推进城中村、城郊村、园中村和年收入较高的村经济合作社实施股份合作制改革。主要是将集体经营性资产的部分或全部，按社员人口和劳动贡献等要素折股明晰到户、量化到人，社员（股东）按股享有集体财产收益分配，股权生不增、死不减，可依法继承和内部流转。随着改革的推进，近年来改革对象开始由城中村、城郊村、园中村及年收入较高的村向非城中村、城郊村、园中村和年收入并不高的村扩散。至2007年，全省943个村经济合作社完成改革，成立了股份经济合作社，量化集体资产217.3亿元，137万农民变为股东，人均分红约700元。

（二）大力培育农民专业合作社

1. 明确一个地位

2004 年 11 月，浙江省在全国率先颁布了地方性法规《浙江省农民专业合作社条例》，创新规定农民专业合作社通过工商登记取得营业执照，取得法人资格，开创了全国先河，提高了农民参与合作的积极性。从 2005 年到 2007 年，农民专业合作社的数量翻了近两番，到 2008 年 6 月底达到 7265 家，入社农户达 39.8 万个。

2. 突出两者结合

在社员出资、决策权安排上，实行股份制与合作制的有机结合，增强社员利益联结紧密度，形成合作社发展适度激励机制。每个社员都要认购股金，认购额上限为总股本的 20%，社员（代表）大会表决一般实行一人一票，也可以按交易额与股金额结合实行一人多票等方式进行，但单个社员最多不超过总票数的 20%。

3. 推动三个建设

按照普及、规范、做强和省、市、县共建的原则，分层梯度推进农民专业合作社的发展壮大。一是多种力量牵头“建”，依法登记合作社。将农民专业合作社制度引入农业各产业及其生产经营各环节，积极引导鼓励专业大户、农技人员、基层供销社、农业企业、基层干部等牵头依法兴办合作社，努力提高农民参合率，扩大合作社覆盖面。二是市、县强化“管”，注重发展规范化合作社。指导规范合作社章程制定、民主管理、会计核算、盈余分配等内部运作管理机制建设，大力推进农民专业合作社规范化管理。三是省级突出“强”，择优发展示范性合作社。坚持做大做强做优，择优建立一批农户带动面广、市场竞争力强、产业影响力大的合作社。目前的 7265 家农民专业合作社中，经过规范化认定的有 3100 家，省级示范性合作社 323 家。

4. 实施四大扶持

树立扶持农民专业合作社就是扶持农业、扶持农民的观念，实施四大扶持。一是资金补助。从 2001 年起，对制度健全、运行规范、作用明显的农民专业合作社给予 10 万元～30 万元不等的项目资金扶持。二是税收优惠。对合作社销售社员和非社员生产、初加工农产品免征增值税，暂不增收房产税、城镇土地使用税、水利建设专项资金、残疾人就业保障金、个人所得税。三是信贷支持。在规范化合作社中开展贷款授信业务，给予贷款利率优惠。四是保险服务。开展农业政策性保险，鼓励农民专业合作社为社员统一投保。

5. 开展五化建设

以提升市场竞争力为目标，着力开展农民专业合作社生产标准化、经营品牌化、管理规范化、社员知识化、产品安全化“五化”建设。积极引导其成为制定标准、实施标准、执行标准的主体；鼓励其通过申请、转让等途径统一注册商标使用权，开展品牌营销；大力指导其健全产权清晰、管理民主、体系健全、联结紧密的治理机制；努力培育社员成为有知识、懂技术、会经营、善管理的新型农民。

三、两大合作发展绩效

（一）发展绩效

1. 丰富了农村双层经营体制内涵

在村经济合作社与一家一户农户之间实行统分结合的基础上，大力发展家庭承包制基础上的农民专业合作社，在农民专业合作社与一家一户农民之间形成了又一个“统分结合”，农村双层经营体制内核由一个“统分结合”上升为两个“统分结合”。以家庭承包制为联结点，两大“统分结合”有机相连、相互促进，赋予了新时期农村双层经营体制全新内涵。

2. 扩展了合作经济组织发展实践

经典社区合作制以土地等生产资料的共同公有为标志，经典专业合作制以社员平等入股和一人一票表决制为特征。浙江省对村经济合作社实施股份合作制改革，以社员持有集体资产股份的形式实行按份公有，创新了集体所有制的有效实现形式；对农民专业合作社社员持股及表决权允许实行适度差异化，在兼顾公平的基础上提升了合作社组织效率。两大合作发展理论和实践均超越了传统经典合作制范畴，扩展了传统合作制发展理论。

3. 加强了新农村建设物质基础

通过加强村经济合作社建设，村级集体经济取得了快速发展，2007 年全省 31542 个村经济合作社总收入达到 168.9 亿元，社均 53.5 万元。不断增强的集体经济实力，为改善农民生产生活条件、加快推进新农村建设提供了坚强、持续的物质保证。据统计，浙江省村级生产性与生活性公共设施建设资金投入中，集体经济投入在总投入中分别占了 61.1%、60.7%，而公共设施建成后的运营维护费用，集体经济投入比重则高达 88.1%。

4. 加快了现代农业建设步伐

通过发展农民专业合作社，政府找到了加大公共财政扶持现代农业发展的着力点，抓住了以经济手段引导农民调整农业结构的牛鼻子；农民专业合作社集聚资本、推广技术，提高物质装备水平和科技改造能力，外联市场、内联农户，提高农民组织化程度和农产品市场竞争力，逐渐成为了建设现代农业的一支重要力量；入社农户实行专业化生产增加了产量，采取标准化技术保障了质量，协同组织化经营扩大了规模，参与品牌化营销提高了声誉，参加合作社培训提高了生产技能，成为建设现代农业的有效参与者。

5. 推动了市场化城市化深入发展

赋予村经济合作社和农民专业合作社以法人资格，为平等保护两大合作社的法律地位和发展权利创造了条件，促进了市场主体多元化发展，进一步畅通了市场流通渠道；推行村经济合作社股份合作制改革，明晰集体资产产权，固化社员股权，不仅开辟了新时期增加农民财产性收入的新渠道，更使得股东资格和所持股权完全外化于传统户籍制度，促进了人口自由流动，有力地推动了农村城市化进程。

（二）工作方向

改革是时代的主题，合作是发展的潮流。回顾社区合作、专业合作两大合作发展实践和前瞻今后几年农村改革推进方向，继续深化完善两大合作要在以下几个方面下工夫：

1. 着力加强村经济合作社的组织机构建设

加快理顺村经济合作与村民委员会的关系，依法加强村经济合作社社员（代表）大会、社管会、社监会的建设，树立其经济组织的地位，体现其经济组织的职能，突出其经济组织的角色。在农村形成以村党组织为领导，村民委员会和村经济合作社相互配合、各司其职，共同建设社会主义新农村的新型治理结构。

2. 着力发展壮大村经济合作社的经济实力

村经济合作社作为一个经济组织，其首要任务是发展壮大经济实力，这既是毫不动摇发展公有制经济的客观要求，也是其发挥“统”的功能、加快推进新农村建设的必然选择。

3. 着力实施村经济合作社的产权制度改革

适应户籍制度改革即将取消农业与非农业户籍登记制度、代之以居住地户籍登记制度的需要，加快推进村经济合作社股份合作制改革的步伐，努力实现社员资格从以农业户籍为基础的动态界定机制向以持有固化股权为基础的静态物化机制转变。

4. 着力增强农业专业合作社的带动能力

尊重群众首创精神，只要有利于提升对农民的带动力、提高广大农民进入市场组织化程度的合作社发展模式，都应鼓励发展和推广，不断完善农民专业合作社的内部经营机制，提高农民专业合作社的凝聚力和向心力。

5. 着力农民专业合作社的相互联合和合作

随着农民专业合作社数量发展到一定规模，要尽量避免同地区、同类型产品农民专业合作社之间的无序竞争，鼓励引导其参加农产品行业协会，成立农民专业合作社联合会，走联合发展之路，做大做强合作社。

6. 着力农民专业合作社助推农业二次飞跃发展

充分发挥专业合作制的优势，鼓励农户和社员开展土地流转，发展粮食、农机、植保等服务型农民专业合作社，推进农业经营规模化、集约化发展。

集体所有制下的家庭承包制与家庭承包制基础上的专业合作制

童日晖
（浙江省农业厅经营管理处）

农业和农村经济发展是农业生产力改造和农业生产关系改造的统一，在构成农业生产关系的诸多农业制度中，农业生产者之间的关系和生产者与土地之间的占有关系是最基本的，直接影响农业生产力的解放和发展：关系和谐，解放和促进生产力发展，反之，则亦反。1998年党的十五届三中全会通过的《中共中央关于农业和农村工作若干重大问题的决定》指出，实行土地集体所有，家庭经营，使用权同所有权分离，建立统分结合的双层经营体制，理顺了农村最基本的生产关系。这是能够极大促进生产力发展的农村集体所有制的有效实现形式，是党的农村政策的基石，必须长期坚持。发展现代农业，建设社会主义新农村，必须坚定不移地稳定农村基本经营制度，必须坚定不移地完善农村基本经营制度。

一、农村基本经营制度的演变

我国农村基本经营制度大体经过了以下六个阶段：

第一阶段，新中国成立以前封建土地所有制的小佃农经营制度。小部分地主、富农占有大部分私有土地，没有土地的农民通过交纳地租向地主租种土地。由于生产力落后，加上土地租金高，地主喜欢将土地分散租赁给农民。这种制度表现出来的农业经营特点是：土地私有，租赁经营，高额地租，小规模生产。这种制度阻碍了生产力的发展，导致长期以来土地的低产出状况。

第二阶段，1949—1952年的土地改革。没收地主、富农的土地分给贫雇农，实行耕者有其田。到土改结束时，全国3亿农民获得了7亿亩耕地，每年免除350亿公斤粮食的租金。这一制度的特点是土地农民所有制的家庭经营。土地改革破除了落后的封建土地制度，减轻了农民负担，极大地调动了农民的生产积极性，为新中国的建立和稳定作出了极其重要的贡献。

第三阶段，1952—1956年的农村社会主义改造。主要措施是开展农村合作化运动。其间又通过三个步骤：社会主义萌芽的互助组，实行土地私有，在某些环节开展合作生产，土地产出的产品归已；半社会主义性质的初级社，土地私有但折股入社，合作生产，产出的产品按股份和劳动进行分配；完全社会主义性质的高级社，土地公有，集中劳动，产品实行按劳分配。到1956年，全国绝大多数地方的农民带着土地改革时分到的土地，参加了高级社，国家完成了对农业的社会主义改造，我国农村的土地集体所有制从此形成，农村进入了社会主义。

第四阶段，1958—1962 年的人民公社体制。进入社会主义时期，农民和基层干部的生产积极性高涨，开展了轰轰烈烈的农田基本建设。但由于高级社范围比较小，一定程度上影响了农田基本建设，一些地方开始合并高级社，并称其为人民公社。1958 年全国全面实行人民公社体制，进一步扩大了土地的集体所有制范围。

第五阶段，1962—1982 年的人民公社体制的完善。1962 年，中央出台了《农村人民公社条例修正案》，对人民公社体制进行完善，确立了“三级所有，队为基础”的新的人民公社体制。

第六阶段，1982 年至今的以家庭联产承包为基础，统分结合的双层经营体制。1984 年中央 1 号文件规定，对人民公社体制进行改革，全面实行家庭承包经营责任制，从此确立了我国的农村基本经营制度。浙江省从 1982 年开始，先后进行土地承包和二次延包，对农村集体土地全面实行家庭承包经营。到目前全省 3.36 万个村集体经济组织，共拥有 1354.8 亿元农村集体资产和 1.07 亿亩（含林地）农村集体土地，946.7 万农户承包了 1990 万亩集体耕地。

二、集体所有制下的家庭承包制是由我国基本经济制度和农业特点所决定的

以家庭承包经营为基础，统分结合的双层经营体制，是指农村集体所有的土地，通过家庭平等承包的方式进行生产经营活动的农业经营制度。它从我国基本经济制度出发，总结了国内外农业发展经验和教训得出的一条必须长期不变的制度。这一经营制度，不仅适应以手工劳动为主的传统农业，也能适应采用先进科学技术和生产手段的现代农业，具有广泛的适应性和旺盛的生命力。首先，实行家庭承包制是我国基本经济制度决定的。以公有制为主体，多种所有制共同发展的基本经济制度，客观上要求农村的土地实行公有制度。家庭承包制是在土地公有制下，实行所有权、经营权的分离，并没有改变土地的公有制性质。它既不同于西方国家土地私有制下的农业资本主义经营制度，也不同于一些国家土地集体所有集体统一经营的农业经营制度，是基本经济制度在农业中的反映，是有中国特色社会主义的具体体现。其次，实行家庭承包制是由农业的特点决定的。农业是自然再生产和经济再生产的统一，既具有产业经济的一般特征，又具有农业产业的自身特征。农业对土地的依赖性强，生产周期长，受自然条件的影响大，家庭经营方式可以使农户根据市场、气候、环境和农作物生长情况及时作出决策，保证生产顺利进行，也有利于农户自主安排剩余劳动力和剩余劳动时间，增加收入。第三，实行家庭承包制是西方发达国家农业现代化的主要经验。有研究表明，促进西方国家实现农业现代化的经验，除了技术先进外，还有三个基本要素：家庭经营、专业合作、社会化服务。无论是多大规模的农场，均实行家庭经营。第四，实行家庭承包制是我国农业曲折发展的教训总结。家庭承包制前长期实行的人民公社体制，在制度及其实践中存在三大缺陷：农户没有生产经营自主权，生产队分配存在大锅饭，人民公社内部监督成本高。这致使长期以来农民的生产积极性得不到调动。

浙江省自1982年全面实行家庭联产承包制以来，极大地促进了农业和农村经济的发展。一是为农村基层组织提供了物质基础，维护了农村社会的有序运行。以土地集体所有制为主的村级集体经济为农村作出了三大贡献：确保了农村干部的工资、确保了农村基本的公共建设、确保了农村基本的公益事业发展。即使在目前的新农村建设中，村级集体经济仍是确保农村组织运行及公共设施建设的最主要物质基础。二是调动了农民生产积极性，实现了农产品供需矛盾的历史性转变，使农产品从短缺转变为“基本平衡、丰年有余”，并随着结构的调整满足了人民群众日益增长的对农产品品种、质量的需要。1982年全省实行家庭联产承包制，同样的人，同样的土地，仅过了两年，到1984年全省粮食产量就达到364亿，这个产量至今仍是浙江省粮食产量的最高纪录。三是解放了农民，促进了农村经济的发展。家庭承包制破除了人民公社土地共同所有社员共同劳动的体制，农民“交足国家的，留足集体的，剩下都是自己的”，不要长年囿于土地上的生产，凭着自己的聪明才智，亦农亦工亦商，带来了农村经济的极大的发展。某种程度上说，我国目前的经济就是“农民工经济”。四是合理地处理好经济建设和农业生产对土地的需要。集体所有制的土地，一方面为国家建设提供了征用、占用土地的方便，不会出现西方国家因土地私有而征地周期长的问题；另一方面通过强化农民的土地承包经营权，完善征地程序，防止了大面积乱占滥用土地的现象，较好地处理了“一要吃饭二要建设”的用地关系。五是保障了农民的基本生存权，促进了农村社会的稳定。赋予农民长期而有保障的土地承包经营权，使承包地为农民增收提供了最基本的生产资料，为农民生活保障提供了最基本的生活资料。《土地承包法》、《物权法》规定，土地承包经营权、农村宅基地不能入股、不能抵押，农民拥有了承包地、宅基地，进一步可以进城务工经商，退一步回家有房住、有饭吃，满足最基本的生存需要，从而避免出现一些国家在现代化过程中因农民失土而导致“贫民窟”现象，保证了农村社会的稳定，为现代化建设提供良好的社会环境。

三、当前农村基本经营制度存在的主要缺陷

虽然集体所有制下的家庭承包制为农业发展、农民致富、农村稳定提供了制度保障，但不可否认，这种基本经营制度和人口、资源状况结合以后产生了一些问题，在实践中由于没有全面落实这一制度也暴露出一些缺陷，在一定程度上影响了农业的进一步发展和社会主义新农村建设。

第一，家庭承包带来的浙江省农业小规模经营难以适应现代农业发展的需要。家庭承包跟小规模经营并没有必然的联系，但家庭承包和浙江省人均土地资源占有情况结合，就导致农业经营规模的极其分散，某种程度上说甚至无规模可言。同样人多地少的日本，家庭农场的规模场均1.4公顷，而浙江省仅0.15公顷左右，10亩以上就算规模经营。这种小规模经营造成农业生产的微观主体活力“三弱”：信息分析能力弱、吸纳现代生产要素能力弱、市场营销能力弱。虽然家庭经营理论上使农民成为生产经营主体，但实践中承包农户经营农业很难成为真正的市场主体，这是目前影响现代农业发展的最主要因素。这种小规模经营也使国家支持农业如减免农业税、粮食直补等政策措施呈现出并不十分有效的结果。

第二，村级集体经济组织主体缺位，集体经济组织成员不清，影响了农村和谐发展。以家庭承包经营为基础，统分结合的双层体制是指集体和农户充分发挥各自的优势，共同促进农业和农村经济发展。但在实践中，农村集体经济组织呈现出缺位状况，有的即使名称存在，实际也是名存实亡。这种本应强化而实际缺失的情况在农村经济社会从城乡二元结构向城乡统筹、传统的农村社区治理向民主法制治理转型时期，产生了诸多问题。在城市化、工业化和户籍制度改革中，传统的农民已细分为户籍上的村民和集体经济组织成员的不同身份，有些是村民而不一定是社员，有些是社员而不一定是村民，这是影响当前农村和谐的一个十分重要的因素，是一些如农嫁女、定销户、土地征用费分配矛盾等社会热点问题的理论根源。在合作化和人民公社时期，重视经济合作忽视村民自治，而在家庭承包制后出现了重视村民自治而忽视经济合作。村民委员会的村民自治并不能解决农村在城市化、工业化中出现的矛盾，并且随着户籍制度改革的加快推进，这些矛盾还将进一步激烈，村民委员会在理论和实践中并不能代替村集体经济组织。

第三，村级集体经济薄弱并且极不平衡，统的服务难以满足承包农户生产、生活上的更高需求。从农业生产角度看，农户在生产中碰到的问题需要村级组织发挥“统”的功能帮助解决，但随着农业结构的调整，村级组织已很难为承包农户解决销售、技术等困难，有的也仅仅是解决一些统一灌溉、防治、机耕等需要。从新农村建设角度看，由于村级经济薄弱，许多村自身运转都难以为继，更谈不上为新农村建设提供物质基础，更难以满足农民日益增长的物质、精神上的多样化需要。

四、完善农村基本经营制度的对策措施

进入 21 世纪以来，浙江省农业和农村经济社会发展出现了许多新的变化：一是在城市化、工业化推进过程中，农民进一步分化，有些已完全脱离农业，有些仅从事自给性的农业，仅有部分仍在从事商品性农业。据统计，全省纯农户约占总农户的 18%左右，农业劳动力也只占农村劳动力的 32%。二是传统的农民已细分为户籍上的村民和集体经济组织成员的不同身份，有些是村民而不一定是社员，有些是社员而不一定是村民。三是农产品供需矛盾发生变化，从供不应求向供需基本平衡、丰年有余转变，市场制约成为农业发展的矛盾主要方面。四是政府退出了农产品收购，市场在农业要素配置中处于基础性地位。五是农业已融入全国经济甚至世界经济一体化之中，世界各国的农产品贸易政策已直接影响到一省一市一县甚至一乡镇的农业发展。这些新的特点，对农业和农村经济社会发展提出了挑战：一是对政府指挥指导农业带来挑战，如何面对农产品过剩，更有效地从调节农产品供应向既调控供应又调控市场转变。二是对农业生产者带来挑战，传统的老农民碰到新问题：种什么？如何种？怎么卖？三是对农村治理结构带来挑战，如何面对城市化、工业化的推进，构建一种更为有效、和谐的农村治理结构。

根据浙江省第十二次党代会提出的“创业富民、创新强省”的精神，解决当前农业和农村经济社会发展中出现的问题，一定要稳定和完善党的农村基本经营制度，在稳定中创新，在创新中完善，在完善中更好地稳定。当前应主要抓好以下三方面的完善：

第一，物理性的完善，将土地流转作为现代农业发展的一项基础性工程。在家庭承包

经营基础上推进土地规模经营是塑造农业微观主体活力的主要途径，也是现代农业的必然要求。土地流转对现代农业的作用是基础性的，必须要像抓农业基本建设一样来抓土地流转。土地流转是一个过程，先要有人放弃家庭承包的土地经营，再要有人愿意经营更多的土地，中间还要解决一个信息对称问题。浙江省土地流转经历了80年代的自发流转、90年代中前期的“两田制”推动和90年代末的“两田制”完善，目前全省大约19%的农户流转出了20%的承包地。但当前土地流转出现了三种新情况：一是“皇粮国税”取消后土地流转失去了外部压力，承包农户不愿流转；二是更多地向经济效益高的产业流转，种粮大户难稳；三是土地流转成本增加，在总成本中比例明显提高。因此，现阶段土地流转特别是种粮大户不是能不能增加的问题，而是能不能稳定的问题。坚持自愿、有偿地依法推进土地流转，一是要调整土地流转的政策导向，政府补助从主要补助大户转到既补大户又补流出农户，特别是对战略产业的粮食生产，必须发挥财政的政策杠杆作用，大幅提高对种粮大户的补助标准，探索高效生态粮食生产路子。二是加大基层工作力度，要使承包大户清楚像过去一样低偿甚至无偿的流转已经是不可能的事情，要有增加流转费用的心理准备，积极开展多形式、多途径的流转路子。同时要引导和教育承包农户将承包土地流转给大户耕种，获得承包收益。三是建立土地流转中介组织，解决信息不对称，扩大流转范围，从“浙江农业”向“浙江人农业”转变。

第二，补充性的完善，强化农村集体经济组织建设，形成新的农村治理结构。作为集体经济组织的村经济合作社建设本是统分结合、双层经营的重要一面，但目前制度建设、主体资格、成员界定、职能发挥，村经济合作社都面临严重边缘化。而村民委员会的制度设计和实际运行都不能完全代替村集体经济组织。因此，必须强化村经济合作社建设，重新架构农村治理结构。一是根据新形势重新设计村经济合作社制度，通过立法对50年代就成立并长期存在的村经济合作社赋予法律主体地位，并形成较完整的选举制度、成员界定标准。二是以村经济合作社为主体，盘活农村集体资产，大力发展村级集体经济，为新农村提供物质保障，丰富“统”的功能，满足农户日益增长的生产、生活需要。三是将股份制引入社区合作制，转换集体经济经营机制，探索农村集体所有制的新型实现方式。四是坚持社员内部管理和政府外部监督相结合，促进资产保值增值。内部管理重点是完善财务制度，实行民主监督，搞好财务公开。外部监督主要是强化账户管理，全面推行委托代理制，加强集体经济审计。

第三，体制性的完善，在家庭承包制基础上推进专业合作制。这是完善农村基本经营制度的重要措施。集体所有制下的家庭承包制，在集体和农户之间形成了一种“统分结合、双层经营”。家庭承包制基础上的专业合作制，在农户和农民专业合作社之间再形成一种“统分结合、双层经营”，这两种“统分结合、双层经营”，对于解放和发展农业生产力是极为有利的。

五、家庭承包制基础上的专业合作制

合作经济组织的产生是基于弱势群体的自我服务和自我保护，社员通过自己拥有并管理的组织来达到为自己服务的目的。国际合作经济理论和实践表明，合作社既是一种讲究公平的组织，也是一种促进经济发展的好形式。从我国的合作经济组织发展来看，传统的三大合作经济组织，都随着形势的发展与时俱进：农业生产合作社内部实行了生产责任制，农村信用合作社已经走上了企业化改造的路子，供销合作社还在积极探索。后起的新型的农民专业合作社目前出现了比较强劲的发展势头，这种合作社更多的是实现农业现代化的措施，而不仅仅是传统的讲究内部公平的合作。

我国的农民专业合作社制度是国际农业合作经济理论和我国农业农村实际结合的产物，跟原来传统的社区合作社完全不同。它在家庭承包制的基础上，通过农民自愿结合，联合起来提高农产品市场竞争力。这种在家庭承包制基础上的专业合作制，有利于克服家庭承包制形成的小规模经营，有利于节约农业成本提高农业生产效率，有利于农业的标准化生产、品牌化经营，实现农业的产业升级，也有利于政府农业产业政策的落实。因此，必须花大力气在家庭承包制的基础上推进专业合作制。

发展农民专业合作社，应十分注意条件。一是要有产业基础，围绕主导产业或骨干农产品来培育专业合作社。在“一村一品”的基础上，大力推进“一品一社”。它源于农业的专业化，它的形成又进一步推进农业的专业化生产和区域化布局。如果主导产业或骨干农产品还没形成，也就是说农户还停留在“多种经营”或“庭院经济”的生产经营状况，则重点放在农业的“一村一品”上而不是急于培育专业合作社。二是要有人才基础，鼓励有才干的人才牵头兴办专业合作社。从实践来看，这种牵头人可以是个人，也可以是一个组织，农产品经纪人、农业龙头企业、农技干部、基层供销社、村干部等，他们或有市场，或有加工能力，或有服务设施，或有威信，都能较好地组织和团结社员，使合作社富有凝聚力和向心力，并在此基础上，各方获得“双赢”。三是要有指导能力，也就是说，培育合作社需要有人指导，有人推动。这种能力主要表现为对合作社理念的掌握和农业生产经营实践经验的结合上。

发展农民专业合作社，应十分注意合作社制度的适应性。从经济发展总体角度看，合作社制度不是一种先进的组织制度。但每一种制度都有其适应性，即使在农业领域，合作制也并不都适应。从实践来看，合作制在以下几方面比较适应：从产品的性状来看，合作社比较适合鲜活农产品的生产经营，加工型的产品更适合公司制。从生产要素来看，合作社比较适合劳动密集型和土地密集型农产品的生产，而公司制更适应于技术密集型和资金密集型农产品的生产。从农业服务来看，合作社更适应于提供劳务，而公司更适合于提供农业生产的半成品。

发展农民专业合作社，应十分注意对合作社的服务，逐步使农业部门成为“农民专业合作社之家”。一是突出对合作社的指导，加强规范化建设，逐步形成“合作社——规范化的合作社——示范性合作社”的合作社体系，分类指导，在经工商登记的合作社基础上，积极开展规范化建设，并在规范化建设基础上确定一批示范性的合作社，在数量发展的同时，逐步提高合作社的发展质量。二是突出对合作社政策的协调，逐步形成合作社发展的良好环境，促进有关部门和各种社会力量支持合作社。三是突出对合作社的服务，将合作社制度引进到农业生产经营各环节中来，承担各项农业产业政策，并利用它来推进现代农业发展。

多主体干预下的合作社发展态势*

任大鹏

（中国农业大学农业与农村法制研究中心）

《农民专业合作社法》颁布实施已经一年多了，这部法律赋予农民专业合作社相对较低的市场准入门槛，所以促进了法律实施以来农民专业合作社的顺利发展；同时，也由于过低的门槛，使得合作社在市场竞争中，与其他市场主体在确保交易安全的责任承担上，存在一定的不平衡，也因此使得合作社在整体上还难以给其他交易对象一种制度上的信赖。不过，今天，在这里我想谈一下多主体干预下的合作社发展态势。

在多元因素的作用下（所谓的多元因素包含着不同的合作社，基于不同的资源禀赋、不同的资源获得能力和获得潜力、不同的产业、不同的领域、不同的规模以及不同的合作社建立和发展过程），合作社从内外关系上看，与其他的市场主体相比，具有它的复杂性。我们至少可以从两个角度来讨论它。

一、合作社的内部关系

从法律意义上看，合作社的内部关系可以区分为两个层面：一个是成员层面；一个是法人机关层面。现在，农民专业合作社的成员具有异质性。由于既有普通成员的存在，也有公司、大户或者领办人，他们并存在一个合作社中，其利益取向并不完全一致，而在治理过程当中，更多的治理权限是通过章程赋予法人权利。《农民专业合作社法》提到的法人机关至少包括成员大会或者成员代表大会，合作社理事会或者理事长，合作社的监事会或者执行监事，以及合作社聘用的经理人等。

成员异质性有多方面的原因和表现，其后果在于异质性越大，不同成员之间战略选择的差异就越来越明显。值得我们注意的是，综合性的合作社和合作社的联合社这种异质性更为突出，法律关系更为复杂。它对合作社治理的影响至少有两方面的表现：一方面，大生产者、大股东积极参与合作社的管理和决策，有利于提高合作社的决策效率，但是社员异质性明显的合作社也更容易被大股东控制，从而产生异化；另一方面，合作社向社员提供什么样的服务，商品如何定价，也成为越来越难以协调的问题。实际上，不仅合作社领办人在合作社起着不同的作用，而且，不同主体对合作社的干预，如政府、社区、客户、领办人或者大股东、合作社的农民成员和合作社的经理，在合作社的发展过程中他们的职能都在发生变化，进而影响到合作社的内部制度。

---

* 根据笔者2008年9月19日在杭州举行的"中国农村改革30年：中国农民合作组织发展"国际研讨会上的主题发言整理。

二、合作社的外部关系

从外部关系来看，合作社通常要接受政府的指导支持，这种指导支持可能是多种方式表现出来的。比如提供相关的政策环境，给予财政、税收、人才各个方面的支持。同时更为重要的是，合作社是一个市场主体。按照徐旭初教授的观点，我国农民专业合作社发展过程中有一个特殊的背景，就是它的上游和下游实际上都已经被资本所控制。换句话讲，合作社通过纵向一体化的方式，延伸到农产品的产前或者产后的过程是有一定困难的。这种困难就会导致合作社的客户通常只能是公司或者其他的市场主体，也就是说合作社与合作社之间横向的业务合作有它的局限性。同时合作社通常会坐落在某一个社区中，我们现实中的合作社又有相当一部分就是以村为单位建立起来的。那么合作社与村集体经济之间不可避免地在资源的获取和使用上就会出现一些交叉。同时，我们也有一些合作社接受了社会捐赠，在合作社发展过程中，捐赠人的意愿往往会对合作社的治理构成一定的影响。所以，从外部关系来看，合作社比其他的市场主体更为复杂。这里可以简要讨论一下：

（一）合作社与政府的关系

在合作社发展过程中，从某种角度来看，合作社往往被政府视为实现政府既定的经济或者社会发展目标的工具。政府的目标是多元化的，至少包含着经济目标和社会目标两个方面。从农业经济目标来看，包括保障粮食供给的安全、实现食品的质量安全和提高农民收入等。我们发现，这些目标都可以通过合作社这个载体去实现，这也是政府支持合作社一个重要的原因。从社会发展目标来讲，我们也赋予了或者说发现了合作社在实现吸纳富余劳动力、促进农村社会稳定、促进农村社区发展、保护农村环境以及在公共物品的供给和管理方面的作用。合作社能够有助于这些目标的实现，或者说合作社有了一定程度的社会功能。正因为如此，政府愿意支持合作社发展，同时，政府往往也会对合作社提出一些条件。比如说在财政支持过程中，政府可能会设立某些项目，由合作社来申请。合作社在申请这个项目时就必须要对照政府所设置的项目条件，只有满足了这个条件，它才能够获取政府的资源。又比如说政府可能会要求你这个合作社必须具有100个成员以上的规模，你这个合作社必须要从事一定的合作社知识或者教育方面的宣传，以及要符合其他的一些条件，比如要体现合作的理念、要有合作的机制等。这种诱导一方面迫使或者说激励着合作社去满足这些条件，但同时我们也看到，在合作社发展过程中，一些政府正在通过不同的方式干预着合作社的发展。也就是说合作社的发展并不是完全基于它自己的意愿，而是在一定程度上，或者是某个时段上，要满足政府的一些要求。这种情况下，政府所提供给合作社的资源往往就成为要求合作社承担义务的对等交换条件。

在政府干预下导致合作社功能演变的一个基本逻辑体现在，合作社从它的本意上来讲，是希望通过农产品或者是服务规模的扩展，以获得更多的交易机会和较高的市场谈判地位，并以此来实现合作社以及成员的利益最大化。合作社在发展过程中自己也做一些判断，它认为，获得各种社会资源最有效的途径大概就是政府资源。所以从合作社的角度来看，获得政府的支持应该说是它最现实的、低成本的、可期待的资源。那么合作社为了获得这些政府的资源，就必须要承担相应的代价，这个代价就会表现为合作社去承载政府的某些经济或者社会的职能。这就是合作社与政府的关系。

（二）合作社与社区的关系

合作社与社区之间同样为一种相互依赖的关系。比如说合作社发展过程中希望获得社区所提供的土地、仓储、水电、道路设施、人文环境等各个方面的资源，但社区同样也会对合作社提出一些主张或者要求，表现为直接参与盈余分配，或者是向合作社索取公共产品，要求合作社为社区安置就业，以及弥补社区治理的空白。

合作社过度依赖社区所导致的后果是，在地理区位、自然资源、人力资源等方面与社区具有强对应性的合作社，对来自于社区外的成员、资本会产生排斥效应，也担心社区外的成员会搭社区公共资源的便车；另外一个方面，合作社与社区在资源权属使用界限上的模糊，形成了入社和不入社社区成员之间的矛盾和疏离。

（三）合作社与市场之间的关系

合作社与市场之间的关系可能更为复杂。对外，合作社表现为一种具有盈利取向的组织，而合作社的利润最大化的可能性措施包括提高合作社规模、提高决策效率和争取更多的市场交易机会。与其他市场主体相比较，通过规模扩大的方式和获得更多的市场交易机会的方式，就这两个途径来看，合作社并不具有先天优势。反过来，合作社倒是具有决策效率上的劣势。为此，合作社通过章程或者其他不成文的方式，赋予合作社法人机关以更多的决策权，而不是我们通常强调的成员的民主控制。追求效率几乎成了合作社的一致选择。

合作社为了适应市场，也作出了调整内部治理模式的决定。这些调整或者说治理模式的创新意味着尽管合作组织的主旨未变，但是它的关注点越来越转向市场和合作社自身，而不是合作社的社员。另外，合作社的经营战略也必然地要出现产业链条的延伸或者后移，这样，初级产品的合作组织在市场重分之后仍然只能处于劣势地位。

三、当前合作社发展新动向的总体判断

基于这样一些判断，对合作社将来的发展动向，我有这么几点认识：

第一，在市场诱惑背景下，一部分合作社将会越来越多呈现出公司化的趋势；

第二，部分合作社在政府干预下将会承载越来越多的社会功能，而不再是单纯的经济组织；

第三，对大多数合作社而言，它们在市场竞争中将会面临越来越大的市场压力。

当前，农民专业合作社的态势，从根本上看，取决于不同资源的供给者追求利益时相互博弈的结果。这就意味着在此过程中，合作社的分化、解体和联合将是越来越多上演的场景，最后可能形成的结果是农民专业合作社的中国特色越来越明显。在这样的态势下，合作社自身治理结构的完善就成为一个亟待解决的问题。

农民专业合作社：中国现代农业企业组织典型形式

关付新　张建杰　张改清
（河南财经学院）

一、现代农业企业组织

农业组织是以从事农业生产经营活动的农民为主体，为增进共同利益而组成的结构性整体。一是在历史逻辑中，农业组织是农业要素的一种存在状态。农业组织变迁是要素组合关系的变迁。所以，界定农业组织形态主要以农业生产基本要素劳动、土地和资本的结合方式为标准。中国农业组织从20世纪50年代初的个体农户，到互助组、合作社、人民公社，再到"双层经营"的家庭承包制，经历了一系列的农业组织的结构性变迁。二是在理论逻辑中，农民经济组织一方面是指农民相互经济关系的某种契约形式，或者说是农民从事生产、分配、交换和消费的制度安排；另一方面是指农民为增进自身利益而组织的行动集团，为增进自身利益而采取的集体行动。农业四大特征所蕴含的制度意义，对农业组织提出特殊要求。(1) 生产特征的特殊性，即农业生产是自然再生产和经济再生产相交织的再生产过程。与生物复杂的生命过程相对应的经营决策、生产管理、劳动监督、成果计量等程序和环节的复杂性和困难性，使生产过程无法程序化。这决定了农业组织发育、组织结构、激励方式等都与其他产业组织有所不同。(2) 农业功能的多样性。主要表现在三大方面：一是社会稳定的保障功能；二是经济发展的基础作用，既有要素贡献，又有市场贡献；三是生态环境支持功能。农业组织健康生存，并发挥这些功能，就要求政府在给定农业组织生存的制度环境时，利于形成发挥这些功能的组织结构，在"权""利""权益所得"等方面，使农业组织有发挥这些功能的意愿和能力。(3) 农业的外部性，不仅有技术特征的外部性，又有产出成果的外部性。农业组织的外部性要求政府在政策层次上，合理界定农业领域应由政府提供的"公共物品"和由市场供给的"私人物品"之间的界线，政府更多地承担"公共"责任，这样，才会有农业组织发展的适宜条件。在组织内部，要求农业组织必须有良好的激励机制，实现"努力"与"回报"之间的公平。(4) 农业的弱质性。一是风险大，既有自然风险，又有市场风险；二是比较利益低，尤其是在制度环境不利于农业得到公平回报的情况下，农业利益流失严重。要求农业组织具有较强的风险承担能力，利于化解风险。同时，有利于发挥比较优势，通过提高生产效率和交易效率来增强获利能力，提高比较利益。由于农业产业性质影响，农业组织较一般经济组织具有特殊性，要求农业组织形式要具备充分激励、争取权利、保障公平、抗御风险等功能。只有以农户为基本农业组织形式，才会具备农业生产所需要的充分激励条件；农户只有组织起来，才能具备农业经营需要的公平交易和抗御风险的能力。这样，才能使农民在家庭经营条件下进行生产性努力，在专业合作条件下，作出分配性努力，在生产活动中和交易活动中获取和维护利益。所以，现代农业组织是以农户为基本组织形式，以专业合作经济组织为对外交易行动主体。这样，农业组织才具有企业化的行为能力。

现代农业组织是面向市场配置资源要素，进行专业化生产，广泛参与社会分工协作的农业组织方式，是有效率的组织系统。现代农业组织的内涵是现代农业所具有的特征所赋予的。现代农业有互相联系的三个特征，即市场化、专业化和社会化。其他如组织化、规模化、商品化、现代技术水平等都是派生特征，或表象特征，是在农业现代化过程中自然实现的，而不是规定性的。从传统农业到现代农业的发展，是社会分工的发展。根据现代化农业的特征和“农业组织”概念，现代农业组织除以市场化、专业化和社会化的现代农业特征区别于传统农业组织之外，在组织形态和运行机制上也不同于传统农业组织。在组织形态上，现代农业组织有灵活多样的形态变化，适应外部环境和条件变化，组织结构特征明显，协调作用突出。在运行机制上有以下几方面的不同：首先，资源配置机制。传统农业以家庭劳动与家庭消费的均衡为机制，在混合农业阶段，是以效用最大化，而现代农业则不以组织为边界，而是面向市场，追求利益最大化。其次，激励约束机制。传统农业组织主要是隐性激励，靠非正规制度约束。而现代化农业组织内部，显性激励增强，而约束更多是正规制度发挥作用。再次，风险分担机制。传统农业是靠传统生产，追求风险最小化，混合农业阶段靠组织内部多样化生产，分解风险。而现代农业组织依靠市场化解风险，而且为较强的风险收益偏好。

现代农业企业组织，是适应农业生产力水平向现代化水平发展的需要，具有市场化、专业化和社会化特征的农业企业组织形式。在农业生产力发展中，农业企业组织要具备适应现代化农业的结构、功能的系统；在市场经济制度中，农业企业组织要成为合格的市场主体；在民主社会制度中，农业企业组织要成长为与其他社会主体形成平等契约关系的主体。所以，农业现代企业组织的发展是农业企业制度的创新。

二、中国现代农业企业组织典型形式的形成过程

我国现代农业企业组织分为大两类：典型形式合作制和非典型形式公司制，它们发展的路径不同。公司制是工商资本从外部进入，是以资本扩张为动机进行农业投资。它们购买（租入）土地和劳动，建立自营生产基地。烟台中粮葡萄酿酒有限公司的“一体化样板基地”，对土地进行合作开发，企业直接与农户签订土地使用权合同，向农民支付土地使用费，使土地流转到公司手中，农民成为公司的劳动工人。这不是以农民为主体的渐进式农业组织企业化道路，而是以公司为主体的企业组织农业化道路，所以，公司制在现代农业企业组织中只是少数。合作制则是以农民为主体，以农户发展为基础，从农业内部发展起来的企业组织。所以，这里以农户演进为主线研究农业组织企业化过程。在这个过程中，农户的性质、农户与公司和合作社的关系，及农户发展目标都在发生变化。

（一）联结型现代农业企业组织初级形式：公司十农户

在我国农业从传统农业向现代农业转变，由自然经济向市场经济转型时期，为发展现

代农业和适应市场经济的需要，新型农业组织纷纷萌芽。但由于专业农户发展不足和组织创新的环境条件不完善，自生的合作制现代农业企业组织较少，并且较为弱小，主要是联结组织形式，即农业外部的组织与农户或合作组织联结，形成“公司＋农户”的组织形式，来解决农户小规模经营与农业市场化之间的矛盾。20 世纪 90 年代，在农户增收困难，提出发展农业产业化的背景下，以生产同类农产品的专业农户为基础，以农产品加工或销售企业为主导，联结成为多种形式“公司＋农户”农业组织。企业发挥了农户缺失的企业行为能力，而农户则成为企业的“生产车间”。涉农工商企业以这种方式，获得它们发展所需要的农产品，农户以这种途径，得到它们发展农业生产所需要的产品市场、生产要素和社会服务等。

“公司＋农户”组织是一种企业契约和市场契约的中间形式。契约的形式分为企业契约、市场契约和准市场契约(或准企业契约)。企业契约是指通过指令的方式实现资源配置，农产品加工销售企业直接购买农民的土地，雇用农民作为其工人或者是长期租用农民的土地并雇用农民作为工人进行农产品生产。市场契约是指通过市场交换的方式来实现资源配置，农产品加工企业和农户各自进行生产，然后通过市场交易来实现交换。准市场契约是介于二者之间的契约形式。其常见的组织形式就是“公司＋农户”，它又表现为多种具体形式(见图 1)。

组织形式	公司		农户
1	外贸公司	＋	农户
2	龙头企业	＋	农户
3	农业技术服务公司	＋	农户
4	供销社	＋	农户
5	运销企业	＋	农户

图 1　联结型农业组织“公司＋农户”的形式

“公司＋农户”组织中两类主体之间缺乏利益协调机制和约束机制。利益充分激励的公司和农户，处在不同的制度环境里，公司的企业化管理和农户的传统行为方式相冲突。企业所要求的标准化生产和产品质量水平，分散的传统农户难于达到。在上海的出口创汇生产中，以分散的农户为单位的生产者在完成出口订单过程中，缺乏产品质量意识，在生产过程中常常会不按规定生产操作，如滥用违禁农药等导致产品中农残超标，指导及监管工作量巨大。符合出口标准和要求的产品比率较低，严重影响了出口蔬菜的产量和经济效益，甚至有可能影响出口订单的履约，而导致外方索赔。重庆市的水果生产中，曾获农业博览会金奖的奉节脐橙，在 2002 年拿到新加坡复发中记集团公司 3 个月供应 2 万吨鲜果的订单后，居然只有 1600 吨鲜果达到了要求。在“公司＋农户”联结形式中，处于强势的企业订立对农户不公平的合同，而农户恶意违约损害公司，经常发生“互利双赢”变为“投机相害”的现象。对于公司来说，处在一个正式制度安排占主体地位的制度环境里，其更习惯于通过法律手段来解决合同实施的问题及处理合同纠纷。对于农户来说，则处在一个非正式制度安排相对来说占主体地位的制度环境里，其更习惯于通过法律之外的一些手段来解决合同实施的问题及处理合同纠纷。因此，在“公司＋农户”契约中，一旦公司违约，农户就很难通过法律手段来惩罚公司，因为农户并未意识到或者意识到了但不善于利用法律手段来保护自己的合法权益。同样，一旦农户违约，公司也常常处于无可奈何的地步。陕西省蓝田县三官庙乡某些村子的柿子皮薄肉厚，甘甜可口，远近闻名。咸阳某公司经考察后，当年上门为当地农户免费剪枝、喷洒农药，并签订了收购协议。一年后，该公司赴蓝田收购柿子时，当地农户却不愿履行合同，而是高价将柿子卖给了黑龙江一家公司。当时公司拿出协议，农民却说谁价高，我就卖给谁。“我是农民，柿子不卖给你，你能怎么办？”公司无奈，只好求助当地乡政府。政府明知农户不讲信誉的做法不符合商业规则，也不利于该地经济的持续发展，但多次劝说农户却无济于事。就目前而言，公司和农户在遭遇对方违约时，往往采用的做法就是使用退出权，来惩罚对方：中止合同，并且以后不再合作。公司也同样会利用强者的优势损害农户的利益，引起人们对这种组织形式进行反思。

“公司＋农户”有两个发展方向：一是公司与农户中断联结，公司发展自营生产基地；二是农户提高组织化程度，发展农场专业合作经济组织，合作社继续进行与公司合作，或合作社独立开展企业化经营。

（二）复合型现代农业企业组织过渡形式：公司＋合作社＋农户

监督成本和交易成本过高，道德风险频发，迫使以准市场契约形式联结成的“公司＋农户”组织形式进行改进，改变为“公司＋合作社＋农户”的形式。在农户和公司之间增加一个“合作组织”环节，既加强对农户的监督和约束，又降低公司的监督成本和交易成本。公司和农户之间也由准市场契约形式联结，转变由市场契约和企业契约相联结的复合契约（见图2）。这种变化的实质是合作社的企业化，它与公司同样是企业。在公司和合作社之间实行市场契约，提高公平性；在合作社和农户之间实行企业契约，增强约束性。用提高农民组织化程度的方法，使公司无需面对单个的农户，而彼此了解的农户组成的组织可以更好监督和自律。这样，如果某一个农户违约，则势必影响其所在的组织内其他成员的利益，此时，农户习惯遵守的非正式制度会发生作用，他会受到谴责和失去他人的信任，社会资本的损失是其恶意违约的代价。因此通过充分利用非正式制度在一个固定社区里的自我实施作用，可以节约作为龙头企业的公司实施合同的交易成本。同样，一旦公司违约，合作社作为企业可以依法主张和维护农民利益。提高农民组织化过程中，在紧密型的合作社形成之前，出现合作经济组织的初级形式——农民专业技术协会，或视作准合作社，如稻米产业协会、花生产业协会、水果产业协会、养殖协会、无公害产业协会、蔬菜专业技术协会等，这时农业组织形式就表现为“公司＋专业协会＋农户”。随着农民组织化程度的提高，松散型的专业协会发展成为企业化的合作社。

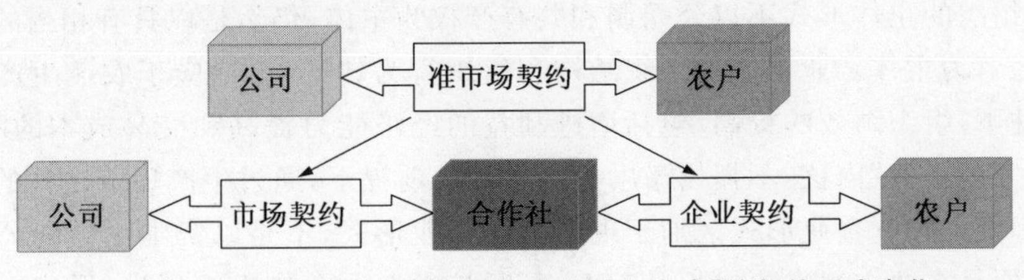

图2　从“公司＋农户”到“公司＋合作社＋农户”的契约形式变化

在“公司＋合作社＋农户”的组织形式中，合作社借助公司涉足农产品加工和销售环节，扩展农产品市场，分享部分增值收益；公司借助合作社实现一体化经营、标准化生产和规范化管理，保证原料的数量和质量。烟台中粮葡萄酿酒有限公司的“紧密型生产基地”，由合作社肩挑两头，一头联公司，一头联3000多家农户。企业通过合作社下达生产计划，签订合同，合作社按照公司的统一标准向农户提供苗木、农药和生产技术等，搞好生产环节的管理和服务，同时也由合作社根据合同要求，收购农户的合格产品。在合作社组织内部，采取无偿、低价方式，对社员提供服务。开展多种形式的技术服务，采购和供应生产资料，收购并推销农民生产的产品，传递各种市场信息和技术信息等。

随着这种组织形式的发展，农民专业合作社不断壮大，发展能力得到扩展，合作社与公司的关系、合作社与农户的关系也发生变化。在合作社也有能力建立自己的储运、加工和流通设施的条件下，合作社对公司的依赖性减弱，能动性提高，平等性增强，合作社对不同公司的选择性增加。这时合作社与企业的契约关系是完全的市场契约，由过去带有合作性质交易，变为交易性质的合作。随着农民专业合作社制度的完善和机制的健全，合作社与农户之间实行完全的企业契约。合作社的标准化生产、规范管理和品牌经营，由外部公司主导和制定标准，变为合作社自主制定企业标准。合作社对农户的服务也扩展到开办农民需要的贸、工、储、运等经济实体，帮助和组织农民进入大市场。当“公司＋合作社＋农户”组织形式完全改变联结性质，就蜕变成为现代农业企业组织的典型形式合作社，独立于公司制企业，公司只有建立自营生产基地。

（三）服务型现代农业企业组织典型形式：农民专业合作社

在企业形式的演进和变化过程中，出现了业主制、合伙制、集体制、合作制、股份合作制和股份制等企业组织形式。在业主制企业中，企业家想要扩大再生产，所需要资金主要靠内部的积累，或者是说主要靠企业主个人财富的多少，即使企业家有强烈的投资冲动和资本增值的愿望，但是受财力约束，其扩张欲望受阻。合伙制企业与业主制企业相比较，更利于企业家在短期内集聚一定数量的资本额，但它有很大局限性。一是规模扩大的有限性，合伙人数量与规模扩大同步增长；二是内部交易成本很高。所以，合伙制的农业企业组织形式很少。集体组织形式否定了农户的私有产权，一般是在超经济力量的作用下形成的，其规模的扩大是以激励不足和监督成本增加为条件的。为解决集体组织制度下激励不足问题，对其进行股份制改造，形成股份合作制，即集体组织的变种。而合作制则是在保障私有产权的前提下，形成的共有产权组织形式。随着市场制度的完善，现代契约形式出现，为股份制公司形式企业的形成和发展提供了条件，使其成为具有现代治理结构的企业形式。农业组织有以上不同企业形式，与农业技术特征相联系，即使在现代经济条件下，农业组织的主体形式不以公司制和共有产权为主体，仍然是以具有相当的业主制特征的家庭经营为主体。业主制的组织结构和组织行为特征，更适应于农业生产。但在市场经济条件下，组织绩效的提高，包括增进利益的经济能力提高和交易成本的降低，更多是在保持“家庭经营”内核，不损失激励机制作用的前提下，通过生产环节之外的交易合作化来实现。现代农业企业形式区别于现代工商企业形式，不是以资本主导的公司制企业形式扩张，而是在业主制农户成长基础上，不断扩大专业合作组织规模，形成农户私有产权和合作社俱乐部产权相结合的复合产权结构。农业现代企业组织典型形式是合作制，而不是现代企业制度的典型形态公司制，它与作为现代企业制度典型形态的公司制有所区别，这是由农业的本质特征决定的。所以，农户私有产权迈向现代化的组织形式就是合作制。

农民专业合作经济组织作为一种适用于现代农业的企业组织形式，与 20 世纪 50 年代我国实行的农业生产合作社有着本质的区别。当时的农业生产合作社是建立集体经济的预备阶段，是一种否定农户私有产权的社会改造模式，最终形成的不是市场经济体制下的企业组织，而是计划经济体制下的行政组织；而作为现代企业制度的农民专业合作社，则是在农业家庭经营基础上，农民为增强自身的市场竞争地位、取得规模经济效益、扩大农业盈利空间，联合起来共同从事农产品运销和加工、农业生产资料采购和农业信用融资的一种企业制度，它是在市场经济条件下，农业走向现代化经营方式的必然结果。而且，合作社是特殊的，它是双面的：一是社员共同体，另一个是企业。所以，专业农户的成长和发展是农民专业合作经济组织建立的基础。

典型的农业合作社是在市场经济的条件下，单个农民出于增进自身利益的考虑，自发组织起来的互助合作经济组织。合作社的主要作用是帮助农民降低生产成本和解决农产品销售问题，提高农民收入，其发展目标是为农民服务。当合作社具备相当的发展能力，拥有必要的资产规模时，合作社就会进化到资本扩张型的新一代合作社。

（四）扩张型现代农业企业组织先进形式：新一代合作社

目前在浙江台州出现了社员不能自由进出，事先认购农产品交售份额，允许一人多票的“新一代合作社”。这种合作社已经进入了高端的销售领域和加工领域，其目标不再是主要为农民服务，转变为合作社资产价值增值。20 世纪 70 年代，在美国北达科塔州和明尼苏达州出现了这种被称为“新一代合作社”的模式。由于在运行机制等方面对传统的合作社进行了创新，新一代合作社大大提高了组织活力和竞争力，具体表现在以下几个方面：首先，提高了合作社的资金实力。新一代合作社首先根据合作社的加工业务量确定合作社的投资规模，然后算出总股本和接受社员的数量，通常要求每个社员承购一定数量的交易权股。加入合作社的社员不能自由退股，只能将股份转让。合作社建立时，就获得了一笔稳定客观的资金。同时，还允许外来资金参与合作社投资，这使得合作社还可以从社会吸收大量资金，大大提高了合作社的资金实力。其次提高了合作社的生产效率。由于新一代合作社在创建的初期就通过可行性研究确定了最佳经济规模，由此规定了社员向合作社提供的产品数量。同时规定社员必须根据拥有股份所要求的投售量向合作社提供农产品，合作社对社员提供的农产品除了数量上有规定外，还有质量上的要求，如果社员不能提供合同规定的数量和质量标准的产品，合作社将从市场上购买这些产品，并按市场价格计入社员账户，这样在合作社与社员之间形成了一个“双向合同”，使得合作社与社员之间建立了一种互相依赖的关系，稳定了交易关系。同时，由于合作社的利润主要根据社员和合作社的交易权股份返还，这意味着社员与合作社之间真正形成了“风险共担、利益共享”的共同体，合作社可以按照经济有效的规模组织生产，避免传统合作社经常出现的设施投资过大，生产能力和供给过剩等问题。再次，改善了合作社的经营管理。由于新一代合作社的股份可以在市场上转让，这使得合作社管理阶层时刻面临外部市场的压力，因为如果合作社经营管理不善，合作社的股份市场价值就会下跌，社员就会对他们施加影响。同时，由于新一代合作社实行专家管理，聘请具有高级管理才能的人来实行专业化的管理，克服了社员由于自身素质的原因而造成合作社的经营管理问题。最后，提高了合作社对市场的反应能力，增加了农民收入。由于新一代合作社主要从事的是农产品加工增值业务，更接近于消费者，有利于对市场需求的变化及时作出反应。社员不仅可以销售初级产品获得收入，而且还可以从合作社的加工和流通的增值中获得收入，大大提高了参与社员的收入。

新一代合作社具有更强的公司制企业特征，与服务于农民的典型形式合作社相比，它与农户的"合作性"关系减弱，交易性增强。农民从合作社中的收益，也从获取服务转变为资产价值增值和利润分红。参加新一代合作社的农户是投资收益最大化的现代农户。

三、中国现代农业企业组织的形成逻辑

农村制度和市场化改革影响着中国农业企业组织化进程，表现出现代农业企业组织演进的一般性和特殊性。由于中国农户经济只是在农村改革后确立并发展起来，在市场经济环境中的成长期较短，农户在农业市场化过程中显得幼稚和弱小。再加上在农业产业化政策中政府对龙头企业的偏爱和支持，公司制企业在中国的现代农业企业组织的嬗变过中的主导作用较大，尤其是现代农业企业组织发展的初级阶段表现得尤其突出，中国农民专业合作社主要是在与公司的交易合作中成长和发展起来。这区别于外国主要以农户为基础的成长发展进程，表现为合作经济组织的独立的成长和发展，较少有公司的影子。

中国现代农业企业组织形式的演进表现为契约形式的变化，根据交易成本和组织成本的变化来选择成本最低契约形式，包括在准市场契约、市场契约和企业契约之间的选择，及单一契约和复合契约的选择。市场经济条件下众多弱小的农户实行市场契约，交易成本过高，出现农户小规模经营与市场化大生产之间的矛盾，在农户没有实现企业化的情况下，只能与公司以准市场契约联结成为"公司＋农户"的组织形式；由于公司和农户之间交易成本高，再加技术进步导致农户间的组织成本下降，农户的组织化程度提高，就以农户间较低的组织成本替代农户和公司间的交易成本，这样，农业企业组织形式进化为"公司＋合作社＋农户"的形式，选择市场契约和企业契约的复合形式。合作社的发展能力增强，机制得以完善，成为独立于公司并与之平等的合作制企业，实行单一的企业契约。当合作社资产规模增大，资产收益成为社员的经营目标时，合作社便演进成为新一代合作社。契约形式的变化规律是随着农户的组织化程度提高，与其他市场主体交易成本的下降，越来越多地采用市场契约形式，农业组织内部更多采用企业契约。

参考文献

[1] 石磊. 中国农业组织的结构变迁 1978—1998[M]. 太原：山西经济出版社，1999.

[2] 罗必良. 经济组织的制度逻辑——一个理论框架及其对中国农民经济组织的应

用研究[M].太原：山西经济出版社,2000.

[3] 关付新.现代农业组织创新的理论与实践[M].北京：中国经济出版社,2005.

[4] 徐旭初.中国农民专业合作经济组织的制度分析[M].北京：经济科学出版社,2005.

[5] 刘健,徐旭忠,陈敏.国际资本"牵手"中国农业[J].半月谈,2005(2).

[6] 王裕雄."公司＋农户"组织形式的微观经济学分析[D].郑州：河南财经学院,2005.

[7] 徐宏磊.目前是发展出口创汇蔬菜的大好时机[J/OL].上海农业网,(2005-02-17).http://www.shac.gov.cn/nkrx/kjdt/lwzj/t20050217_119593.htm.

[8] 邹海东."中粮基地是俺致富靠山"烟台"长城"感动蓬莱农民[EB/OL].中国农业信息网,(2005-01-14).http://www.agri.gov.cn/jjps/t20050114_307209.htm.

中国农业合作化与农村工业化

王玉玲
（中央民族大学经济学院）

新中国建立后，对尚未进行土地改革的3.1亿人口的地区进行了土地改革，即在实行土地国家所有制的前提下，废除旧的土地占有权，重新在全体农民中，以村为单位进行按人口的平均分配。土地在农村是最重要的生产资料，通过土地占有权的均分，小农经济事实上被重新确立起来。土地改革的结果，不是消灭或者削弱小农经济，而是在某种程度上强化了小农经济。小农经济条件下，劳动者的劳动过程以个体劳动为特征，“农民本身是自己的主人，他的生产方式是自主的独立小农的传统生产方式”。农村个体劳动与工业化所要求的社会化大生产不相符合。中国农村工业化所面临的是，很低的农业发展水平，小农经济普遍存在，农村人口众多。

如何改造农村，发展农业，引导农民进行社会主义工业化建设，是中国共产党必须解决的问题。对此，毛泽东的创造性思维发挥了作用。毛泽东认识到，要改造小农经济，就要形成以联合劳动为特征的劳动过程，使得劳动不是个体的、分散的，而是总体的、联合的。其重要途径，就是农业合作化。在他的思路的导引下，20世纪50年代中期至70年代末，中国进行了农村合作经济的伟大尝试。虽然这一尝试在后期变成了强制性的农业集体化——一种畸形的合作化，但中国农村合作经济仍是“这个世纪规模最大的社会经济运动，其历史价值不小于1949年中华人民共和国的成立”。农民集体办工业，被认为是迄今工业化或正在致力于工业化的国家中绝少见到的新生事物。

新中国建立后以农业合作化对个体小农经济的改造，与农村工业化是同一个问题的两个方面，“在社会主义社会中，这个难题——工业化或促进农业——已完全没有意义，因为两者的进步是不可分割的，保持这两个部门之间协调是取得迅速和健康发展的极端重要的条件之一”。中国的农业合作化与农村工业化是统一的，“搞农业合作化，是为了实现社会主义工业化”。

农村工业化包括农村工业企业的发展和农业工业化。作为农村工业化的两个内容，农村工业企业的发展和农业工业化相辅相成，农业工业化的切实实现，基础就在农村工业企业的发展；而农村工业企业的发展，有助于农业工业化的推进。因此，对农业合作化对农村工业化的作用，我们可以从发展农村工业企业和促进农业工业化两个方面来考察。这对于在新的历史条件下实现农业合作化和农村工业化的发展，无疑具有重要意义。

一、农业合作化带动农村工业企业的发展

在1958年人民公社成立前，农村工业企业叫乡办工业和农业社办的社办工业，人民

公社化运动中叫社办工业或社办企业，到了“文化大革命”的中后期才有了社队企业的名称，即公社和生产大队办的企业。[①]

在1958年以前，农村工业基本上是自给性的手工作坊式的手工业和农产品初加工。据农业部计划局编的《农业经济资料手册》中的资料统计，1952年农村手工业和农产品初加工业产值81亿元，1953年为88亿元，1954年为90亿元，1955年为97亿元，1956年为99亿元，1957年为100亿元。总的看来，1958年以前的农业生产合作社的非农经营活动，不仅主要限于为农村服务的范围，而且很大一部分是从事农产品的加工。因此，随着国家对重要农产品实行计划收购和统一收购范围的扩大以及数量的增加，农业社的副业活动便由于原料困难而举步维艰。

1958年为农村工业的大发展提供了契机。3月，毛泽东主持召开的成都会议通过了《关于发展地方工业的意见》，《意见》指出：“地方工业的任务是：为农业服务（这是基本的）；为国家大工业服务；为城市人民生活服务；为出口服务。”提出全党办工业、全民办工业的方针，以加速国家工业化、农业机械化的进程，加速缩小城乡差别的进程。会议要求以5年到10年（后改为5至7年）的时间，各省和自治区要使本地方工业总产值赶上和超过农业总产值。农业生产合作社办工业，被视为实现这一目标的必要手段之一。在随后到来的扩大农业生产合作社规模，进而又办成“一大二公”的人民公社后，中国大地上出现了不管是否具备条件，社社乃至队队都办工业的热潮。

“大跃进”后，毛泽东关于变革农村基层组织的设想，由他的秘书、新创刊的《红旗》杂志总编辑陈伯达透露出来。1958年7月1日出版的《红旗》第3期发表了陈伯达《全新的社会、全新的人》一文，文章在介绍湖北省鄂城县旭光一社土法办工厂的经验时说，这个合作社是“把一个合作社变成既有农业合作又有工业合作的基层单位，实际上是农业和工业相结合的人民公社”。1958年8月后，全国兴起了人民公社化运动。

值得指出的是，人民公社在建立的过程中，充分体现了农业合作化和农村工业化统一的思路。在《人民日报》1958年9月4日为《从“卫星”公社的简章谈如何办公社》配发的社论中，总结了人民公社与农业社的不同。其首要区别就是人民公社不是单纯的农业生产组织，也不只是农林牧副渔全面发展，而是要像城市工矿区一样同时兴办工业。人民公社将逐渐消除城市和乡村的界限，消除工业和农业的差别。除了生产，公社还要自己兴办商业（交换）、信用（银行业务），举办文化教育（包括小学、中学、专科、科学研究等）事业，实行全民武装，适龄的男性青年和复员退伍军人要编成民兵。人民公社是工农商学兵的统一体。这一思路，也体现在1958年12月10日中国共产党八届六中全会通过的《关于人民公社若干问题的决议》中。决议认为，公社化为我国人民指明了农村逐步工业化，农业中的集体所有制逐步过渡到全民所有制，由社会主义的按劳分配逐步过渡到共产主义的按需分配，缩小城乡、工农、体脑劳动三大差别，国家职能逐步缩小以至消灭的道路。我国

① 社队企业这一名称在中央文件中最早出现，是1975年中央转发华国锋在全国农业学大寨会议的报告《全党动员，苦战五年，为普及大寨县而奋斗》，报告中提出：“各地党委应当采取积极态度和有力措施，推动社队企业更快更好地发展。”参见张毅，张颂颂．中国农村工业化与国家工业化[M]．北京：中国农业出版社，2002：135.

要经过人民公社这种社会组织形式，高速度地发展社会生产力，以促进国家工业化、公社工业化、农业机械化电气化。

公社工业随着人民公社的组成也应运而生。当时公社工业由以下几部分组成：把农业社办的工业收为公社工业；由人民公社新办的工业；“共产”社员资产办的工业；大炼钢铁时兴办的工业；将农村手工业合作社全部转为人民公社工业。到 1959 年，社办工业企业发展到 70 多万个，工业产值超过 100 亿元，占当年全国工业总产值的 10%。

为了纠正社办工业群众运动式发展带来的问题，中共中央制定政策，对社办工业给予规范，决定在国务院财贸委下成立人民公社工业管理总局，以加强领导(后因公社工业整顿和决定一般不发展而未成立)，且国家财政决定每年拿出 10 亿元，无偿支援公社工业和穷队。

1958 年 11 月，中共中央在武昌召开八届六中全会，在会议通过的《关于人民公社若干问题的决议》中指出：“人民公社必须大办工业。公社工业的发展不但将加快国家工业化的进程，而且将在农村中促进全民所有制的实现，缩小城市和乡村的差别。”“应当根据各个人民公社的不同条件，逐步把一个适当数量的劳动力从农业方面转移到工业方面。”“人民公社的工业生产，必须同农业生产密切结合，首先为发展农业和实现农业机械化、电气化服务，同时为满足社员日常需要服务，又要为国家的大工业和社会主义市场服务。”

1959 年初，毛泽东在察觉“大跃进”和人民公社化运动中的问题，并开始着手纠正时，仍对社队工业寄予殷切期望。他在同年 2 月 27 日至 3 月 5 日中共中央政治局(扩大)第二次郑州会议上，指出：“由不完全的公社所有制走向完全的、单一的公社所有制，是一个把较穷的生产队提高到较富的生产队的生产水平的过程，又是一个扩大公社的积累，发展公社的工业，实现农业机械化、电气化，实现公社工业化和国家工业化的过程。目前公社直接所有的东西还不多，如社办工业、社办事业，由社支配的公积金、公益金等。虽然如此，我们伟大的、光明灿烂的希望也就在这里。”可以看出，毛泽东认为农业合作化与公社工业化和国家工业化是一致的。

1959 年起农业连续三年遇到自然灾害，国民经济处于极困难境地。国家对社办工业也进行了相应调整，包括：(1) 不许剥夺农民。(2) 将划归人民公社的手工业社，再划回手工业社系统。(3) 停止各种大办，劳力归田。(4) 1959 年下发的中共中央《关于人民公社的十八个问题》中规定：县、公社和大队曾经把原高级社经营的一些企业单位调来归自己经营。这些企业单位，按照新规定的管理体制仍然可以由原高级社(现在的生产队或者生产大队)经营的，应当发还；由公社或者大队经营比较适宜的，应当把属于高级社的资财设备合理作价，向生产队偿还价款，或者作为合营的企业，由公社或者生产大队同生产队按比例分配企业利润。(5) 缩小社办工业经营范围，1959 年中共中央《关于迅速恢复和进一步发展手工业的指示》指出：“公社工业的任务：(一) 以农具的简单制造和维修为首要任务。(二) 本乡村农村产品的简单加工。(三) 生产当地的传统产品。(四) 小型的矿产开采和石灰等建筑材料的生产。”(6) 对社队工业进行治理整顿。

1961 年，毛泽东提出社队工业以生产小队为主，他说：“今后社队办起来的东西，不是大办是小办，以生产队为单位，大办只能生产队。”1962 年 9 月，中央在《农村人民公社工作条例修正草案》中规定：“公社管理委员会，在今后若干年内，一般地不办企业。”11 月，中央又在《关于发展农村副业生产的决定》中提出："公社和生产大队一般地不办企业，不设专业的副业生产队。原来公社、大队把生产队的副业集中起来办的企业，都应该下放给生产队经营。"

在上述措施的影响下，社办工业企业1958年末为602万个，1959年5月减少到87万个，1959年末又减少到70万个，1961年减少到4.5万个。社队工业产值也连年减少。1961年，社队工业产值为19.8亿元，1962年下降为7.9亿元，1963年再下降为4.2亿元，为历史最低点。

60年代中期，农业生产特别是粮食生产已得到恢复，并有了新的发展。粮食生产的恢复和发展，为社队工业的发展提供了基础。为解决农村土地资源稀缺、农业人口膨胀、农业剩余劳动力激增、农业收益下降的问题，向非农产业寻找出路是必然的选择。1965年9月，中共中央、国务院就发展农村副业生产问题发出指示，指出：农村副业是薄弱环节，1964年尚未达到1957年水平。鉴于此，要以生产队为主，大力发展集体副业。单独一个生产队无力举办的项目，可由几个队联合经营；生产大队在不侵害生产队利益的前提下，也可兴办自己的副业。1966年5月7日，毛泽东提出"在有条件的时候，也要由集体办些小工厂"。在此思想的指导下，社队工业再次获得发展，其产值不断上升。到1970年，达到67.6亿元，比1965年增长了38.3亿元。

进入20世纪70年代后，我国政局相对稳定，中央召开了北方地区农业会议，提出了大办地方农机厂、农具厂以及与农业有关的其他企业。江苏、浙江、广东等历史上有手工业传统的省份首先行动起来，纷纷创办各种规模的农机具、粮油加工、建材、编织、服装等社队企业。随后，沿海及内地各省、自治区、直辖市也在中央政府的统一要求和指导下，兴建社队企业，其中最为典型的是苏南地区。1976年，苏南地区社队工业产值已达到12.44亿元，其中，社办工业产值为6.96亿元，队办工业产值为5.48亿元。1978年，苏南地区社队工业产值又发展到25.98亿元，为1965年的近45倍，平均每年增长34%。

从性质上看，社队企业是集体所有制经济。其生产资料所有权归公社或生产大队，也有少数由生产队办的企业。在社队企业就业的职工，都是从各生产队抽调来的，其报酬一般是按出工时数在原生产队计工分，并由社队企业付一定补贴。除极少数技术职工外，其劳动报酬与其他社员大体相等。也有些企业给职工发工资，但职工要拿出其中大部分"买"生产队的工分，再从生产队分口粮和拿工分应得的报酬。因此，企业的职工只是临时性在企业中劳动，其权利也只是领取比在生产队劳动较多些的补助费。

伴随着农业合作化，中国农村工业在相当艰难的环境中顽强生存，且日益壮大，到1978年底，全国已有94.7%的人民公社和78.7%的生产大队办起了以工业为主的各类企业，总数达到152.4万个；社队企业总收入为431.4亿元，占人民公社三级经济总收入的29.7%，其中，社队工业总产值由1975年的169.4亿元增加到385.3亿元，增长127%，在全国工业总产值中的比重也由1975年的5.3%上升为9.1%(按1970年不变价格计算)(见表1)。社队企业安置农村劳动力2826.5万人，占农村劳动力总量的9.32%。

农村工业企业围绕农业办工业，为农业生产服务，为城市工业加工服务；就地取材，就地生产，就地销售，因此具有较大的发展空间和较好的灵活性。在农村工业企业发达地区，已涵盖了以下门类：以食品、饲料为代表的粮食转化行业；以经济作物和林业、牧业以及其他副业产品为原料的农副业产品加工行业；围绕开发利用自然资源的小型矿业、能源和建筑材料等行业；传统工艺、各类编织等劳动密集型行业；为农业生产服务的制造、修理行业；为大工业协作配套或拾遗补缺的行业；为城乡市场服务的轻纺、五金以及当地土特产加工等行业；供出口创汇或为外贸部门加工服务的行业等。

表 1　1966—1978 年农村社队工业发展情况

年　份	社队工业企业数(万个)	社队工业总产值(亿元)		
		合　计	社办工业	队办工业
1966	1.22	29.3	5.3	24.0
1970	4.47	67.6	26.6	41.0
1971	5.31	78.5	39.1	39.4
1972	5.60	93.8	46.0	47.8
1973	5.96	107.3	54.8	52.5
1974	6.47	129.0	66.8	62.2
1975	7.74	169.4	86.8	82.6
1976	10.62	243.5	123.9	119.6
1977	13.30	—	175.3	—
1978	16.41	385.3	211.9	173.4

注：社队工业企业数实际上是社办工业企业数。
资料来源：马泉山．新中国工业经济史(1966—1978)[M]．北京：经济管理出版社，1998：365.

农村工业企业的发展，增加了公社和大队的积累。企业把积累的相当大一部分用于农田基本建设和购买农业机械，此外还把一部分钱用于支持穷队。人民公社把“以工补农”、“以工建农”视为办工业的重要目标之一。上海市川沙县 1971—1974 年用于农业机械化的 2500 万元投资中，社队企业利润占 87.5%。企业的盈利，一部分作为税金上缴给国家，余下的部分除用于支持农业外，主要用于企业本身的扩大再生产。如果用于创办新的企业，需经上级批准。

伴随着农业合作化，农村工业企业逐渐发展起来，构成农村工业化的重要内容。应当说，农村工业企业的发展壮大，有助于改变农业在中国工业化中的“重要而又有些被动的角色”。

二、农业合作化促进农业工业化

农业工业化不是将农业发展为工业，而是指农业生产的工业化，即用工业产品进行农业生产，其产品仍然是农产品，但产量、品质和品种有了变化。农业工业化是改造传统农业，使之成为现代农业的重要步骤，也是农村工业化的重要内容。农业合作化对农业工业化的促进主要有：

（一）农业合作化有助于实现农业集约化经营

农业集约化经营是农业工业化的重要内容。所谓农业集约化经营就是改变农户分散经营的小生产方式，实现规模经营和专业化生产，以联合与技术为内在动力，形成较高的经济效益和市场竞争能力。农业集约化经营包括三个方面，即规模经营、专业化生产和市场化。这三个方面，可看作递进的三个层次，农业只有实现了规模经营，才能进行专业化生产；而市场化，又是建立在专业化生产基础上的。

农业集约化经营是改造小农经济的必要手段，也是农业工业化的重要内容。在农业合作化过程中，从互助组向初级社的转变，就充分体现了农业集约化经营的发展方向。

互助组一般规模较小，由三五户或十几户农民组成，其成员各自拥有对土地和其他生产资料的所有权，只是在劳动过程中换工互助，有的还实行某些技术分工。互助组是带有社会主义萌芽性质的互助合作组织。1950 年，全国已有 272 万个农业互助组，参加的农户为 1131 万户，约占全国农户总数的 10.7%，其中大部分集中在东北、华北等地。

由互助组发展为初级生产合作社，是一种必然。互助组中的几户或十几户农民，在协作劳动中提高了生产率，因此就有进一步将所占有土地和耕畜、大农具集合起来，形成更为稳定的经济组织的要求。在党和政府的鼓励下，也就逐步出现了这类组织，并且发展迅速。

以土地入股分红为特征的初级社，能发挥集体的力量，克服个体农民耕畜、农具不足的矛盾，使土地统一经营、劳力统一使用，便于开展多种经营、进行副业生产。但要明确的是，从互助组向初级社的转变，所体现的只是初级的农业集约化经营，即经营规模的扩大。农业集约化经营，除了经营规模的扩大外，更重要的内容是专业化生产和实现与市场衔接，即农业市场化。所谓农业市场化就是改变农村传统小农经济的封闭的自给自足生产方式，建立农业生产要素和农产品销售市场体系。初级合作社的组成原则为农业市场化提供了条件。在初级社中，农民自愿以个人的劳动力占有权和土地的使用权及一部分其他生产资料的占有权联合，构成合作制经济。其劳动力为个人所有，入社也只是将占有权投入，并和土地使用权、农具耕畜等生产资料占有权一起，形成合作社的总体经济权利，它们的使用权由合作社统一行使，农民依其个人权利拥有收益权。初级社的原则中，除了“入社自愿、耕畜和土地可分红”之外，还包括“退社自由”，这是其个人权利的主要体现。“这一制度，承认个人产权，把生产资料由个人占有变成共同占有，由个人支配变成共同支配，由个人决策变成共同决策，是公私混合的利益共同体、富有绩效的产权结构。”

（二）农业合作化促进了农村的大规模农田水利建设，为农业工业化提供了稳固的基础

新中国建立后，党和政府充分认识到农田水利建设对农业发展的重要作用。毛泽东在为《中国农村的社会主义高潮》中的《应当使每人有一亩水地》一文写的按语中说：“兴修水利是保证农业增产的大事，小型水利是各县各区各乡各合作社都可以办的，十分需要定出一个若干年内，分期实行，除了遇到不可抗拒的特大的水旱灾荒以外，保证遇旱有水，遇涝排水的规划。这是完全可以做到的。”

农业合作化的长处在于可以快速动员、组织劳动力，进行大规模的农田水利等基础设施建设。而从农业合作化向农业集体化的转变，很大程度上也是为了推进农村的农田水利建设和实现农业机械化。在安排“三五”国家建设资金时，毛泽东提出，发展农业主要应

依靠大寨精神，国家农业投资可适当减少，以缓解资金不足的矛盾。学习大寨精神，建设大寨式稳产高产田，成为农田水利基本建设的要求之一。1976 年，全国机井数量增加到 240 多万眼，比 1965 年增长 10 倍，对北方旱区农业的发展发挥了重要作用。仅从 1971—1975 年，就增加有效灌溉面积 10926 万亩。1976 年，全国有效灌溉面积已达到 67470 万亩，比 1965 年增加 17887.5 万亩，增加 36.1%。与此同时，还有 25035 万亩的低洼易涝地得到不同程度的治理。

对农田水利建设的大规模投入，提高了防灾抗灾能力，为农业的稳产高产打下了良好基础。据估计，1952—1957 年，国家对农林水气系统的基本建设投资占全部基建投资的 7.1%，其中又以 63.8%投入水利建设。1966—1976 年间，农民继续对大片农田进行平整规划，兴修水利，工程配套，扩大高产稳产农田。这期间，国家对农林水气系统的基建保持在 10%左右，其中 64%用于水利建设。

农田水利建设还带动了地方"小水泥"的发展。1966 年以后的 10 年，地方小水泥厂生产的水泥用于农业的累计达 9000 多万吨，约占地方小水泥产量的 67%。农村人民公社用这些水泥修建了大量中小型水库、水渠、扬水站、机井、防洪闸、电灌站、电排站等设施，在抵御自然灾害、建设旱涝保收农田方面，发挥了重要作用。

（三）农业合作化为农业机械化提供了基础，有利于农业工业化的推进

没有农业机械化，农业工业化是不可想象的。而农业机械化的发展，要求一定的基础，个体小农经济条件下，是不可能出现机械化的。正是农业合作化，使得农业机械化成为可能和现实。因为无论是农业机械的使用，还是化肥的使用，都只有在农业已经形成了合作化的大规模经营的基础上才有可能，或者才能大量使用。对此，毛泽东是有清醒认识的。在农业发展的问题上，毛泽东实施了一条先实现农业集体化，再实现农业机械化的工作步骤。1966—1978 年，推进农业机械化与开展农业学大寨互相结合，贯彻始终。

中共中央和国务院把发展地方，特别是县（市）小型农业机械制造、修理厂，作为推进农业机械化的基本环节之一大力倡导，并加以支持。1969 年 8 月，召开了全国建设县农业机械修造厂工作会议。1970 年，国务院召开了北方地区农业会议，会议提出，农业的根本出路在于机械化。不搞机械化，光靠手工劳动，就不可能更快地提高农业劳动生产率，不可能改变 6 亿农民搞饭吃的局面，也就不可能腾出劳动力来加快工业建设。1971 年，全国农业机械化会议召开，会议提出到 1980 年的 10 年奋斗目标：使全国农、林、牧、渔的主要作业机械化水平达到 70%以上。为落实这一目标，会议提出：（1）建立县、社、队三级修造网，做到大修不出县、中修不出社、小修不出队；（2）社队要发展以钢铁等原材料为主的五小工业（小钢铁、小煤窑、小水电、小机械制造、小水泥），这是加速实现农业机械化的重要物质基础；（3）资金除社队自筹外，将国家每年支持人民公社和穷队的 10 亿元用在农业机械化上。

在上述政策的推动下，70 年代初，全国 2300 个县（市）中，除 81 个县以外，都有了农机厂；70 年代中期，29 个省、自治区、直辖市中 27 个省、自治区、直辖市县县都有了农机厂，新疆 91.3%的县办了农机厂。全国近半数的人民公社也办起了自己的农机修理厂（站）或农机修造厂（站），还有一部分生产大队也办了农业机具修理或修造厂（站），在全国范围内初步形成了一个农业机具修造网络。这个网络的修造水平虽然不高，但它首先解决了有无的问题,有利于承担起农业机械化事业发展中的日益繁重的修理任务。到1978年,农用动力灌排机械拥有量比1965年增长6倍多,有效灌溉面积达67亿亩。1978年底,农业机械总动力由1965年的1494万马力增加到15975万马力,增加9.7倍;机耕面积由1557.9万公顷,增加到4067万公顷,增加1.6倍;机电灌溉面积由809.3万公顷,增加到2489.5万公顷,增加2.1倍,机电灌溉面积占灌溉面积的比重由24.5%提高到55.4%;农村用电量由37.1亿度增加到253.1亿度,增加5.8倍。

(四)通过集体的力量,推动了化肥、农药的应用,促进了农业向化学化方向发展

农业化学化是农业工业化的重要内容。农业化学化的基础是化学工业基本建设投资的增长。"三五"期间,化学工业基本建设投资在工业基本建设投资总额中的比重,由"一五"和"二五"时期的5.4%和7.6%增加到11.5%,"四五"期间,这一比重曾减少到9.8%,"五五"前三年又回升至15.6%。其中,与农业相关的化学肥料和化学农药增长更为迅速。以1965年为基期,截至1978年底,其产量分别增长了403.7%和176.2%。1978年化肥施用量由1965年的192.4万吨增加到884万吨。每亩化肥施用量由1965年的0.9公斤增加到1978年的3.93公斤。化肥、农药产品产值在化学工业总产值中的比重,由1965年占14.6%(按1957年不变价格计算)上升为1978年的19.4%(按1970年不变价格计算)。化肥、农药施用量增长,对农业增产有重大作用。

农业化学化的道路上,一个具有中国特色的现象是"小氮肥"的发展。由于"小氮肥"技术容易掌握,而且所需投资少,建设周期短,收效快,比较适合县一级的情况,而且产品可以自产自用,因而深受欢迎。1966—1976年,全国共新建小氮肥厂1232个,其中1970—1976年的几年平均每年新建144个,1976年小氮肥厂合成氨产量已达到368.1万吨,比1965年增长了19倍,在全部合成氨产量中的比重由1965年占12.4%上升到占59.5%。小氮肥的发展,对于满足农业的急迫需要,支持粮食生产的持续增产,起了重要作用。1973—1978年,平均每年增产粮食107.15亿公斤,小氮肥厂生产的化肥肯定是重要的增产因素之一。

三、余　论

通过前两部分的论述,可以看到,到改革开放前,农业合作化与农村工业化相伴随,经历了发展的高峰和低谷。农业合作化的道路也不可避免会对农村工业化产生影响。其中,带来最大影响的莫过于农业合作化向农业集体化的转变。

农村工业化,无论是农村的工业企业的发展,还是农业工业化,其基础就在于形成自主的市场主体。初级社对劳动者劳动力所有权和以土地为主的生产资料占有权的承认,为自主的市场主体形成提供了条件。但随着农业合作化向集体化的转变,尤其是发展到人民公社阶段,因对"政社合一"的强调,人民公社既是行政机构,又是行使占有权、经营权、处置权、管理权的机构,其负责人由上级任命,只对上级党政机构负责。生产队、生产小队的负责人只是公社党政机构的代理执行者。在此情况下,自主的市场主体不可能出现。如果说集体化在农业集约化经营方面有贡献的话,也只是在规模方面。较初级社而言,高级社规模更大。伴随着小社并大社、联乡并社的发展,"一大二公"的人民公社化的规模进一步发展。但问题也很快暴露出来，表现为组织规模过大、管理混乱、分配上的平均主义严重、“吃大锅饭”等，后不得不将人民公社的“核算单位”，即经营权的行使单位降到生产队，其他权利并无实质改变。加上人民公社完全取消副业生产的家庭经营，更加排斥商品经济，农业市场化道路被彻底阻断了，农村工业化在这样的背景下无法实现质的飞跃。

从现实情况看，农村工业化不容乐观。首先，农村的工业企业在改革开放后，转变为乡镇企业，在经历了蓬勃发展后，陷入了困境。其次，农业工业化尚待推进。改革开放以来，由于家庭联产承包责任制取代了人民公社制度，个体农户经济力量薄弱，农业集约化经营受到限制。在农业基础设施方面，农业合作化时期建立的有些农田水利设施，即使到今天也仍在发挥作用。在甘肃，在非常恶劣的自然条件下，仍然有许多“梯田”、“条田”和一些水利设施在农业生产中发挥很大的作用，当地人自豪而又遗憾地介绍说：“这是集体化时代修的，现在没办法了。”新建的农田水利设施很少，且已有的设施也因缺乏明确的主体而失于维护。在农业机械化方面，除少数土地/劳动力比例较高和经济较发达的地区外，一般而言，农业机械化水平更有所退化，甚至连机耕、机灌、机械脱粒的比重也有所下降，农用拖拉机用于农村运输的反而占多数。可以说，时至今日，在我国工业化过程中，农业机械化还基本上没有实现，有的也只是刚刚开始。不仅如此，我国农业中生化技术系列的变化也没有完全实现，如果与先进的亚洲型农业（如日本、韩国和我国台湾地区）相比，无论是良种技术的研究和推广，还是在与此相关的化肥、农药使用量，以及灌溉体系的效能方面，都存在很大的差距。

农村工业化要求以社会化工业生产方式取代个体农业生产方式。它不仅仅是生产方式和生活方式的改变，还包括社会关系、政治关系、文化观念等，是全方位的转变，并不因农民温饱的解决而完成。

农村工业化的推进，还在于农民内生的联合和发展。中国变革小农经济，发展农村工业化，必须是社会主义性质的，即不是听凭小生产两极分化，而是要使分散的个体农民组织起来，将他们的劳动力、小块土地及其他生产资料集中起来进行合作经营。不能因为我们在过去的农业化中走了弯路，就全盘否定合作化的必然趋势。建设社会主义新农村，有待于探索出一条合作化的新路来。

参考文献

[1] 马克思，恩格斯．马克思恩格斯全集（第48卷）[M]．北京：人民出版社，1985.

[2] 保罗·巴兰．增长的政治经济学[M]．北京：商务印书馆，2000.

[3] 刘永佶．主义 方法 主题[M]．北京：中国经济出版社，2002.

[4] 刘永佶．中国经济矛盾论[M]．北京：中国经济出版社，2004.

[5] 马泉山．新中国工业经济史（1966—1978）[M]．北京：经济管理出版社，1998.

[6] 高化民．农业合作化运动始末[M]．北京：中国青年出版社，1999.

[7] 张毅，张颂颂．中国农村工业化与国家工业化[M]．北京：中国农业出版社，2002.

[8] 顾龙生．毛泽东经济年谱[M]．北京：中共中央党校出版社，1993.

[9] 薛暮桥. 中国社会主义经济问题研究[M]. 北京：人民出版社,1979.

[10] 张培刚. 农业与工业化(上卷)[M]. 武汉：华中科技大学出版社,2004.

[11] 张培刚. 农业与工业化(中下合卷)——农业国工业化问题再论[M]. 武汉：华中科技大学出版社,2002.

[12] 郑有贵. 中国农村公有制实现形式研究综述[J]. 当代中国史研究,1999(3).

[13] 牛若峰等. 中国经济偏斜循环与农业曲折发展[M]. 北京：中国人民大学出版社,1991.

[14] 牛若峰等. 中国的"三农"问题[M]. 北京：中国社会科学出版社,2004.

[15] 罗平汉. 农业合作化运动史[M]. 福州：福建人民出版社,2004.

[16] 中共中央文献研究室. 建国以来重要文献选编(第11册)[M]. 北京：中央文献出版社,1995.

[17] 中共中央文献研究室. 建国以来重要文献选编(第12册)[M]. 北京：中央文献出版社,1996.

[18] 中共中央文献研究室. 建国以来重要文献选编(第15册)[M]. 北京：中央文献出版社,1997.

[19] 中央文献出版社编. 建国以来毛泽东文稿(第五册)[M]. 北京：中央文献出版社,1991.

信息、博弈与利益：农民合作的一种经济学分析

杨文选　孙巧云
（西安理工大学人文学院）

一、引　言

古典经济学完全竞争模型的一个重要假设条件就是完全信息，即市场的供求双方对于所交换的商品及市场具有充足的信息，但显而易见，由于有限理性等原因，现实生活中信息常常是不完全的或者信息的取得是需要付出成本的，市场本身并不能产生足够的信息并有效进行配置。这就导致了一个问题——信息不对称（asymmetry of information），即市场活动的参与人对市场特定交易信息的拥有是不对等的，有些参与人比另一些参与人拥有更多的信息，而且双方都知道这种信息分布状态。按照博弈论的观点，市场竞争的过程实质上是市场主体博弈的过程，而在博弈过程中，博弈双方的博弈结果即利益分配在很大程度上便取决于拥有信息量的多少。简单说来，拥有或较易获得大量信息的一方在博弈中便处于优势，可获得较大份额的利益，反之，则处于博弈弱势，利益受损。可见，信息对市场博弈具有重要作用。

随着我国农业市场化改革的不断深入，我国农业也跟工业等其他产业一样开始正式进入市场，对农业的生产经营主体——农民而言，其最显著的变化之一就是不得不亲自进入销售市场，接受博弈对手的挑战。此时，对市场博弈成败具有举足轻重作用的信息对农民而言越来越重要。然而，由于我国农村地理位置分布较分散、交通通讯设施落后、网络普及率低等原因，农民获得最新信息的可能性极小，即使能够获得也要花费相对较高的信息支付成本，这就加剧了信息资源在农村地区的稀缺性，导致农民与交易方相比，信息的拥有量极低，农产品初级销售市场中信息不对称问题严重。本文以西方信息不对称理论和博弈论为分析框架，试图通过对农民在农产品初级销售市场中所遭遇信息不对称问题的考察，分析农民在农产品初级销售市场博弈中所处的弱势地位及由此所造成的经济利益受损，并认为通过合作即成立农民专业合作组织，在解决上述问题时具有较高的效率和较强的可行性。

二、农产品初级销售市场中的信息不对称问题：收购商“败德”

何谓农产品初级销售市场，本文将其界定为直接与农产品生产者即农民交易的农产品买卖市场。一般来说，现阶段农民销售产品的方式主要有两种：一是与收购商交

易，即农民收获完成后，只是在家中等待收购商上门收购，此处的收购商大多只是一些中间人，俗称的“二手贩子”，因交易成本高等问题，农产品龙头企业一般是不直接与单一的农户打交道；二是直接与消费者交易，即农民将农产品直接拿到农村集贸市场上兜售、挨街挨村叫卖等，采用这种方式销售的农户，其产品一般都数量有限，故在此文分析中将其省略，因此，农产品初级销售市场中确定只有农民与收购商两大主体。传统信息不对称理论认为，市场中卖方比买方更了解有关商品的各种信息，典型的“二手车柠檬市场”案例也几乎人人皆知，但很明显，在农产品交易市场中，农民却并没有因为是卖方而处于优势地位。事实上，农民是缺少农产品质量、市场供需信息的，即农民自行判断自身产品质量的能力低下，尤其是非传统农作物的新经济作物，对农产品的市场需求状况也难以了解，而交易对方因认知能力、信息收集等优势又明显比农民具有更了解商品信息的能力与条件，且也明知农民对自身产品诸多信息的不完备。在这种状况下，极有可能产生收购商“败德”现象，即收购商故意隐藏产品质量、供需的真实信息，压低产品成交价格。

三、收购商“败德”的直接后果——农民市场博弈弱势与利益受损

（一）农产品销售市场的简单讨价还价博弈分析

假设：

1. 农民和收购商是博弈参与的两大主体，收购商记为主体1，农民记为主体2。两者间存在信息不对称，即农民不知道收购商所出价格是否为市场价，也不知道当下所交易产品的市场供求状况及质量；收购商则并不知道农民所打听到的价格即心理底线价。

2. 两者都在有限理性下，追求自身利益最大化。

3. 因农产品一级交易市场买方主动的特殊性，收购商具有优先选择战略的优势。

4. 收购商有两大战略选择：出市场价与出低价，其出的市场价总是大于农民打听到的市价，但出的低价不一定低于农民打听到的市价。

5. 收购商只要开始交易就产生交易成本，包括：搜索农民产品及具体情况的信息成本、上门收购的交通费用及固定资产投资等，用 C_0 表示，绝对数值较大。随着交易进行时间的长短，收购商将付出机会成本 $C_1, C_2, \cdots$，但绝对数值不大。因农民交易成本较小，本文将其忽略。

由图1可见，主体1首先作出战略选择，要么出市场价要么出低价，但对主体2而言，主体的战略是未知的，故而主体2的最优战略只能是“讨价”。如若主体1所出价格高于农民所打听到市价，则农民的“讨价”战略只是象征性的，即没有讨价筹码或者采用假信息提价，因此下阶段只要主体1的战略为“坚持原价”，农民就会接受，交易结束；如若主体1所出价格低于农民所打听到市价，农民仍会选择“讨价”战略，但同时会抛出讨价筹码——所了解的市价。参与主体1并不清楚农民所持筹码的真假，其最优战略仍为“坚持原价”，并会利用行业信息、产品质量等级信息等信息优势拒绝农民提价请求，甚至会用市场价格会继续下跌来进行软威胁。在此阶段，因收购商的信息优

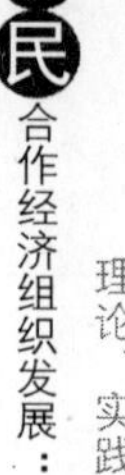

势，在价格没有低到很离谱的情况下，大部分农民会妥协，即图 1 中的战略结局 1 出现。但如果农民掌握更准确、更多的价格信息，就会对收购商的坚持无动于衷，仍然“继续讨价”，同时也给收购商传达了可能中止交易的信息，在此状况下，收购商可以采取“接受”结束交易的战略，即图 1 中的战略结局 2 出现。也可以选择“回讨”争取利益的战略，选择何种战略一般据农民的讨价筹码来定，但一般来说，因农村信息资源的匮乏，收购商选择“回讨战略”的可能性较大。接下来的战略阶段，因农民缺乏讨价筹码，又有大部分农民选择接受，即图 1 中的战略结局 3 出现。而能够收集筹码一直讨价到战略结局 4、5 的农民几乎没有。

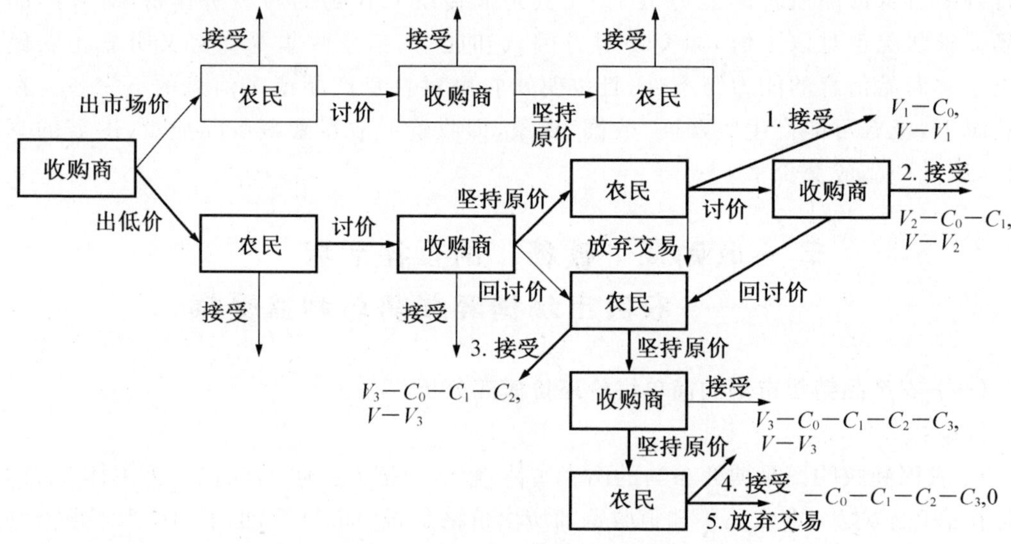

图 1　农产品市场交易博弈树

可见，图 1 中粗线基本就为农产品交易市场的真实战略选择路线。从理论上来讲，当买者与卖者讨价筹码势均力敌时，最后的成交价格基本接近市场价格，但因信息不对称，农民信息弱势，卖者在此博弈过程中明显处于弱势地位。

（二）农民的利益损失分析

如上所述，农民在农产品交易市场中，因信息弱势不得不处于博弈的弱势地位，占据信息优势的收购商从自身利益最大化出发，必将采取低价战略——出价 V_1，然后随着农民掌握信息量的多少，即讨价筹码的大小来调整出价 V_2，V_3，…，因农民信息的匮乏，其将永远低于边际效用＝边际利润＝边际成本所决定的市场价。在此情况下，农民利益受损是不可避免的。

如图 2 所示，按照西方经济学的基本原理，若交易双方皆具有完全信息，当边际效用＝边际利润＝边际成本时所确定的市场价格为交易量为 Q_0 时的 V_0，在此均衡点时，农民获得应得利润，经济利益得到保证。但是当信息不对称时，收购商凭借信息优势，故意隐瞒市场真实供需水平，甚至贬低农产品质量，即形成上图 2 中曲折的需求线 N_2，N_3，…，与图 1 相对应，追求利润最大化的收购商在明知农民信息不足的情况下，不可能出价 V_0，而是尽可能出最低价——V_1，在此阶段中结束交易的农民，其利益损失为 $V_0V_1B_1B_0$ 大小，小部分掌握少量信息的农民可能凭借信息筹码讨价，并坚持成功，但其经济利益仍然受损，只是程度减轻，如图 2 所示，可能为 $V_0V_2B_2B_0$ 部分。

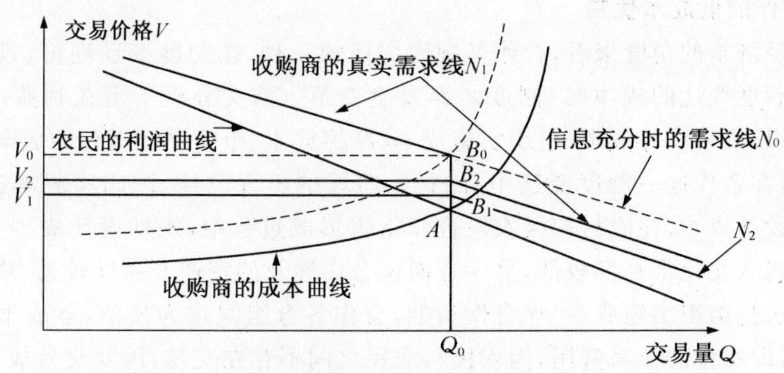

图 2　农民利益损失分析

总之，在交易过程中，只要信息不对称问题存在，农民的利益受损就不可避免，且其利益受损的大小与农民信息量的多少直接负相关。

四、减轻利益损失的一条出路——合作

根据信息经济学，加大信息披露力度是解决信息不对称所引起诸多问题的主要对策。因此，在农产品交易市场中建立一个买者与买者可以互通信息的平台至关重要，但在现实中，因农民文化水平提高速度较慢和搭建信息平台的高额费用等问题，该策略效益及短期可行性值得怀疑。实践证明，建立农民专业合作组织在解决信息不对称所导致利益受损等诸多问题时，具有较高的效率和较强的可行性。原因如下：

（一）潜在经济利益的驱使

通过图 2 可知，农民在信息弱势下经济利益的损失。农民与农民合作可以互通信息，增加讨价筹码，无疑会提高自己的收益水平。但是，正如奥尔森在其《集体行动的逻辑》中所认为的那样，农民这样一个大群体，要组成自己的利益集团很难（这就可以解释为什么纯粹农民自发组成合作组织如此之少），况且普通农民间掌握的信息都大致相同，数量也有限。这种情况下，就需要有一个或几个“非凡”的“强人”在符合自己利益最大化基础上的“牵头”。现实中，这个“牵头人”有两类：一类是有些销售门道的生产大户，另一些就是上文所提的收购商。生产大户“牵头”的潜在利益很明显，农民合作在导致规模效率的同时，又可以加大与交易对方的讨价筹码，自身利益自然得到提高。而按传统理解，农民与收购商之间经济利益是完全对立、不可合作的，但事实上，收购商与农民之间合作也能提高收购商的经济收益。如图 1 所示，收购商在此交易活动中承担了大量几乎是全部的交易成本，除了主要部分 C_0 外，随着讨价还价过程的增长，C_1，C_2，C_3，…，都将出现。即使一次交易成本数量有限，但仍然会使得图 2 中的成本曲线上移（如图所示），这样一来，交易的总利润就会大幅下跌，收购商的利益受损。因此，收购商就会寻求与农民的合作，这样可以在大量节省交易费用的基础上，收获潜在利益。现在不少农村地区，不少收购商和农民都以一种口头契约的形式形成了这种合作，比如互留电话号码、承诺下次的收购价位

等，尽管这种合作还比较松散，也缺乏严格的政府规制，但确实反映了这样一种合作的实践性与可行性。

（二）合作的低成本优势

从制度经济学的角度来看，合作是制度变迁的一种，按制度变迁理论，只有当潜在经济利润大于制度变迁的成本时，制度才会发生变革。前文分析了潜在利益，下面分析成本。一般来说，规划设计成本、组织实施成本、摩擦成本、组织制度运行的成本是制度变迁的主要成本，在合作这一制度变迁中，因初始阶段的不规范性，该四项成本都相对较小。首先是规划设计成本，在农村初级农民合作组织形成过程中，规划设计成本几乎为零，一方面是因为两者文化水平都较低，另一方面该合作涉及的资产专用性较强，规划设计很容易无效。其次是组织实施成本，在合作初期，合作各方组织较为松散，该成本很小。再者是摩擦成本，即所称的交易费用，因农民与农民之间不存在交易，因此交易成本可记为零，而农民与收购商之间，因交易的简化，成本必然减少。最后是组织制度运行的成本，这主要是针对合作组织发展到较高阶段，对于大组织而言的。农村中自发形成的大多数合作组织往往只是一些松散的“强人＋农民”或者“收购商＋农民”的简单模式，其组织还相当落后，往往只是一个收购商对一些农民的互相承诺，其最初形成也带有相当大的偶然性，因此，制度的变迁成本很小。

（三）良好的外部环境

虽然农民合作这一制度变迁的初始阶段变迁成本很低，且潜在利益较大，但这只是初级的发展阶段，偶然因素引致可能性较大。要想实现合作的健康及进一步的发展，光靠农民甚至部分收购商的力量是远远不够的，政府必须从政策上加以引导和支持，并尽可能地发展壮大组织，力争将农产品产业的下游部门——农产品龙头企业也囊括进合作组织，在保障各方利益的前提下，提高我国农业的国际竞争力。总的来说，政府在此方面也创造了较好的外部环境，给予农民专业合作组织大量的支持。从 2002 年底，《农业法》修正后，农民专业合作组织的发展越来越受到各级政府的关注，2004—2008 连续五年的中央 1 号文件都在原有基础上提出要积极、健全地发展农民专业合作组织，并从税收、信贷和登记制度等方面加以扶持。自 2007 年 7 月 1 日起，《中华人民共和国农民专业合作社法》正式实施，更使农民专业合作组织进入了依法发展的新阶段。

五、结　语

农民合作这一制度变革是在农民及相关利益主体潜在经济利润的驱使下进行的，符合制度变迁的成本——收益分析，但是农民合作也是有一定的条件的，比如：农民强人的存在且愿意“牵头”、某农产品行业的整体发展态势良好，等等。这也就是说，尽管农民合作在理论上被论证了其合理性与可行性，但现实中的情况是复杂多变的，政府及理论工作者是不可能尽知的。所以，政府尤其是地方政府在实际工作中要坚持“从实际出发、实事求是”的工作原则，切不可为了所谓的“政绩工程”，盲目主导建立农民专业合作组织，最终侵害了农民的利益。

参考文献

[1] 张维迎.博弈论与信息经济学[M].上海：上海人民出版社,2001.

[2] 罗杰·A.麦凯恩.博弈论战略分析入门[M].北京：机械工业出版社,2006.

[3] 高鸿业.西方经济学[M].北京：中国经济出版社,1996.

[4] 彭泰中,廖文梅.信息不对称理论下的农产品市场风险研究——从农民承担的风险视角分析[J].农机化研究,2007(5).

[5] 曼瑟·奥尔森.集体行动的逻辑[M].上海：上海三联书店,2003.

[6] 卢现祥.西方新制度经济学[M].北京：中国发展出版社,2003.

农民专业合作经济组织的发展机理
——模型与解释

王　阳
（西南财经大学经济研究中心）
李　君
（国家环境保护部自然生态保护司）

一、引　言

正如法国学者季特所言，“合作制度并非来自学者或改革者的脑海，而是来自平民的肺腑”。农民专业合作经济组织（以下简称“专合组织”或“专业合作社”）是在特定的社会和经济环境下产生的。农村市场化改革的取向正日益扩大农民参与市场的深度和广度，面对激烈的市场竞争，原子化的小农必然处于不利地位，作为保护和改善自己经济利益的互助性经济组织，形式多样的农民合作组织应运而生。农民专合组织凭借其对农村现阶段经济社会发展环境的适应性，获得了空前迅速的发展，专合组织的数量不断增加，组织管理水平日益提高。2007 年 7 月 1 日颁布实施的《中华人民共和国农民专业合作社法》，标志着我国农村合作事业的发展进入了制度化建设阶段，新法的出台为专合组织带来了新的发展契机。

小农对专合组织的需求根植于专合组织在组织制度上的优越性，同其他非合作性质的经济组织相比，专合组织被认为具有以下优势：(1) 可以有效提高农民的组织化程度，增强农民的市场谈判地位，实现小生产与大市场的对接；(2) 能促进农业产业化经营的可持续发展，带动农业结构的战略性调整；(3) 可以拓宽农业社会化服务渠道，推动基层农业技术推广体系的改革；(4) 能提高农民素质，增强农民民主管理意识的现实选择。农民专合组织不可替代的优越性为其在实践中的建立和发展奠定了坚实的基础。农民专合组织的本质特征，呈现在两个方面：一个是对外营利；另一个是对内非营利。即对组织的外部呈现为独立经营体，以利润最大化为目标；对组织内部的每个社员呈现为协作互助体，以提供有利服务为目标。后一方面是合作组织的精髓，是合作组织的基本标志。农民专业合作经济组织的对外营利特征主要取决于主体经济当事人的经营目标，也就是每个社员的独立经营追求。事实表明，合作社为其成员提供了不可分的、普遍的共同利益，而提供这种共同利益的前提是合作社成员联合行动所获得的净收益要大于社员个人行动的净收益。对于专业合作组织来说，这种对外营利特征可以简化为社员们追求利润最大化行为的总和，而合作组织本身的基础可以简化为一种对社员的凝聚力，也就是社员自愿提供的公共福利投入。

农民专合组织发展的实践表明，农民是专合组织发展壮大的主体，他们的意愿和行为是专合组织存续和发展的基础，也是其竞争力的源泉。因此，农户对合作组织的态度和采取的行动，可以在相当程度上反映出专合组织的基本特征和发展要求。探明农户加入专业合作组织的动机和行为，将为进一步深入研究合作组织的发展机理奠定基础，并可能直接得出一些逻辑起点和概念，对理解和解释规模宏大、结构复杂的合作组织提供帮助。

二、模型构建

小农进入市场的途径不是取消小农家庭的生产组织形式，而是农民农场一体化，农民农场一体化的最主要形式是合作制形式。农民专业合作社是在农村家庭承包经营基础上，同类农产品的生产经营者或者同类农业生产经营服务的提供者、利用者，自愿联合、民主管理的互助性经济组织。农民专业合作社以其成员为主要服务对象，提供农业生产资料的购买，农产品的销售、加工、运输、贮藏以及与农业生产经营有关的技术、信息等服务。[①] 农民专合组织不改变入社农户的财产和要素所有制，不干预会员在生产经营决策上的自主权，农户只是在需要的时候才利用合作组织为其生产经营活动提供帮助。因此，农民专合组织中的经济当事人（社员）可以看做是独立的生产经营者。专合组织的对外营利（效率）和对内非营利（公平）的特性，可以简单地抽象为对外部收益和对内部服务支出的经济核算问题。各个社员独立的经营行为，可以描述为在满足对专合组织内部服务预算的情况下，追求对外效益的最大化。但由于专合组织的结构存在特殊性，需要在有关描述中突出特定的变量，以便在结构上明确这种组织对外与对内特殊性的联系。本项研究注意到了这种需要，在模型构建中，引入公共福利变量来表征专合组织的凝聚力。专合组织的成员，既是公共福利的提供者，也是公共福利的利用者。一方面，他们利用合作社的组织优势来提高自己的生产效率和经营收入；另一方面，为了获得成员资格，从而获得利用组织的权利，他们必须为取得这种权利付出代价。如果用生产函数来刻画入社农户的生产决策行为，那么合作社成员与非合作社成员在生产决策上的区别在于：公共福利要素的引入改变了入社农户的生产函数和预算约束方程。由于专合组织结构简单、会员行为具有较强的均一性[②]，其运行过程容易给出明显的客观结果，便于形成基本概念，并作出数学描述。对于本文的研究来说，这意味着容易得出有关专合组织功能的抽象结果，容易实现对有关模型的简化工作。本研究试图在新古典经济学农业生产函数的分析框架内，以社员的公共福利变量分析为核心，把专业合作经济组织的凝聚力问题纳入社员的成本收益函数，并把社员的营利目标与专合组织可提供的公共福利结合起来，构造一个专合组织成员生产决策的描述性模型。通过对模型解的分析，解释不同社员对公共福利的不同需求和供给的原因，从而揭示专合组织凝聚力的实际结构及其可能的发展趋势。

---

① 参见《中华人民共和国农民专业合作社法》第一章第二条。

② 专合组织的成员往往由同类农产品的生产经营者或者同类农业生产经营服务的提供者和利用者组成。

拓展的专业合作社成员生产函数模型如下：

$$y_i = a^{\varepsilon_i} k^{\alpha_i} l^{\beta_i} t^{\gamma_i} c^{\delta_i} \quad i = 1,2,\cdots,n \tag{1'}$$

社员生产函数满足稻田条件，即生产函数 $y_i(\cdot)$ 严格凹；且 $y_i(0) = 0, y_i'(0) = \infty, y_i'(\infty) = 0$。

i：表示第 i 个社员；

y_i：第 i 个社员的生产函数；

a：第 i 个社员需求的技术服务数量；

ε_i：第 i 个社员的技术产出弹性；

k：第 i 个社员投入生产的资金数量；

α_i：第 i 个社员的资金产出弹性；

l：第 i 个社员的劳动投入数量；

β_i：第 i 个社员的劳动产出弹性；

t：第 i 个社员的耕地规模；

γ_i：第 i 个社员的耕地产出弹性；

c：第 i 个社员加入合作组织获得的公共福利要素；

δ_i：第 i 个社员的公共福利产出弹性。

农户加入专合组织的目的是为了利用合作经济组织提供的服务（技术咨询和培训、获取市场信息、获得低价高质的生产资料和高于市场价出售的产品等），获取更大的经济收益。但是，农户只有在取得成员资格的前提下，才能达到以上目的。在现实中，这种成员权的获得必须以支付一定的加入成本为代价。

假设第 i 个社员加入合作社后的生产总预算为：

$$P_A a_i + P_K k_i + P_L l_i + P_T t_i + P_C c_i = d_i \quad i = 1,2,\cdots,n \tag{2'}$$

i：第 i 个社员；

d_i：第 i 个社员的总支出预算；

P_A：技术服务的内部价格；

P_K：资金的内部价格；

P_L：劳动力的内部价格；

P_T：耕地的内部价格；

P_C：组织要素的单位支出。

农户的预算方程说明，农户为获得合作社成员权增加了直接性货币支出。但是，这种成本的付出相应的给农户带来了获取合作剩余的好处。合作社的优势之一就是通过规模购销保证农户的消费安全和降低单个农户的交易成本。交易费用的节约使生产要素的内部价格低于市场价格，较之与非合作社成员，合作社成员往往能够获得物美价廉的生产要素。总的来看，成功的合作社能使农户获得的合作剩余超过农户为获取成员权的支出，专业合作组织通过组织制度上的优越性提高了社员的市场交易地位，体现了弱者联合的性质，这也正是合作组织吸引弱势小农参加的重要原因。由于专合组织内部强调社员间的公平性，这种公平不仅体现在一人一票的民主管理制度上，也体现在平等的交易权利上。

因此，在合作社内部，社员具有以同样的价格获取生产资料和销售农产品的权利。内部价格的一致性为加总社员的个人预算方程提供了方便。

合作社全体社员的总预算约束可以表示为：

$$D = \sum_{i=1}^{n} d_i = P_A \sum_{i=1}^{n} a_i + P_K \sum_{i=1}^{n} k_i + P_L \sum_{i=1}^{n} l_i + P_T \sum_{i=1}^{n} t_i + P_C \sum_{i=1}^{n} c_i$$

$$D = P_A A + P_K K + P_L L + P_T T + P_C C \tag{3'}$$

D：对专业合作经济组织提供的服务的总支出；

A：专业合作经济组织为社员提供的技术服务总量，$A = \sum_{i=1}^{n} a_i$；

K：专合组织占有的资本总量，$K = \sum_{i=1}^{n} k_i$；

L：专合组织占有的劳动力总量，$L = \sum_{i=1}^{n} l_i$；

T：专合组织占有的土地总量，$T = \sum_{i=1}^{n} t_i$；

C：社员提供的公共福利总量，$C = \sum_{i=1}^{n} c_i$。

根据式(1′)和(2′)可以得到社员 i 的生产经营决策模型：

$$\max y_i = a_i^{\varepsilon_i} k_i^{\alpha_i} l_i^{\beta_i} t_i^{\gamma_i} c_i^{\delta_i} \quad i = 1, 2, \cdots, n \tag{1}$$

$$P_A a_i + P_K k_i + P_L l_i + P_T t_i + P_C c_i = d_i \quad i = 1, 2, \cdots, n \tag{2}$$

三、社员公共福利的度量

专合组织的成员作为理性的经济人，其行为是在资源禀赋的约束下追求产出的最大化。由以上模型可知，产出最大化的一阶条件即是求解以下 Lagrangean 方程：

$$L(a_i, k_i, l_i, t_i, c_i, \lambda_i) = a_i^{\varepsilon_i} k_i^{\alpha_i} l_i^{\beta_i} t_i^{\gamma_i} c_i^{\delta_i} + \lambda_i (d_i - P_a a_i - P_k k_i - P_l l_i - P_t t_i - P_c c_i) \tag{3a}$$

$$\frac{\partial L}{\partial a} = \varepsilon_i a_i^{\varepsilon_i - 1} k_i^{\alpha_i} l_i^{\beta_i} t_i^{\gamma_i} c_i^{\delta_i} - \lambda_i P_A = 0 \tag{4}$$

$$\frac{\partial L}{\partial k} = \alpha_i a_i^{\varepsilon_i} k_i^{\alpha_i - 1} l_i^{\beta_i} t_i^{\gamma_i} c_{ii}^{\delta} - \lambda_i P_K = 0 \tag{5}$$

$$\frac{\partial L}{\partial l} = \beta_i a_i^{\varepsilon_i} k_i^{\alpha_i} l_i^{\beta_i - 1} t_i^{\gamma_i} c_{ii}^{\delta} - \lambda_i P_L = 0 \tag{6}$$

$$\frac{\partial L}{\partial t} = \gamma_i a_i^{\varepsilon_i} k_i^{\alpha_i} l_i^{\beta_i} t_i^{\gamma_i - 1} c_{ii}^{\delta} - \lambda_i P_T = 0 \tag{7}$$

$$\frac{\partial L}{\partial c} = \delta_i a_i^{\varepsilon_i} k_i^{\alpha_i} l_i^{\beta_i} t_i^{\gamma_i} c_i^{\delta_i - 1} - \lambda_i P_C = 0 \tag{8}$$

$$d_i - P_A a_i - P_K k_i - P_L l_i - P_T t_i - P_C c_i = 0 \tag{9}$$

求解方程(4)～(9)可以得到要素的最佳配置数量：$X = [a_i^*, k_i^*, l_i^*, t_i^*, c_i^*; \lambda_i^*]$，将

X 代入上述 Lagrangean 函数(3b)，得到：

$$L^*(a_i^*,k_i^*,l_i^*,t_i^*,c_i^*;\lambda_i^*)=y_i^*+\lambda_i^*(d_i-P_a a_i^*-P_k k_i^*-P_L l_i^*-P_t t_i^*-P_c c_i^*) \quad (3b)$$

其中，$\lambda_i^*(i=1,2,\cdots,n)$ 为 Lagrangean 乘数，即 d_i 的影子价格，表示一单位 d_i 的变化带给社员经济最优分配结果的影响，即一种内部报酬的价格体系。

由式(9) 可以得到：

$$c_i=\frac{1}{P_C}(d_i-P_A a_i-P_K k_i-P_L l_i-P_T t_i) \quad i=1,2,\cdots,n \quad (10)$$

由式(4) 与式(8) 有：

$$\varepsilon_i a_i^{\varepsilon_i-1}k_i^{\alpha_i}l_i^{\beta_i}t_i^{\gamma_i}c_i^{\delta_i}=\lambda_i P_A \quad i=1,2,\cdots,n$$

$$\delta_i a_i^{\varepsilon_i}k_i^{\alpha_i}l_i^{\beta_i}t_i^{\gamma_i}c_{i-1}^{\delta}=\lambda_i P_C \quad i=1,2,\cdots,n$$

得到：

$$\frac{\lambda_i P_A}{\lambda_i P_C}=\frac{\varepsilon_i a_i^{\varepsilon_i-1}k_i^{\alpha_i}l_i^{\beta_i}t_i^{\gamma_i}c_i^{\delta_i}}{\delta_i a_i^{\varepsilon_i}k_i^{\alpha_i}l_i^{\beta_i}t_i^{\gamma_i}c_i^{\delta_i-1}} \quad i=1,2,\cdots,n$$

$$P_A=P_C\frac{\varepsilon_i c_i}{\delta_i a_i} \quad i=1,2,\cdots,n \quad (11)$$

同理，由式(5) 与式(8) 可得：

$$P_K=P_C\frac{\alpha_i c_i}{\delta_i k_i} \quad i=1,2,\cdots,n \quad (12)$$

由式(6) 与式(8) 可得：

$$P_L=P_C\frac{\beta_i c_i}{\delta_i l_i} \quad i=1,2,\cdots,n \quad (13)$$

由式(7) 与式(8) 可得：

$$P_T=P_C\frac{\gamma_i c_i}{\delta_i t_i} \quad i=1,2,\cdots,n \quad (14)$$

将式(11)、式(12)、式(13)、式(14) 代入式(10) 得到：

$$c_i=\frac{1}{P_C}\left(d_i-P_C\frac{\varepsilon_i c_i}{\delta_i}-P_C\frac{\alpha_i c_i}{\delta_i}-P_C\frac{\beta_i c_i}{\delta_i}-P_C\frac{\gamma_i c_i}{\delta_i}\right) \quad i=1,2,\cdots,n \quad (15)$$

专合组织发展的实践表明，合作社的凝聚力是有别于其他经济组织的重要标志，而社员为合作社自愿提供公共福利的数量和质量是判断合作社凝聚力强弱的标尺。所以，在考察这种组织的发展机理时，社员自愿提供的公共福利的多少与变化趋势，应是重要的着眼点之一。式(15)给出了社员公共福利一种度量，对式(15)的深入分析，可能得到一些有关合作经济组织发展问题的重要结论。

四、趋势和效率机理分析

(一) 趋势分析

通过对式(15)进行变化，可以得到社员公共福利的代数表达式(16a)和(16b)，分析这两个代数式包含的函数关系，将很容易得到影响公共福利变量的因素，以及这些因素的变化对公共福利的影响趋势。

$$c_i = \frac{d_i}{P_C} \times \frac{\delta_i}{(\varepsilon_i + \alpha_i + \beta_i + \gamma_i) + \delta_i} \quad i = 1,2,\cdots,n \tag{16a}$$

$$c_i = \frac{d_i}{P_C} \times \left(1 - \frac{\varepsilon_i + \alpha_i + \beta_i + \gamma_i}{\varepsilon_i + \alpha_i + \beta_i + \gamma_i + \delta_i}\right) \quad i = 1,2,\cdots,n \tag{16b}$$

式(16a)表明 c_i 随($\varepsilon_i + \alpha_i + \beta_i + \gamma_i$)的增加而减小，说明 c_i 是($\varepsilon_i + \alpha_i + \beta_i + \gamma_i$)的减函数；式(16b)说明 c_i 随 d_i 和 δ_i 的增加而增加，因此，c_i 是 d_i 和 δ_i 的增函数，$i=1,2,\cdots,n$。以上函数关系意味着，在其他条件不变的情况下，单个社员对专合组织的总需求越大(即对合作社的总支出 d_i 越大)，专合组织提供的公共福利在自己生产经营中的作用重要(即社员的公共福利产出弹性 δ_i 越大)，那么，该社员对自愿为组织提供的公共福利数量将随之增加(即公共福利 c_i 增加)。但是，农户生产经营中其他要素的作用越大(即社员的技术产出弹性 ε_i 越大，和/或资本产出弹性 α_i 越大，和/或劳动产出弹性 β_i 越大，和/或土地产出弹性 γ_i 越大)该社员对组织中公共福利的需求越小(即公共福利 c_i 越小)。

(二) 效率机理分析

生产函数中的要素弹性蕴涵着丰富的经济学含义，能更精确地表征要素的生产率。由弹性的定义(即要素投入变化1%时带来产量变化的百分比)可知，针对本文构造的生产函数(1′)，ε_i，α_i，β_i，γ_i 和 δ_i 分别为技术、资本、劳动、土地和公共福利的产出弹性。[①]

$$\varepsilon_i = \frac{\partial y_i}{\partial a_i} \times \frac{a_i}{y_i} \quad i = 1,2,\cdots,n$$

$$\alpha_i = \frac{\partial y_i}{\partial k_i} \times \frac{k_i}{y_i} \quad i = 1,2,\cdots,n$$

$$\beta_i = \frac{\partial y_i}{\partial l_i} \times \frac{l_i}{y_i} \quad i = 1,2,\cdots,n$$

$$\gamma_i = \frac{\partial y_i}{\partial t_i} \times \frac{t_i}{y_i} \quad i = 1,2,\cdots,n$$

由新古典经济学的要素需求理论，在完全竞争市场条件下，可以得到以下关系式：

$$P_{A_i} = \frac{\partial y_i}{\partial a_i} \quad i = 1,2,\cdots,n$$

$$P_{K_i} = \frac{\partial y_i}{\partial k_i} \quad i = 1,2,\cdots,n$$

$$P_{L_i} = \frac{\partial y_i}{\partial l_i} \quad i = 1,2,\cdots,n$$

$$P_{T_i} = \frac{\partial y_i}{\partial t_i} \quad i = 1,2,\cdots,n$$

$$P_{C_i} = \frac{\partial y_i}{\partial c_i} \quad i = 1,2,\cdots,n$$

这里：P_{A_i} 是技术服务的市场价格 $\quad i = 1,2,\cdots,n$

① ε_i，α_i，β_i，γ_i 和 δ_i 也是相应要素对产出贡献程度的一种衡量。

P_{K_i} 是资本的市场价格 $i = 1,2,\cdots,n$；

P_{L_i} 是劳动力的市场价格 $i = 1,2,\cdots,n$；

P_{T_i} 是土地的市场价格 $i = 1,2,\cdots,n$；

P_{C_i} 是组织要素的市场价格 $i = 1,2,\cdots,n$。

需要说明的是，这里的 $P_{A_i}, P_{K_i}, P_{L_i}, P_{T_i}, P_{C_i}$ $i = 1,2,\cdots,n$，都是对社员个人而言的，代表社员个人所具备的实际市场效率。根据这些定义，可以将式(15)变形为：

$$c_i = \frac{1}{P_C}\left[d_i - P_C \frac{c_i}{\delta_i}(\varepsilon_i + \alpha_i + \beta_i + \gamma_i)\right] \quad i = 1,2,\cdots,n$$

$$c_i = \frac{1}{P_C}\left[d_i - \frac{P_C}{P_{C_i}}(P_{A_i} \times a_i + P_{K_i} \times k_i + P_{L_i} \times l_i + P_{T_i} \times t_i)\right] \quad i = 1,2,\cdots,n \qquad (17)$$

式(17)表明，在要素市场健全的情况下，专业合作社成员的合作行为可以解释为以市场价格体系来表征的对内与对外相配合的投入产出过程。社员通过对专合组织内部效率和外部市场效率的权衡，来决定自己为专合组织提供的公共福利数量。值得注意的是，式(17)中$(P_{A_i} \times a_i + P_{K_i} \times k_i + P_{L_i} \times l_i + P_{T_i} \times t_i)$是社员 i 在外部市场上以自己的技能和生产要素所获得的效益，体现了该社员在市场上的实力。容易看出，在其他条件不变的前提下，这种实力越大，这个社员自愿提供的公共福利量越小，他参与合作的愿望就越小。式(17)同时说明，在其他条件不变的情况下，$\frac{P_C}{P_{C_i}}\left(0 \leqslant \frac{P_C}{P_{C_i}} \leqslant 1\right)$的比例越小，即公共福利内部价格与市场价格的差别越大，这个社员提供公共福利的数量就越大，他加入合作社的愿望就越强烈。

五、主要结论

根据上述分析，可以得到以下主要结论：

(一)要素市场的效率是制约专合组织发展的重要因素

在要素市场健全假设下得出的结论，为我们讨论农村不完全竞争要素市场对专合组织发展的影响提供了参照系。众所周知，农村市场经济体制的改革是一项长期任务，农村生产要素市场的完善还存在许多障碍，农村生产要素市场远未达到完全竞争的理想状态。总体而言，农业生产要素存在"一过剩，三短缺"现象，即劳动力要素严重过剩，土地要素在农村是稀缺资源，资金要素是极度稀缺资源，农业技术长期处于供给不足的状态。值得注意的是，在工业化、城镇化和市场化的背景下，农业的比较效益不断下降，农业的边缘化的倾向日益严重，农村空心化的现象大量出现，农村劳动力在总量的过剩的同时，存在着结构性的短缺。不完全竞争的要素市场增加了农户获得生产要素的困难，要素的投入量将低于最优生产水平的需要量，在边际报酬递减规律的作用下，完全竞争市场下的要素边际生产力将低于不完全竞争市场下的要素边际生产力，反映在式(17)中，用价格表示的边际生产力将提高，即$(P_{A_i} \times a_i + P_{K_i} \times k_i + P_{L_i} \times l_i + P_{T_i} \times t_i)$将增加，不健全的要素市场无疑会使农户减少公共福利的提供数量，从而削弱专合组织的凝聚力。

(二)公共福利的供给水平取决于农户对组织内部效率和市场效率的比较

对效率机理的分析使我们得到一些有益的启示。合作组织的性质决定了它必须对内注重公平，对外讲求效率。但是公平与效率具有与生俱来的矛盾，农户作为合作社的主体，在分享内部合作收益的同时，也必须承担外部效率降低带来的损失。农户通过比较合作社的内部效率与外部市场的效率的高低来判断自己是否参加合作社，并通过这种衡量来决定提供公共福利的数量和质量。当市场效率高于合作社内部效率时，他会选择减少公共福利的供给或者退出合作社；当合作社内部效率高于市场效率时，他会加入合作组织或提供更多的公共福利。农户正是通过在合作社与市场之间的选择和替代，来达到自我生产经营的最优水平。

（三）公平与效率的矛盾内生于专合组织的制度特性

专合组织作为一种特殊的企业组织形式，合作社的经营宗旨具有社会公平与经济效率的双重性，这种双重性决定了合作社治理结构的独特性。因此，如何通过改善和提高治理水平寻找公平与效率的最佳均衡点，一直是合作社实践面临的一个难题，也是合作学术界长期关注的热点问题。由式(16a)可知 c_i 是$(\varepsilon_i+\alpha_i+\beta_i+\gamma_i)$的减函数，式(16b)表明 c_i 是 d_i 和 δ_i 的增函数，从这种关系表明，社员对专合组织自愿提供的公共福利数量，会随着技术要素、资本要素、劳动力要素、土地要素$(\varepsilon_i+\alpha_i+\beta_i+\gamma_i)$作用的增强而减少；同时，随着对组织需求的总服务量 d_i 和公共福利自身作用 δ_i 的增加而增加。可以认为，前四个因子$(\varepsilon_i,\alpha_i,\beta_i,\gamma_i)$正是决定专合组织外部环境特征的基本因素，后两个因子(d_i 和 δ_i)是决定合作组织内部特征的基本因素。专合组织的存续和发展必须建立在为成员提供生产经营服的基础上，它不可能脱离对外经济营利活动而发展。但其内在的凝聚力，必须依靠优化组织内部治理结构和提高管理水平，通过对内服务的增强和公共福利作用的增强来维护。由于决定外部特征的因素与决定内部特性的因素具有相对的独立性，所以它们对公共福利的作用是矛盾的。农户提供公共福利的意愿和行为将决定合作经济组织的聚合力，作为弱者的联合，合作组织内部公共福利的增加内含着对公平的更高诉求。然而，合作社作为面向市场的经营实体，又要求它必须提高外部效率，完成盈利的任务，冲突在于，效率的提高即$(\varepsilon_i+\alpha_i+\beta_i+\gamma_i)$增加，无疑会降低合作经济组织的凝聚力度。内部因素与外部特征的矛盾关系再次印证了公平与效率的难题内生与合作组织的制度特性，在专合组织发展的实践中，我们只能减少这种矛盾，而无法消除这种矛盾。

（四）对专合组织"搭便车"行为与嬗变机理的一种解释

式(17)中的 a_i,k_i,l_i,t_i 分别是第 i 个社员所拥有的技术水平、资本、劳动力和土地的数量。在其他条件不变的情况下，这四个变量的数值越大，该社员自愿提供的公共福利数量 c_i 就越小。a_i,k_i,l_i,t_i 数值的一般变化规律，呈现出两种情况：一种情况是在同一时点上，由于不同社员所呈现的不同生产力水平，从而具有生产率上的差异；另一种情况是同一社员在时间纬度上所呈现出的不同生产力水平和生产率的差异。对于前一种情况，说明生产力水平不同的社员自愿提供公共福利的数量是不同的，在其他条件不变时，实力雄厚、生产力水平高的反而提供得少，而实力相对较弱、生产力水平低的农户提供得多。对于后一种情况，说明一个社员在自己生产水平较低时，会自愿提供较多的公共福利，在自己生产水平提高后反而会提供得较少。在正常情况下，农户的生产实力是随着时间的推移不断增强的，那么，可以认为，一个社员自愿提供的公共福利数量，会随着在合作组织中时间的推移和自己生产力水平的不断提高而逐步减少。这意味着，为了保证合作组织的稳固和发展，专合组织初创时期，就应该注意到社员之间在生产实力方面的差别，实力相近（进入门槛）的同质农户组织起来更利于合作组织的发展。农户在要素禀赋上的过大差异，将可能由于组织内部实际具有的凝聚力不足而导致组织松散；而随着组织的发展和社员实际生产力水平差距的拉大，组织内部凝聚力发生变化是正常的。从生产实力与内部凝聚力的变化趋势来看，合作组织发展到一定程度，组织内部的运行与合作初期的情况差别很大，以至出现集团分化，甚至出现重组，都是可能的。合作组织的经济运行规律是支持这种要求的，即使并不发生值得重视的外来冲击。在论及专合组织的分配机制时，索取与贡献不平衡的现象，通常引起人们的注意，对部分社员依据自己的有利地位，可以为自己谋得较多的利益的行为（即"搭便车"行为），往往更加关注。某些合作组织最后嬗变为独资企业或合伙企业的情况也时有发生。由式（17）可以看出，这种"搭便车"现象可能主要产生于那些生产实力较强的社员，或者至少是他们容易产生"搭便车"倾向。如果"搭便车"现象可以无节制地发展，嬗变情况可能是不可避免的了。合作机制本身就伴随着可嬗变的机理，在合作经济的实践中，与公平与效率的冲突一样，我们也只能降低而不能完全消除这种不利因素。

（五）对合作社发展规律的理解

考察世界上历史长久的农业经济合作组织，能够看到，它们之中许多都有从单纯专业合作逐步发展为广泛多重合作的历史，也都有从规模狭小的单一经营逐步扩展为规模宏大的多种经营的历史。社员生产经营最优结果的提高代表着合作组织的发展壮大，社员收益提高的历史也是合作组织发展壮大的历史，这种个体和整体的联系，为我们理解合作组织的历史和发展趋势提供了一种思路。从模型（1）和（2）的分析结果看，有两种因素影响社员生产经营的最优结果。这两种因素的影响的作用方式又有差异，一种是直接效应，另一种是间接效应。具体来看，农户对组织需求的总服务量 d_i 的增加将直接影响农户的最优产出水平，从而把组织发展的历史与不断扩大 d_i 的数量直接相联系。[式（3b）很好地说明了这一点，在式（3b）中，d_i 为唯一的变量，可以得到：$\frac{\partial L^*}{\partial d_i} = \lambda_i^*$，随着农户对组织需求的总服务量 d_i 的增加，农户的最优分配结果 y^* 将不断提高，影子价格 λ_i^* 正是衡量这种影响的尺度]。社员自愿提供公共福利的数量 c_i 通过影响 d_i 而间接地影响农户的最优产出水平，从而间接地与合作组织的发展相联系。可以认为，合作社的发展历史，既与合作组织内在的要增强公共福利（以 c_i 来表征）的经济机理相吻合，也与专业合作经济组织本质上所具备的经济要求（以 d_i 来表征）相适应。因此，合作社的发展趋势将取决于直接因素和间接因素的发展趋势，加深对这些因素的理解和分析，将有帮助于我们洞察合作组织的发展规律。

六、结　语

本文研究的逻辑起点是对农户理性经济人的行为假设。这种研究方法本身就具有很强的政策含义，既然农户已经在他们所允许的范围内作出了最佳选择，如果想改变他们的行为结果，从而与理想的最优状态一致，就必须真正改变限制农户个人选择范围的外部条件，否则立意再佳的政策也必将是徒劳无功的。本文试图在模型化合作组织的发展机理的基础上，为合作组织的发展提供一个参照系。毫无疑问，以上得到的结论和分析结果与合作社的实践会有一定的差距，有时这种差距还会很大，但正是这种理想与现实的差距为专合组织的改革和完善提供了参照物，为政府的政策制定提供了决策依据和参考。无疑，本文所呈现的研究只是一种程度有限的探索，研究范围侧重于农民专业合作经济组织对外营利的这一方面，而对其非营利方面（合作社的本质属性）虽然有所涉及，但没有直接针对，更没有对该组织的整体问题展开讨论。

参考文献

[1] Hayami Y and Ruttan V. Agricultural Development: An International Perspective[M]. Baltimore: Johns Hopkins University Press, 1971.

[2] Emelianoff I V. Economic Theory of Cooperation[M]. in Ann Arbor. Edward Brothers, 1942.

[3] Hansmann H. The Ownership of Enterprise[M]. The Belknap Press of Harvard University, 1996.

[4] Nilsson J. Organizational Principles for Cooperatives Firms[J]. Scandinavian Journal of Management, 2001(17).

[5] Cook M L. The Future of U.S. Agricultural Cooperatives: A Neo-institutional Approach[J]. American Journal of Agricultural Economitics, 1995.

[6] Enke S. Consumer Cooperatives and Economic Efficiency[J]. American Economic Review, 1945.

[7] Fulton. The Future of Cooperatives in Canada: A Property Rights Approach [J]. American Journal of Agricultural Economics, 1995(77).

[8] Albaek S and Schultz C. On the Relative Advantage of Cooperatives[J]. Economic Letters, 1998(59).

[9] Tourte L and Llonsky K. California's Organic Agriculture[J]. Small Farm News, Small Farm Center and Cooperative Extension, University of California, Fall 1998.

[10] Cook M L, Chaddad F R and Iliopoulos C. Advances in Cooperative Theory since 1990: A Review of Agricultural Economics Literature[M]. in G. W. J. Hendrikse (eds). Restructuring Agricultural Cooperatives. Erasmus University Press, 2004.

[11] [美]奥尔森，陈郁等译. 集体行动的逻辑[M]. 上海：上海人民出版社，2005.

[12] 张五常. 经济解释[M]. 香港：花千树出版社，2003.

[13] 林毅夫. 制度、技术与中国农业发展[M]. 上海：上海人民出版社，2005.

[14] 弗兰克·艾利思著，胡景北译. 农民经济学[M]. 上海：上海人民出版社，2006.

[15] 孙中才. 农业经济数理分析[M]. 北京：中国农业出版社，2006.

[16] 李剑阁.中国新农村建设调查[M].上海：上海远东出版社,2007.

[17] 徐旭初.中国农民专业合作经济组织的制度分析[M].北京：经济科学出版社,2005.

[18] 傅晨.中国农村合作经济:组织形式与制度变迁[M].北京：中国经济出版社,2006.

[19] 孙亚范.新型农民专业合作经济组织发展研究[M].北京：中国社会科学出版社,2006.

[20] 蔡昉.合作与不合作的政治经济学[J].中国农村观察,1999(5).

[21] 黄祖辉.农民合作：必然性、变革态势与启示[J].中国农村经济,2000(8).

[22] 国鲁来.合作社制度及专业协会实践的制度经济学分析[J].中国农村观察,2001(4).

[23] 苑鹏.中国农村市场化进程中的农民合作组织研究[J].中国社会科学,2001(6).

[24] 林坚,王宁.公平与效率：合作社的思想宗旨及其制度安排[J].农业经济问题,2002(9)

[25] 罗必良.农业经济组织的效率决定[J].学术研究,2004(8).

[26] 李玉勤."农民专业合作组织发展与制度建设研讨会"综述[J].农业经济问题,2008(2).

[27] 黄胜忠,林坚,徐旭初.农民专业合作社治理机制及其绩效实证分析[J].中国农村经济,2008(3).

[28] 苑鹏.试论合作社的本质属性及中国农民专业合作经济组织发展的基本条件[J].农村经营管理,2006(8).

[29] 王勇,汪贤裕.增强企业凝聚力的一种博弈分析[J].中国管理科学,2001(10).

[30] [俄]恰亚诺夫著,萧正洪译.农民经济组织[M].北京：中央编译出版社,1996.

[31] 张晓山,苑鹏.合作经济理论与实践[M].北京：中国城市出版社,1991.

[32] 张晓山.走向市场:农村的组织变迁与组织创新[M].北京：经济管理出版社,1996.

浙江省农民专业合作组织的发展与启示*

——兼论地方政府在制度创新中的作用

徐旭初　黄祖辉　邵　科

（浙江大学中国农村发展研究院）

农民专业合作组织的发展，是我国改革开放以来农村微观经济基础变革的重要实践。浙江省是改革开放后我国最早出现新型农民专业合作组织的地区之一，是我国农民专业合作组织发展处于前列的地区之一，更是新中国建立后我国大陆地区最早颁布有关农民合作组织专门法规的省份，从而具有突出的样本意义。为此，分析浙江省农民专业合作组织的发展历程，总结浙江省农民专业合作组织的实践经验，剖析浙江省地方政府在农民专业合作组织发展的重要作用，可以给我们以许多有益的启示。

一、浙江省农民专业合作组织的发展路径

（一）农民专业合作组织的自发发展阶段（1980—1993年）

20世纪80年代初，农村家庭联产承包责任制的建立使农民获得了农业生产的自主权和收益权，社会主义市场经济进程的推进使得农民获得了依照市场经济规律走向市场化、商品化的发展空间。在此背景下，1980年3月，浙江省第一家农民专业合作组织——临海市茶叶协会成立②，随后，农民专业合作组织在浙江省逐步发展起来。

1985年以后，农民合作开始从以技术合作为主向其他方面扩展，新经济联合体和农村股份合作组织就是这类扩展的产物。人们通常把新经济联合体视为农村股份合作组织的发展雏形，但从其经营领域、经营方式和组织特点等来看，它实际上同样也是农民专业合作组织的发展雏形，甚至在某种程度上，它比当时的农民专业技术协会更加接近于当前农民专业合作社的组织类型，更加体现当今世界农业合作社的发展潮流。同样，农村股份合作组织中的农业类组织，兼有合作制和股份制的属性，具有农民专业合作组织的某些特征，也是农民专业合作组织的发展雏形。

值得庆幸的是，当时各类农民专业合作组织的发展雏形，并没有招致浙江省各级政府的封杀。各级政府不但默许它们的存在与发展，而且实际上还采取了一些扶持措施。

---

* 本文为国家社科基金重大项目“解决中国‘三农’问题的理论、思路与对策”（项目编号：04ZD012）、国家社科基金项目“发展农村专业合作经济组织研究”（项目编号：06BJY070）、浙江省社科基金重大项目“浙江省农民新型合作经济组织研究”（项目编号：06ZDZB14ZD）的阶段性成果。

② 引自浙江省政协农业和农村工作委员会主编的《农村专业合作经济组织资料选编》（2004年10月），第240页。事实上，不少省区新型农民专业合作组织最早都产生于20世纪80年代初。

在这种自发发展的背景下，到1991年底，浙江省共有各类农民专业技术协会3895个，拥有会员11.7万人①；到1993年底，浙江省共有各类股份合作企业6万余家，其中包括农业股份合作组织1900多家（浙江省农业志编纂委员会，2004），另外还有数目庞大的林业、渔业等大农业领域的股份合作组织。

（二）农民专业合作组织的推动发展阶段（1994—2004年）

1994年1月，《关于加强对农民专业协会指导和扶持工作的通知》明确了各级农业部门是农民专业协会的行政主管部门；同年，《农民专业协会示范章程》也得以发布，这些标志着我国农民专业合作组织（特别是农民专业协会）开始步入了推动发展阶段。相应的，浙江省农民专业合作组织也随之步入了富有特色的推动发展阶段。

在此阶段，浙江省农民专业合作组织发展呈现出几个鲜明的特点：

（1）浙江省各级政府特别是农业部门对农民专业合作组织日益重视，极大地推动了农民专业合作组织发展。随着《关于加强对农民专业协会指导和扶持工作的通知》和《农民专业协会示范章程》的颁布和实施，浙江省也明确了省农业厅为农民专业协会的行政主管部门，有关政府部门对农民专业协会的工作更为重视，在随后的10年里出台了一系列政策措施，并且开始着手农民专业合作组织的立法工作。

（2）在此阶段，浙江省农民专业合作组织的形式迅速变化，很快稳定为农民专业合作社形式。② 具体表现为：农村股份合作组织和新经济联合体出现大规模转型，大都丧失了其原先蕴含的合作社属性；而农民专业技术协会先转变成农民专业协会形式，而后又迅速向农民专业合作社形式转变。

应该说，当时这种农民专业合作组织的初始形式的明显分化是必然的、正常的。不过，值得思考的是，为什么当时没有分化出类似北美“新一代合作社”或是当前浙江农民专业合作社的组织形式？其重要原因在于，当时对于农民专业合作社的概念、作用还认识不清，对于如何发展农民专业合作社还缺乏思路，也谈不上规范的合作社经营模式和相应的法律条文、政策文件，更难以确立农民专业合作社的法人主体地位。

与此同时，由于农产品市场进一步放开，农民对其他合作需求日益增强，所以，在20世纪90年代中后期，浙江省农民专业合作组织的主要形式首先由专业技术协会转变为专业协会，不再突出技术合作的性质。然而，专业协会服务能力依然有限，难以从事直接的生产、销售等活动，自身组织建设和外部制度环境都很不理想，再加上当时受外部买方市场格局的影响，农民对合作组织的关注点日益集中于产品销售、加工等环节。因此，2000年之后，许多农民开始尝试在专业协会基础上发展生产经营实体，许多协会开始尝试开展一体化经营。换言之，农民专业合作组织的形式由以专业协会为主迅速地向更适应时代要求的专业合作社形式转变，它们变得更加具有营利性。

应该特别指出的是，此时浙江省各级政府的态度和导向是至关重要的。浙江省政府

① 本文有关浙江省农民专业合作组织的数据和其他相关政策文件信息，如无特别注明，都来自浙江省农业厅经管处和浙江省农业信息网，感谢他们在素材提供上的支持。

② 与其他省区相比，浙江省对农民专业合作社形式的选择十分迅速，并未在农民专业技术协会或农民专业协会形式上探索较长时间。这也是浙江省农民专业合作组织发展处于全国前列的重要原因之一。

主管部门以及如台州市政府这样的地方政府，不仅敏锐地发现了这一发展态势，而且前瞻地确认了农民专业合作社形式的发展潜力，从而既明确了农民专业合作社作为浙江农民专业合作组织的主流形式，还采取了诸多措施来促进农民专业合作社的发展。如确定省级示范性农村专业合作社，召开农村专业合作组织建设研讨会，举办全省性的培训班，召开农民专业合作组织立法制度建设国际研讨会，直至浙江省人大于 2004 年 11 月 11 日通过了新中国第一个关于农民合作组织的专门法规《浙江省农民专业合作社条例》。此后，浙江省农民专业合作组织的发展正式进入了农民专业合作社时代。

(3) 此阶段的另一特点，就是浙江省委、省政府、省人大及农业行政主管部门明智地决定将农民专业合作组织发展纳入法制化轨道，以立法行为促进农民专业合作社健康快速的发展。实事求是地说，这种思维和做法在当代中国是比较现代的、先进的。事实也表明，浙江省这种做法不仅极大地促进了浙江省农民专业合作社的发展，而且直接推动了我国《农民专业合作社法》的立法进程，进而推动了我国农民专业合作组织的发展进程。

在政府部门的有力推动下，浙江省农民专业合作组织获得了较大发展。1994—2004 年，浙江省农民专业合作组织虽然在总数上并没有显著变化，但是农民专业合作组织的成员总数和每个组织的平均成员数却不断增加。另外，在合作社构成结构上，农民专业合作组织从以松散的专业协会形式为主(1995 年，95%以上的农民专业合作组织属于专业协会形式)，转变为以紧密的农民专业合作社形式为主(2004 年，63.5%的农民专业合作组织属于农民专业合作社形式)。合作社拥有的服务实体也明显增多，从 1995 年的 100 多个，1997 年的 240 多个，到 2004 年更是超过 1000 个。合作社所拥有的固定资产也从 1997 年底的 0.9 亿元，增加到 2000 年底的 5.21 亿元，2004 年更是超过了 10 亿元。

表 1　1995—2007 年浙江省农民专业合作组织基本情况①　　单位：个，万人

年　份	总　数	专业合作社	专业协会	农产品行业协会	成员总数	带动农户数
1995	2832	—	—	—	8.9	—
1997	2874	—	—	—	11.7	—
2000	2667	—	—	—	20.18	—
2001	3060	—	—	—	23.15	—
2002	2198	791	1178	229	22.80	132.90
2003	2718	1183	1152	383	25.00	135.00
2004	3064	1789	1019	256	30.26	202.95
2005	3583	2592	955	372	42.3	254.0
2006	4479	3916	539	278	36.4	266.4
2007	5659	5141	463	290	38.5	316.6

资料来源：浙江省农业厅经管处。

① 2004 年以前，由于当时尚无相应法规对农民专业合作社进行界定(《浙江省农民专业合作社条例》于 2005 年 1 月 1 日实施)，每年的统计口径略有不同。

(三) 农民专业合作组织的依法规范与持续发展阶段(2005年至今)

这一阶段的标志性起点就是《浙江省农民专业合作社条例》于2005年1月1日正式实施。在此阶段,浙江省农民专业合作组织发展呈现出几个鲜明的特点:

(1) 农民专业合作组织的规范性不断提高。2005年,除了《浙江省农民专业合作社条例》正式实施,浙江省有关部门还制定了《农民专业合作社注册登记的若干意见》、《浙江省农民专业合作社示范章程》、《浙江省农民专业合作社财务制度(试行)》、《浙江省农民专业合作社会计核算办法(试行)》,在注册登记、财务核算等方面建立了制度体系。浙江省农业部门为了确保农民专业合作组织的健康发展,专门推进农民专业合作社规范化建设,譬如:在内部运作上,要求规范合作社的制度和运行机制,规范章程和制度、股金设置、注册登记、组织机构和内部管理机构、社员管理、民主管理、财务管理、生产经营行为、盈余分配等;在引导发展上,要求强化统一服务和销售,统一农业投入品的采购和供应,统一生产质量安全标准和技术、培训服务,统一品牌、包装和销售,统一产品和基地的认证认定等。这就为推进农民专业合作组织走向更加规范的专业合作社形式奠定了坚实的制度基础。

(2) 农民专业合作组织的持续发展能力不断增强。这一方面有赖于浙江省有关部门的有效工作。浙江省有关部门不仅在财政扶持、税收减免和收购凭证领取、引入人才和信贷上给予农民专业合作社以大力支持,还在全省合作社中深入开展生产标准化、经营品牌化、管理规范化、社员知识化、产品安全化"五化"建设活动。另一方面,也因为各地农民专业合作组织中涌现出一大批优秀的合作社企业家,在他们带领下,合作社的组织建设和发展水平得以持续提高。例如,2008年,浙江省就有6位优秀的农民专业合作社社长当选为第十一届省人大代表。在这种情况下,浙江省农民专业合作组织不但总量不断提高,到2007年底达到了5659个,其中农民专业合作社就有5141个,成员总数更是达到了38.5万;而且,还涌现出了一批具有相当市场竞争能力的比较规范的农民专业合作社典型,比如温岭箬横西瓜合作社、临海上盘西兰花产业合作社、丽水市碧湖绿源长豇豆合作社、新昌县兔业合作社等。另外,浙江省农业部门也注意利用农民专业合作社来落实基层的农业经济工作,积极鼓励发展农机服务合作社、测土配方合作社、农村沼气合作社等新形式。

(3) 浙江省有关部门日益认识到农民专业合作社的重要作用,纷纷制定相关政策,采取有力措施,将农民专业合作社作为支持农业和农村发展的有效载体,从财政、税收、金融、交通、技术监督等多方面加大支持力度。2005年10月,浙江省委办公厅、浙江省政府办公厅专门出台《关于进一步加快发展农民专业合作社的意见》,提出要加大扶持力度,为农民专业合作社创造良好的发展环境,具体如:加大财政扶持力度、实行税收优惠政策、给予用地用电扶持、提供信贷支持、改善工商登记和注册认定服务、鼓励和支持推进农业标准化、支持申报自营进出口经营权、鼓励和支持农产品开拓市场、实施重点培训、鼓励农技人员和大中专毕业生到农民专业合作社工作等。

二、浙江省农民专业合作组织发展的实践经验

浙江省农民专业合作组织的发展,除了与其他地区一样,坚持以家庭承包经营为办社

基础，坚持以"民办、民管、民受益"为办社原则，坚持以增加农民收入为办社宗旨，等等，积累了一些独特的实践经验。

（一）深厚的生产集群基础

对于竞争性很强的农业来说，任何基于市场目标的联合或合作行为，都必须以在一定区域内具有一定的生产群体或集群为条件，同时又必将促进该区域产业集中度的提高。事实上，农产品生产集群的存在本身就为农民专业合作社的创建和发展提供了同质性基础。这就是为什么浙江省农民专业合作社大多创建于一些农业专业化生产比较发达的地区的缘故。

浙江省农村经济结构转型较早，农业生产集群有着深厚基础，不少特色产业日益向区域化、规模化、产业化经营方向发展。而浙江省农民专业合作社发展的一个显著特色就是，大多数农民专业合作社都围绕着当地的特色农业及其生产集群产生和发展。如素有特色之乡美誉的台州市，就先后依托柑橘、杨梅、枇杷、西瓜、果蔗、蔬菜、茶叶、草鸡等 20 多个主导特色产业和品种，建立了 300 多家合作社，直接带动 20 多万户农民走上了合作之路。相应的，近几年，由于农民专业合作社的兴起而逐渐形成的农业规模效应正日益凸显。仅在台州市，就有由箬横西瓜合作社、绿牧草鸡合作社、上盘西兰花合作社等农民专业合作社带动而形成的温岭东南沿海 8 万亩西瓜产业带，温岭 1000 万羽草鸡产业带，临海 10 万亩西兰花产业带、15 万亩无核蜜橘产业带，黄岩 6 万亩茭白种植带等。

（二）优良的多元组织主体

组织成员（特别是合作社企业家）的结构及其素质、能力、资源等在极大程度上影响着农民专业合作社的创建水平、发展水平以及发展路径。而在这一点上，浙江省农民专业合作社具有得天独厚的优势。

首先，浙江省多年来市场取向的改革开放，不仅引致了民营经济和专业市场的长足发展，而且为孕育农民企业家、提高农村劳动力素质提供了难得的机遇。从 20 世纪 80 年代开始，一大批农村能人就开始带领农民通过新经济联合体、农村股份合作企业、农民专业协会等组织走上了致富道路。近年来，全省更是涌现了 30 多万个农业专业大户、30 多万个农产品购销大户，还吸引了 4000 多个工商企业投资农业，投资额超过 100 亿元。因此，浙江省各地涌现出一大批以温岭市箬横西瓜专业合作社社长彭友达、丽水市碧湖绿源长豇豆合作社社长熊金平等为代表的合作社企业家。其次，在农民专业合作组织发展中，浙江省大多数农民成员既承认大户能人的作用，不"仇富"，不搞平均主义，愿意给大户能人以更多的利益激励，同时，也不放任大户能人，注重通过民主控制来防止合作社成为少数人（或企业）谋利的工具。再次，各种社会主体也积极参与农民专业合作组织，这其中以供销合作社为典型。截至 2007 年年中，浙江省供销合作社已领办参办农民专业合作社 886 家，平均每个县供销社 9 家左右，入社成员 9.1 万户，平均每家 103 户，种植养殖面积 178.05 万亩。而且供销社领办参办的农民专业合作社 2006 年实现销售 48.66 亿元，带动农户 81.6 万户，平均每个带动 920 户，为入社成员的 9 倍，带动当地农业产值 80.83 亿元。

（三）显著的市场需求导向

近些年来，随着以农业产业组织和生产技术的深刻变革为主要特征的农业（食品）产业变革席卷全球，世界农业合作社开始被迫对其自身组织结构及经营机制进行及时而深入的变革，这导致农业合作社的市场化色彩越发浓厚。浙江省农民专业合作组织同样敏锐地意识到了农业合作社这种市场需求导向的趋势。有关调查表明，尽管浙江省大多数农民专业合作社还缺乏相对稳定和成熟的市场战略，但在经营策略上从发展一开始就具有一定的市场导向性。例如，相当多的农民专业合作社基本上都在采用“要求社员掌握统一的生产技术和质量标准”，“向市场统一提供品牌化的产品”和“根据市场需求灵活地确定向市场投放产品数量”的经营策略；并部分采用“面向不同的客户提供差别化的产品”，“在制定产品价格时根据客户的意见进行调整”，“根据接到的订单组织社员的生产”的经营策略（徐旭初、黄胜忠，2008）。由此可见，浙江省农民专业合作社大多是为了在市场竞争中获利而存在的，市场导向是其与生俱来的重要特征。

不仅如此，更有相当部分浙江省农民专业合作社从一开始就自觉地追求纵向一体化，这与发达国家农业合作社近些年来纵向一体化倾向十分吻合。浙江省农业厅有关调查表明，大多数合作社在产前、产中、产后组织社员统一采购农业投入品（平均比例为64.73％）、标准化生产（平均比例为81.47％）、统一销售农产品（平均比例为77.67％）等，大多数合作社有初加工能力（平均比例为90.28％）、核心示范基地（平均比例为97.19％），有用于整理、分级、粗加工、精加工、包装等的固定资产（平均比例为55.63％）。

（四）宽松的社会文化氛围

在我国，农民合作社并不是新鲜事物，但由于不少干部群众对20世纪农业合作化运动的历史惊悸犹存，害怕再重现那种开始于合作组织、终结于无效率的集体经济的历史，再加上我国历来就有的均贫富思想，这就在相当程度上制约了改革开放后新一轮的农民专业合作组织的发展。

幸运的是，对于发展农民专业合作组织，浙江省的社会文化氛围总体上是宽松的，社会各界特别是农民并没有过分地误读或阻碍农民专业合作组织发展，而且浙江农民历来就更注重实利实效，再加上一些合作组织先行者的带动和地方政府的推动，使得浙江农民在看到合作组织的实际经营绩效后，很快冲破了社会舆论和个人认识上的障碍，踊跃加入到合作组织中。不仅如此，浙江省是全国股份合作制最早产生、最为普遍的地区，因此，人们在创建合作社时，很容易产生路径依赖和制度借鉴效应，从而使得浙江省农民专业合作社从一开始就带有鲜明的股份合作制色彩。

（五）恰当的地方政府作用

如果说农民专业合作组织的经济合理性是由市场经济“天然”赋予的，那么，其行政合法性和政治合法性只能从政府组织那里获得。基于中国农村社会经济发展的历史现实，特别是在具有合作精神的熊彼特式企业家供给短缺、农民对合作社制度缺少了解和认识、合作社立法问题没有解决或初步解决的实际环境下，政府组织的介入与影响（特别是在农民专业合作组织发展初期）是可以理解的，甚至也是必需的。

事实上，浙江省能够成长为全国的农民专业合作组织先进省份，同样离不开政府部门的支持。而且更难能可贵的是，浙江省各级政府在积极扶持合作社发展的同时，清醒认识到合作社的市场主体地位，尊重合作社的经营自主权，并不随意干涉合作社的日常组织建设和经营行为。近几年来，浙江省各级政府及有关部门以高度的责任感、主动性和创造力，依法履行指导、协调和服务职责，构建了以《浙江省农民专业合作社条例》为核心的合作社法规制度体系，以《关于进一步加快发展农民专业合作社的意见》为重点的合作社政策支撑体系，以农业行政主管部门指导、各种社会力量牵头兴办、有关部门大力支持的工作指导体系，一手抓发展，一手抓规范，一手抓利用，极大地促进农民专业合作社的发展。其典型案例则是《浙江省农民专业合作社条例》的制定、颁布和实施。《浙江省农民专业合作社条例》是新中国第一部关于农民合作组织的专门法规，明确了农民专业合作社的法人地位，引导了农民专业合作组织的发展方向，奠定了农民专业合作社的法律基础。而且，虽然当时《农民专业合作社法》已经进入立法调研阶段，但正是《浙江省农民专业合作社条例》直接推动了全国人大于 2007 年 7 月 1 日正式实施的《农民专业合作社法》的立法进程。

显然，这种情况超出了基于“需求—供给”分析框架的强制性和诱致性制度变迁的概念。那么，如何看待浙江省地方政府在农民专业合作组织发展中的角色和作用？它对正亟待深入推进各种制度变革的我国而言有何借鉴意义？这正是下文所要进一步探讨的内容。

三、浙江省地方政府在农民专业合作组织发展中的作用①

如上所述，浙江省农民专业合作社发展离不开各级地方政府及其有关部门的热情的鼓励、恰当的指导和有力的扶持。然而，值得注意的是，就浙江省农民专业合作组织发展而言，或许是因为其发展较早、较快，至少在 2004 年之前，这种政府的鼓励、指导和扶持更多地来源于浙江省各级地方政府，而非中央政府。②

可以确认，浙江省农民专业合作组织得以制度创新的一个重要原因就在于浙江省各级政府的“有所为有所不为”的政府行为。

毋庸讳言，尽管中央政府早在 20 世纪 80 年代初就对农民专业合作组织有所肯定，但事实上在 21 世纪前中央政府并未过多地将农民专业合作组织置于视野之中，即使关注也多是局限于专业协会而非专业合作社。而当时的浙江省各级政府面对农民专业合作社发展初期的制度变迁，没有急于封杀这个新生事物，而是较多地采取了默许乃至支持的做法，容许群众和基层相对自由的发展。这是浙江省各级政府的一贯做法：对群众自主的制度创新行为，从实际出发，较少设立禁区，较少明令禁止，较少大面积打压。这种“无为而治”的做法，实际上是在特定的历史条件下对群众和基层自主创新的一种支持，形成了中央政府与基层、群众之间的一个缓冲带，非常有利于推进制度变迁；其实质是一种经济

---

① 这里的浙江省地方政府包括浙江省各级政府、立法机构和有关行政部门。

② 《中共中央国务院关于促进农民增加收入若干政策的意见》（中发〔2004〕1 号）明确提出：“鼓励发展各类农产品专业合作组织、购销大户和农民经纪人。积极推进有关农民专业合作组织的立法工作。从 2004 年起，中央和地方要安排专门资金，支持农民专业合作组织开展信息、技术、培训、质量标准与认证、市场营销等服务。有关金融机构支持农民专业合作组织建设标准化生产基地、兴办仓储设施和加工企业、购置农产品运销设备，财政可适当给予贴息。”可以发现，尽管之前中央政府也提出要支持农民专业合作组织发展，但可能这是其第一次具体、明确地加以表述，其后，中央政府有关部门才开始较大规模地对农民专业合作组织进行扶持。

民主，即坚持以经济建设为中心，尊重农民群众的首创精神，支持群众的制度选择，使千百万人民群众真正成为社会生产力发展的主体，从而使整个社会经济的发展具有持久的动力和创新力。

长期以来一直有种说法，认为改革开放以来浙江省经济高速发展在很大程度上得益于浙江省地方政府的"无为而治"。我们认为，这种说法甚是片面。事实上，浙江省各级政府并非一味地"无为而治"，而是在适当的时候敢于"有所作为"，善于"有所作为"。当然，这种"有所作为"，其原则必定是符合中央政府的基本意旨和名义偏好，其时机一般是在微观制度创新与宏观管理体制发生较大摩擦和矛盾时，其切入点往往是改革和创新阻碍微观领域创新和发展的宏观管理体制或制度，其限度通常是不逾越中央政府默认的地方政府自主性扩张空间。

具体到浙江省农民专业合作组织的发展，当农民专业合作组织面临各种难以解决的外部环境不完善进而影响进一步发展时，浙江省有关政府部门则依据党的十六届三中全会精神①，担负起拓展更大的制度创新空间的责任，选择了积极推动农民专业合作组织的发展，特别是重点推动了以制定《浙江省农民专业合作社条例》为核心的法规制度体系建设，而且明确引导发展农民专业合作社。而中央政府部门虽然看到了以浙江省等省区为代表的农民专业合作组织的发展态势，但限于各种原因，一时并无法采取比较有效的措施进行应对。因此，浙江省各级政府及其有关部门确实在农民专业合作组织的发展变迁中扮演了有别于中央政府的角色，并且在实际效果上，不但有效促进了浙江省农民专业合作组织的发展，而且还直接推动了《农民专业合作社法》的立法进程。

针对中国社会转型过程中地方政府在制度变迁中所扮演的角色，杨瑞龙(1998)在考察具有独立利益目标与拥有资源配置权的地方政府在我国向市场经济体制过渡中的特殊作用时，曾进一步发展了林毅夫利用"需求—供给"分析框架划分的强制性和诱致性变迁的概念，提出了"中间扩散型制度变迁方式"假说和"三阶段论"。他的观点引发了学术界的一番争论，黄少安(1999,2000)、汪丁丁(1999)、金祥荣(2000)、史晋川和沈国兵(2002)等研究者先后加入到对中国制度变迁理论假说的这场讨论中。杨瑞龙、杨其静(2000)也曾进一步撰文回应其他学者的观点，力图证明正是由于地方政府的介入才使渐进式改革得以相对平稳地推进，并且能以较低的摩擦成本加快我国的市场化进程，从而使得我国的制度变迁路径呈现出阶梯状。但是关于这场讨论似乎并没有什么最终结果，不过可以肯定的是，这次争论使大家意识到，"需求—供给"分析框架下的强制性变迁和诱致性变迁概念存在着理论上的缺陷，而地方政府在制度变迁过程中确实扮演了与中央政府虽有重叠，但又有所不同的角色。实际上，浙江省各级政府在浙江省农民专业合作组织发展中的行为和作用，在某种程度上印证了杨瑞龙所提出的我国制度变迁路

① 《中共中央关于完善社会主义市场经济体制若干问题的决定》(十六届三中全会)指出："支持农民按照自愿、民主的原则，发展多种形式的农村专业合作组织"、"完善市场主体和中介组织法律制度，使各类市场主体真正具有完全的行为能力和责任能力"。浙江省人大农业和资源环境保护委员会主任委员在"关于《浙江省农民专业合作社组织条例(草案)》的说明"中就专门引用上述论述来阐明浙江省农民专业合作社立法行为的政治合法性。

径的阶梯状特征。

应该说，浙江省地方政府在农民专业合作组织发展中所发挥的作用，可以给我们一些有益的启示：

(1) 政府在农民专业合作组织发展进程中正确的角色定位和恰当的作用发挥，是我国农民组织化进程是否顺利、有效的关键所在。

(2) 要充分认识到农民专业合作组织发展进程的阶段性、差异性和长期性，充分尊重农民、企业和基层的自主性和创造性，因时因地制宜，坚持民办性质，减少政府干预，鼓励多种形式发展。切忌搞运动、下指标、操之过急、一哄而上。

(3) 政府应通过政策和法律来引导农民专业合作组织发展进程，实行间接干预，着重为多元主体的有效运营创造有序竞争的市场环境，为多元主体的合意行为提供明确有力的政策支撑。

(4) 更为重要的是，对于处于渐进式市场化改革过程中的我国而言，浙江省地方政府在农民专业合作组织发展中的作用，给了我们这样的启示：在制度变革进入深水区、区域发展异质性不断增强的情况下，当市场微观主体渴望获得有利于社会发展的发展空间却又受制于宏观管理体制，而中央政府部门虽然看到了局部性制度创新的可能收益，却因为维护制度的整体稳定性需要而无法进行全国性的制度变革时，地方政府有可能作为一个区域性的中央政府派出机构，在自己的行政范围内首先进行制度创新试验，获得潜在的制度创新收益，并伺机在全国范围内进行推广，同时也可以借此规避全局性的试验风险。

(5) 浙江省通过《浙江省农民专业合作社条例》直接推动和影响了《农民专业合作社法》的立法进程以及法律内容的事例，也许提供了一种可能性路径：今后我国地方政府(特别是经济发达地区的地方政府)或许会更多地通过地方立法行为来推动和影响中央政府的法律、政策行为。

四、简要的结语

止笔于此，我们不禁由衷地为浙江农民群众和基层干部的主体性、主动性和创造力所倾倒，同样，我们也真诚地为浙江省地方政府“有所为有所不为”的执政智慧所折服。没有来自草根的蓬勃，没有来自庙堂的睿智，浙江省农民专业合作社发展不可能有今天的多姿多彩，不可能有今天的名列前茅。

同时，我们也清醒地意识到浙江省农民专业合作社依然存在着许多现实问题：合作社规模依然偏小，但是规模扩大又需要合作社组织资源和能力的相应提高，这对于合作社而言是一个不小的挑战；浙江省农民专业合作社鲜明的股份化倾向是否会导致合作社本质属性的蜕变和丧失，也是以后值得观察的问题；另外，合作社之间仍然缺乏更高层次的、更为有效的公共平台，这不利于合作社的进一步发展壮大。

当然，更令人高兴的是，浙江省农民专业合作组织30年的发展历程让我们看到了地方政府在制度创新中的特殊作用，这对于制度变革已经进入深水区、区域发展异质性不断增强的我国而言，无疑具有重要意义。

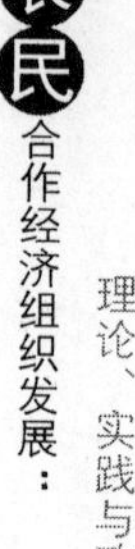

参考文献

[1] 黄少安.制度变迁主体角色转换假说及其对中国制度变革的解释——兼评杨瑞龙的"中间扩散型假说"和"三阶段论"[J].经济研究,1999(1).

[2] 黄少安.关于制度变迁的三个假说及其验证[J].中国社会科学,2000(4).

[3] 黄祖辉,徐旭初,冯冠胜.农民专业合作组织发展的影响因素分析——对浙江省农民专业合作组织发展现状的探讨[J].中国农村经济,2002(3).

[4] 金祥荣.多种制度变迁方式并存和渐进转换的改革道路——"温州模式"及浙江改革经验[J].浙江大学学报(人文社会科学版),2000(4).

[5] 史晋川,沈国兵.论制度变迁理论与制度变迁方式划分标准[J].经济学家,2002(1).

[6] 汪丁丁.对杨瑞龙《"中间扩散"的制度变迁方式与地方政府的创新行为：江苏昆山自费经济技术开发区案例分析》的评审报告.载于张曙光(主编).中国制度变迁的案例研究(第二集).北京：中国财政经济出版社,1999.

[7] 徐旭初.走向供应链管理：农业合作社的困境与创新[J].农村经营管理,2007(1).

[8] 徐旭初,黄胜忠.走向新合作：浙江省农民专业合作社发展研究[M].北京：科学出版社,2008.

[9] 杨瑞龙.我国制度变迁方式转换的三阶段论[J].经济研究,1998(1).

[10] 杨瑞龙,杨其静.阶梯式的渐进制度变迁模型——再论地方政府在我国制度变迁中的作用[J].经济研究,2000(3).

[11] 浙江省农业志编纂委员会.浙江省农业志[M].北京：中华书局,2004.

[12] 徐刚军.发展农民专业合作社是新时期供销社服务回归"三农"的重大举措[J/OL].浙江省供销合作社联合社网,(2007-07-06).http://www.zjcoop.gov.cn/Article_Show.asp? ArticleID=7286.

新情势下我国农民专业合作社的制度安排*

徐旭初

（浙江大学中国农村发展研究院）

自《农民专业合作社法》实施以来，我国各地农民专业合作社蓬勃发展，形势喜人，同时也问题不少，议论颇多。譬如说：出现一些合作社意蕴淡薄的合作社，甚至有人直接斥之为“假合作社”；一些龙头企业领办的合作社与农民社员的利益联结机制扭曲，农民社员获利微薄；一些合作社的社员民主治理形同虚设，大户、企业或机构主导色彩浓厚；一些合作社净盈余分配中二次返利比例很小，法律要求的60%底限更是许多合作社没有做到的；等等。我们应该怎样看待这些问题呢？实际上，就事论事的讨论可能并不能使我们正确地分析这些问题，而将这些问题放到一个更为宽阔的视野中观照，我们或许能够看得更加明白、更加透彻。

一、合作社在本质上是一种环境适应性的组织

合作社究竟是一种什么组织？有人视之为共同体，“合作社可被定义为由力图实现自我经济服务的人们组成的民主的联合体，通过一个旨在消除中间商利润和提供基于所有和控制的实质平等的计划”。有的视之为企业，“合作社是一种使用者所有、使用者控制和基于使用进行分配的企业”。最权威的定义当属国际合作社联盟成立100周年大会（1995年）的定义：“合作社是由自愿联合的人们，通过其联合拥有和民主控制的企业，满足他们共同的经济、社会和文化需要及理想的自治的联合体。”比较一致的看法是：合作社是一种兼有企业和共同体属性的社会经济组织。

然而，从1844年罗虚代尔公平先锋社到今天已逾160年，或者更早地从欧文到今天也有200多年，人们也许在理论上和实践上忽视了这样几个问题：

（1）经典合作社的制度益贫性，可能因为社会经济地位的提升和社会保障制度的建立不再显著。经典合作社一个鲜明的特点就是制度益贫性。不过，我们应该注意这样一个事实，西方国家最早有比较成形的社会保障法律及体系要远远晚于合作社的发生。这就意味着，随着社会保障的全面建立和弱者地位的相对提高，它可能导致合作社的益贫性减弱。

（2）经典合作社的成员同质性，可能因为成员多元异质而呈旨趣“异化”和战略“漂移”。经典合作社的成员具有显著的同质性，但是逐渐随着成员呈现多元异质性，不同成员之间视野、需求等各自不同，进而合作社的“互助益贫”的旨趣就逐渐“异化”了，“自我服

* 本文为国家社科基金项目“发展农村专业合作经济组织研究”（项目编号：06BJY070）、浙江省社科基金重大项目“浙江省农民新型合作经济组织研究”（项目编号：06ZDZB14ZD）的成果。

务"的战略就逐渐"漂移"了。这个问题在西方国家也存在。2007 年 12 月，笔者考察德国一个葡萄合作社，其成员有葡萄园庄园主，也有只种植了几棵葡萄树的园艺爱好者，许多事情谈不到一块去，社长为此也比较痛苦。

(3) 经典合作社的市民社会基础，可能因为发展中国家"先天"缺失而导致这些国家合作社的实用性倾向。有学者认为，合作社文化的核心是集体主义。笔者认为，合作社的文化基础恰恰是个人主义，它是建立在市民社会基础上的。因此，由于发展中国家"天然"缺失市民社会基础，就可能导致经典合作社模式在这些国家的适用性削弱，相应的，发展中国家合作社会呈现出比较显著的实用性倾向(特别是在我国这样宗教情结不甚浓重的国家)。

(4) 经典合作社的自我服务性质，可能因为外部市场环境的变化和挤压而不得不发生"外向性扭曲"。经典合作社强调自我服务，认为使用者才能是社员，而且在制度结构上也天然地存在着对外部资本的排斥倾向。但是由于外部环境的变化和挤压，一是大多数合作社都有不是惠顾者或使用者的社员；二是对于绝大多数合作社(特别是农业合作社)而言，资本短缺恰恰是其在市场经济环境中面临的一个重要的、常见的现实问题，甚至是首要的、基本的现实问题。因此，经典合作社往往不得不发生"外向性扭曲"。

因此笔者认为，合作社在本质上是一种环境适应性的组织。

从一开始，合作社就是一种"内圆外方"的组织，对外恪守市场经济通行规则，对内实行民主的、益贫的制度。然而，当内外环境发生根本性变化时，合作社会怎么样呢？换言之，当内外环境发生根本性变化时，合作社是战略决定结构，还是结构决定战略？笔者认为，合作社一定是环境决定战略，战略决定结构，结构决定行为，行为决定绩效；也就是说，合作社一定要(也一定会)尽可能地调整自己的战略、结构和行为，以适应内外环境的根本性变化。

二、农业合作社面临的新情势

在市场经济环境中，合作社从一开始就是一个"防卫性"应激机制，现在它依然具有这样的特征。过去，当市场环境是清晰的、安全的和持久的，合作社的内部世界也是相对稳定的，其战略也是明确的，其成员利益也是同质的和明显的。问题在于，现在"这个原本清晰的、舒适的世界已经改变了"。

一方面，就外部环境而言，二三十年来，农业产业正处于具有深远意义的结构变革中，农业合作社面临以纵向协调为主要特征的农业纵向一体化与供应链管理趋势，迫使以成员利益为导向的合作社必须尽快适应以市场需求为导向。

另一方面，就内部环境而言，随着社会经济发展和合作社规模扩大，社员异质性显著增大，从而社员的战略选择差异日益突显，合作社的信任基础受到冲击。

当农业合作社被"嵌入"在这样一种内外部组织环境中，农业合作社应如何面对、适应和调整？我国刚刚起步的农民专业合作组织应如何面对、适应和调整？这既是一个世界性问题，更是一个本土性问题。

因此，在农业产业组织和生产技术发生巨大变化的今天，世界农业合作社的制度正处于被动而深刻的制度变革当中。农业合作社只有顺应农业产业发展趋势，紧随市场环境变化，对自身组织结构及经营机制进行及时而深刻的创新，才能摆脱困境，赢得挑战。从总体上看：(1) 不再单纯追求社员导向，而是更多地注意消费者导向；(2) 不再简单地强调传统意义上的人的联合，而是更多地实现现代意义上的要素联合；(3) 不再粗放地通过产能规模化盈利，而是更多地谋求提高附加值；(4) 不再单一地立足于与其他经营主体竞争，而是更多地寻求与其他经营者的合作与协调；(5) 不再仅仅关注上游业务活动的社员控制，而是更多地关注下游业务活动的社员控制；(6) 不再简单地着眼于同类农业生产者的横向联合，而是更多地强调整个供应链中诸主体之间的纵向协调；(7) 不再无节制地追求合作社的市场支配力，而是更多地要与其他供应链参与者公平地分担风险和报酬；(8) 当然，必然还包括，不再机械地恪守国际合作社的基本原则，而是更为灵活地在对国际合作社基本原则的尊重与对各地现实的农民合作实践的认同之间的基本平衡。

三、新情势下我国农民专业合作社的制度安排

从总体上看，我国农民专业合作社的发展有两个基本背景：一是处于市场化、工业化、城市化、现代化、全球化的复合进程中；二是处于结构嵌入(主体异质性)、村社嵌入(村社传统)、市场嵌入(供应链时代)、制度嵌入(社会政治结构)等多重嵌入之中。这就意味着，我国农民专业合作组织的发展机遇要严峻得多，面临约束要复杂得多，合作社企业家要稀缺得多，成员禀赋要参差得多，政府介入要频繁得多。

在我国，农民专业合作组织必然面临一些中国特色的发展环境。首先，在当今中国，农民分化更加严重，合作社成员异质性问题极为突出。一般而言，富裕农民往往是拥有一定的政治、经济或文化资源的“农村精英”，而贫困的往往是那些依旧耕种几亩地、缺乏各类社会经济资源的家庭。这种农民分化现象在很大程度上决定着农村产权主体的异质性，而正是这种产权主体的异质性深刻影响着合作社产生和发展中的产权结构、治理结构等。

其次，自市场化进程开始以来，我国农业经济发展就呈现出与欧美国家不同的路径。欧美国家的通常路径是先合作社(横向一体化)，后产业化(纵向一体化)。与之不同，我国则是在推行农业家庭承包制十多年后，先产业化(纵向一体化)，后合作化(横向一体化)。不难理解，这种由于资源禀赋及经济、社会条件的差异，导致实现农业现代化的起步方式和发展路径不尽相同，必然会造成我国农民专业合作社的发生和发展的目标、方式和走向的独特性。事实上，这种制度路径的差异，使得我国目前的农民专业合作社从一开始就具有股份化的色彩，这种色彩越是在产业化经营较发达的沿海地区就越浓重。“三鹿奶粉”事件就充分反映出这个问题的后果：奶业在全世界都是合作社份额最大的产业，而我国奶业合作社则难有作为，因为下游已经被产业资本强势控制住了。在此，我们还可以得出一个推论，我国或许失去了在 20 世纪 80 年代开展农民合作化的最佳时期。

再次，如果没有各级政府的推动和介入，我国农民专业合作社是很难快速发展起来的。2007 年 7 月 1 日开始实施的《农民专业合作社法》便是政府有效作为的一个鲜明体现。但是，一些政府和有关部门比较普遍地存在着行政介入不当的问题，难以恰如其分地

对合作社加以引导、支持和服务，或是过度热情，介入过多；或是无暇顾及，雷声大雨声小；或者是不加干预也不加扶持，任其自生自灭。

在这样的新情势下，目前，我国农民专业合作组织的制度安排呈现出一些日益显著的特点：(1) 组织旨趣上，益贫性不再显著；(2) 组织目标上，逐步从“互助益贫”走向“合作共赢”；(3) 组织战略上，逐步从成员导向走向市场导向；(4) 组织制度上，更多的具有要素合作性质，而且是多要素合作。

有几个具体问题值得加以简要的讨论。

一是农民专业合作社的组织模式选择。目前，我国农民专业合作社主要有经典型合作社(人数通常不多，人人入股且差异不大，一人一票，主要按惠顾返利)、股份型合作社(人数可多可少，不一定人人入股且差异较大，一人一票或与附加表决权相结合、有的干脆按股投票，按惠顾返利与按股分红相结合、有的干脆按股分红)、议价型合作社(也就是协会型合作社，人数通常较多，往往只交点会费，一人一票，主要通过与交易方议价而获得价格改进，有时也返利但不分红)、新一代合作社(人数通常不多，人人入股且股份比例与其产能或投售量对应，一人一票或与附加表决权相结合、有的干脆按股投票，按股分红，合作社与社员有强制性投售合同，往往有加工)。当然，许多合作社通常是混合型的。我国目前经典型合作社和新一代合作社较少，股份型合作社和议价型合作社较多。股份型合作社的问题是相对有效率些，但往往大户、企业或机构主导色彩较为浓厚，民主管理有待加强。议价型合作社的问题则是比较松散，缺乏竞争力。然而，应该指出的是，在我国许多契约性社会基础尚未充分的欠发达地区，也许议价型合作社(协会型合作社)更合适，应该允许合作社适当松散些，不要强求合作社紧密。

二是提供者与利用者共存的(特别是龙头企业领办的)合作社的问题。目前，对于这类合作社批评颇多，甚至有人直接斥之为“假合作社”。然而，在这个问题上，我们应该看清楚两点：第一，要分清合意的与现实的。现实的合作社不可能都是合意的合作社，而不合意的合作社未必就不是合作社。的确，有些龙头企业领办的合作社过于资本化的色彩已经严重偏离了合作社的本质规定性、固有的公平意蕴以及可能的腾挪空间，有的干脆从一开始就是一次由企业(家)发起的“冒名顶替”的机会主义行为。但是，我们绝不能将这类合作社一言以蔽之、一棍子打死，要看到不少这类合作社还是在努力建构比较合理的利益联结机制，并且取得了良好效果。第二，实际上，使用者与提供者同在一个合作社中，其关系是一种基于共同业务平台而形成的经营联合关系。看这种关系是否合作社性质，关键不是形而上学地看他们的身份，而是要实事求是地看他们之间的关系：只要他们之间是一种利益共享、风险共担的关系，在合作社共同事务的决策上坚持民主控制原则，也有一定的收益返还机制，这种关系就是一种合作社性质；换言之，只要他们是基于共同业务平台增值利益，并且按照一定的制度、规则(如民主控制、利益共享等)来实现利益，他们就客观地构成一个合作社。当然，他们之间会存在某种博弈甚至矛盾冲突，但这并不影响他们建立在合作社基本原则基础上的共赢关系。

三是农民专业合作社的民主控制问题。就制度安排而言，合作社与其说是一种产权结构，毋宁说是一种治理结构。在农民专业合作社中，社员控制(管理)有多种方式，最通常的方式是异议(提意见、发牢骚)，最正式的方式是投票，最具有战略意义的方式是退出。

其中，自由退出最重要。而且，如何算是符合大多数社员利益，这不是领导说了算，不是专家说了算，也不看分配结果具体有益于谁，而要看这个决策是否经由民主决策程序。应该看到，我国农民专业合作社内部民主治理亟待加强和完善。目前，虽然农民专业合作社几乎都制定了章程，设立了理事会、监事会、成员大会，但实际上大多为大户、能人或者龙头企业所控制。大户、能人或者龙头企业积极参与合作社的管理和决策，虽有利于提高合作社的决策效率和经营绩效，但也往往使得普通社员或者社员大会难以起到监督作用，而且客观上很多普通社员有搭便车心理，有时不太愿意积极参与合作社治理，从而可能使得一些合作社异化到被某一个或几个成员或企业所控制的程度。设若这种局面长期存在，就会使得合作社内部治理和制度安排出现与预期目标相差甚远的结果，进而有可能影响合作社的长期可持续发展，甚至最终走向解体。但是可以想见，在较长一段时间里，这种制度状态难以发生根本性改变。未来可能的改变将取决于纯农户博弈能力的提高、合作组织之间以及与其他经营主体之间的竞争、政府的规制和导向、农村民主政治进程等。

四是农民专业合作社的盈余分配问题。目前，许多合作社做不到《农民专业合作社法》规定的二次返利底线。这是为什么呢？因为二次返利的逻辑基础是成员同质性，而当今合作社普遍是基于成员异质性的要素合作，要素合作要求考虑各要素主体的边际贡献，而不仅仅是侧重于生产者。更进一步的思考是，是不是有二次返利的合作社就优于没有二次返利的合作社呢？不能简单地这么看。社员与合作社之间按成本原则进行交易，这是合作社的一个重要特征。既然如此，可能越是具有合作社意蕴的合作社就越没有什么盈余用于返还。实际上，合作社可以注重价格改进，这样就可能没有多少盈余用于返还；也可以注重价值增值，这样就可能有一些盈余用于返还。所以，我们对农民专业合作社也许应抓住治理，放开分配。

五是关于政府扶持问题。在笔者看来，《农民专业合作社法》给我国农民专业合作社一个比较宽松的进入底线，非常有利于发展。而政府的政策及扶持则要更多地考虑到合作社发展导向问题，考虑到合作社组织旨趣问题。简言之，法律管底线，政策（扶持）管导向。

六是关于发展趋势问题。目前，我国农民专业合作社的发展，不管它是什么类型，先让它发展，也不要急着鉴定它，关键是它能不能起作用。合作社发展到一定程度，自然会出现分化，一部分合作社将会在市场导向下呈现越来越显著的公司化趋势，一部分合作社将在政府干预下承载越来越多的社会功能，一部分合作社将会在共同需求下演变成具有利益集团功能的联盟形态，而大多数合作社将在市场竞争中面临越来越大的市场压力。

总而言之，我国农民专业合作社发展确实是势在必行，更是意义深远，但是生不逢时，必须与时俱进。

参考文献

[1] Packel. The Organisation and Operation of Cooperatives. 4th ed. American Law Institution，1970.

[2] Barton D Principles. In D Coba(Ed.). Cooperatives in Agriculture. Englewood Cliffs, NJ: Prentice-Hall, 1989.

[3] International Cooperative Alliance . Statement on the Cooperative Identity, 1995.

[4] George W J Hendrikse & Cees P Veerman. On the of Cooperatives: Taking Stock, Looking Ahead. Restructuring Agricultural Cooperatives (Hendrikse ed.) Erasmus University Rotterdam, 2004.

农民合作社的全要素合作、自生能力与可持续发展

王曙光
（北京大学经济学院）

2008年是改革开放30周年。在这个特别的年份，全国上下都在认真总结、反省和检讨30年以来的经验教训。2007年7月，《农民专业合作社法》正式颁布，这是一个里程碑式的事件，需要学术界、基层合作社负责人和合作社管理部门从立法一年以来的实践中认真总结经验教训。本文将从分析改革累积的深层次矛盾和统筹城乡发展出发，探讨农民自组织和合作社兴起的根源与意义，提出了全要素合作的概念，深入讨论了全要素合作在农村经济发展与转型中的重要作用，并重点分析了合作社的政府支持框架和合作社的合作。本文的结论认为，农民合作社必须实现全过程合作和全要素合作，同时要建立科学的政府扶持框架，缓解农民合作社的融资困境、人力资源困境和市场适应困境。同时，本文认为，要提高农民合作社的自生能力，关键是要进一步提升农民的合作意识，塑造农村的新型合作文化。

一、引子：改革累积的深层次矛盾与统筹城乡发展

改革开放30年以来，我国经济社会各个层面均发生了积极、巨大而深刻的变化。国民经济平均以10%左右的速度增长，从国民生产总值、居民储蓄、对外净财富等指标来看，我国的经济增长不仅是当前全球经济中的亮点，同时也是近代以来世界经济增长中不可多得的典范之作。以最庞大的人口、最薄弱的经济基础、最为复杂的经济体，而实现全球最为强劲和持续时间最长的经济增长，这在近代全球经济史中尚没有先例。从目前的情况来看，我们可以有几个基本的判断：第一，中国仍旧处于高速增长期；第二，中国正处于工业化的后期，经济处于结构性调整阶段；第三，中国经济的市场化转型处于加速期，市场机制正在以更快的速度进一步完善；第四，中国的经济增长模式需要进行重大调整，经济增长中隐含着一些需要高度关注的风险。最后一个判断，是提醒大家必须注意的。现在，在多年高速增长的背景下，国民中滋生出一种洋洋自得的情绪，一种骄傲自满的情绪，一种全球唯我独尊的情绪。这种盲目的自信和自傲是很危险的。我们要居安思危，在高度繁荣下要有危机意识。

目前国内经济还面临着一系列的潜在风险。这些潜在风险包括：第一，当前以及未来一段时间宏观经济中的通货膨胀风险；第二，我国资本市场在全流通和股权分置改革后股价大幅度波动和市场持续萧条的潜在风险；第三，房地产经济的泡沫给经济增长和居民投资带来的潜在风险；第四，全国普遍的环境污染所带来的环境安全方面的潜在风险；第

五，在全球粮食危机背景下我国粮食供给和粮食安全体系所面临的潜在风险；第六，公共卫生和公共安全方面的潜在风险；第七，农村贫困化和城乡差距拉大带来的潜在风险；第八，当前不利的国际宏观经济政治环境所带来的潜在风险，这里面包括石油问题、粮食危机问题、蔓延全球的次贷危机问题以及中国面临的政治环境。这些潜在风险提醒我们，在我国经济高速增长的同时，我们千万不能狂妄自大，不能沾沾自喜，而是应该在高增长的同时，保持一种清醒的理性的认知态度，要有忧患意识。

我国的改革开放一直遵循着“摸着石头过河”的基本逻辑，事先并没有固定的模式可供选择。实践证明，这种没有框框、没有现成模式可供选择的改革，恰恰给了中国人最好的制度创新时机，给了中国人最大的制度创新空间。但是，在改革开放30年后的今天，这种模式的弊端也是显而易见的。问题是：当水太深，石头摸不到了怎么办？如果我们没有选择一条更为科学、更为稳健、更为合宜的发展道路和模式，那么我们未来的经济发展就必定面临更大的麻烦和更深的矛盾。在前30年的非均衡的增长模式中，我们创造出很多无效产值，高速增长的福利代价和环境代价非常高昂，不同区域之间的经济发展存在着巨大的差异，城乡差距和贫富差距不断拉大。要解决这些深层次的矛盾，我认为最根本的出路还是在于建立更加有效民主的运行机制和更加均衡可持续的增长模式。而均衡可持续增长的核心在于统筹城乡发展。温家宝总理2008年4月在中央经济工作会议上的讲话就特别强调了这一点，这说明，在最高决策部门已经达成了这样的共识。我们可以这样说，未来50年的核心任务，在于使中国广大农村彻底摆脱贫困，从而极大地缩小贫富差距和城乡差距，使中国实现均衡的增长。而农村反贫困的根源在于对农村的生产关系进行新的变革，增强农民的自组织的能力。这就回到了我们的主题：要使农民摆脱贫困，要使中国经济持续、稳定、均衡增长，就必须发展农民的合作，使中国的小农能够转变为有组织的“大农民”。

二、农民自组织与合作社的兴起

我国合作社发展经历了不寻常的曲折历程。在20世纪30年代，是我国农民合作社的早期发展阶段，在这个阶段，我国乡村的合作社运动有了一定的进展，但是由于混乱的政治局势以及后来的对日抗战，导致合作社发展受到挫折。第二个阶段，是20世纪50年代初期，农民合作社在新中国的初步发展阶段。此时农民的合作社迅猛发展，而且在初期基本符合农民的意愿，合作社对农业经济的发展起到积极的作用。第三个阶段，是50年代末期到70年代的合作社运动曲折发展阶段。在这个阶段，合作化运动逐渐偏离正确轨道，农民退出权的缺失和政治意识形态的力量逐渐使合作社原则扭曲。但是在这个阶段，我国台湾地区的农民合作社有了比较大的发展，而且在某种意义上支撑了我国台湾农村经济的转型与高速增长。第四个阶段，80年代之后，农民合作社出现崭新的态势，合作社在农民自愿、自发的前提下，如雨后春笋般迅速发展，到现在，我国农村的合作社组织有15万家左右。

合作社为什么有大的发展？农民合作社的大发展，本质上还是出于农民强烈的自发需求。我国的小农经济到现在还是农业生产的主要组织形式。几千年来，小农经济支撑了中国的农业文明，也发展出中国特有的小农耕作模式与生产模式。黄宗智先生说，小农经济有着顽强的生命力。这个观点我是赞同的。小农在极其简单的生产方式下，以非常微小的生产和决策单位，一方面在理性计算的前提下发展自己的家庭经济，另一方面在以村落为单元的封闭社区中寻求生存的安全感与认同感。小农经济虽然有顽强的生命力，但是小农经济在现代农业的竞争中也具有脆弱性。小农的局限性在当代表现得特别明显。小农生命力强这个命题，是建立在小农保持较低的生产水平和较低的人均收入为前提的，是以有限的风险规避能力为前提的，是以较低的市场竞争力和规模不经济为前提的，是以黄宗智先生所说的不断地"内卷化"为前提的。也就是说，农业生产的边际收益不断降低，将是小农经济的必然结局。而农业的现代化，从根本上就是要"消灭"小农，使小农成为有组织的"大农"。

农民合作社从以下六个方面改善了农民的处境：第一，农民合作社提高了小农抗击农业风险的能力；第二，农民合作社增加了农业生产的边际收益，阻遏了内卷化效应；第三，农民合作社提升了农业生产的规模效应和农产品的市场竞争力；第四，农民合作社促进了农业的适度产业化发展；第五，农民合作社提高了农民作为弱势群体的自助自救能力，避免了农民的破产危机；第六，农民合作社加速了农村各种生产要素的流动与整合，提高了农业生产要素配置的效率。这六个方面的作用，已经被实践所充分证明。

从兼业"小农"到组织化"大农"是未来农村发展的基本趋势。合作社的发展，意味着农民自组织能力的增强，也意味着农村微观经济主体发生了巨大而深刻的变迁。同时，组织化"大农"的出现，也标志着我国乡村治理发生了深刻变化。

三、全要素合作：农民合作社可持续发展的必要条件

很有意思的是，就在1950年，我们曾经有过一个《中华人民共和国合作社法》。这部法律的名称与现在这个法律很不一样，显得更加大气，涵盖的范围也更广阔，立法的框架也更全面。1950年的这部法律，允许城市工人和乡村居民组建消费合作社、供销合作社、生产合作社和信用合作社，倡导全方位的合作。现在回过头来看，不能不承认，这个法律在很多方面实际上都是很规范的，也大体符合合作社的基本原则和发展趋势。只是在以后的十几年中，合作社的发展越来越受到政治气候的左右，使其逐渐偏离原来的轨道，不再是农民自愿的互助合作组织了。

2007年的合作社立法强调了"专业"这两个字。专业合作社是什么意思呢？我体会，立法者希望农民只组建一些单一的、涉及某个具体领域的合作社，比如板栗合作社、养猪合作社、脐橙合作社等，而不鼓励综合性的合作社。这个立法意图在现阶段有一定道理，比如可以使合作社发展更加稳妥一些，使合作社和监管者都可以积累一定的经验，而不是急于搞综合性的合作社。但是，这个立法意图仍旧显示出立法机关在合作社立法上的保守性和封闭性。工商部门在为合作社注册的时候，如果是"养猪合作社"就可以顺利登记，但如果是"养殖业合作社"就很难被注册，更不用说综合性的合作社了。经过我们在各地合作社的调研，我们发现，农民合作社对这部法律最大的批评，就是这一点。实际上，农民办综合性的合作社，进行农业生产要素的"全要素合作"，是农民的自发需求，是由现阶段我国农业生产本身的特点所决定的。梨树百信资金互助社就是一个很好的案例。

2008年3月8日笔者带领北京大学的几个学生到吉林梨树考察我国第一个注册的

农民资金互助社——梨树闫家村百信资金互助社。这个资金互助社 2007 年 3 月 9 日正式注册，到我们去的时候正好一周年。这是一个真正意义上的农民信用合作社，主要搞资金互助，目前不涉及生产和供销方面的互助合作。据百信资金互助社的负责人姜志国理事长介绍，这个资金互助社在注册时有社员 32 户，现在则有 102 户，一年以来有比较大的扩张。实际上，百信资金互助社的前身是一个生产合作社，早在 2004 年，姜志国和其他村民就组建了一个合作社，主要进行养殖业方面的合作。现在，在资金互助社运行一周年之后，姜志国和他的社员们正在考虑搞生产合作，据说要建立一个加工厂。

梨树百信资金互助社的例子鲜明地反映出农民合作社的发展历程。在初期，农民首先会进行生产方面的合作；但是在生产合作的过程中，由于资金的匮乏，使得他们有强烈的资金互助合作的愿望；在实现资金合作之后，他们又发现，单纯的资金合作并不能完全解决农民生产与增收的问题，他们还是要进行全方位的合作，包括生产、销售、消费和信用等在内的合作都必须同时进行。

我在这里要谈到两种合作。其一是全过程合作。全过程合作意味着农民在整个生产过程中实现全方位的合作，合作贯穿农业生产的全部程序。全过程合作包括：第一，农业生产上游环节的合作，即各种投入品和消费品的合作，包括化肥、种子、生产工具和机械、农药、信贷等合作；第二，农业生产中游环节的合作，包括生产过程、技术培训、灌溉、农作物管理等领域的合作；第三，农业生产下游环节的合作，即农产品加工、品牌建设、营销等领域的合作。

其二是农民的全要素合作。农民通过合作社要达到什么目的呢？从本质来说，农民参与合作社，是要实现各种要素的共享与互助。农业生产涉及多方面的要素，这些要素包括劳动力、土地、资金、技术、管理、信息等各个方面。

农民进行全要素合作意义重大。第一，只有实现全要素合作，才能实现各种农业生产要素的合理有效配置；第二，只有通过全要素合作，农民才能实现农业生产各个环节的有效配合；第三，只有通过全要素合作，农民才能实现在更高程度的规模经济和范围经济；第四，只有通过全要素合作，才能使农民合作社成为真正具有市场竞争力的特殊企业，单一的合作会极大地限制农民合作社的竞争力。因此，我们可以说，全要素合作是农民合作社可持续发展的必要条件。

四、农民合作社的政府支持框架

现在，各级政府已经充分认识到发展农民合作社的必要性。比如，浙江省政府最早出台了地方性的法规，鼓励和规范农民合作社的发展；北京市政府，通过财政、税收、培训等多种手段，支持农民合作社发展壮大。各地在支持合作社发展方面都出台了很多政策，也搞了很多创新性的手段。但是，从全国的层面来说，很多地方的政府部门对于合作社这个组织还不是很了解，不知道何为合作社的政府官员大有人在。同时，对如何支持合作社，如何规范合作社，也存在很多行为偏差。概括来说，大体可以归结为三大偏差：

其一，以政府的意志代替农民合作社的意志。合作社是农民自愿组建的互助性的民间组织，合作社本着为合作社成员服务的精神组建，其精髓是“合作、自愿、互助、民主”。而很多地方政府往往把政府意志强加到合作社身上，这就违背了合作社的原则。其二，政府对合作社的支持手段比较简单化，大部分采取直接拨款补助的方法，这导致政府的很多资金支持都没有效率。其三，在合作社的组建过程中，直接以政府的名义组建各种合作社，对合作社的组织形式和内部治理结构进行严格的控制，使合作社实际上成为政府的一个派出机构。

政府支持合作社应该始终遵循四大原则。第一，民主性原则，就是政府在支持合作社发展过程中，一定要以一种平等的心态来扶持合作社，而不是一种居高临下的心态或是一种命令的心态。第二，市场性原则，是指政府在扶持合作社时，其方法应该是符合市场原则的，其手段应该是市场化的，应该使参与的各方都能从这个市场化的支持机制中获得好处，避免风险。第三，协调性原则，是指政府支持框架的核心应该是协调不同参与主体之间的关系，尤其是协调合作社与产业界、金融界的关系，使各主体之间的关系和谐起来，为合作社的发展营造一个比较宽松的外部环境。第四，制度性原则，是指政府应该在制度建设方面支持合作社，使合作社的支持框架更具有长期性、稳定性，应该把一些机制设计制度化、规范化。

政府支持合作社的领域多种多样。首先，合作社面临的最大问题之一是资金的瓶颈。政府在解决合作社资金瓶颈方面可以发挥较大的作用。政府一定要清楚，在大部分时候，带有约束性和激励性的贷款比直接的财政拨款更有效。现在，政府对合作社每年投入很多资金，大部分资金是直接拨付的，不需要偿还，也没有任何约束和激励机制。这种拨款的效果往往是很差的。同时，政府也可以通过委托专业机构贷款、支持银社合作、发起创建抵押担保和贴息等机制来解决合作社的融资困境。这些方面，笔者在《合作社如何突破融资困境》这篇文章中有详尽的阐述，此处不再赘述。

除了资金方面的扶持之外，政府还应该帮助合作社加强基础设施建设。在我调查北京郊区农民合作社的过程中，我看到合作社在基础设施建设方面的滞后，直接影响了合作社业务的开展。比如奶牛合作社急需各种高规格的牛奶检测仪器和储奶设备。果品合作社特别缺乏规模较大的储存水果的仓库和保鲜设备。这些仪器或者设备一般而言价格较高，合作社在发展初期很难有财力进行设施建设或购置仪器，致使很多业务难以开展。

另外，人才是政府扶持合作社的重要领域。政府可以和高校以及科研机构进行合作，对合作社的管理人员、技术人员进行定期培训，提升其人力资源素质。在我考察的京郊合作社中，他们最迫切需要的人才就是技术、营销、对外贸易等方面的人才，而合作社又难以提供有吸引力的薪酬待遇，所以根本留不住人才。因此，政府一方面可以加大对现有人才的培训；另一方面也可以在人才招聘方面有所作为，比如对高素质人才进行补贴，或利用“村官”等机制为合作社配置人才。高校也可以与合作社进行合作，合作社为高校学生提供实习和调研机会。

最重要的是，政府支持合作社要建立经常性、永久性的协调机制，以利于信息沟通。这种信息沟通是非常必要的，相当于为合作社建立了一个稳定的利益表达机制，建立了一个话语平台。只有当这种沟通机制建立起来之后，产业部门、金融部门和政府部门才能了解合作社的愿望和困境，而合作社也能够了解产业部门、金融部门以及政府部门的需求。我建议，北京市可以建立“政府—合作社—产业和金融部门—学术界联席会议制度”。如果政府觉得建立这个制度有些难度，可以由北京大学和社科院这样的研究机构来发起搭建这样一个平台。

五、结束语

2007年颁布的《农民专业合作社法》还有一个局限性，那就是对联合社的成立没有给以相应的明确的规定。在各地工商部门为合作社办理注册登记的过程中，凡是带有联社字样的合作社，一般都被拒之门外。

合作社的合作是合作社的自愿联合。只有实现联合社，实现合作社的合作，要素才能在更大的范围内得到更自由、更有效的配置。联合社与合作社一样，也是本着自愿的原则，由各合作社自行组建。现在，各地的合作社之间自发地进行合作，由于不能注册，只好采取很多迂回的“曲线救国”的方式。比如，如果“板栗生产销售联合社”的牌子得不到注册，就改称“栗联专业合作社”，实际上还是起到联合社的作用，只不过在注册的时候不能叫“联合社”。这样就规避了法律。不过，这样的规避毕竟只是一种权宜之计。我想，法律应该明确规定联合社的地位和作用，并以清晰的条文规定联合社的组建程序和法律要件。

目前，全国合作社尽管很多，但是合作社的自我生存能力普遍不高，合作社的竞争实力还有待加强。很多合作社规模小，获利能力低，对社员的凝聚力差，管理效率低。我们在京郊合作社调研，发现一个奇怪的现象：农民合作社中，真正由农民自己组建和运营的合作社其实很少。这些比较大型的优秀合作社要么由政府组建，要么由企业家组建，要么由改制之后的供销社人员组建，要么由专家发起组建。农民合作社的组建方式反映其自生能力有待增强。

笔者认为，要提高农民合作社的自生能力，关键是要进一步提升农民的合作意识，塑造农村的新型合作文化。在农村中大力普及合作理念，推广合作社思想，让农民深入了解合作社的基本原则、管理模式和对农村发展的重大意义，是我们应该担负的责任。

参考文献

[1] 王曙光. 草根金融[M]. 北京：中国发展出版社，2008.

[2] 王曙光等. 农村金融与新农村建设[M]. 北京：华夏出版社，2006.

[3] 王曙光等. 农村金融学[M]. 北京：北京大学出版社，2007.

[4] 王曙光. 国家主导与地方租金激励：民间金融扩张的内在动力要素分析[J]. 财贸经济，2008(1).

[5] 王曙光. 新型农村金融机构运行绩效与机制创新[J]. 中共中央党校学报，2008(2).

成员异质性与农民专业合作社的组织结构分析*

黄胜忠

（西南政法大学管理学院）

徐旭初

（浙江大学中国农村发展研究院）

一、前　言

成员的同质性或异质性问题，在合作社理论中是一个重要的研究领域。从 LeVay 开始，成员异质性问题开始受到关注；在过去的十多年里，成员异质性问题已经引起了许多农业合作社研究者的重视 。例如，Karantininis 和 Zago 建立了一个博弈理论模型，研究了成员异质性对合作社发展的影响，得到了双寡头垄断背景下，农民将会加入合作社的条件、合作社的最佳成员规模，以及成员异质性对最佳成员规模的影响 。Bijman 通过文献回顾发现，成员异质性对合作社的效率会产生以下影响：决策难度加大，成员与合作社之间的协调更加困难，成员对合作社的忠诚度会降低，成员对合作社投资的意愿会减少。然而，深入讨论成员异质性和合作社组织结构之间内在关联的研究比较少见，而这方面的实证研究更是缺乏。

20 世纪 90 年代以来，随着农产品市场格局由卖方市场向买方市场转变，以及中国加入 WTO 以后农业逐步与世界农业接轨，小农与市场之间的矛盾日益尖锐化。在此背景下，农民专业合作社作为联结农户与市场的一种组织形式应运而生，并对有序引导农民和市场接轨起到了积极作用。然而，实践中绝大多数农民专业合作社的形成和发展主要依赖于生产和运销大户、农村基层组织、供销合作社和龙头企业等少数非小农群体。参与主体在资源禀赋、要素投入、对合作社的贡献以及承担风险的差异性，必然会深刻影响农民专业合作社的制度安排。近年来，围绕农民专业合作社的制度安排，学界进行了一些探讨；但着眼于合作社成员特征与组织结构的研究比较缺乏。整体而言，中国农民专业合作社的发展已经经历了自发发展和政府倡导发展的两个阶段。随着《中华人民共和国农民

* ［基金项目］黄胜忠主持的西南政法大学校级重点项目“转型时期农民专业合作社的治理行为研究”（项目编号：2007—XZRCXM003），徐旭初主持的国家社会科学基金项目“发展农村专业合作经济组织研究”（项目编号：06BJY070）和浙江省社会科学规划招标立项重大课题“浙江省新型农民合作经济组织研究”（项目编号：06ZDZB14ZD）。

专业合作社法》的实施(2007 年 7 月 1 日),农民专业合作社已经开始走向规范发展阶段。鉴于此,对农民专业合作社内部成员结构和组织结构的系统探讨,有利于把握农民专业合作社的制度特性,为推动农民专业合作社的规范运行和持续发展提供参考。

二、合作社的成员资格与组织结构回顾

合作社原则规定,合作社成员一般仅限于合作社的使用者和支持者。传统合作社的一个最基本的特征是,成员必须是使用该组织服务的人。社员的同质性对传统合作社而言至关重要,主要原因在于:(1) 为了保持合作,不同类型的成员必须都能从合作中受益,换言之,背离合作没有哪类成员可以获益。(2) 成员的同质性程度越高,采取统一行动和程序的可能性越高,不同成员之间的协调也更容易。(3) 合作社作为一种社会组织,内部信息的交流往往是非正式的,忠诚和信任等社会机制发挥着重要作用,而这些社会机制的效率很大程度上会受到成员同质性程度的影响。因此,调整合作社的组织结构,减少因异质性所导致的各种矛盾是传统合作社关注的重点。

随着合作社实践的发展,成员异质性问题实际上日益突出,大致有以下表现:(1) 成员之间在年龄、受教育程度,资源禀赋(产品规模、金融资本、社会关系、非农收入等)等方面存在明显差异。(2) 由于生产成本和技术水平的差异,成员的生产策略变得更加多元化。(3) 随着农产品市场的变化,纵向一体化的程度越来越高,合作社的成员不再都是面向农贸市场的初级产品生产者,许多成员已经转变为面向特定客户的专业化生产者。在农产品纵向一体化体系中,不同成员处于产业链的不同位置,这必然导致成员异质性的增加。(4) 通过多元化经营和联合的方式,合作社的规模和实力会得到增强,但随之也会带来成员异质性的增加。(5) 随着业务逐渐"顾客导向"(customer-oriented),合作社需要不断进行产品创新和采取更加灵活的市场策略,要公平地照顾所有成员变得更加困难。由此可见,成员的异质性主要体现在资源禀赋、利益偏好和角色差异等方面。

总而言之,维系成员同质性有利于坚持合作原则,但是,面对市场竞争合作社需要聚集不同要素和能力,这会增加成员异质性。成员异质性的增加必然给合作社的组织结构带来挑战,本文接下来从产权结构、控制权结构和利益分配机制三个方面来探讨成员异质性对合作社组织结构的影响。

(一) 产权结构

合作社是一种团体性经济组织,它集中成员的资源并通过合作经营的方式为成员服务。产权结构是合作社组织结构的关键特征之一。传统上,"使用者所有"原则强调使用者是主要的资本贡献者和风险承担者;合作社的资本主要由社员股份、入社费、惠顾额留存等构成;成员对合作社出资的目的主要是为了获得合作社的使用权。成员入股可以增加社员跟合作社之间的关联,但是,是否"人人入股"则不一定。随着对资金需求的日益增加,为了筹集资金合作社可能会吸纳非使用者社员。由于在合作社内部存在不同身份的社员,比如,生产者社员、经营者社员、股东社员和使用者社员,当不同类型的社员在资源禀赋存在差异时,以什么方式出资不再是一个简单的问题;由于利益要求的不同,成员之

间如何分配出资额更是一个难题。为了抵御不可预见的风险和保持持续运转,合作社需要有公共资产,并且个体成员对这部分资产的索取权是受到严格限制的。然而,不同成员由于资本贡献不同,对此的意见往往不同,贡献较多的成员无疑会感觉到不公平而要求调整产权结构。

(二)控制权结构

对合作社而言,控制权结构可以归结为以下两个问题:谁做决策和决策机制。与其他组织相比,"使用者控制"强调使用者掌握合作社的主要决策权。使用者的决策权主要通过两个方式来实现:一是直接掌握控制权——成员在社员大会上直接对合作社的事务进行表决;二是间接掌握控制权——成员选举产生合作社的理事会,把决策权委托给理事会成员。为了确保成员对合作社的实际控制权,传统上只有使用者社员才有投票权,并且决策程序是民主的,简而言之,就是坚持"一人一票"原则。然而,随着外部的投资者和其他利益相关者等非使用者成员卷入合作社事务,他们不可避免要参与合作社的决策。由于合作社的理事会掌握合作社的大部分经营决策权,不同的成员群体从自身利益考虑,多少都会倾向于自己或者跟自己利益相近的成员当选为理事会成员。成员异质性的增加使合作社的民主决策机制也会面临挑战,首先,在成员异质性条件下,严格坚持"一人一票"原则可能出现一部分成员侵占其他成员利益的现象。例如,在成员生产规模不同的情况下,大部分规模较小的成员可能一致通过不利于少部分规模较大的成员的政策;其次,在成员异质性条件下,"一人一票"民主决策机制可能会增加达成统一意见的难度。

(三)利益分配机制

除了获得合作社的使用权以外,对社员而言参与合作社的价值还在分享合作社的剩余。合作社的剩余指的是对合作社收入在扣除所有固定的合同支付(如产品成本、固定工资、利息等)的余额。"使用者受益"原则意味着惠顾者是合作社剩余的主要索取者。一般情况下,为了扩大为社员服务的能力,合作社需要把部分剩余作为公共积累留在合作社;至于保留多大比例法律一般不做要求,而允许合作社在其章程中自行规定。如果盈余允许部分或者全部作为公共积累保留,那么合作社的剩余就延续到多个时期。在剩余延续到多个时期的情况下,要在每一个时期末客观地度量一个社员对公共积累的索取份额变得十分困难。如果要这样做的话,首先需要追踪每个社员在每一个时期内的投资和产品交易额;然而,真正困难的是计算与该投资和产品交易额相对应的公共积累的分配份额,并且让社员据此能够预期其相应的剩余份额。在成员异质性条件下,对公共积累的任何分配,无论采取哪种形式都会额外地增加度量问题的难度。因此,传统上社员在退出合作社时只能赎回自己的初始资本,而不能赎回自己在公共积累中的份额。对可分配盈余而言,重要的问题是确定盈余分配的基础。由于成员在合作社存在多种要素投入,例如,有的社员同时向合作社提供产品和资本,有的成员只向合作社提供资本,有的社员只向合作社提供产品,有的则只从合作社购买投入品;因此,合作社客观上存在多种分配基础。不同成员由于对合作社的要素投入不同,其对盈余分配基础的要求也会不同。在成员结构异质性的条件下,合作社的盈余分配是坚持惠顾额导向还是股金分红导向变得难以确定。例如,当合作社吸收了非使用者社员的资本投入以后,合作社不仅很难再将其盈余根据使用情况在成员中进行分配；相反，合作社还可能有责任尽量多赚取利润并将部分盈余分配给投资者。此外，统一的产品交易价格是被传统合作社普遍采用的做法；然而，随着成员在生产规模、生产技术和能力、生产成本以及质量控制上等方面的差异增大，制定合作社与成员之间的产品交易价格和确定服务内容也变得更加复杂。例如，收购价格不得不考虑产品质量的差异，按成本价供应投入品可能需要“公平地”对待社员。

三、农民专业合作社的成员结构探讨

浙江省作为农村经济比较发达的沿海省份，农村专业合作组织产生于20世纪80年代初；2003年4月，浙江被农业部确定为中国唯一的农民专业合作经济组织建设试点省；到2004年底，浙江省共有专业合作社2789家；2005年1月率先出台、实施了中国大陆地区的第一部合作社法规《浙江省农民专业合作社条例》(简称《条例》)，随后进行了“规范化建设”。根据浙江省农业厅提供的数据，截至2006年底全省已有比较规范的农民专业合作社3856家，社员31.2万个，带动农户237.7万户，占总农户的19.4%。张晓山(2004)认为，以浙江省为代表的发达地区的农民专业合作组织的发展在全国具有一定的先导性，它们出现的一些苗头性的东西可能代表了中国农业经营方式和农民合作组织未来发展的一些趋势。因此，本文对农民专业合作社的探讨将主要以浙江省为参照，同时考虑其代表性和普遍意义。

从浙江的实践来看，小农户牵头创建的专业合作社非常少见，热心组织创办专业合作社的农户多数是那些具有一定经济规模、农产品生产的市场化、商品化程度较高的专业大户和长期从事农产品销售的贩销户。同时，一些政府涉农部门(如农、林、牧、渔、供销社等)和涉农企业，出于自身的政治利益或经济利益，也参与创办专业合作社。浙江省农业厅经管处2002年对全省的农民专业合作经济组织的调查显示，在1597家农民专业合作经济组织中，生产和运销大户牵头的占22%，龙头企业牵头的占6%，农技部门牵头的占33%，供销社牵头的占7%，基层组织牵头的占11%，其他主体牵头的占21%。这表明，农民专业合作的参与主体具有多元化态势。

参与主体的多样性，导致农民专业合作社成员结构具有高度的异质性。农民专业合作社的成员异质性主要体现在以下三个方面：(1)不同参与主体的资源禀赋不同。在“人多地少”和土地流转不通畅的情况下，大多数农户承包的土地规模不大，拥有的自然资源有限；只有少数生产大户拥有相对较多的自然资源。由于农业收入增长十分有限，农民从金融机构获得贷款相对较难，多数小农户缺乏资本资源，拥有资本资源的成员数量有限。在农产品普遍过剩的情形下，多数小农户缺乏农产品营销和企业经营管理能力，相对而言，运销大户和龙头企业在人力资源上具有优势。政府涉农部门由于自身的权威，具有其他组织和个人无可比拟的社会资源。此外，农技部门拥有技术优势，村干部等乡村“精英”人物拥有一定的威望和人际关系网络。(2)不同主体参与合作社的动机和目的不同。多数小农户参与合作社的目的主要是为了解决产品的销路和增加收入；生产大户由于生产经营规模较大、承担的市场风险更大，通过组建合作社可以形成一定规模的商品销售量，从而增强谈判地位，更有效地抵御市场风险；运销户单纯靠牵线搭桥、联系买卖、提供服务等方式提取手续费很难把业务做大，组建合作社可以提高质量标准、进行品牌营销、实现加工增值等方式；供销社领办专业合作经济组织主要是为了寻求自身体制改革的出路，既有经济利益上的追求，也有政治利益上考虑——争取对农民合作社的管理权；龙头企业参与组建合作社一方面可以通过合作社稳定其原料供应，另一方面可以获得政府部门的财政和税收优惠；一些基层政府和涉农部门参与合作社主要是出于自身工作的考虑和政治经济利益追求，当然也有部分基层政府出于造福一方的公心考虑。(3) 不同参与主体在合作社创建和发展过程中的角色不同。对绝大多数小农户而言，由于缺乏自然资源、资本资源、人力资源和社会资源，由他们出头创建合作组织的可能性较小，从个人理性的角度而言，小农户也不愿意这么做。因为作为集体而言存在"外部利润"分配到个人是非常有限的，为了获得不多的收益而花费成本、承担风险是不可取的。在合作社的形成过程中，小农户主要充当惠顾者的角色，少部分社员也可能会向合作社投资。由于农民专业合作社是在农产品普遍过剩、农业产业化浪潮不断推进的背景下形成的，很多合作社一开始都具有纵向合作的色彩。在合作社的创建和发展过程中，对资本资源、人力资源和社会资源的需求比较强烈。因此，只有那些具有一定生产规模、农产品生产的市场化、商品化程度较高的专业大户，掌握一定农产品销售渠道的贩销户，农民社区里的"精英"人物，拥有一定资本实力的企业和个人以及拥有一定社会资本的组织，有能力组织创办农民专业合作社，将中小生产者及利益相关者带动起来。总的来看，小农户的资源禀赋决定了他们只能是合作社的普通成员；而其他参与主体由于愿意面对风险，也能够承担合作社的组织成本，充当了合作社创建的主导力量，他们大多是合作社的所有者、控制着，或者利益相关者。

综上所述，农民专业合作社是不同要素所有者为了共同的利益而结成的契约组织。在农民专业合作社的形成和发展过程中，参与主体在资源禀赋、参与目的和主要角色等方面差异(见表 1)，导致农民专业合作社的成员结构具有高度的异质性。总的来看，合作社的成员可以归两大类：普通成员(一般农户)和核心成员(生产大户、运销大户、供销社、龙头企业、农技人员以及农村的精英人物等)。从成立之初就存在的异质性成员结构，必然会影响农民专业合作社的制度安排。

表 1　农民专业合作社的主要参与主体及其资源禀赋、参与目的和主要角色

参与主体	资源禀赋	参与目的	主要角色
供销社	资本资源、人力资源	改制需要，获得收入，政治利益	所有者、控制者
农技部门	人力资源	创新农技推广模式，获得政绩	利益相关者
基层组织	社会资源	提供服务，获得群众支持	利益相关者
龙头企业	资本资源、人力资源	稳定购销关系，获得收入	所有者、控制者
运销大户	人力资源、资本资源	获得收入	所有者、控制者
生产大户	自然资源、资本资源	扩大规模，提高产销能力	所有者、惠顾者
一般农户	自然资源	产品销售，获得服务	惠顾者

四、农民专业合作社的组织结构分析

为探讨成员异质性条件下农民专业合作社的组织结构，2006 年我们与浙江省农业厅合作，在全省按照地区分布选择 600 余家农民专业合作组织作为样本进行系统调查。发放问卷 600 份，回收问卷 500 份，有效问卷 372 个，有效率 74.2%。本部分的分析主要基于调查所获得的第一手资料。

(一) 农民专业合作社的产权结构

在分析农民专业合作社的资产结构上，采用的主要指标是：第一大股东的股金比重，前 5 大股东的股金比重和前 10 大股东的股金比重。调查显示，浙江省的农民专业合作社在产权结构上具有以下三个明显特征：(1) 股份化态势明显。所调查的农民专业合作社绝大多数都采取股份制的方式筹集资金。(2) 股金总额不大。股金总额最小的只有 5000 元，最大的为 8000 万元，平均为 69.4 万元；但是，在 10 万元以下的占一半左右，超过 50 万元的不足 9%。(3) 股权比较集中。统计显示，第一大股东的持股量最低的为 0.9%，最高的为 80.0%，平均持股量为 15.24%；从表 2 反映的情况来看，65.59%的合作社低于 20%，30.38%的合作社正好是 20%(《条例》规定第一大股东的持股量不超过 20%)，但是仍然有 4.03%的合作社超过 20%。在前 5 大出资者的持股量方面(见表 3)，最低的持股量为 4.5%，最高的为 100%；低于 20%的占 11.29%，高于 80%的占 5.38%，在 40%和 80%之间的占 56.72%。在前 10 大出资者的持股量方面(见表 3)，最低的持股量为 4.5%，最高的为 100%；低于 20%的只占 5.38%，高于 80%的占 34.68%，在 40%和 80%之间的占 45.97%。

表 2　第一大股东的持股量分布

股份比重(%)	0.9～5.0	5.1～10.0	10.1～15.0	15.1～19.9	20	20.1～80.0
频数(个)	40	81	44	79	113	15
频 率(%)	10.75	21.77	11.83	21.24	30.38	4.03

表 3　前 5 大股东和前 10 大的持股量分布

股份比重(%)		4.5～20.0	20.1～40.0	40.1～60.0	60.1～80.0	80.1～100.0
前 5 大出资者的持股量	频数(个)	42	99	107	104	20
	频率(%)	11.29	26.61	28.76	27.96	5.38
前 10 大出资者的持股量	频数(个)	20	52	91	80	129
	频率(%)	5.38	13.98	24.46	21.51	34.68

农民专业合作社在产权结构上的上述特征，与成员异质性是密切相关的。原因在于，少数核心成员是资本资源、人力资源和社会资源等稀缺的关键生产要素的所有者，在直接对人力资源和社会资源的贡献进行量化难以操作的条件下，核心成员必然倾向于股份化的产权结构，通过占有合作社相对多数股份的方式获得合作社的实际控制权，进而体现对

人力资本资源和社会资本资源等要素的产权。[①] 现阶段农民专业合作社的股金总额普遍偏低，这也有利于少数成员占有合作社的多数股份。而在农产品普遍过剩、“卖难”问题比较突出的情况下，大多数普通社员最关心的是农产品的销售和收益问题，只要核心社员控制下的合作社能够解决普通社员的市场进入和价格改进问题，他们也不会有太多的异议。在农产品供过于求的市场格局没有发生本质性变化，农业产业化日益深化以及小农户的实力和地位没有显著提高的情况下，这种产权结构会具有一定的稳定性。

（二）农民专业合作社的控制权结构

在分析农民专业合作社的控制权结构上，主要采用的指标是：5位理事的政治身份及其占有的股金比重[②]，理事会的表决方式[③]。在合作社理事的政治身份方面，表4显示，5位理事中一个党员也没有占17.62%，有1名党员的占23.85%，5位全部是党员的占4.88%，有2～3名党员的占41.46%。5位理事的社会职位方面（村干部、乡镇部门工作人员、基层供销人员、企业管理人员等）（见表4），都没有社会职位的占36.83%，有1位有社会职位的占30.38%，5位全部有社会职位的占1.34%，有2～3位有社会职位的占27.69%。在5位理事的持股量方面（见表5），最低的为1.32%，最高的为100%；低于20%的只有22.22%，在20%和60%之间的高达66.39%。对比合作社的5位理事的股金比重与合作社前5大出资者的股金比重，我们发现两者的分布相似，检验发现两者的相关性系数为0.73，并且在1%的置信水平下显著。在理事会决策的表决方式上，统计显示，采取“一人一票”的方式是主流，占64.78%；采取“一股一票”的占12.90%；“有些事宜一人一票；有些事宜按股投票”占12.10%；“按生产经营规模比例入股，并按股投票”的占3.23%，“按交易额与股金额结合，实行一人多票”占5.65%；采取其他表决方式的占1.34%。由此可见，在成员异质性条件下，绝大多数农民专业合作社的管理者（理事会成员）基本上都是由拥有一定社会资源并且对合作社进行较多投资的核心成员组成；大多数合作社在决策机制上是坚持民主管理的，但“一人一票”并不是被严格坚持的。

表4　5位理事的政治身份和社会职位

人　数（人）		0	1	2	3	4	5
5位理事中党员人数分布	频数（个）	65	88	94	59	45	18
	频率（%）	17.62	23.85	25.47	15.99	12.20	4.88
5位理事中有社会职位的人数分布	频数（个）	137	113	66	37	14	5
	频率（%）	36.83	30.83	17.74	9.95	3.76	1.34

① 在农民专业合作社发展初期，很多核心成员能牵头组织合作社，除了利益的考虑外，也有体现社会价值情结的。

② 合作社的理事会成员有的不到5位，有的超过5位，为了便于分析，我们统一采用5位来考察。

③ 在372家农民专业合作社中，有369家提供了理事长的政治身份和社会职位，5位理事的政治身份、社会职位和持股量方面的信息；有366家提供了理事长的持股量方面的信息；有372家提供了理事会决策的表决方式方面的信息。

表5 5位理事的持股量分布

股份比重(%)	1.32～20	20.1～40.0	40.1～60.0	60.1～80.0	80.1～100.0
频数(个)	82	132	113	35	7
频率(%)	22.22	35.77	30.62	9.49	1.90

农民专业合作社的控制权结构的上述特征，是与成员异质性和合作社的产权结构密切相关的。在农民专业合作社发展的初级阶段，由于合作社企业家极度匮乏，绝大多数合作社缺乏职业的外部经营管理者，由核心成员组成的理事会实际上将控制决策权和经营决策权集于一身。普通社员也拥有合作社的控制权，这主要体现在与其拥有的合作社的股份相对应的选择控制权，比如投票、异议和退出等，但是，这种控制权的影响相对而言是有限的。在成员异质性条件下，农民专业合作社控制权的分配是非均衡性，所谓"民主管理"在多数情况下是难以付诸于实践。

（三）农民专业合作社的利益分配机制

在分析农民专业合作社的利益分配机制上，主要采用的是以下3个指标：提取的"三金"(风险金、公积金和公益金)占盈余的比重，股份分红占盈余的比重，按交易量(额)返利占盈余的比重。统计显示，农民专业合作社的利益分配呈现如下特征：(1) 盈利能力不高。2005年有3家合作社没有盈余，盈余最多的为553万元；盈余在5万元以下的占16.94%，盈余在5万元到30万元之间的则占一半左右。(2) 合作社普遍提取"三金"作为公共积累。表6显示，没有提取"三金"的合作社占14.25%，把全部盈余提取为"三金"只有1家；"三金"在盈余中的比重低于10%的合作社占22.58%，将近半数的合作社提取的"三金"在盈余中的比重为21%到50%之间。(3) 在提取了公共积累后，主要采取以股份分红和按交易量(额)返利两种方式分配盈余。表7显示，在股份分红占盈余的比重方面，没有股份分红的占8.06%，把全部盈余都用作股份分红的占4.84%；低于10%的占14.24%，超过50%的有39.25%。在按交易量(额)返利占盈余的比重方面，没有交易返利的占21.77%，把全部盈余都用做交易返利的占1.08%；低于10%的合作社有29.57%，超过50%的只有22.05%。

表6 2005年合作社提取的"三金"占盈余的比例

在盈余中的比重分布(%)	0	1～10	11～20	21～30	31～50	51～100
频 数(个)	53	31	92	100	79	17
频 率(%)	14.25	8.33	24.73	26.88	21.24	4.57

表7 2005年合作社的盈余分配情况

在盈余中的比重分布(%)		0	1～10	11～20	21～30	31～50	51～70	71～99	100
股份分红	频数(个)	30	23	51	71	51	80	48	18
	频率(%)	8.06	6.18	13.71	19.09	13.71	21.51	12.90	4.84
交易返利	频数(个)	81	29	32	38	110	53	25	4
	频率(%)	21.77	7.80	8.60	10.22	29.57	14.25	6.72	1.08

在农民专业合作社发展初期，由于成员的股金投入有限，大部分合作社需要提取“三金”来增强自身的实力和服务能力。在成员异质性条件下，核心成员由于对合作社进行了较多的专用资产投资已经跟合作社“捆绑”在一起了，提取“三金”无疑可以增强一般社员与合作社的联系。由于社员与合作社存在多种产品和服务的交易，比如，一个社员可能在向合作社提供产品和资本金的同时从合作社购买投入品，这使得多重索取基础成为可能。在成员异质性较高的情况下，对扣除“三金”以后的可分配盈余如何在社员之间分配，不同的合作社在股份分红和按交易额（量）返利这两种分配方式之间侧重点不同，这主要取决于合作社的核心成员的类型，总的来看股份分红方式相对更普遍一些。

五、总结和讨论

对以浙江省为代表的农民专业合作社的系统分析表明，参与主体在资源禀赋、参与目的和主要角色等方面差异，导致农民专业合作社的成员结构具有高度的异质性：少数核心成员与多数普通成员并存。成员异质性深刻地影响农民专业合作社的组织结构，这主要体现在以下方面：在产权结构上，绝大多数合作社呈现少数大股东（核心成员）与多数小股东（普通社员）并存的比较显著的股份化格局；在控制权结构上，合作社的理事会成员主要由少数拥有较多资源和股金的核心成员组成，他们获得合作社的经营控制权同时拥有合作社的主要剩余控制权，普通社员只拥有有限的控制权；在利益分配机制上，大部分需要提取“三金”来增强自身的实力和服务能力，对扣除“三金”以后的可分配盈余则按股份比例和交易量（额）在社员之间进行分配，其中股份的作用相对更突出。在成员异质性条件下，少数核心成员事实上充当了农民专业合作社的资本家和企业家的双重角色，他们通过把剩余索取权和剩余控制权相对应使得风险承担者和风险制造者相统一。实践表明，这种组织结构有利于吸引核心成员贡献资本资源、人力资源和社会资源等稀缺要素，有利于提高合作社的市场适应能力，在现阶段不失为是一种有效的制度安排；但是，随着合作社业务规模的扩大和成员结构的变化，这种组织结构面临着调整和变更的压力。推进合作社的规范化建设，首先，应该对这种基于现实博弈的“次优结果”予以认可，而不应僵化的坚持“经典的合作社原则”；其次，在坚持“市场导向”和“效率优先”的前提下，通过合理政策引导核心成员逐步调整组织结构，让普通农户能更多参与合作社事务和分享合作收益。

参考文献

[1] LeVay C. Agricultural Cooperative Theory: A Review [J]. Journal of Agricultural Economics, 1983, 34(1).

[2] Cook M L, Chaddad F R, Iliopoulos C. Advances in Cooperative Theory since 1990: A Review of Agricultural Economics Literature [A]. in Hendrikse G. W. J. (Eds). Restructuring Agricultural Cooperatives [C]. Haveka: Erasmus University Press, 2004.

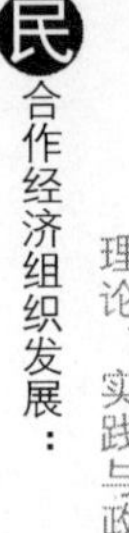

[3] Karantinin K, Zago A. Cooperatives and Membership Commitment: Endogenous Membership in Mixed Duopsonies [J]. American Journal of Agricultural Economics, 2001 (5).

[4] Bijman J. Cooperatives and Heterogeneous Membership: Eight Propositions for Improving Organizational Efficiency [A]. Paper Presented at the EMnet—Conference, Budapest, Hungary, September 15—17, 2005.

[5] Iliopoulos C, Cook M L. The Efficiency of Internal Resource Allocation Decisions in Customer-owned Firms: The Influence Costs Problem [A]. Paper Presented at the 3d Annual Conference of the International Society for New Institutional Economics Washington, D. C. , September 16—18, 1999.

[6] Cobia D W, Brewer T A. Equity and Debt [A]. in Cobia D W. (Eds). Cooperatives in Agriculture [C]. New Jersey: Prentice-Hall, 1989.

[7] Staatz J M. The Structural Characteristics of Farmer Cooperatives and Their Behavioral Consequences [A]. in Royer J. (Eds). Cooperative Theory: New Approaches [C]. ACS Service Report No. 18, USDA, Washington D. C. 1987.

[8] Bijman J, Hendrikse G. Cooperatives in Chains: Institutional Restructuring in the Dutch Fruit and Vegetables Industry [J]. Journal on Chains and Network Science, 2003(2).

[9] 韩俊,秦中春,张云华等.农民专业合作经济组织发展支持政策评价——九省农民合作经济组织调查要述[J/OL].国务院发展研究中心信息网,(2006-08-23). http://edu.drcnet.com.cn/drcnet.common.web/docviewforsearch.aspx? docid=1379878.

农民专业合作组织治理机制研究

宋茂华

（襄樊职业技术学院）

一、引言

随着我国农业生产结构的调整和农村经济的发展，我国农民合作组织的发展方兴未艾，成为广大农民通过互助达到自助的重要经济组织。根据农业部的统计，截至2004年底，我国已建立起十几万个农民专业合作经济组织，包括各种类型的专业合作社、专业协会、专业技术协会。但是，我国农民专业合作经济组织普遍存在规模小、覆盖面窄、稳定性差、对农民的带动力弱等不足。我国专业合作组织发展的实践表明，专业合作组织普遍存在产权不清、资金不足、缺乏有效的激励和约束机制、内部人控制等缺陷，即专业合作组织治理机制的不完善是一个普遍存在的问题，并影响合作组织的活力、凝聚力和市场竞争力。合作组织要想发挥对社员的带动作用，增强合作社的凝聚力，关键是建立起能反映合作社本质要求的治理机制，使合作社能为社员民主控制并可增进社员福利。国内对合作经济组织的研究异常丰富，但更多的聚焦在合作经济实践方面，而对合作经济组织治理机制的研究相对较少。像任何其他组织一样，合作经济组织只有不断创新，才能拓展自己的生存空间，提升自身活力。合作社的特征与其所在的农业的特征是一致的，后者是前者的反映。随着农业生产特征的变化，合作社的组织特征也应随之发生改变。笔者认为，在外部环境既定的条件约束下，合作组织的内部治理机制为影响合作组织生命力最主要的因素。因此，本文选择合作组织的内部治理机制作为研究对象，希望能在前人研究成果的基础上，运用新制度经济学、管理学、博弈论等理论对农民专业合作经济组织的内部治理结构作粗浅的研究。

本文所指的农民专业合作组织，是指在我国农村以农民为主体，为农民的农业生产提供技术、信息、农业生产资料采购和农产品提供销售服务的农民自助组织，包括农民专业合作社、专业协会和专业技术协会。我国农民专业合作组织发展起步晚，由于经济环境、法律制度和意识形态的影响，组织制度、形式不规范，因此那些虽未严格遵循合作社的组织原则，但是由农民按自愿、互利原则成立，在组织的发展过程中为农民提供了技术、信息、农业生产资料的采购和农产品销售等中介服务，被冠以专业合作组织或专业协会名称的农民自助组织，也是本文的研究对象。

二、相关理论研究综述

合作组织的治理机制是以公司治理机制为基础的，因此，研究合作组织的治理机制，必先了解现代公司治理机制。

（一）关于公司治理的一般理论

1. 委托代理理论视野下的公司治理

20 世纪 30 年代初，贝利和米恩在他们合著的《现代公司与私有财产》一书中，对美国 200 家最大的非金融类公司的股权结构进行了研究，得出结论：现代公司的发展，使它们从“受所有者控制”改变为“受经营者控制”。在这些公司中，出现了所有权和控制权的分离。两权分离直接导致委托代理关系和委托代理理论的产生。它把企业看做是委托人和代理人之间的合同网络，股东是委托人，董事是代理人。代理人的行为是理性（或有限理性）的，自我利益导向的；所有者和经营者拥有的信息是不对称的，经营者可以利用自己的信息优势采取机会主义行为谋求个人利益，出现“逆向选择”和“道德风险”问题。因此，需要用制衡机制来对抗潜在的权力滥用，用激励机制来使董事和经理为股东出力和谋利。依照这个理论，公司治理被看做是委托代理关系。

2. 产权理论视野下的公司治理

它认为所有权规定了公司的边界，是控制公司的权力的基础。这些权力包括提名和选举为股东利益管理企业的董事的权力，要求董事就企业资源的配置作出决策并给予解释的权力，任命独立审计师检验公司账务的准确性及对董事的报告和账目提出质疑的权力，等等。而对于公司资产运作和日常经营的控制权，则分别授予董事会和经理层掌握。依照这个理论，公司治理被看做是产权或控制关系。

（二）公司治理机制的概念

公司治理机制是指公司的利益相关者关于企业经营者的激励与控制的各种制度安排与控制。一般认为，公司治理机制包括三种机制：(1) 激励机制。即如何激励董事和经理，减少道德风险。(2) 监督机制。即如何评价、监督董事会与经理人员。(3) 决策机制，即如何配置和行使剩余控制权。

斯坦福大学经济系教授钱颖一在他的《中国的公司治理结构改革和融资改革》一文中也说：“在经济学家看来，公司治理结构是一套制度安排，用以支配若干在企业中有重大利害关系的团体——投资者（股东和贷款人）、经理人员、职工之间的关系，并从这种联盟中实现经济利益。公司治理结构包括：(1) 如何配置和行使控制权；(2) 如何监督和评价董事会、经理人员和职工；(3) 如何设计和实施激励机制。”

（三）合作组织治理机制的理论研究

对合作组织治理机制的研究也是从委托代理理论和产权理论的视角进行的。根据委托代理理论，合作社是一个将资源提供给经济生产活动以实现不同的价值目的的独立经济代理人之间的“合约集”。Fama 和 Jensen 曾经指出，在任何组织中起最重要作用的合约是明确剩余索取权（谁索取收益和损失）和代理人之间决策过程（谁决定什么）的合约。合作社的剩余索取权有着明显的特点，Vitaliano 指出，合作社的剩余索取权的特点是：(1) 合作社的剩余索取权被限定在惠顾群体；(2) 合作社的剩余索取权是选择性权利，只有当社员保持对合作社惠顾时才会发生；(3) 合作社的剩余索取权既不可转让，也不可分离，它们不能市场化。因此，合作社的代理问题比公司制企业更严重。由于合作社是一个惠顾者与所有者统一的企业，所以合作社的决策管理与剩余风险承担分离。合作社是不以营利为目的并实行财产共有的组织，在这一组织中，经济剩余为全体成员共同所有。对于这类组织，著名的制度经济学家德姆塞茨认为，由于它的管理者并不拥有剩余索取权，因而通过改善管理所获得的收益不可能资本化为管理者的个人财产，这就导致了投机取巧行为比之其他类型的经济组织更容易发生。与其他的经济组织相比，合作社的组织成本确实很高，原因之一就是为减少机会主义行为而监督成本较高。

产权理论认为，合作社制度具有内在缺陷，合作社的产权是模糊的。合作社财产的所有权是模糊的，合作社的公共财产归全体社员所有，社员个人的产权份额是不清晰的。合作社实行自由加入和退出的开放成员制，个人只要交少量股金就可以加入和利用合作社，因而合作社的产权是非排他的，社员个人有过度利用合作社的激励。合作社社员个人的股份不可交易，他们分享合作社的盈余，不是根据财产所有权，而是根据利用合作社的程度进行惠顾返还，社员的权利是成员权而非财产权。合作社的规模越大，社员的价值取向就越复杂，而社员个人在合作社中的财产份额既小又不清晰，产权的激励也就越小。库克和伊利奥普罗斯把合作社的产权问题归结为搭便车、视野(horizon)、资产组合问题和控制问题。德姆塞茨认为，明晰产权可以解决合作社持续发展的问题。

关于对合作社社员的激励问题。奥尔森认为，如果在组织成员同意分担实现组织目标所需的成本的情况下，不对他们实行不同于共同利益的选择性激励，则追求个人利益最大化的组织成员也不会采取行动，去实行共同的组织目标。因为社员对于合作社的贡献既有物质的，又有非物质的，合作社的回报也是与此相对应，即既有效率，也有公平，由此形成了合作社的贡献——激励机制。在诸种激励中，由于公平的集体物品特点和合作社对于入股及分红数量的限制，按交易额返还盈余就成为唯一可因成员而不同的组织激励。合作社的按交易额返还盈余，就是把惠顾收益的产权安排给个人，一次来推动社员与合作社发展业务关系。

德姆塞茨认为，经济组织的报酬制度是因，由其激励所带来的生产率是果。“如果这个经济组织的计量水平很低，不能把回报和生产率紧紧挂钩，那么，生产率就会降低；如果计量水平很高，那么生产率就会提高。”有合作社学者指出，合作社的经营依赖社员作为业务伙伴和顾客的惠顾。激烈的市场竞争，也要求合作社与社员保持稳固的业务关系。所以业务惠顾是社员对合作社的贡献，而交易额就是对社员惠顾贡献的准确计量，按交易额实行盈余返还也就是把“回报”与“生产率”联系起来，因此是合作社激励机制的重要组成部分，是合作社扩大市场份额、增强竞争力的重要手段。

三、我国农民专业合作经济组织治理机制的现状

（一）合作组织内部民主管理机制尚未形成，内部人控制问题严重

大多数合作组织尚未形成有效的决策机制和监督机制，合作组织的决策权控制在领导人手里，普通会员不能有效地行使监督权利。在专业大户或农村能人领办的合作组织中，这一点尤为严重。这些专业大户或农村能人或者是协会最大的投资者，或者因为经营规模大，是协会资源的最大利用者，协会的发展离不开他们的资金、经营能力，协会的决策权、控制权掌握在他们手里。而普通会员由于投资少或经营规模小，从协会获取的利益小，缺乏参与决策和监督的激励；人员分散，在监督和决策中存在搭便车行为。

案例 1：宁夏泾源县米岗中药材协会（资料来源：根据与会长拜发有访谈整理，2006年7月3日）

协会成立背景。泾源县米岗中药材协会位于米岗村，成立于2003年。香水镇米岗村位于六盘山麓，是种植中药材的传统地区，种植药材是当地村民重要的收入来源之一。但是，由于信息不灵，无法把握药材价格走势，农民盲目生产，药材价格出现剧烈波动。自种植药材以来，这个村经历了两次药材价格暴跌。第一次是1988年党参价格由政府的保护价0.8元/千克下跌到0.1元/千克，第二次是2002年柴胡价格由2001年的22元/千克下跌到10元/千克。每次价格下跌，农民损失惨重，因此他们种植药材的积极性受到打击。一些农户和CDC建议成立协会。2003年，在镇政府和宣明会①的支持下，香水镇中药材协会正式成立，辐射米岗、卡子、太阳3个村，协会办公地点设在米岗村。

协会的组织结构。协会设有监事会、理事会。监事会成员3人，分别由宣明会项目工作人员、马镇长、拜发有会长担任；理事会成员10人，其中6位是米岗村药材种植大户，另4位分别来自卡子村和太阳村，协会的日常经营决策主要由米岗村的6位种植大户负责，理事会成员不再向协会领取工资。3个村种植药材的农户自动成为协会会员，目前大约有会员400人。协会决策由理事会决定，种植、除草、总结会、账务公开时，10个理事到会，共同作出决定。其他决策由6个理事开会决定，平均每月开会一次。协会自成立以来，未召开过会员大会。

协会的产权结构。泾源县是国家重点贫困县，农民的收入不高，农民加入协会时一律免收会费。协会的资产就是50亩苗圃基地，属于协会的公共财产。除此之外，没有任何专属于协会的资产。

协会会员的经营规模。(1) 6位理事会成员的种植规模。会长拜发有，120余亩；副会长兼会计拜志光，21亩；苗圃基地技术员寇永春，15亩；协会秘书鄢冰，17亩；副会长拜有清，种药材15亩，另租入5亩种药材（访谈时1位理事会成员因故未到，只统计了5位成员的资料）。(2) 其他会员的种植面积在2～3亩之间。

协会开展的主要活动。(1) 争取外部资源。2005年，协会获得宁夏回族自治区8万

---

① 世界宣明会是一个国际性基督救援及发展机构，由美国人卜皮尔于1950年创立，希望借各项事工使贫穷人得益。服务对象以儿童及家庭为重点。

元药材种植项目专项资金，按药材种植面积给农户补贴和支持协会其他业务的发展。补贴标准是黄芩200元/亩，秦九300元/亩，半夏400元/亩，共发放补贴5万元。仅拜会长一家种植半夏10亩，获补贴4000元，秦九40亩，获补贴12000元，黄芩15亩，获补贴3000元，共获得补贴19000元；占发放补贴额的38%。2005年秋，为鼓励农户种植药材，宣明会资助农户采购半夏种子，农户购买种子款的80%由宣明会资助。当时，协会会员共种植半夏22亩，宣明会资助种子补贴款计33420元。会长拜发有，3亩半夏，获4680元补助款，会计拜志光，5亩半夏，补贴8000元钱。寇永春，1亩半夏，享受1500元补贴。鄢冰，2亩，补贴3000元。拜有清，1亩，补贴1500元。5位理事会成员获得补贴18680元，占补贴总额的56%。(2)为会员提供种子、种苗、技术培训、田间管理等服务；协会缺乏资金，无力为农民提供药材回收业务。

分析：这是一个典型的由专业大户控制的协会。虽然制定了协会章程，有健全的组织机构，但协会的权利分配不合理。协会的事情由理事会决定，决策权掌握在理事会手中；没有召开社员大会，普通会员没有表达自己意愿的渠道，也失去了行使对协会的监督、决策权力的机会，"民办、民管、民受益"的原则在这里得不到体现。协会的分配机制由理事会制定，看似公平，但普通会员没有参与制定分配规则的权利，实则只对6位种植大户有利。普通会员没有参与决策的权利，利益得不到体现。协会的活动局限于向政府和非政府组织争取资金，负责向会员供应种子、种苗、技术培训、田间管理，并没有提供社员最需要的销售服务；而争取的援助主要为理事会成员所分享。协会未能为社员带来预期的利益，普通社员的参与程度低，致使协会蜕变为为6位种植大户谋取个人利益的机构。

(二) 资金不足，制约了合作组织的发展，削弱了合作组织的竞争力、凝聚力和对农户的带动作用

合作组织的资金主要依靠社员缴纳的会费或股金，资金来源渠道单一；合作组织的"资本报酬有限"、"一人一票"、"单个社员入股金额有上限"原则使合作组织缺乏对资本这一稀缺要素的吸引力。由于资金瓶颈制约，许多合作组织只能为会员提供技术交流、信息咨询等初级服务，无力涉足农产品销售、加工等提高农产品附加值的服务，合作组织的凝聚力和对农户的带动作用大打折扣。

案例2：江苏省姜堰市运粮镇彩豚经济合作社（资料来源：副社长陈金平访谈录，于宇整理，2005年5月）

姜堰市运粮镇彩豚经济合作社成立于1988年，是以彩豚的养殖、销售、加工为主的农民专业合作经济组织。现有社员184户。

合作社以为社员及其他彩豚养殖户提供产前、产中、产后服务为宗旨，实行"利益均沾、风险共担"，社员享有"优先供应彩豚苗，保护价收购彩豚，参与分红"等权利。为降低合作社运行成本，提高产品附加值，合作社按照"市场牵龙头，龙头连合作社、合作社联农户"的工作思路，开展彩豚的产业化养殖。为此，1999年，有能人王素娟牵头成立了"姜堰市彩豚畜禽制品有限公司"，进行彩豚的加工、销售，形成了"合作社＋龙头企业＋农户"的产业化经营模式。由此，合作社对社员的组织、协调、分配职能均由公司来运作和体现。

该合作社是由镇副业公司发起，其第一任社长由当时分管农业的副镇长兼任。2000年，该社长退休，镇多种经营管理站站长陈金平继任社长。彩豚公司成立后，社长由该公

司董事长担任。除社长外，还有3位副社长，分别是：公司总经理陈金平、养殖大户和村支部书记。合作社设秘书长1人，由镇多种经营管理站会计兼任。合作社理事的产生是由彩豚公司及养殖大户内定，未经过民主选举，合作社的秘书长系无偿服务。

公司虽是合作社下的实体，但其财务却独立核算，财产也由公司独立掌管，与合作社无关。由于公司领导人也是合作社的领导人，合作社与农户的关系逐步演变为由公司直接与农户交易，合作社实际上没有进行经营活动。

在这种情况下，合作社的全部活动经费均由彩豚公司提供，经营活动也有公司安排，公司对社员实行五包：包种苗供应，包饲料组织，包技术指导，包彩豚收购，包养殖受益。公司除了按保护价收购社员产品，还按交易额向社员实施利润返还。目前，合作社的主要工作是每年召开2—3次社员大会，以及组织社员开展经验交流和沟通信息，以提高社员的技术水平，扩大经营规模。

分析：这是一个实体依托型的合作社。合作社的社员经办实体，然后合作社依附于实体。本案中，公司由少数几个社员开办，彩豚公司和合作社是两个独立的组织，双方没有隶属关系。彩豚公司和合作社的领导人采取"两套班子，一套人马"组织形式，由于合作社自身没有资产，没有开展经营活动，这种领导人的"双重任职"并不会引起关联交易，为合作社带来财务风险。公司与合作社联姻，却很好地利用了合作社这一组织资源，节约了交易成本。虽然合作社的全部经营活动由公司安排，但是在组织和动员社员方面，公司利用了合作社对社员的带动力和凝聚力，因为"合作经济组织是农民可以信赖的组织"。社员加入合作社不需要缴纳股金，合作社本身没有资金，不能为会员提供附加值高的服务。但依附于经济实体，可以利用实体的资金开展经营活动，弥补合作社资金不足的缺陷。公司对社员实行的"五包"服务以及按交易额向社员实施利润返还，没有雄厚的资金是无法完成的，虽然活动是以公司名义进行，但受益的还是广大社员。这与案例1明显不同。由于没有自己的实体，也没有实体可以依靠，米岗中药材协会无力为农民提供药材回收业务。

（三）缺乏有效的激励机制和约束机制

传统公司治理理论视赋予管理者剩余索取权为对管理层最有效的激励，但是合作组织是社员所有并为社员民主控制的特殊形式的企业，赋予合作组织管理者剩余索取权违背合作社的经典原则。在我国，合作组织的管理者只拥有和普通社员一样的对合作组织的剩余索取权，他们在合作社领取很少甚至不领工资；担任合作组织的领导者是因为可以利用合作组织低成本地从农户收购农产品或者利用合作组织的销售网络为自己的农产品占领更大的市场，以获取更高的附加值，或通过协会获取其他利益。没有建立起有效的监督、约束机制，监督成本高，难以克服领导人的机会主义行为和道德风险。因此，常常出现合作组织领导人的经营行为背离社员利益。在案例1中，理事会成员不从协会领取工资，协会也没有公共积累可供分配，理事会成员的主要工作就是为协会争取尽量多的外部资源，如各种类型的项目资金，理事会成员尽可能地从协会分享这些资源。理事会"没有把协会的工作放在第一位"（协会会长拜发有），"虽然没有从协会领取工资，但还是有其他利益"（协会会计拜志光）。在案例2中，公司通过合作社从农户采购彩豚进行加工，有效地将农民组织起来，节约了交易成本。但是，彩豚公司是少数社员创办的，为几个股东所控制，普通社员不可能对公司行使民主管理和监督的权利。公司成立后，合作社就退出经营活动，一切经营活动都以公司名义进行。失去对公司的监督和管理权，也就自然失去对合作社的监督、管理权。公司的利益永远被放在第一位。

四、结论和建议

(一) 结论

1. 专业大户控制型的合作组织不能带领农民致富

专业大户控制型的协会，尚未建立起有效的治理机制，经营决策权控制在大户手里，普通社员或者监督成本高，无力监督，或者由于监督中的搭便车行为，不愿意监督，委托代理问题更加突出；专业大户和普通农户加入合作组织有各自的利益追求，两者并不总是保持一致，领导人的行为是追求自身利益最大化，并不一定能促进成员个体的利益最大化。

2. 合作组织资金不足，制约了合作组织的进一步发展

合作组织必须通过为社员提供各种服务，带动社员参加组织的活动，促进组织的发展。资金不足限制了合作组织向农户提供附加值高的服务。据陕西省农业厅的统计，由于资金不足，全省大约 2/3 以上的合作组织以生产技术指导、信息交流为主要任务，只有不到 1/3 的合作组织涉及农产品加工、销售等服务。享受不到所需要的服务，降低了农民加入合作组织的热情，限制了合作组织的发展规模。

3. 合作组织必须有自己的经济实体，才能增强组织的凝聚力、竞争力，发挥对农民的带动作用

对社员实行按交易额返还盈利和按股金分红，是对社员最主要的激励。除了对内继续为成员服务，施惠于成员外，通过兴办经济实体，对外开展经营活动盈利，并用获取的盈利向成员按交易额返还盈利和按股金分红，已成为合作组织发展的重要前提。

(二) 建议

1. 完善合作组织治理机制

根据合作社原则，建立起有效的决策机制、激励机制和约束机制；通过为社员提供农产品加工、销售服务，提升合作组织的竞争力；经营好的合作组织应兑现对社员实行按交易额返还盈利和按股金分红；健全合作组织会员大会制度和投票机制，重大事情由会员大会决定，使会员大会成为会员依法行使监督、决策权力的有效平台，使合作组织真正成为“民办、民管、民受益”的农民自助组织。

2. 培育合作组织的经济实体

赋予成员对合作组织的经济实体有决策权和监督权，使经济实体的经营行为在广大成员的监督之下，成为促进广大成员利益而不是少数大户利益的经济组织。

3. 创新合作组织的产权制度

改革现有的股权制度，在资格股的基础上，设立投资股，投资股可以参加分红，但没有参与决策的权利，以吸引更多的资金投入到合作组织；扩大社员个人持股的比例，在坚持“一人一票”的基础上，适当增加持股大户的投票权；社员退出合作组织时，所持股份应该转让而不是由农民带走，以维持合作组织资金的稳定。

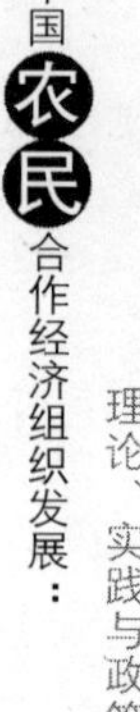

参考文献

[1] Cook M L. The Role of Management Behaviour in Agricultural Cooperatives [J]. Journal Agriculture, 1994(9).

[2] Emelianoff I V. Economic Theory of Cooperation[M]. Ann Arbor: Edward Brothers, 1942.

[3] 科斯,阿尔奇安,诺斯等.财产权利与制度变迁[M].上海：上海三联书店,1994.

[4] 张晓山等.联结农户与市场——中国农民中介组织探究[M].北京：中国社会科学出版社,2003.

[5] 张晓山,苑鹏.合作经济理论与实践[M].北京：中国城市出版社,1997.

[6] 国鲁来.合作社制度及专业协会实践[J].中国农村观察,2001(4).

[7] 徐旭初.中国农民专业合作经济组织的制度分析[M].北京：经济科学出版社,2005.

[8] 傅晨.新一代合作社运动：合作社创新的源泉[J].中国农村经济,2003(6).

[9] 郝晓宝.农民合作经济组织的利益机制与治理结构分析[J].农业经济导刊,2005(7).

农民专业合作组织主导型的合作模式个案分析*

宋汶庭
（四川农业大学经济管理学院）
傅新红
（四川省农村发展研究中心）
熊德平
（宁波大学商学院）

引 言

新制度主义认为，不同产权安排下的制度有不同的绩效，这就意味着选择不同组织模式对合作的成本和收益有着不同的影响。我国现有大部分农民专合组织与龙头企业的合作在产权上是独立的，基本上还是原料买卖关系，由于经济组织的自利性和利益分配能力的差异性使得两者之间存在一定程度的矛盾。在实践中为了实现双赢，双方的合作模式上呈现出多种形式。文献综述表明，目前众多的合作模式中以龙头企业主导型模式较为普遍，农民专合组织在其中处于从属地位，农民利益得不到很好的保障，如邵喜武、崔明花(2005)，黄志宏(2006)，姜明伦(2006)，黄俐晔(2007)，王新利、李世武(2007)等人的研究。由农民专合组织主导型模式较为鲜见。因此，农民专合组织主导型模式有可深入研究之处，因为这种模式能够更好地维护农民的根本利益。四川省绵阳市圣康协会采取内生方式建立起一个股份制企业，并且占有支配地位的股权所有者来自于该协会，而企业属于从属地位。本文以此为个案分析农民专合组织主导型的合作模式。

一、合作模式的参与主体

（一）圣康蛋鸡养殖协会

安县圣康蛋鸡养殖协会成立于2001年，是目前绵阳市规模最大的由农民组织的蛋鸡养殖协会。协会以安县花荄柏杨村及其周围村社为中心，辐射安昌、黄土、界牌、兴仁等乡

* 本研究是四川省哲学社会科学研究规划重点项目“四川省龙头企业与农业合作经济组织的合作机制及绩效研究”的阶段性成果。

镇10多个村社，拥有会员310户。协会养殖蛋鸡100万余只，年产鲜蛋9700余吨，最高日产量30多吨；年产值近8000余万元，年纯利润650万元。

1. 运行原则

协会成立和运行的原则是"民办、民管、民受益"和"入会自愿、退会自由"。

2. 会员类型

会员根据缴纳会费和享受待遇不同分为三类。第一类：保留会员，会员不交蛋，每年按300元收取会费，可以享受会员待遇，但不享受协会的盈利分红；第二类：普通会员，缴纳100元会费，负责交售鸡蛋，享受协会提供的培训，但不参与协会分红；第三类：股东会员，缴纳2000元会费，能够参与协会年底分红，平均每人每股1元，分红在300～2000元之间浮动。

3. 协会服务

协会为会员提供的服务主要包括：为会员信用社贷款提供担保；由协会专职技术服务人员进行技术指导；统一引进鸡苗；组织会员外出参观考察。

4. 产业链延伸

协会和内生企业进行合作，通过"六统一分"加强合作管理，促进资金积累的增强。除此之外，还与相关配套企业合作，延长产业链，从长期发展战略上促进了会员经济效益的增加，从而也提升协会为会员服务的能力。

（二）圣康禽业有限责任公司

在现有制度框架下，圣康协会作为农民专合组织，属群团组织，在民政局登记注册，不能以盈利为目的，其经营活动受限。特别是协会规模扩大后，这种限制日益明显。再加上为了降低交易成本和实现资源共享，2006年以协会为主体，会员共同出资以入股方式组成安县圣康禽业有限责任公司。该企业以圣康蛋鸡养殖协会为主要股东，是各股东共同出资、筹措资本组建的股份制企业。目前企业资产规模为300万元，加上会员的资产约有8000万元，总销售收入约为1.2亿元。销售渠道主要是直销，还有部分以专卖店的形式由企业投资建成后转包给他人进行销售，并在绵阳、德阳、成都、重庆和广州建立了8个稳定的专业销售市场。通过协会与企业的密切合作，鸡蛋市场已经占领绵阳市场的半壁江山，企业同类产品的销售数量在合作后增加了20%。

圣康协会发展到一定阶段，具备了一定的资源优势。一是协会已有的组织资源。协会设有党支部、理事会、监事会、秘书处四个部门，下面又分设下属机构。二是协会已有的市场资源、营销渠道和稳定的生产能力。三是利用协会与会员已经建立的信任和信誉，降低了组织协调成本。四是利用协会已有的服务网络资源。协会在现有的资源优势基础上，协助股份制企业投资兴建了蛋托厂、安县圣康鸡粪处理厂等相关配套企业，进一步延长了蛋鸡养殖业的产业链，为协会会员增收打下了基础。各方资源的共享和互补，有利于提高资源的使用效率。

1. 安县圣康蛋托厂

蛋鸡饲养业的发展，要使用大量的包装产品。蛋托厂占地4亩，生产包装箱所需蛋托，年产蛋托1000万个、每年增加销售收入200万元。

2. 安县圣康鸡粪处理厂

以前未形成规模养鸡时，产生的鸡粪少，都是卖做肥料，1车可卖120元。随着会员人数增加和养殖规模扩大后，反倒使会员每月花120元鸡粪清理费。因此，协会投入600万元，从山东精细化工学院引进技术，建立了鸡粪处理厂，既能变废为宝，又有利于环保。日处理鸡粪50吨，将其加工成高级有机肥料，主要销往龙泉驿、温江等地，年产有机肥料1.5万吨，增加销售收入1000多万元。

二、合作模式的运作形式

以圣康协会为例，农民专合组织主导型合作模式的发展首先是协会发展到一定阶段，有了一定积累和实力，通过建立起一个股份制企业，使协会与企业形成股权式的联结方式，协会是企业的股东，企业属于从属地位。

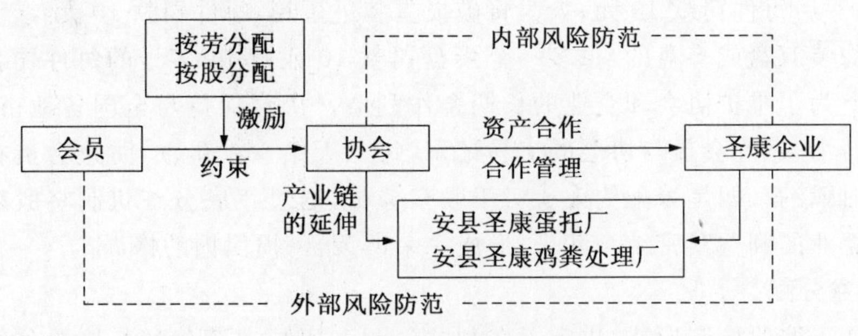

图1　合作模式的运作形式

(一) 资产合作

双方合作以股份为纽带，由协会出资20万元，企业管理人员入股10万元，共有注册资金30万元。协会与企业以股权方式实现紧密合作，以1000元/股筹集资金，协会占2/3的股份。较高股份比例有助于提升协会在合作中谈判地位，并占据主导地位。通过合作，协会得到发展，迅速打响了“圣吉康”品牌。

(二) 合作管理

1.“六统一分”

协会与企业的合作主要通过“六统一分”来实现：即统一品牌、统一标志、统一购鸡苗、统一防疫、统一购饲料、统一销售产品和分户饲养。企业外销的鸡蛋统一使用已注册的“圣吉康”品牌，通过统一品牌获得认可。使用统一的标志，以示与市场的其他蛋品区别。统一订购鸡苗，可以节约购买成本，又能保证鸡苗品种的纯度。统一防疫，能最大效率地达到防治效果，又节约防疫成本。统一购饲料，保证饲料质量，降低购买费用。统一销售蛋品，提高蛋价，提升品牌信誉，扩大圣康协会及企业的知名度。通过分户饲养，杜绝了病源的交叉感染，既便于管理，又明确了每个会员的责权。

2. 技术服务

协会注重平时的技术指导，而企业主要是定期聘请技术专家为会员做技术培训。江西省农业大学、西南科技大学等10多名省内外专家学者任协会常年技术顾问，开展技术培训和指导，进行远程教学、远程答疑，使会员掌握新技术。协会还定期请来专家现场为会员讲规程、作示范，手把手地教，使许多会员掌握了蛋鸡养殖实用技术，1年至少培训6

次。企业还为会员建立了饲养档案，组织技术人员跟踪服务，定期组织会员开展交流、培训活动。为方便服务，设立了24小时养殖专线服务电话。

（三）合作激励与约束

1. 物质激励

协会与企业的合作主要通过合同来进行。协会对履行合同好的会员采取奖金激励，根据会员遵守《会员交蛋制度》的情况在年终设置一、二、三等奖金进行奖励：一等奖500元；二等奖300元；三等奖100元。此外，对于股东会员年底还享受按股分红。

2. 对会员的约束

一是入会标准：即达到一定的养殖规模，要求一次养鸡2000只以上的养殖户才能成为会员。二是质量检查约束。对履行合同差的会员在交蛋现场罚款：人为乱报箱皮重量，经查证核实后每件罚款10元；人为将破损蛋装进蛋箱，每件罚款10元；装无黄蛋的每个罚款10元；装双盘或多盘的，每多一个蛋盘罚款10元；一箱多号的每件罚款2元。三是结算约束。为了维护协会和企业的长期合作利益。协会保持与全国各地市场联系，了解全国蛋价行情，做好会员与协会的交易记录，每三天结一次蛋款，防止会员在市场价格高于合同价时毁约。四是分配约束。对于股东会员，通过年底分红机制将股东会员的利益与协会和企业的利益紧密结合起来，形成一荣俱荣、一损俱损的格局。

（四）利益分配

双方合作采取股份制形式，决定了在利益分配上实行按劳分配与按股分红相结合的方式。交售产品的会员按照交售数量和品质分配，对股东采取按股分红的办法，实现劳动联合与资本联合的结合。在利益分配上，企业积累按户分红，其中加工厂按会员户数分红，其他厂按入股分红，分红总额为：蛋托厂4000元、饲料厂1万元、鸡粪厂2万元。

（五）合作风险防范

针对蛋鸡养殖存在的自然风险、疫病风险、合同风险、市场风险等多重风险，合作风险防范有以下两个方面。

1. 内部风险防范

圣康协会通过与企业合作，将交易成本较高的市场分工活动内部化，比如“六统一分”，由此实现市场交易内部化。这不仅节省了交易成本，而且改善了整个组织抵御市场风险的能力。

2. 外部风险防范

企业通过建立健全“两个机制”来实现合作的外部风险防范：一是资金筹措机制。企业委托协会分别对会员和非会员进行考察，对信用程度高的会员提供部分资金，帮助其扩大养殖规模；对有养殖蛋鸡计划、讲信誉的非会员实行担保贷款，帮助其加入协会。二是风险保障机制，每年从收入中提取一定比例，作为蛋鸡养殖风险基金，用于会员损失补偿，减少其因生产经营和市场波动带来的风险损失。

（六）产业链的延伸

经过发展，协会、企业及后来成立的安县圣康鸡粪处理厂、安县圣康蛋托厂等相关配套企业已经成为在生产上相互联系、相互促进，在经营管理上又相互独立的有机组成部分。还有投资685万元新建的有机肥料厂拥有劳动力150名，年产有机肥1.5万吨。协会拟兴建的禽产品食品厂、禽病检测防控中心、无公害饲料厂、养殖专业技术培训中心、禽产品储存库等配套工程将陆续开工。通过产业链的延长，不仅解决了协会会员的后顾之忧，还帮助协会开辟出新的经济增长点，使协会和企业都获得了更多的经济效益。

三、农民专合组织主导型合作模式的特点

（一）农民专合组织作为发起方

龙头企业的经济实力较强，在由其主导的合作模式中为保证农产品供应会向农民专合组织提供一定资金、设备、技术、原料等方面的支持。而与龙头企业相比，一般农民专合组织的经济实力较弱，特别是在合作前期需要的投入回收期长、回报率低，阻碍了相当一部分规模较小，资金较为不足的农民专合组织与企业建立合作机制。同时，作为弱势群体代表的农民专合组织在合作过程中遇到的各种问题比龙头企业主导型更加复杂。所以源自于协会发展的内在要求，圣康协会作为发起方，内生出股份制企业。在合作过程中协会一直担任着模式中的主导者，并通过发展路径和自身的壮大巩固了这种主导地位。

（二）农户联结程度更为紧密

龙头企业与农户通过农民专合组织间接联系起来，联结程度不如农民专合组织来得直接和紧密，而且监督成本较高。农民专合组织来源于农村，利用的是村落共同体中的血缘地缘关系，农户之间彼此熟悉，积极性能够被充分地调动起来，而且对组织的归属感也较为强烈，有利于降低成员之间的组织协调成本。所以农民专合组织主导型模式中协会与农户联结程度更为紧密，圣康协会通过对会员的劳动、信息、技术等资源的合理配置，提高了组织化程度。通过走访调查及个案访谈发现，让会员对协会与企业之间合作的满意度以及继续合作的期望值进行评价，绝大多数会员对协会与企业之间的合作较为满意，对目前的待遇较为满意。会员陈发贵算了一笔账：协会与企业合作后，企业统一进饲料，饲料价格由原来的90元/袋，降至80元/袋，仅此一项，会员一年可省20多万元；合作后，蛋品由企业统一销售，减少了中间环节，每箱鸡蛋比以前能多卖4元左右，会员一年能增收10多万元。

（三）博弈重点的转移

1. 博弈的主体

在一般合作模式中，龙头企业与农民专合组织是作为市场经济条件下两个单独决策的主体进行博弈，每一方的选择都会受到另一方选择的影响。在农民专合组织主导型合作模式中，博弈的主体由专合组织和龙头企业之间转变为专合组织和龙头企业合作作为一个整体与外界的各种经济组织之间的博弈。个案中圣康协会是在圣康禽业的合作下与外界进行博弈的。

2. 博弈的内容

由于主体转变使得博弈的内容也有所转移，农民专合组织与龙头企业博弈的重点不再仅仅局限在双方的既有利益分配，而是两者这个共同体关注着外界更大的利润空间。龙头企业也代表着专合组织与外界进行博弈。圣康协会与圣康禽业的合作博弈内容是研究两者达成合作时如何分配合作所得到的收益，即收益分配问题。为了获得更多的收益，双方都优先考虑为对方提供更合理的价格与更高的服务效率。

3. 博弈的结果

博弈主体和内容重点的转移使博弈的结果在考虑自己的利润空间，即在既定利益上获得更大的份额，同时追求更大的市场空间和业务份额。最后协会通过企业与外界博弈的纳什均衡就是双方在自愿、互利的基础上，通过有效的利益对接机制，结成利益共同体，共同面对外界的市场竞争。通过与圣康协会合作，企业借助当地政府给予的资金、政策、宣传推广等方面的支持，不断扩展。两者合作建立了相关配套企业，延长了蛋鸡养殖业的产业链，企业还打算兴办兽药厂。通过企业实力和规模的不断壮大，为协会进一步发展奠定了基础，并赢取了与外界更多的合作机会。

(四) 内部治理机制更为有效

农民专合组织主导型合作模式是以协会为核心，圣康协会以2/3的股份比例占据支配地位，以建立股份制企业的形式进行内生发展，使其在处理与企业的事务时由市场交易机制转变为内部治理机制。协会与企业的"六统一分"合作管理，不仅减低了成本，共节约鸡苗购买费和防疫成本0.4元/只，同时也保证了蛋品质量。个案中通过会员对协会这种个体对组织的承诺，使内部治理比市场治理更为有效。为避免会员机会主义行为的出现，协会对会员有入会标准、质量检查、结算、分配这四项的约束，保证了协会对企业的合同履约率，也提升了协会的竞争能力，促进了协会与企业的良好合作。而企业提供的合作风险防范，也使得协会的内部治理机制更加完善，解决了协会和农户的后顾之忧。

四、结　论

农民专合组织主导型合作模式中占有支配地位的是农民专合组织，龙头企业属于从属地位。农民专合组织通过与农户的紧密联结和专业性资产有效保证着和龙头企业的长期合作，并且内部治理机制也有利于降低出现隐蔽行动机会的可能性。所以农民专合组织主导型合作模式有合同契约、产权等作为合作的利益联结纽带，分配方式上既有保护价收购、按交易量，又有"风险共担、利益共享"，体现了长远的合作发展方向。但农民自己成立的专合组织资金有限，人才短缺，创办的企业一般规模较小，对农户的带动能力、带动范围有限，市场竞争能力往往比不上外在化的龙头企业，因此发展起来比较困难和缓慢。所以这种合作模式更适合于规模较大、资金较为充足的农民专合组织。

该种合作模式的出现及发展有其存在的客观需求和动力，虽然能解决外化型产业化的一些矛盾和问题，但在进一步的实践中，也会出现诸多问题。如在企业利益得到保障的同时，站在协会角度如何维护会员的最大利益；协会与企业之间的利益协调问题等。所以，农民专合组织主导型合作模式的出现是专合组织在其规模扩大的基础上，采用内生方式进行自我发展的结果。目前这种模式还处于初级阶段，仍需要进行规范。

参考文献

[1] 黄俐晔.广东省农民专业合作经济组织运作模式的实证分析[J].广东农业科学,2007(3).

[2] 黄志宏."鸿源米业":值得推广的"公司+协会+基地+农户"模式[J].中国农村经济,2006(6).

[3] 姜明伦.农民专业合作经济组织发展模式——来自云南省的调查[J].江苏农村经济,2006(12).

[4] 邵喜武,崔明花."公司+农户"模式的实证分析[J].农业经济,2005(2).

[5] 王新利,李世武.农民专业合作经济组织的发展分析[J].农业经济问题,2007(3).

社区内“需求的自我供给”式灌溉管理制度改革探讨*

——以山东费县大田庄乡改革为例

孔祥智　史冰清

（中国人民大学农业与农村发展学院）

我国早在20世纪80年代，就开始了水资源管理制度改革的尝试，到了90年代后期，这种改革便在全国范围内大规模地开展起来。虽然改革已经取得了一些成果，但是，目前我国水资源管理制度的改革整体还处于初探阶段。一些研究表明，目前的改革主要是由政府在推动，缺乏与改革直接参与者——农户的互动，许多改革都是表面上的应付，最为关键的管理制度内部的治理结构没有进行实质性的改革。如何引导农户积极参与到改革中来，实现更多的实质性改革，是当前和未来一段时间迫切需要解决的问题。山东费县的大田庄乡是全国最早进行农田灌溉管理制度改革的地区，也是由农户主动发起，政府推动，两者较好互动，并取得明显效果的典例。本文试对其具体改革过程进行分析探讨，从而揭示其改革的组织制度、运行机制及主要影响因素。

一、 农田灌溉管理制度创新过程的理论分析

我国现行的农田灌溉管理制度在一定程度上是对人民公社时期集体经营管理体制的延续。我国农村实行合作社和人民公社时期，国家按照“民办公助”原则，对集体经济组织兴建的小型农村水利给予补助。建成的设施归公社或生产队集体所有，实行集体管理。那时，所有权是清晰的，所有权与经营管理权一致，工程维护管理较好。随着人民公社制度的解体、村民自治制度的实行和土改后农民微观经营主体地位的恢复，之前的“民办公助”集体管理公共品的制度发生变化。相应的，灌溉管理制度也调整为“专管和群管”相结合的体制，但主要还是以集中式的行政管理为主，其形式仍是计划经济管理模式。在这种制度下，水资源和灌溉设施的所有权、管理权和使用权是模糊不清的，用水者对水资源和水利工程的权责概念十分模糊。由于灌溉体系具有“公共池塘资源”的某些特性，而现有的制度却缺乏明确的产权界定和有效的激励、约束机制，使用水者中一部分人努力改进资源系统的成果没法把其他人排斥在外。搭便车的诱惑使得用水者都没有积极性和动力来维持水资源的合理利用和水利工程的有效运行。每个用水者都争相获取灌溉用水投入生

* 本文为教育部人文社科规划项目“农民专业合作社发展的影响因素和促进政策研究”（项目编号：07JA630032）和教育部“新世纪优秀人才支持计划”资助项目“公共财政支持与社会主义新农村建设问题研究”的初步成果。

产过程从而获得收益，却忽视了因为水利设施的无人维护、加速损坏和水资源过度浪费等所要承担的延期成本。这必然造成灌溉体系的有人用、无人管、用水秩序混乱、水资源严重浪费等局面，农田灌溉体系几乎“瘫痪”。

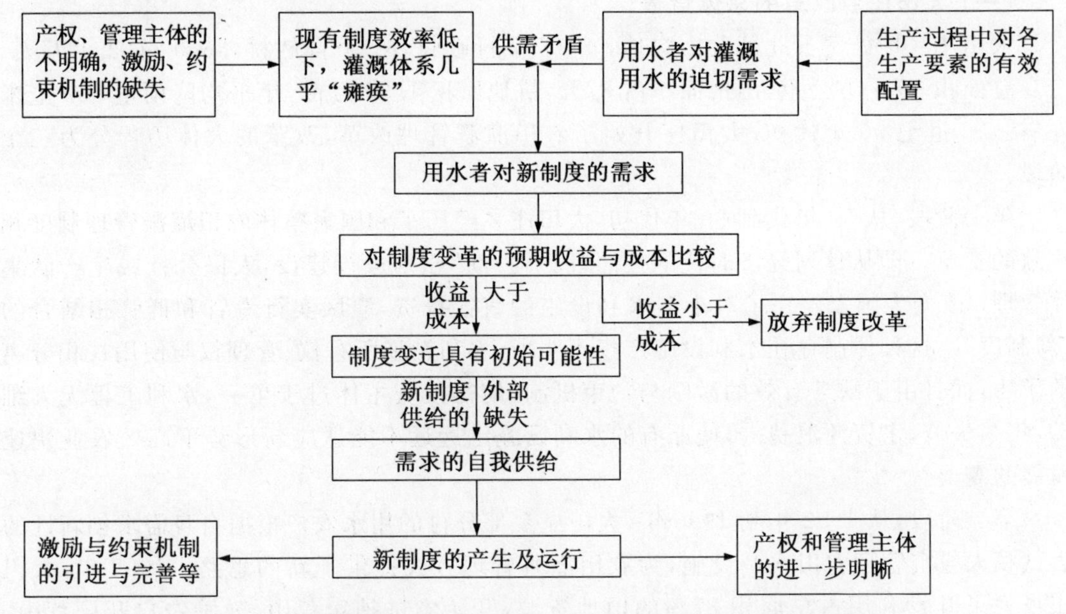

图 1　农田灌溉管理制度“需求—自我供给”创新的逻辑分析图

为了实现生产要素的有效配置，水资源作为一种必需的生产要素投入生产过程。但在现有灌溉管理制度下，农田灌溉体系无法满足用水者的生产需求。为了解决这个问题，用水者对新制度产生需求，但一套新的制度替代旧的制度，主要取决于这两套制度的收益成本比较。这可以界定为制度变迁，制度变迁的成本包括转换成本，也包括监督和实施成本。由于制度变迁的成本高昂，所以替代旧制度十分困难，只有在足够的利益需求驱动下，理性的农户才会对新制度产生迫切需求并有促进其取代旧制度过程的动机。即如果用水者对制度变迁带来的预期收益高于其成本，制度变迁具有初始可能性。

一方面，由于灌溉体系具有“公共池塘资源”的特性，使得市场无法介入或其介入的低效率。另一方面，在现有制度下，政府和用水者之间缺乏有效的信息传导机制，由于存在信息不对称等因素，政府很难针对不同地区提供合理有效的新规则。在新制度无外部可得性或获取成本太高的情况下，具有共同利益需求的用水者对制度的需求实行自我供给方式，把自己组织起来，进行自主治理。从而有可能在所有人都面对搭便车、规避责任或其他机会主义行为诱惑的情况下，有效地规避投机主义行为，取得持久的共同收益，实现制度变迁。而且人们在世界上看到的是，无论国家还是市场，在使个人以长期的、建设性的方式使用自然资源系统方面，都未成功。而许多社群的人们借助既不同于国家也不同于市场的制度安排，却在一个较长的时间内，对某些资源系统成功地实行了适度治理。下文就以山东省费县大田庄乡农田灌溉管理制度的改革为例，对其改革的具体过程进行分析。

二、大田庄农田灌溉管理改革过程的案例分析

（一）大田庄乡改革的总体背景

大田庄乡地处费县北部蒙山腹地，辖 17 个行政村，81 个自然村，5660 户，2.1 万人。全乡总面积 96 平方公里，山地面积占 87%，耕地面积 1.87 万亩，年平均降雨量 800 毫米左右。20 世纪 90 年代初，大田庄开始了农田灌溉管理改革，改革的大体历程分为三个阶段：

第一阶段，从 50 年代到 90 年代初，大田庄乡经历了和国家整体农田灌溉管理制度相一致的变革。即从计划经济时代的按照"民办公助"原则进行建设，人民公社或生产队集体管理，改变为国家停止了对小型水利设施的直接投资，灌区实行专管和群管相结合的"新制度"。这种体制存在水利设施产权不明晰，水利设施所有权、管理权与使用权相分离的矛盾，而且由于缺乏有效的激励与约束机制，使得投资主体过于单一，水利工程无人维护，年久失修，水资源浪费等，使原有的水利设施已远远不能适应新形势下高效农业快速发展的需要。

第二阶段，从 1992 年到 1996 年，大田庄乡部分村的用水农户根据自身需求创新性的尝试私人投资管理农田水利设施，为农田灌溉管理方式提供了新的思路。1992 年，大田庄乡为了开发利用占总面积 87% 的山地资源，开始尝试拍卖荒山，鼓励农户开垦荒山。实行荒山拍卖后，大规模的荒山被农户开垦种植了水果，成为果园。由于水果的收益明显好于当地种植的传统粮食作物①，所以农户就把自家的耕地也改种各种水果。但种植水果的需水量很大，农户可以利用的水利设施却很少，满足不了自身的需求。面对缺水的情况，在自家耕地靠近山泉水道的农户中，一小部分农户利用便利的地理位置自己投资建设小型水利设施。

第三阶段，1997 年后，大田庄乡对各村在农田灌溉管理改革过程中出现的各种成功方式进行总结和推广。最早投资建设小水利的那些农户由于可以用上"当家水"，所以果园的收成比较好，获得了较高的经济收益。渐渐地，一批又一批的农户也纷纷效仿，自己投资建小水利，用上了"当家水"。事实证明，由农户独户或联户投资建设小型水利设施可以较好地解决其对灌溉用水的需求问题，有力地促进了生产的发展。所以，1997 年，大田庄乡镇政府决定放开农田水利设施的建设权，鼓励农户投资经营小型水利设施，并允许各村根据自身特点，以各种形式对原有的投资管理体制进行改革尝试。大田庄乡镇政府依据"谁投资、谁受益，谁建设、谁所有，民建、民有、民管"的原则，给予投资农户"每立方米 30 公斤水泥"的补贴。这极大地调动了用水农户投资小型水利设施的积极性，使其成为水利建设、水资源开发的主体。

可见，大田庄乡由用水农户发起，政府支持，通过两者互动进行的改革，开创了小型农田灌溉管理制度改革的先河。在改革过程中，周庄村和黄土村是开展最早并且进展得比较好的两个村，为了进一步探讨其改革的具体过程，下文仅以这两个村为例进行分析。

① 关于两者的收益比较，将在下文作出具体解释。

（二）周庄村和黄土村的具体改革过程

周庄村由8个自然村组成，有6个村民小组，共295户，目前拥有1500亩耕地面积，6000亩山林，其中果园面积为2300亩。黄土村辖2个自然村，有2个村民小组，有260户村民，共有耕地面积1280亩，1600亩山林，其中经济林面积为600亩。

1. *改革的初始动因*

（1）种植结构的调整引起农户对水资源的迫切需求。从要素配置结构的角度来看，农业生产的各种资源之间有密切的相互关系，而土地、投入资本、种植作物类型等因素会影响其对水资源的需求量。所以，农户对“水”这种生产要素的需求程度取决于灌溉用水对其家庭经济活动的影响程度。在种植传统粮食作物时，一方面，增加灌溉对作物的产量和品质的影响不明显①；另一方面，传统粮食作物的亩均收入很低，农户没有足够的动力去投入。自20世纪80年代中期开始，黄土村和周庄村相继进行了“分山”活动，部分村民开始了经济作物的种植，随后扩展到耕地种植结构的调整。到90年代初，周庄村继黄土村之后也基本都改种以水果为主的经济作物。而种植水果等经济作物，一方面，增加灌溉对其产量和品质的影响较明显；另一方面，水果等经济作物的亩均收益较高，灌溉的经济回报率较高。农民为了实现其预期的种植收益，就要保证较充足的灌溉用水，因此，农户对水资源的需求大大增加。

（2）现有的农田灌溉制度和条件不能满足农户对水的需求。面对农户日益迫切的需求，两村现有的灌溉条件越来越无法满足。当时周庄村仅有一座蓄水量达20万立方米的小Ⅱ型水库，建于1976年，是由全乡的村民以出义务工的形式就地取材利用当地的山石修建的。而黄土村在80年代刚分山的时候，本村根本没有可供灌溉的水利设施，所以只能用6台机子连起来，从村西面上冶镇的上冶水库抽水灌溉，每次平均每台机子要抽3个小时，所以其灌溉的成本较大。全村灌溉困难，缺水现象严重。这种现象一直持续到了1990年。1990年乡政府补贴工程材料，由全村村民集体出工，共修建了15道小型拦河坝，平均每个拦河坝可蓄水1万立方米，可灌溉100亩农田。这给村民用水带来方便，一定程度上缓解了用水压力。由于两村的主要灌溉设施都是由村民集体出工修建的，所以水利设施属于村集体所有，由村集体管理。但在实际运营管理的过程中，一方面，由于没有具体的用水规则和约束机制，村民谁想用水谁就去放水，因放水所引起的矛盾很多，用水秩序混乱，设施的毁坏、折旧速度加快，且浪费水的现象很严重，水费的收缴工作也很困难。另一方面，灌溉系统天然具有“公共池塘”的一些特性，使得在现有制度下，个人对灌溉系统维护和改造的成果很难排外。长期以来，用水者普遍搭便车的心理就逐渐形成了灌溉设施“有人用，没人管”的局面，由于长年失修，灌溉系统的供水能力急剧下降，缺水现象很严重。

可见，一方面，两村的村民因为经济作物的种植，对灌溉用水的需求十分迫切；另一方面，两村可用的农田灌溉设施不仅数量很少，并且由于管理不善、年久失修等问题导致其质量较差，可利用效率很低，远不能满足生产需要。因此，现有的农田灌溉制度和条件很难满足村民调整种植结构对水的需求，供需矛盾突出，由此，用水农户对新的灌溉管理制度产生了需求。

---

① 根据当地农民的经验介绍。

2. 新制度实施的初始可能性

(1) 有利的外部制度环境减少了新制度供给的成本。制度变迁的成本包括很多种并且很难度量，其中比较重要的一种是外部制度环境的约束。黄土村和周庄村灌溉制度改革的外部制度环境是相对优越的。在村庄内出现一部分农户为了满足自身灌溉需求而创新性的尝试独户或联户投资建设小型水利设施的情况下，乡政府推出"谁投资、谁受益，谁建设、谁所有，民建、民有、民管"的政策，来保证用水户投资的所有权和收益权，以此鼓励社区村民根据自己的需要以各种形式投资建设小型水利，并相应给予"每立方米 30 公斤的水泥"补贴。同时还要求各村庄之间相互学习、交流，开发适当的信息，了解各种策略所可能引起的成本收益。这给农户投资小型水利设施营造了良好的制度环境，降低了小型水利设施管理体制的改革成本，提高了用水农户的积极性，使农民成为水利建设、水资源开发的主体。

(2) 经济作物的高回报率增强了用水农户对改革成本的支付能力。用水户对灌溉管理改革预期收益的评估主要依赖于灌溉的经济回报率。在种植传统粮食作物时，亩均收入很低，当地主要的传统粮食作物是小麦和水稻，平均亩均纯收入为 400～500 元①，这使得通过改革获得"水"这种生产要素的成本相对较高，农户没有足够收入支付投资改革的费用。而种植水果等经济作物，亩均收益较高，当地主要经济作物是板栗、山楂、苹果、樱桃等，亩平均纯收入为 2500～3000 元②，是传统作物的 6 倍左右，其经济收益价值较高③。由于灌溉和经济作物产量、品质具有天然的相关性，使得对灌溉投入的经济回报率也相应随之升高。农户能从农业净回报率中获得足够的收入支付投资费用，增强了其对改革成本的支付能力。

(3) 良好的产销渠道降低了农户生产投资风险，从而增强其承受改革风险的能力。虽然经济作物的农业净回报率较高，但相应的，其生产投资的风险也较大。所以，农业生产预期收入可得性也在一定程度上影响着农户对生产的投入。如果供给投入与市场产出之间能建立良好的关系，从生产到销售比较稳定、顺利，则这种商业体制能降低一定的生产投资风险，从而增强农户承受改革风险的能力。黄土村通过建立"果品协会"的形式较好地解决了这个问题。

黄土村的"果品协会"是由现任村主任提议成立，经过村委会商讨通过，然后起草了协会成立的具体规则。协会负责帮助会员联系水果的买家，由会员和买家在果品市场上自由交易。交易谈成后，双方到协会开凭据，凭据一式三联，上面明确填注交易的单价、数量、总额，买卖双方各执一份，协会保留一份。然后双方回到市场继续下一宗买卖，等到买方完成预定的采购目标时，凭着开具的凭据再去协会交清款项盖章，然后凭盖章后的凭据

---

① 根据调查数据整理得出。

② 根据调查数据整理计算。

③ 本文以各种作物的平均亩均净收入为指标来比较其不同的经济收益价值，在计算每亩作物的种植成本时忽略了家庭内部成员的投工成本。一般来说，种植经济作物，所需的投工量要高于传统作物，但是在土地相对劳动力稀缺的情况下，种植亩均纯收入远高于传统作物的经济作物，对大部分农户具有难以抗拒的吸引力。所以，本文认为，在土地相对劳动力稀缺的情况下，理性的农户追求的是单位土地纯收入最大，而不是单位劳动收入最大。因此，本文以亩均净收入为指标，来比较传统和经济作物的经济收益价值。

到卖方提货。会员凭卖水果的凭据随时到协会取回货款。村民自愿加入,协会对会员收取一定的服务费以维持协会运作。目前,该协会共有会员300多户,本村村民几乎全部加入,许多周围村庄的农户也加入了该协会。随着果品协会逐渐发展,其规模日益扩大,更多的买方纷纷慕名前来,会员都高兴地表示,现在水果的销路很稳定,只要果品质量好,就不愁卖不出好价钱,所以也敢大胆地投资,争取产出更好品质的水果,卖更好的价钱。可见,以协会的形式搭建起农户和销售商之间的交易平台,不仅可以有力地提高农户的谈判能力,而且稳定的客源、销路又可以显著地降低农户的投资风险,增强农户投资的积极性和抵御风险的能力。

3. 新制度的供给和运行机制

(1) 村庄"精英"在新制度的供给中发挥重要作用。正如奥斯特罗姆所言,解决公共池塘的集体行动问题的首要因素是新制度的供给。在黄土村和周庄村的灌溉管理新制度供给的过程中,村庄中的经济和政治精英们发挥了主要作用。在实行的新制度中,周庄村和黄土村共有的模式是对原有的集体水利设施以公开竞标的形式发包给农户;各自不同的改革方式是周庄村鼓励农户以独户或联户的形式投资建设各种小型水利设施,而黄土村则采用组建用水者协会的形式投资运营灌溉系统。

根据我们的调查,周庄村第一个投资修建小水利的张某和第一个参与承包小水库的王某都是退伍军人。王某家早在1978年就开始改种果树等经济作物,并在第一批小水库发包的竞标中获胜,取得水库的经营权,在村里较有声望。另一位村民张某更是乡里远近闻名的"能人",早在1984年,张家就开始修建了第一个属于自家的小水坝,到目前张家共有深水井、拦河坝等水利设施7处,总蓄水量为6470立方米,可灌溉的面积约150亩。张家有1.5亩耕地和自己开发的26.5亩山地,如今都已修理为果园,另外还有2亩鱼塘。张家种植了板栗、山楂、苹果、樱桃、花卉等作物,不但种类丰富,而且种植的技术也比较先进。① 从2005年起,张某开始在自家蓄水量达500立方米的拦河坝旁开发出空地修建"休闲山庄",可供餐饮。丰水期水坝蓄满水后外溢,酷似瀑布,山庄依山傍水,很有特色。此外,不用水时,还在拦河坝内养鱼,每年可以带来2000~3000元的收入。这两位村民称得上是本村经济"精英"的代表,他们用自身的才能和胆识去尝试解决困难的新方法,不断创新,并以其自身的成功为其他村民树立榜样。他们这类人通常被村民认为聪明、能干、吃苦耐劳,见多识广,是村里的富裕典型,因而在村中享有较高的声望。所以当他们率先投资修建小型水利设施来解决生产中用水困难问题后,其他村民看到了这种方法带来的效益,纷纷模仿,从而带动越来越多的农户。这种通过"示范—模仿"从而推广的方式,无疑会大大降低新制度的组织运行成本。

此外,周庄村和黄土村把原由集体经营管理的水利设施发包给愿意承包的村民,由村民独户或联户承包经营的想法和成立用水者协会投资经营水利设施的创意都来自于历届村领导,并由他们具体组织实施。奥斯特罗姆在自主治理理论中提出的制度供给问题是包括由谁来设计自治组织制度,哪些人有足够的动机和动力设计组织,并能承担相应的组织成本等问题。可见,找到制度的设计者和承担者是个关键的问题。村庄中的

① 张家在种植花卉的过程中,采用小拱棚种植花卉的保护地生产技术。

“执政者”要负责处理村中各方面的问题，在遇到现实的困难和矛盾时，往往需要创新性地改革以往的方法或制度，所以他们有责任和动力去设计新的组织制度。而其所设计的方案是否可行且能否有效地解决问题，则在很大程度上取决于他们的经济运作能力和组织管理能力。在现实中，村干部大都是村庄中文化水平较高，有较好的群众基础和实际工作能力的人物，他们思想开放，视野开阔，具有创新精神，是农村经济和社会发展的主要开拓者。他们既有动力设计新制度，也有能力承担相应的组织成本。可见，作为村庄中的“政治精英”，村领导在一个新制度的设计和具体实施过程中的作用和影响是深远的。

（2）新管理体系的组织特点及运行机制

1）两村共有的对原有集体水利设施公开竞标的发包模式

周庄村原有的小Ⅱ型水库是一座集体修建的水利设施。自1982年起，周庄村开始将其以公开竞标的形式发包给村民经营，村民可以独户或联户的形式承包，四年重新发包一次，承包户与村集体签订合同。刚开始的承包费是2000元/年，现在的承包费是4000元/年。由于农户的耕地地块比较分散，农户很难在每块耕地附近都自己投资修建水利设施，所以目前大概有150户村民需要用该水库的水灌溉自己的农田，用水的收费标准是20元/亩·次。此外，合同规定，在承包期间，承包户需要负责水库的维护工作，村集体补贴维修所需的材料费用。至于如何放水，合同里没有明确规定，实际运行中一般按照以往的经验，一年统一放三次水，水费在年底由承包户负责收缴。承包者的收益一方面来自农户交的水费；另一方面，在不需要放水的时候，承包者还可将水库的水蓄起来再承包出去养鱼，以收取费用。

和周庄村类似，黄土村在90年代中期由村集体决定把村里原有的15座小水坝发包给村民经营管理，也是由村民独户或联户承包，承包户与村集体签订承包合同，每年交750元的承包费，并承担维修责任。

2）两村各自不同的创新方式

① 周庄村以用水者自身投资建设水利设施为主的创新模式。周庄村是典型的“山中村”，四面环山，村中山泉河道比较多且地处河道上游，水资源比较丰富，且大都分布在村民的耕地附近，河道所经山势也不陡峭。自然条件匹配较好，所需构建的灌溉系统和工程也就相对简单，村民需要投资建造的灌溉设施也不复杂，只需要在与自家耕地比较接近的河道上建起一道小型拦河坝，然后在自家的田间地头建蓄水池或深水井。丰水期小型拦河坝一方面可以蓄河道上的山泉水；另一方面，拦河坝通过塑料管道和蓄水池、深水井相连，将水引到蓄水池和深水井中储蓄起来。[①] 村中大部分的水利设施都建于90年代，其中，小型拦河坝的规模从可蓄水40立方米到5000立方米不等，平均1000立方米；蓄水池和深水井各自规模差距不大，平均蓄水量分别为100立方米和40立方米。从建造成本来看，90年代以前的水利设施规模普遍偏小，而且都是自家投工，只买些沙石水泥材料，所以成本很低；90年代以来，大部分农户都是雇工完成小水利建设，平均来看，1000立方米的小型拦河坝成本大约是6000元，100立方米的蓄水池是700元，40立方米的深水井是

① 深水井一般都有井盖，蓄的水可用做饮用水。蓄水池一般为露天，主要用于灌溉农地。

600元;2000年后,建造成本稍稍增加,但幅度不大。由于周庄村水利设施的特点突出表现为"小"型,且建造比较容易,相对成本不是很高,所以农户大都独户投资建造。

② 黄土村实行组建用水者协会的创新形式。黄土村小水坝发包给村民经营管理后,原来的用水秩序混乱、浪费现象严重等问题都得到了比较有效的解决,但随着时间的推移,一些新的问题又出现了。由于当时建坝时和坝相连的机器是在外地购买的,时间久了,机器会经常出现故障,但这种型号的机器本县没有维修的地方,出现问题还要去外地维修,十分不方便,所以承包者不愿支付这么高的维修成本,机器无法得到正常的修护,久而久之,机器的磨损大大加速。另外,由于黄土村地处下游,小拱坝经常被山洪冲平,由于坝内水位没有落差所以无法蓄水,也就无法供水进而收水费。所以承包户交承包费就比较困难,更没有资金修理水坝。如此恶性循环,到现在这些小水坝平均只能灌溉2～3亩农田,几乎只能作为零星的补充用。随着村集体的15个小型拦水坝因为山洪毁坏和机器磨损而未得到及时维修,渐渐地失去了灌溉农田主力的作用,而村民逐渐都由种植传统的粮食作物转为经济作物,对灌溉用水的需求大大增加,全村的用水困难问题再次凸现,亟待解决。

但是,和周庄村的情况不同,黄土村域内的河道比较少,并且距离村民的耕地比较远,河道流经的山势也比较陡峭,水资源开发比较困难。灌溉系统规模和建造的复杂性较大,所要求的技术和设备水平也同样增加,单个农户或几个农户联合很难完成这样的工程。在这种情况下,村支书试想通过集体的力量修建一座大型的拦水坝。

1999年,在通过有关专家的实地考察勘测后,认为在村北的一条河道上可以建一座大型的拦河坝。随后村里召开了村民代表大会,经过多次商议,最终通过修建大型拦河坝的决议。[①] 村民代表大会通过后,又上报县政府,经县政府审批后,黄土村便开始修建大型拦河坝"青龙崮"。

青龙崮于1999年5月开始修建,到2000年11月竣工。该拦河坝高20.6米,长84米,宽1.5米,蓄水量达到10万立方米,一次可灌溉800亩耕地。目前,该拦河坝由黄土村股份制用水者协会——"三农用水者协会"经营管理,工程总投资85万元,其中用水者协会会员以投工的形式入股,折合约40万元(按农闲农忙不同季节计15～30元/工日不等),其余部分由县乡两级政府补贴。用水者协会实行自愿加入的原则,会员以所投的工折成现金入股,按照股份的多少享受不同级别的权益。

村民加入用水者协会的具体规则是,愿意加入协会的农户按编排好的时间和地点出工,工程结束后计算总工日数,再按农闲农忙不同季节每工日15～30元不等折成工钱入股,然后按股金的多少划分为五个等级。在家庭生活用水方面,股份3000元以上(含3000元)的农户为第一等级,水费全免;2000～2999元的农户为第二等级,每年只需交60元;1000～1999元的农户为第三等级,全年只需交80元;500～999元的农户为第四等级,全年只需交100元;100～499元的农户为第五等级,全年只需交120元;而没有入股的农户

① 普通村民也可以参加,共同商讨投资修建大型拦河坝的事项。村集体事先拟出实施工程的具体方案,在村民代表大会上宣读,征求与会代表和普通村民的意见。有意见的提出,再逐一解决。如此反复开会商讨,大概开过9次村民代表大会,每次与会80～90户村民。

生活用水按2元/立方米计算。在生产用水方面，入股的农户用水按0.7元/立方米计算，没有入股的农户按1元/立方米计算。

自青龙凼投入使用后，基本上可以解决全村人的生活、生产用水问题。目前，“三农用水者协会”的管理层共有5人，其中有2名村干部，3名普通村民。村支书为会长，副会长由一名村委委员担任，另外3名协会的领导是由协会代表们参照协会成员的股份大小推选出来的。协会的成员共140户，其中第一等级的会员42户，第二等级的会员30户，第三等级的会员50户，第四等级的会员11户，第五等级的会员7户。此外，协会的代表还要推选出一名管水员，负责登记每户的用水量并收水费。管水员从收的水费中按0.1元/立方米提成作为工资。

虽然协会的会员只有140户，但实际上有210户使用青龙凼的水。对于生产用水青龙凼每年主要放水两次，4月20日至5月10日之间第一次放水，5月10日至7月9日之间第二次放水。每户通过自家的分管道和主输水管道相连而获得水灌溉农地，并且通过和水管相连的水表计算出用水量。协会中的管水员定期登记每户的用水量，并收缴水费。管水员登记收费的行为受协会的监督，协会在全村安装了14个总水表用以核对管水员收费情况，如果管水员收的水费和总表有差额，损差的部分由管水员个人赔偿。① 此外，对于享受优惠待遇的协会会员在生活用水方面，也是要受监督的。会员在按照级别交了固定的生活用水费后，只准满足自家日常生活用水，不准私建水池蓄水，会员之间互相监督，协会还设有意见箱，如有发现违规，罚款500元。全部的水费均有协会自行支配，用以维持协会正常的运转和水利设施的维护、修建。

可见，由于村庄具有不同的自然资源约束，所需建造的水利工程的规模及复杂性也不同，相应的其运行和组织管理所要求的技术水平也不同。黄土村由于工程系统规模和复杂性的增加，正规的技术工程知识和组织管理方式也随之变得非常重要，通过成立用水者协会这种专管机构来建造、维护水利设施的方式，显然更加符合其具体情况。

4. 新制度的两大突破

(1) 水资源产权的进一步明晰。现有农田灌溉管理制度的弊病之一是其产权制度的缺陷。在类似于农田水利灌溉系统的准公共品的治理中，产权界定的困境一直被认为是导致管理低效率的主要原因，完全私有化或完全公有化都不能有效解决这个问题。占用水资源的实际过程可由多个占用者同时或依次进行。然而，资源单位却不能同时使用或占用。资源单位的使用和占用更紧密地与私人物品理论而不是公益物品理论有关。所以，产权的界定和进一步明晰，“私有化”也不意味着对一切都加以“分割”。私有化也可以意味着把获取一种资源系统的产出权利排他地分配给某一个人。

综合国内一些学者的观点，并借鉴西方现代产权经济学的理论，在此将水资源产权问题分为水资源所有权、使用权、收益权、水资源工程所有权和经营权五种类型。从两村共有的由农户承包经营村集体水利设施的模式看，承包户通过向村集体缴纳承包费的方式获得水利设施和水资源的经营权及收益权，用水者通过向承包者支付水费的方式获得水

---

① 当然水的使用会不可避免地出现损耗，一般情况下，协会允许管水员核算的总用水量的损耗率在1%以内。

资源的使用权。通过这种交易的方式，承包户可以实现以较低的成本将资源排他地分配给某个用户。周庄村用水户根据自身需求投资修建的小型水利设施在一定程度上更接近“私人物品”，投资户按规定享有自建的设施和所蓄水资源的所有权、使用权、收益权，几乎可以无成本地实现资源利用的排他性。黄土村的部分用水户以出工折股的形式组建股份制用水者协会，经营管理灌溉工程和水资源。协会内部，会员以持股方式分享水利工程的所有权和水资源的使用权及收益权。他们采用会员制的组织方式将非会员排除在灌溉系统的权益之外。

可见，只有在水资源和灌溉设施的产权完整明晰、权责明确的情况下，才能促使用水户想方设法促使外部效益内在化，扭转资源开发利用陷入无休止“内耗”或者低效率的状态。

(2) 引入有效的“激励”机制和“约束”机制。新制度是否具有有效的激励和约束机制，使他们在治理和管理自己的资源方面持续地投入时间和努力，约束自己遵守规则，避免搭便车、逃避责任等机会主义行为，以实现高水平的承诺，是新制度组织能否成功运行的重要因素。

从周庄村和黄土村两个村庄灌溉管理体制改革的情况看，与以往的管理方式明显不同的一点在于，新的管理方式引入了激励和约束机制。首先，从放开原有集体水利设施经营权，允许私人承包这种方式来看，承包户每年经营水利设施的收入在交纳承包费后剩余的都归自己。如果经营得好，赚得就多；如果经营得不好，赚得就少，甚至亏本。所以，如何安排放水秩序、提高水资源的利用效率，以获得较高的收益是承包户必定考虑和追求的。其次，从鼓励农户参与投资建设管理水利设施这种方式来看，由于自然环境等约束条件的不同，周庄村和黄土村的改革表现为两种方式。周庄村允许农户自己投资修建小水坝蓄水灌溉自家耕地，并按照乡政府发的文件承认投资户对小水坝的所有权和对所蓄水的无偿使用权及收益权。由于所建的小水坝和所蓄的水都属于投资户，这就激励其对小水坝的仔细维护和对水资源利用效率的提高。黄土村成立的用水者协会，实行股份制的方式，按修建时所出工折股的等级享受不同的待遇差别，出工入股所能享受的利益激励大大提高了农户参与工程建设的积极性。协会正式运营后，由管水员负责水费的收缴，由于每个会员用水都有相应的水表计算，最后会员的用水总量与协会总水表的用水量相对应，其盈亏和管水员的利益直接挂钩，这就对管水员对于水和水利设施的管理产生很大的激励和约束。上述种种改革方式产生的激励机制，在原村集体管理的情况下是不存在的。

但无论占用者群体是如何同质，无论协会的成员对他们的公共池塘资源的状况掌握了何等多的信息，也无论互惠的共识是多么根深蒂固，当人们面对公共池塘资源问题时，通常都会有很强的规避责任、搭便车和机会主义行为的诱惑。所以有效的约束机制是新制度能否顺利运行的重要条件。

在实际运行中，约束机制又分为正式制度约束和非正式制度约束。正式制度约束是指对水资源使用具有强制约束力的控制，包括法律法规、个别契约等。正式制度用于界定分工中的责任，界定交换各方的投入与产出，界定行为主体的行为规范和违约后的相应惩罚。非正式制度主要包括价值观念、伦理规范、道德观念、风俗习惯、意识形态等因素，是人们在长期交往中相沿成习的规则。对于用水户承包经营的方式，村集体主要通过与承包户签订承包合同来对其行为进行约束；用水者协会则通过明确的协会运行制度对会员水资源的私下交易等进行约束和惩罚。而对于农户私人建设水利设施的地点选择、用水者协会会员对水资源私下交易、浪费、储蓄等问题的监督主要依靠村内自然形成的乡俗道德约束。在中国农村典型的"熟人社会"中，参与者互相之间的信息都是透明的，制度规则都是自己愿意执行的。他们互相关注着其他人，有举报违约行为的动机。而任何一个采取被其他人认为是错误的行为，都将受到他人的非议，承受道德和声誉上的压力，因此其违约成本是很高的。可见，在我国的农村社会中，正式和非正式的制度约束相结合往往在具体的实施中会取得较好的效果。

三、改革取得的成效

灌溉管理制度改革后，更加明确的所有权界定和经济作物较高的经济回报率，大大降低了农民的投资风险，有效地调动了农民的投资积极性。户办联户办水利设施星罗棋布，全乡各类水利设施由1996年前的98处增加到现在的1600多处，增加蓄水量400多万立方米，扩大改善灌溉面积1.2万亩。其中，蓄水量100万立方米以上的小Ⅰ型水库有1座，蓄水量10万～100万立方米的小Ⅱ型水库有4座，蓄水量1万～10万立方米的塘坝19处，拱石坝、蓄水池等农户独户或联户建的上千处。

周庄村现有小Ⅱ型水库1座，蓄水量达20万立方米；小型拦河坝100座，平均蓄水量1000立方米；蓄水池200个，平均蓄水量100立方米；深水井200个，平均蓄水量40立方米。和改革前相比，该村的生活、生产方面的用水情况有了极大的改善。改革前，该村有效灌溉面积大概只有350亩，现在达到1600亩；多年平均水资源量也从改革前的3万立方米达到现在的10万立方米；平均多年生产用水量从1050立方米增加到4.8万立方米；水源工程蓄水能力从20万立方米增加到45万立方米。本村共拥有干渠道1600米，以前为石头、土砌成，比较容易毁损，时间长了其存运水率就大大降低，现在经过加固维修，已完成了干渠60%的硬化工程，有效地提高了其存运水的能力。

目前黄土村共有各种水利设施约200处，其中大型的拦河坝青龙崮，蓄水量约为10万立方米；较小些的拦河坝15座，平均蓄水1万立方米；大口井180个左右，平均蓄水量为80立方米。现在黄土村的用水条件较80年代有了很大的改善，基本上可满足全村人生产、生活需要。

此外，由于新制度明确了用水户的权利和责任，建立了一个公平、有序的用水规则，村庄的用水冲突和矛盾大大地减少了，用水户之间能较和谐地互助和监督。

四、总结与启示

大田庄乡的用水户，在各自村庄的范围内以不同形式将自己组织起来解决新制度供给、激励和约束问题。他们根据需求，自己提供相应的新制度，恰恰是这种通过"需求的自我供给"形式提供的新制度，却在一个较长的时间内，对水资源系统成功地实行了适度治理。通过分析他们改革的具体过程，我们可以得到一些启示。首先，有利益需求，农户才有动力改变旧的灌溉管理机制而追求更有效率的新机制。有共同的利益需求，才有可能使农户为了共同利益需求而在行动决策上达成一致，自愿合作。共同的需求使农户结成相互合作的团体，对旧的灌溉体制进行改革有了可能。第二，改革所处的制度环境对改革能否顺利进行有较大的影响。一个宽松、积极、支持性的制度环境，能有效地降低改革的制度成本，使更多的农户参与进来，保障了改革的顺利进行。第三，村庄不同自然条件的约束，对所需建造的水利工程的规模、复杂性和相应的组织运营体系产生不可避免的影响。第四，通过成立用水者协会的方式，一方面解决了农民单户资金有限、难以进行有效投资的问题；另一方面也分散、降低了农民的投资风险。并且，正规的组织管理方式也更有利于水利工程的业务稳定和有效运转。第五，农户生产投资的风险程度也在一定程度上影响着农户对水利设施的投入。所以，提高农业生产的商业化程度，积极建立良好的商业体制，保证生产到销售的稳定、顺利，从而一定程度上降低生产投资风险，有利于促进农户的生产投资。第六，村庄中的"精英"人士，往往在创新性改革的发起、设计、组织、实施过程中发挥至关重要作用，所以如何充分发挥村庄精英的潜力，从制度、经济、社会激励等角度激励他们主动承担制度提供者和组织成本承担者的角色，是值得继续思考与探索的问题。

参考文献

[1] 徐志刚，王金霞，黄季焜，Scott Rozelle. 黄河流域灌区农业用水管理制度改革：现状与机制[J]. 改革，2004(2).

[2] 穆贤清. 农户参与灌溉管理的制度保障研究——基于我国农民用水者协会的案例分析[D]. 浙江大学管理学院，2004.

[3] 埃莉诺·奥斯特罗姆. 公共事务的治理之道[M]. 上海：上海三联书店，2000.

[4] 苏杨珍，翟桂萍. 村民自发合作：农村公共物品提供的第三条途径[J]. 农村经济，2007(6).

[5] 苑鹏. 农田水利基本建设的组织制度创新探析——邯郸县抗旱服务专业协会个案研究[J]. 中国农村观察，2000(6).

农户参与用水者协会意愿的影响因素分析*

孔祥智　史冰清
（中国人民大学农业与农村发展学院）

一、引　言

我国的灌区管理体制主要采用专群结合，分级负责、分级管理的模式，即骨干工程由灌区专管机构管理，末级渠系工程由群管组织管护灌区的维修。由于产权不明、管理职责不清、政事不分、缺乏科学有效的监督和激励机制以及投入不足等问题，灌区的运营效益很低，水资源的使用效率也很低。灌区的这种管理体制在很大程度上决定了乡村一级农业用水管理制度的集体管理形式。20世纪80年代初，农村实行家庭承包责任制后，农村末级渠系工程名义上归村组集体管理，实际上并无人真正负责，末级渠系的群管流于形式，管理缺位，工程状况继续恶化。

在上述背景下，我国早在20世纪80年代，不过更多的是在90年代后期，就开始了水资源管理制度改革的尝试。用水者协会是通过用水农户相互合作，建立自己的合作组织，从而逐渐成为小型农田水利设施管理改革的一种重要形式。一般是以水文单元（支、分渠，中、小水库）用水农户自愿联合，参与管理，自我维持，通过政府授权将工程设施的维护、管理、水费收缴和使用权下放或全部交给农民用水者，让他们自己进行民主管理。用水者协会是不以盈利为目的的灌区农户合作经济组织，灌区内农户有选择加入和退出协会的自由。

目前，虽然我国用水者协会的发展还处于初级阶段，但所取得的成效已经显示出来。首先，协会作为用水农户自己的合作组织，有利于解决主体"缺位"问题，调动了农民参与管理的积极性；有利于渠系工程的维护、维修和改造，保障工程效益的发挥。其次，实行用水农户参与管理后，建立了透明的水费收缴渠道，减轻了农民的负担，形成有效的监督机制。同时，由于用水透明，促进了农民节约用水。研究还表明，用水者协会在解决水事纠纷、节约劳动力、改善渠道质量、提高弱势群体灌溉水的获得能力、保证水费上缴和减轻村级干部工作压力等方面均取得显著成效。正是由于用水者协会的明显作用，国家水利部等三部委在2005年联合发布了《关于加强农民用水户协会建设的意见》，以此推动和规范用水者协会的发展。

采取用水者协会的形式进行农田灌溉管理的改革，虽然取得了上述成果，但一些研究

* 本文为教育部人文社科规划项目"农民专业合作社发展的影响因素和促进政策研究"（项目编号：07JA630032）和教育部"新世纪优秀人才支持计划"资助项目"公共财政支持与社会主义新农村建设问题研究"的初步成果。

表明,目前的改革主要是由政府在推动。因此,如何引导农户积极参与到改革中来,是当前和未来一段时间迫切需要解决的问题。而要想引导农户积极参与到改革中,就必须了解影响其参与改革的因素,但目前国内大部分研究都是从政府层面研究政策、政府和干预在灌溉管理改革中的作用,很少有人关注改革的具体参与者——农业用水者。国内现有的文献中,有的学者提到农户家庭农业生产的特征、灌溉系统的规模及工程复杂性、法律框架、制度支持、权力类型和安全、水资源压力、农业生产效率及商业化程度等因素会影响农户参与用水者协会的意愿。还有的学者认为村庄社会资本的增加会降低农户参与集体行动的成本,并有可能提高参与的直接收益,从而影响农户参与、投资水利改革的积极性。但上述结论有的是作者对自己一些看法的总结梳理,有的是通过简单的逻辑推导而出,很少有人在一定数量农户样本的基础上运用现代经济学的方法得出结论。鉴于此,本文在入户调查资料的基础上,运用计量模型分析影响农户参与用水者协会的因素。

二、理论框架及研究模型

本文尝试借鉴韩洪云等关于农户合作行为的博弈模型对影响灌区农户参与用水者协会的因素进行理论分析。

假设灌区内有 n 个农户,灌区内农户采取的策略性行为可能是选择相互合作的方式加入用水者协会,也可能是不加入。如果农户 i 选择合作,加入协会,则相应的提供灌区灌溉公共服务 f_i;否则,农户 i 提供灌溉公共服务量为 0。设灌区农户效用函数为:$U_i = U_i(x_i, F)$ $(i=1,2,3,\cdots,n)$,其中,x_i 代表农户 i 消费的私人物品量,F 代表灌区提供的水利灌溉公共设施数量 $F = \sum_i^n r_i f_i + F_0$,$f_i$ 代表农户提供的灌溉公共服务量,参数 r_i 代表不同农户水利灌溉服务行为对灌溉体系的实际影响。这种影响可能来自用水者具有的不同劳动熟练程度和技能,从而导致其灌区维护服务的质量差异。F_0 代表灌区内原有的水利公共设施总量。

灌区内农户面临的问题是在给定其他农户灌区管理服务供给选择的情况与自身禀赋 $M_i = p_x x_x + p_f f_i$ 的约束条件下,选择自己的最优战略(x_i, f_i),以最大化其效用函数 $U_i = U_i(x_i, F)$。p_x 为私人物品的价格,p_f 为提供灌溉公共品的价格,M_i 为个人总预算收入(假设全部收入来自灌溉农业)。

在此假定 $\frac{\partial U_i}{\partial x_i} > 0, \frac{\partial U_i}{\partial F} > 0$,且私人物品和公共物品的边际替代率是递减的,则农户效用最大化的拉格朗日算式为:

$$L = U_i(x_i, F) + \lambda(M_i - p_x x_x - p_f f_i)$$

农户 i 效用最大化的一阶条件为:

$$\frac{\partial L}{\partial f_i} = 0, \frac{\partial L}{\partial x_i} = 0$$

即:

$$\frac{\partial U_i}{\partial F}\frac{\partial F}{\partial f_i} - \lambda p_f = 0,\ \frac{\partial U_i}{\partial x_i} - \lambda p_x = 0$$

从而：

$$\frac{\frac{\partial U_i}{\partial F}}{\frac{\partial Ui}{\partial x_i}}\frac{\partial F}{\partial f_i}=\frac{p_f}{p_x}\ (i=1,2,\cdots,n)$$

N 个均衡条件决定了公共物品自愿供给的纳什均衡为：

$$f^*=(f_1^*,\cdots,f_i^*,\cdots,f_n^*)$$

假定农户有如下柯布一道格拉斯效用函数：$U_i=x_i^\alpha F^\beta(0<\alpha<1,0<\beta<1,\alpha+\beta\leqslant 1)$，而且有线性公共物品函数 $F=\sum_i^n r_i f_i+F_0$，α 和 β 分别为私人物品和公共物品消费量变化所引起的农户效用变化的比率，代表了私人物品和公共物品消费对于农户的重要性。从而，个人最优化均衡条件简化为：$\frac{\beta x_i^\alpha F^{\beta-1}}{\alpha x_i^{\alpha-1}F^\beta}r_i=\frac{p_f}{p_x}$，代入预算约束条件，并整理得反应函数为：

$$f^*=\frac{\beta}{\alpha+\beta}\frac{M_i}{p_f}-\frac{\alpha}{\alpha+\beta}\frac{1}{r_i}\left(\sum_{j\neq i}^n r_i f_i+F_0\right)\quad(i=1,2,\cdots,n) \qquad ①$$

进一步对函数进行变形得：

$$f^*=\frac{1}{\frac{\alpha}{\beta}+1}\frac{M_i}{p_f}-\frac{1}{1+\frac{1}{\frac{\alpha}{\beta}}}\frac{1}{r_i}\left(\sum_{j\neq i}^n r_i f_i+F_0\right)\quad(i=1,2,\cdots,n)$$

在此令 $\rho=\frac{\alpha}{\beta}$ 代表私人物品与公共物品消费的相对重要性，

$$f^*=\frac{1}{\rho+1}\frac{M_i}{p_f}-\frac{\rho}{1+\rho}\frac{1}{r_i}\left(\sum_{j\neq i}^n r_i f_i+F_0\right)\quad(i=1,2,\cdots,n) \qquad ②$$

$$\frac{\partial f^*}{\partial\rho}=-\frac{1}{(\rho+1)^2}\left[\frac{M_i}{p_f}+\frac{1}{r_i}\left(\sum_{j\neq i}^n(r_i f_i+F_0)\right)\right]\quad(i=1,2,\cdots,n) \qquad ③$$

根据个人最优反应函数①、②、③可以看出，一方面，农户的灌溉收入水平 M_i 越高、不同农户灌区管理服务行为对灌溉体系的实际影响 r_i 越高，其越倾向于选择合作提供灌溉公共品；另一方面，公共品的价格 p_f 越高、灌区内原有的水利公共设施总量 F_0 越多、私人物品与公共物品消费的相对重要性 ρ 越大，农户越不愿意提供灌区公共品，也相对缺乏加入用水者协会的积极性。具体来说：

(1) 农户的灌溉收入水平 M_i。由个人最优反应函数可以看出，M_i 对农户的合作行为有正向影响。在农户的生产中，经济作物的种植与灌溉农业有着密切的联系，其对灌溉的需求较大，并且经济价值较高。此外，农户的可灌溉面积也在一定程度上体现其灌溉农业的收入水平。所以，本文选取农户经济作物的种植面积和可灌溉耕地面积这两个指标来代表其灌溉收入水平。

(2) 不同农户灌区管理服务行为对灌溉体系的实际影响 r_i。如上文所述，这种影响可能来自用水者的个人禀赋。本文选择户主的年龄、受教育程度这两个指标作为描述户主个人特征的变量。

(3) 公共品的价格 p_f。p_f 越高，农户选择合作的积极性越低，在现实中，农户加入用水者协会，所需支付的灌区公共品的费用往往被规定为与其拥有的耕地面积成正比，拥有的耕地面积越大，所需提供的相关服务费用越高。

此外，灌区内的社会资本也在一定程度上影响着公共品的价格。对于社会资本不同学者有不同的界定和认识，本文将其界定为一种社会关系网络和制度资源，是社会组织中能够通过促进协同提高社会效率的各项特征，如信任、互惠和共享等。经济行为人之间通过社会网络的重复交往将增加行为人之间的信息，减少交易成本，提高信息流通并提高合同的实施效率。最终，社会资本通过增加“囚徒困境”中的合作机会、私人提供公共物品、管理公共财产资源的可能性来增加福利。所以，村庄社会资本的增加会降低农户参与集体行动的成本，从而影响农户参与、投资水利改革的积极性。社会资本很难直接测量，需要使用各种替代指标，但在目前的研究中，还没有找到得到大家一直认可的指标。本文尝试用平常和村里聊天的人数和相互帮助的情况作为指标来替代测量社会资本。

(4) 灌区内原有的水利公共设施总量 F_0。现有的农田水利设施状况越好，农户往往认为现有的水利条件已能够满足其生产需求，则农户就无需通过组建用水者协会来改善其用水条件；而如果农户认为现有的水利条件根本不能解决其生产用水需求，也许会更有意愿加入用水者协会以改变目前的状况。本文选用现有农田水利设施是否必要重修这个指标来代表灌区内原有的水利公共设施总量 F_0。

(5) 私人物品与公共物品消费的相对重要性 ρ。公共物品供给随私人物品相对于公共物品消费重要性提高而下降。即如果灌溉农业已成为兼业农业，其收入对于农户影响很弱，农户就不会有更大的合作积极性。所以，对于农户来说，权衡是否加入用水者协会最关键之处在于，灌溉条件对其家庭经济活动的影响程度。农户对水资源的需求、依赖程度越强，农户就越有动力加入用水者协会。本文选取农业费用占家庭费用总支出比例来反映 ρ。

根据相关研究和上述分析，本文对影响农户参与用水者协会意愿的因素在回归函数中的系数符号做如下假设(见表 1)：

表 1　自变量系数符号假设

变量代号	变量简称/部分封闭型答案	系数符号
	户主个人特征变量	
X_1	年龄	+
X_2	受教育程度	+
	农户家庭农业生产特征变量	
X_3	耕地总面积	+
X_4	经济作物种植面积	+
X_5	可灌溉面积	+

续 表

变量代号	变量简称/部分封闭型答案		系数符号
X_6	农业费用占家庭费用总支出比例		+
	小型水利设施状况		
X_7	现有农田水利设施是否必要重修	0 否；1 是	+
	社会资本		
X_8	村里平常与您聊天的人多吗	1. 有很多 2. 有一些 3. 基本没有	—
X_9	村里大多数人是否尽量互相帮助	1. 总是尽量帮助别人 2. 花一定的时间帮助别人 3. 花很少的时间帮助别人 4. 从不帮助别人	—

三、数据来源及描述性统计分析

本文使用的数据来源于对广西横县的实地调查。调查依据典型抽样原则，在横县选取 3 个乡镇，然后依据随机抽样原则在这 3 个乡镇共选择了 6 个村，在 6 个村中随机调查了 116 个农户，其中有效样本数为 111 个。

（一）参加用水者协者会意愿变量

表 2　农户参加用水者协会与否统计表

变　量	样本量	百分比	有效百分比	累积百分比
不愿意	42	37.8	37.8	37.8
愿　意	69	62.2	62.2	62.2
总　计	111	100.0	100.0	100.0

从表 2 中可以看出，在 111 个有效样本中，不愿意参加用水者协会的农户共有 42 户，占总样本的 37.8%；愿意参加的农户有 69 户，占总样本的 62.2%。

（二）户主基本特征变量

从年龄角度来看，目前农户户主年龄主要集中在 40～49 岁、30～39 岁这两个阶段，有效百分比分别为 36.0%，30.6%。在受教育方面，户主受教育程度普遍不高，拥有初中文化程度的户主占了 46.8%的比例，其次为高中文化程度和小学文化程度。在统计中，户主拥有大专以上学历者较少，仅为 2 人（见表 3）。

表 3　户主基本特征情况

		样本数	有效百分比			样本数	有效百分比
年　龄	20～29 岁	5	4.5	文化程度	小学以下	2	1.8
	30～39 岁	34	30.6		小　学	24	21.6
	40～49 岁	40	36.0		初　中	52	46.8
	50～59 岁	20	18.0		高　中	31	27.9
	60 岁以上	12	10.8		大专以上	2	1.8

进一步将愿意参加用水者协会的农户户主与不愿意参加的进行比较，我们发现，两者在平均年龄和受教育程度上基本上差不多。

表 4　用水者协会参加户与非参加户户主基本特征比较

是否参加	变　量	最小值	最大值	平均值	标准差
不愿意参加农户	户主年龄	26	74	43.40	12.09
	户主受教育程度	1	7	3.23	1.08
愿意参加农户	户主年龄	30	67	44.34	9.10
	户主受教育程度	1	5	3.10	0.93

注：户主受教育程度中，1. 表示小学以下，2. 表示小学，3. 表示初中，4. 表示高中，5. 表示中专，6. 表示大专，7. 表示大学本科及以上。

（三）农户家庭作物种植和耕地特征变量

1. 不同种植作物收益情况比较

在调查的农户中，种植的传统作物有水稻和玉米两种，经济作物主要有茉莉花、甘蔗、蘑菇、龙眼、西瓜等。这些经济作物的产量、品质受灌溉的影响较大。由于经济作物的收益高于传统作物，为了提高产品品质从而实现其预期收益，农户往往更倾向于加入用水者协会以改善用水条件。本研究认为，在土地相对劳动力稀缺的情况下，理性农户追求的是单位土地纯收入最大，而不是单位劳动收入最大。因此，本研究以亩均净收入为指标来比较其不同的经济收益。由表 5 可以看出，茉莉花、甘蔗等经济作物的亩均净收入远远高于水稻和普通玉米的收益。又因为当地农户引进的台湾"华珍"甜玉米的亩均收益也远远高于水稻和普通玉米，接近所列的经济作物收益，本文把它计算在"经济作物"范围内。

表 5　农户种植传统作物与经济作物收益比较

	作物名称	亩均产量（公斤）	出售单价（元）	亩均总收入（元）	亩均总费用（元）	亩均净收入（元）
传统作物	水　稻	343.52	0.72	494.66	195.74	298.93
	普通玉米	511.27	0.6	613.52	403.80	209.73
	台湾甜玉米	1366.06	0.8	2185.69	635.99	1549.70

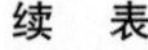
续 表

	作物名称	亩均产量（公斤）	出售单价（元）	亩均总收入（元）	亩均总费用（元）	亩均净收入（元）
经济作物	茉莉花	941.89	2.3	4332.68	492.93	3839.75
	甘　蔗	5008.45	0.145	1452.45	418.06	1034.39
	其　他					1059.17

注：亩均总收入＝亩均产量×出售单价；亩均净收入＝亩均总收入－亩均总费用。

亩均总费用包括购买作物种子费用、农药化肥费用、雇工费用等生产性支出费用。

其他经济作物包括蘑菇、龙眼、西瓜等，由于每种作物种植的农户很少，种植面积很小，所以并为一类采用加权平均的方法计算其亩均净收入。

2. 农民家庭耕地特征变量情况

从耕地规模来看（见表6），耕种总面积主要集中在3亩以上，其中在3～6亩（包括6亩）及6～9亩（包括9亩）范围的样本各占总体的30.6%，总耕种面积在9亩以上的占样本总体的28.8%。从家庭拥有可灌溉耕地面积来看，在2亩以内（包括2亩）的农户最多，占总样本的40.5%，2～4亩（包括4亩）的占28.8%，4～8亩（包括8亩）的占20.7%，在8亩以上的占9.9%。而对于经济作物的种植面积，在受访的农户中，主要集中在2亩以内（包括2亩），占35.1%，2～4亩（包括4亩）的占19.8%，4～8亩（包括8亩）的占27.9%，在8亩以上的占17.1%。

表6　农民家庭耕地特征变量

		样本量	有效百分比			样本量	有效百分比
可灌溉耕地面积	2亩以内（包括2亩）	45	40.5	经济作物种植面积	2亩以内（包括2亩）	39	35.1
	2～4亩（包括4亩）	32	28.8		2～4亩（包括4亩）	22	19.8
	4～8亩（包括8亩）	23	20.7		4～8亩（包括8亩）	31	27.9
	8亩以上	11	9.9		8亩以上	19	17.1
耕地总面积	3亩以内（包括3亩）	11	9.9				
	3～6亩（包括6亩）	34	30.6				
	6～9亩（包括9亩）	34	30.6				
	9亩以上	32	28.8				

将愿意和不愿意参加用水者协会农户的家庭耕地情况进行比较（见表7），我们发现，愿意参加农户的经济作物平均种植面积是不愿意参加农户的2.69倍；平均可灌溉耕地面积是不愿意参加农户的2.08倍；平均耕地总面积是不愿意参加的农户的1.75倍。根据描述性分析可见，种植经济作物面积越大的农户为了实现其理想的预期收益，往往倾向于加入用水者协会以保障灌溉用水。拥有可灌溉土地面积越大的农户，为了保证原有可灌溉的土地继续可以实现灌溉，也往往因愿意承担会员相应的责任而加入用水者协会。

表 7 愿意与不愿意参加用水者协会农户家庭耕地特征变量比较

	变量	最小值	最大值	平均值	标准差
不愿意参加的农户	耕地总面积	1.2	41	6.65	6.74
	经济作物面积	0	35	2.94	5.64
	可灌溉耕地面积	1	15	2.63	2.78
愿意参加的农户	耕地总面积	1	93	11.61	14.38
	经济作物面积	0	80	7.9	11.07
	可灌溉耕地面积	0.4	44	5.47	6.14

(四) 农户家庭费用支出特征变量

从家庭年费用总支出来看(见表 8),在 1 万～2 万元(包括 2 万元)的农户最多,占 43.2%,在 2 万元以上的占 34.2%,在 5000～1 万元(包括 1 万元)的占 18.9%。

表 8 农户家庭费用支出特征变量情况

		样本量	有效百分比			样本量	有效百分比
年总费用	5000 元以下(包括 5000 元)	4	3.6	劳均费用	2500 元以下(包括 2500 元)	24	21.6
	5000～1 万元(包括 1 万元)	21	18.9		2500～5000 元(包括 5000 元)	31	27.9
	1 万～2 万元(包括 2 万元)	48	43.2		5000～7500 元(包括 7500 元)	30	27.1
	2 万元以上	38	34.2		7500 元以上	26	23.4
年农业费用	2000 元以内(包括 2000 元)	59	53.2	农业费用占总费用比	0.2 以下(包括 0.2)	25	22.5
	2000～4000 元(包括 4000 元)	33	29.7		0.2～0.4(包括 0.4)	42	37.8
	4000～8000 元(包括 8000 元)	8	7.2		0.4～0.6(包括 0.6)	26	23.4
	8000 元以上	11	9.9		0.6 以上	18	16.2

注:农户家庭年费用总支出包括农业费用、电话费、生活用燃料费用、吃穿方面费用、红白喜事支出费用、教育开支、家庭娱乐开支、医疗费用,以及其他未列出的费用。

农业费用包括农业生产的种子费用、农药化肥费用、雇工支出费用、养殖支出费用等各种生产性费用支出。

此外,从农户家庭年农业费用支出来看,在 2000 元以下(包括 2000 元)的农户最多,占 53.2%,其次为在 2000～4000 元(包括 4000 元)的样本,占 29.7%。从家庭农业费用占全家总费用支出的比例来看,小于 0.2(包括 0.2)的占 22.5%,在 0.2～0.4 之间(包括 0.4)的占 37.8%,在 0.4～0.6 之间(包括 0.6)的占 23.4%,在 0.6 以上的占 16.2%。

将愿意与不愿意参加用水者协会的农户在各项家庭平均费用支出上的差异进行比较

(见表9),愿意参加用水者协会的农户年平均农业费用占年费用总支出的比例要明显大于不愿意参加的农户,这与我们的假设相符。一定程度上表明,农业费用支出比例越高的农户,农业生产在其家庭经济活动中所占的地位越重要。鉴于灌溉对农业生产的重要作用,农户为了保障农业生产所需灌溉用水,就会越倾向于加入协会。

表9 愿意参加与不愿意参加用水者协会家庭费用支出特征变量比较

	变 量	最小值	最大值	平均值	标准差
不愿意参加的农户	总费用	3241	64558	17468.12	14095.9
	农业费用	0.00	41080	4443.55	6665
	农业费用比	0.00	0.72	0.25	0.17
愿意参加的农户	总费用	4542	255383	28428.63	37497.3
	农业费用	1215	218713	15058.45	31507.73
	农业费用比	0.03	0.9	0.42	0.22

(五)社会资本变量

从表10可以看出,从村庄内邻里间相互帮忙和相互聊天人数来看,所占比例最高的分别是“花一定的时间帮助别人”,占39.6%;“平时村里有很多人和自己聊天”,占63.1%。

表10 村庄社会资本特征变量

		样本量	有效百分比			样本量	有效百分比
帮助	总是尽量帮助别人	40	36.0	聊天人数	有很多	70	63.1
	花一定的时间帮助别人	44	39.6		有一些	38	34.2
	花很少的时间帮助别人	17	15.3		基本没有	3	2.7
	从不帮助别人	10	9.0				

进一步将参加和不参加农户进行比较,我们发现两者在平时相互帮助和聊天人数的情况上差不多(见表11)。

表11 农户社会资本特征变量比较

是否参加协会	变 量	最小值	最大值	平均值	标准差
不参加农户	帮助	1	4	2.07	0.16
	聊天人数	1	3	1.40	0.09
参加农户	帮助	1	4	1.91	0.10
	聊天人数	1	3	1.39	0.062

通过以上对数据的描述性分析可以看出,家庭耕地总面积、家庭拥有可灌溉耕地面积、家庭种植经济作物面积、农业费用占家庭费用总支出比例等指标与农户加入用水者协

会意愿有可能存在正相关关系，而户主年龄、受教育程度、村庄社会资本等这些指标对农户参与意愿的影响方向还无法判断。为了进一步研究这些变量是如何影响农户参与用水者协会意愿的，还需要通过计量经济模型进行实证研究。

四、实证研究

(一) Logit 模型的构建

影响农户参与用水者协会因素分析的回归方程：

因变量为 Y。当 $Y=0$ 时，农户不愿意加入用水者协会；当 $Y=1$ 时，农户愿意加入用水者协会。遵循经典的假设，我们把 Z 作为影响农民是否选择参加用水者协会因素的线性函数，有：

$$Z = \beta + \sum_{i=1}^{n} \alpha_i x_i + u$$

其中，u 为服从极值分布的随机变量，x_i 表示第 i 个影响因素，β 和 α 分别表示待估参数。根据二项 Logistic 回归模型，有：

$$\log\left(\frac{\text{prob(event)}}{\text{prob(nonevent)}}\right) = \log\left(\frac{\text{prob}(y=1)}{\text{prob}(y=0)}\right) = \beta + \sum_{i=1}^{n} \alpha_i x_i,$$

可得：

$$\text{prob}(y=1) = \frac{\exp\left(\beta + \sum_{i=1}^{n} \alpha_i x_i\right)}{1 + \exp\left(\beta + \sum_{i=1}^{n} \alpha_i x_i\right)} = \frac{e^Z}{1+e^Z} = E(y) \qquad (1)$$

对(1)式求 Z 的导数，得：$\dfrac{dE(y)}{dZ} = \dfrac{1}{(1+e^Z)^2} > 0$，所以 $E(y)$ 即 $\text{prob}(y=1)$ 的值随 Z 值的增大而单调递增。

(二) 回归模型结果及分析

我们运用 SPSS 统计软件对农户数据进行 Logistic 回归处理，将各个变量都放入模型中作为解释变量进行回归，结果如表 12、表 13 所示。

表 12 模型回归系数表

变量名		B	S. E.	Wald	df	Sig.	Exp(B)
X_1	年龄	0.305	0.275	1.227	1	0.268	1.357
X_2	受教育程度	0.295	0.330	0.798	1	0.372	4.578
X_3	耕地总面积	−0.157*	0.095	2.760	1	0.097	0.854
X_4	经济作物种植面积	0.238**	0.116	4.209	1	0.040	1.269
X_5	可灌溉耕地面积	0.208*	0.120	3.000	1	0.083	1.232
X_6	农业费用占家庭费用总支出比例	3.546**	1.711	4.239	1	0.038	34.661
X_7	现有农田水利设施是否需要重修	2.457**	0.621	15.646	1	0.000	0.086

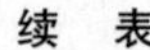

续 表

变量名		B	S. E.	Wald	df	Sig.	Exp(B)
X_8	平常周围的与您聊天的人多吗	0.260	0.530	0.241	1	0.623	1.297
X_9	村里大多数人是否尽量互相帮助	0.096	0.280	0.117	1	0.732	1.100
	Constant	1.521	1.729	0.774	1	0.379	4.578

注：1. **和*分别表示该系数估计值在5%和10%的统计水平上是显著的。

表 13　模型 1 回归结果检验表

卡方检验	Step 1	Chi-square	df	Sig.
	Step	51.438	9	0.000
	Block	51.438	9	0.000
	Model	51.438	9	0.000
Hosmer-Lemeshow 检验	Step 1	Chi-square	df	Sig.
		14.000	8	0.082
拟合优度检验	Step 1	−2 Log likelihood	Cox & Snell R Square	Nagelkerke R Square
		95.807	0.371	0.505

1. 回归结果

模型拟合度：模型 1 中卡方(Chi-square，χ^2)①检验统计性显著。我们在回归中用 Hosmer-Lemeshow 检验模型的拟合度，可以看出 Hosmer-Lemeshow 指标在自由度为 8，不显著②，因此可认为模型整体效果比较理想，方程总体显著。

2. 回归结果分析

从上述结果来看，与我们预期相一致，农户家庭农业生产特征变量在模型中具有显著的解释能力，是农户选择是否参与用水者协会的主要因素。此外，小型水利特征也具有很强的解释能力，而户主个人特征和社会资本变量对农户参与意愿并没有显著的影响。

具体来说，对农户是否参与用水者协会有显著影响的主要有以下变量：其中在10%显著性水平下显著的变量有家庭耕地总面积、家庭可灌溉面积；在5%的显著性水平下显著的变量有家庭经济作物种植面积、农业费用占家庭费用总支出比例、农户认为现有农田水利设施是否必要重修 3 个变量(见表 12)。

(1) 农户家庭种植的经济作物面积越大，越倾向于选择加入协会。调查数据显示，农户种植经济作物比传统粮食作物亩均纯收入高出 5～13 倍③，在土地资源相对劳动力稀

① 模型的卡方值(即 Model's Chi-square)是关于自变量是否与所研究事件的对数发生比(Log odds)线性相关的检验，即检验对模型"除常数项外，其他各项系数都等于 0"的零假设。如果模型的卡方值统计性显著，我们便拒绝零假设。按理想的情况，最好是模型卡方统计性显著而拟合优度统计性不显著。

② 表明"调查数据和预测数据之间没有显著差异的零假设"可以接受。

③ 根据表 5 中数据计算所得。

缺的情况下,农户更倾向于追求单位土地面积收入最大。农业灌溉是影响农业生产亦即土地收益的重要条件之一。所以种植经济作物面积越大的农户为了降低生产风险,提高产量和品质以实现预期收益,往往越愿意改善灌溉条件而加入用水者协会。

(2) 农户家庭拥有可灌溉耕地面积对农户选择是否加入协会有明显的正向作用。这说明农户家庭拥有可灌溉面积越大,其加入用水者协会的意愿就越强。从调查的情况看,样本村现有的灌溉条件只能覆盖总耕地的一部分。按规定,农户只有参加用水者协会才能享受村里原有和新建水利设施的服务,所以,对于拥有可灌溉面积越大的农户,为了保障其原有灌溉条件,并改善农业生产条件,即使要付出切实承担起维护水利设施责任的代价,他们也会更愿意加入用水者协会。

(3) 农业费用占家庭费用总支出比例越大的农户越倾向于加入协会。一般说来,农业支出费用比例越大,农业生产在农户家庭经营活动中所占地位越重要。农业灌溉是保证农业生产的一个重要条件,两者关系密不可分,所以在家庭经济活动中,农业生产所占地位越高的农户,为了改善农业生产的灌溉条件,也就越倾向于加入用水者协会。

(4) 农户家庭耕地总面积对农户选择加入协会有负的影响,即农户拥有的耕地总面积越大,越不倾向于加入用水者协会。据调查,拥有耕地总面积在 3 亩以下的农户占 9.9%,而有灌溉面积在 3 亩以下的农户占 55.7%;拥有耕地总面积在 9 亩以上的农户占 28.8%,而有灌溉面积在 9 亩以上的农户占 9.9%。从样本整体来看,家庭可灌溉土地面积主要集中在 3 亩以下,一些家庭虽然拥有的土地总面积比较大,但其中可以灌溉的土地面积却只占很小一部分。因此,土地面积越大的农户一定程度上越没有积极性加入用水者协会。

(5) 现有农田水利设施是否必要重修这个指标对农户选择是否加入协会的行为在统计检验为 5%的水平上显著。这说明,农户认为目前的水利设施不能满足生产需求,有必要重修,才会愿意加入用水者协会。据调查,目前村里承担农业灌溉责任的水利设施大都修建于 20 世纪六七十年代,由于年久失修,利用率很低,所以样本村勉强可实现灌溉的土地只占总面积的较小部分。实行用水者协会的管理体制来管理农田水利设施,努力的目标就在于解决以前混乱的用水、管水体系,加强对现有水利设施的修葺完善,以提高其利用率。所以,那些对原有的灌溉条件不满意的农户加入协会的动力更大。

五、结　语

本文对影响农户选择加入用水者协会意愿的影响因素进行了初步分析。在通过博弈模型逻辑分析及计量模型定量研究后,结果表明农户的参与意愿主要受农户家庭农业生产活动特征因素影响,具体为家庭耕地总面积、家庭拥有可灌溉面积、家庭种植经济作物面积、农业费用占家庭费用总支出比例等指标的共同影响,但各变量的影响方向和程度有差异。文章的主要意义在于试图建立一个基于农户角度的关于其参与意愿的一般分析框架。通过对农户选择参与用水者协会行为的博弈决策分析,对影响农户选择行为的具体因素进行了探讨,同时运用计量方法对此进行了验证,一定程度上补充了现有研究的不足。但本次调查的样本量较小,导致有些联系变量未被考虑进模型之中,在一定程度上影响了研究的精确性,这些问题将是我们下一步研究的突破口。

参考文献

[1] 徐志刚，王金霞，黄季焜，Scott Rozelle. 黄河流域灌区农业用水管理制度改革：现状与机制[J]. 改革，2004(2).

[2] 仝志辉. 农民用水户协会与农村发展[J]. 经济社会体制比较，2005(4).

[3] 张莉. 农民用水者协会与农田水利供给[D]. 华中师范大学管理学院，2006.

[4] 崔永长. 关于用水户参与灌区灌溉管理几个问题的探讨[J]. 西北水力发电，2007(4).

[5] 张陆彪，刘静，胡定寰. 农民用水户协会的绩效与问题分析[J]. 农业经济问题，2003(2).

[6] 王金霞，黄季焜，徐志刚，Scott Rozelle，黄秋琼. 灌溉、管理改革及其效应——黄河流域灌区的实证分析[M]. 北京：中国水利水电出版社，2005.

[7] 穆贤清. 农户参与灌溉管理的制度保障研究——基于我国农民用水者协会的案例分析[D]. 浙江大学管理学院，2004.

[8] 赵永刚，何爱平. 农村合作组织、集体行动和公共水资源的供给——社会资本视角下的渭河流域农民用水者协会绩效分析[J]. 重庆工商大学学报，2007(2).

[9] 韩洪云，赵连阁. 灌区农户合作行为的博弈分析[J]. 中国农村观察，2002(4).

农民专业合作社联合社发展的探析*

——以北京市密云县奶牛合作联社为例

苑　鹏

（中国社会科学院农村发展研究所）

合作社联合社是合作社发展到一定阶段的产物。广大弱势小农为了降低交易成本、实现规模经济、改善市场地位、提高市场竞争力组成了合作社。与小农分散独自进入市场相比，合作社有着明显的优越性；但是，与其他市场主体例如大公司相比，合作社的竞争力仍然有限。随着外部市场竞争的不断加剧和合作社业务的不断扩大，合作社之间存在着联合起来、进一步提升市场竞争力、降低经营成本的内在动力。成立联合社，不仅可以通过横向一体化实现规模经济、范围经济，并最大限度地降低合作社的交易成本，提高议价能力，改善为社员的服务，解决合作社依靠自身力量无法解决的问题，而且可以促进纵向一体化经营，向农产品深加工领域延伸，扩大合作社的业务范围，巩固和增强合作社的市场地位。

中国自21世纪初以来，在农民专业合作经济组织发展较快的一些地区出现了自下而上发展联合组织的现象。其基本方式有两种：一种是开放式的，也是较为普遍的，即合作社与其他从事相同业务甚至是相关业务的企业、个体户等的联合；另一种是封闭式的，即仅局限在合作社与合作社之间的联合。从联合组织的性质看，既有社团性质的，对内开展基层社的业务指导、对外代表基层社维权；也有企业性质的，开展经营业务。例如浙江省衢县，全县十几家柑橘专业合作社自愿成立了联合社，统一经营、代理各专业社的产品，避免了合作社之间的自相残杀。

《农民专业合作社法》颁布后，随着农民专业合作社的数量、规模呈现加速增长的态势，农民专业合作社联合社的发展也提上了议事日程。尽管《农民专业合作社法》并没有涉及联合社的问题，但是，合作社联合组织的发展势头已经显现。本报告试图从北京市密云县奶牛合作联社的个案分析入手，围绕以下问题展开探究：联合社是如何出现的，又是如何运作的？联合社显示了哪些优越性，又存在哪些问题？联合社未来的发展空间如何？它带给我们的启示有哪些？

一、奶牛合作联社的诞生及其运作

（一）乳品加工企业与奶农利益冲突，直接催生奶牛合作联社的产生

密云县奶牛合作联社成立于2006年秋，用联合社社长的话讲“是被（乳品加工）企业

* 本文是笔者承担的中加发展项目“农民专业合作社联合社发展案例研究”课题的阶段性成果。在调查过程中，得到了北京市农民合作组织专家指导小组驻密云专家徐仁发同志，密云县经管站王良中、王玉德、翟卫东同志以及密云奶牛合作联社的大力支持，一并致谢！

逼出来的"。密云作为全国生态县、北京水源保护地，有着优越的奶牛养殖自然环境，到2006年，全县奶牛存栏数达到了2万余头，鲜奶产量近7000万公斤，但是，大多数奶农养殖规模小，户均奶牛10头左右，没有挤奶设备，鲜奶储运、加工完全依赖外部。密云全县境内的大型乳品加工企业只有1家，绝大多数奶农都要依靠该乳品加工企业收购自己的牛奶，收购价格基本被该企业所控制。乳品加工企业充分利用自身在市场竞争中的优势地位，对奶农交售的鲜奶压级压价，而奶农苦于缺少鲜奶冷链运输工具、缺乏鲜奶产品的检验设备，只能听任其摆布。①

乳品加工企业与奶农的矛盾对立终于在一次事件中爆发。据当地奶农反映，一次奶农交奶后认为企业压级严重，于是到清河牛奶检测中心检测，结果测到的实际数据是，企业将农民交售鲜奶的主要脂肪含量压低了6个指标点，而每个指标点的收购价格相差0.03元/公斤左右。于是，奶农反抗了，他们将乳品加工企业的大门堵了三天，要求讨一个说法。企业向公安局报案，主管县长亲自出马协调。最后企业向奶农集体赔付了30万元，此案暂告一段落。而它留给县政府的启示是，为维护奶农的合法权益，进一步提升奶农的组织化程度势在必行。尽管合作社经过几年的发展，密云奶业生产初步形成了"奶农＋奶业合作社"、"奶农＋奶牛养殖场"的基本组织格局，但是，相对于乳品加工企业而言，奶业合作社的规模还是太小，受资金短缺的限制，它们无力投资购置鲜奶冷链运输工具和贮藏设施，只能向本地唯一的乳品加工企业销售鲜奶，并且各自分散经营，缺少市场抗衡力，无法改变当地鲜奶原料市场由乳品加工企业买方独家垄断的格局。因此，奶业合作社需要在更高的层面上联合起来。

在引导本地奶业合作社走向联合的道路上，密云县政府根据以往工作经验，最初选择了行业协会的模式，试图成立奶业协会，解决价格争端问题，并将此工作委托给县畜牧中心筹划，计划依托畜牧中心成立一个事业单位性质的奶业协会。

畜牧中心接受政府委托后，没有与未来的会员讨论，独自拟定了奶业协会的理事会候选人名单。结果第一次召开成员预备大会时，某养殖户成员对候选人名单产生方式的合法性提出了质疑，导致会议被迫中断。吸取上次教训，第二次召开成员预备大会时采取海选的方式，产生了9名理事会和监事会成员。② 当选的理事和监事基本为奶牛养殖场场长或奶业合作社社长。畜牧中心派出一名代表任秘书长。奶业协会按照《社会团体管理条例》运作。

奶业协会成立后，委托某副理事长和其他2名理事与外县的某龙头企业谈判，以稳定收购价格。谈判结果是，协会每天保证交售企业40吨左右的鲜奶，企业按照140元/吨付给协会服务费，这样一来，协会平均每天有6000元左右的净收入。结果，这名副理事长（同时也是大户成员）因巨大的利益诱惑而决定单干，自我建立奶站，并拉走了七八户奶牛养殖大户，养殖规模合计3000余头，导致协会运行3个月

---

① 这种情况具有普遍性。据报道，过去6年间，中国奶业年增长率超过20%，但是，在产业链的利润分配中，奶农所占份额不足10%。参见黄胜利．涨价：奶业发展的新起点〔N〕．中国经济时报，2007-07-18.

② 事实上，此9人与当初畜牧中心拟定的人选只差1人。

后无法继续下去。

在此情况下，来自密云县最大养殖小区李各庄奶牛合作社的理事张玉良提出建立奶牛合作社联合社，并取得了其他部分理事的同意，密云县政府也积极支持。于是，由张玉良发起，联合本县境内所有的奶牛合作社，并吸纳了几家规模奶牛养殖场，成立了奶牛合作联社，其鲜奶生产规模占到了全县总产量的70%以上。

奶牛合作联社成立后，按照民主选举方式，由县经管站监督，经过两次选举①，最终产生了新一届的理事会。并且，吸取奶业协会的经验教训，奶牛合作联社成立后，首先加强制度建设。在县经管站的指导帮助下，奶牛合作联社草拟了章程，并召开三次全体社员大会，讨论修改章程。全体社员大会对章程草案逐条讨论，并重点讨论了市场开拓、奶牛保险等基层社关心的问题。

(二) 以开展鲜奶冷链设施建设为切入点，拓展销售市场空间，提升市场竞争力

奶牛合作联社成立后，从李各庄村租赁土地30亩，建设集办公、培训于一体的鲜奶收购储运中心，设计储藏能力100吨。投资方案由理事会提出，全体社员大会批准。总投资560万元，其中约近一半用于添置冷藏、运输设备，其余用于建设化验室以及建筑所需房屋等。其中，化验室建设投资70余万元，主要设备从丹麦进口，引进了当时世界先进的鲜奶成分测量仪器，从硬件建设上防止了乳品加工企业对奶农提供的产品单方化验、定级，一方说了算的问题。另一方面，它也引导奶农按照联社的要求进行标准化饲养，以达到质量标准。

为了改变原来奶牛合作社只能向本地乳品加工企业销售鲜奶的局面，奶牛合作联社添置了4部25吨鲜奶运输车，将送奶半径扩大到500公里，可以直达三元乳品厂在河北省迁安的基地，从而明显扩大了联社拓展买方市场的地理范围，彻底改变了原来买方独家垄断的市场格局。

为了降低市场开拓的成本，奶牛合作联社首先利用李各庄奶牛合作社的天津市场销售鲜奶，由于鲜奶供应量比原来李各庄合作社单独送奶时增加了1倍以上，乳品加工企业提供的价格也相应提高。② 同时，联社还开发了平谷市场以及本地市场。到2008年，密云市场仅占奶牛合作联社销售市场的1/4；而其1/2的市场在天津，另外1/4市场在平谷。

奶牛合作联社对基层社的主要服务除了统一收购鲜奶销售外，还包括为其提供市场信息和技术指导、统一防疫等。联社每个月召开一次理事会，研究市场行情、讨论改善饲养管理等。为最大限度节省管理成本，奶牛合作联社支付工资的全职工作人员只有两人：经理和会计。李各庄村的两名大学生"村官"兼任奶牛合作联社奶站的化验员、收奶员，联社不再付给他们工资。理事长及其他理事会成员的工作全部是义务工作。

(三) 政府提供有力的外部支持

密云县"十一五"规划提出了发展以奶牛业为主的绿色养殖业作为发展现代农业的重

---

① 和畜牧中心相类似，第一次选举时发起人李各庄村也想安排自己的两个人，结果"选花了"，没有当选。

② 为保证鲜奶原料的稳定供应和鲜奶的质量，国内各大乳品加工企业对奶牛养殖场或合作社大多采取了在同质同价的基本原则下销售鲜奶的规模越大、收购价格越高的市场策略。

要支柱，并提出要通过促进农民专业合作组织的发展推进现代农业建设。在此发展战略指导下，在奶牛合作联社的发展中，密云县政府除了前面提到的引导创立、健全内部制度以及提供技术和防疫服务外，还给予了直接的财政资金补贴。

2007 年，密云县政府承诺提供 300 万元支持奶牛合作联社的奶站建设，具体方式是通过贷款担保公司帮助联社取得贷款，并为联社支付贷款利息，最终帮助联社偿还贷款。

此后，密云县政府又直接投资 40 万元为奶牛合作联社购置了一台 15 吨的鲜奶运输车，要求联社用此车专门收购那些远离养殖小区的奶牛养殖散户的鲜奶。截至 2007 年底，奶牛合作联社已经与近 30 户散户建立了长期收奶业务关系。这些散户的奶牛养殖规模合计达到上千头，每天收购鲜奶 10 吨左右。它不仅便利了散户的鲜奶出售、提高了散户的鲜奶销售价格，而且扩大了奶牛合作联社的鲜奶销售规模。

此外，密云县政府引导和支持奶牛合作联社开展奶牛保险。每头奶牛缴纳保险费 500 元，其中，政府补贴 80%，农民自筹 20%。基层社积极响应，入保奶牛达到 7000 余头。

二、奶牛合作联社初显的优越性与潜在的问题

（一）奶牛合作联社的优越性

奶牛合作联社成立时间虽不长，但是，其优越性已经初显。

首先，提升了与乳品加工企业的市场谈判能力，打破了原来基层社只能无奈地面对乳品加工企业的独家买方垄断，完全被动地接受其单方给定的质量等级和鲜奶价格的市场格局，实现了与乳品加工企业直接谈判、讨价还价，在鲜奶收购价格形成中占有一席之地。由此还引来多家乳品加工企业主动上门联系，寻求建立长期合作关系。基层社形象地反映，加入奶牛合作联社后的最大变化是从原来的“送奶”变成了目前的“卖奶”。而 2007 年国内鲜奶供不应求的市场大环境，也为奶牛合作联社改善竞争地位提供了良好的机遇。

最典型的一例是，国内某大型乳品加工企业华北地区总裁得知密云奶牛合作联社成立后，亲自上门拜访，与联社洽谈鲜奶供应合作事宜。双方先后谈判了 10 轮，最终达成了合作协议，也解决了困扰基层社的几大核心问题：一是废除了乳品加工企业自定的收奶标准。统一采用国家制定的产品标准，从源头上抑制了乳品加工企业利用自我标准压级压价的潜在风险。二是稳定了鲜奶收购价格。乳品加工企业向奶牛合作联社按保护价收购鲜奶，比在市场上收购散户鲜奶的收购价格高出 10%，制止了企业随意变动价格的风险。三是稳定了供奶量。乳品加工企业承诺敞开收购奶牛合作联社的鲜奶，保证奶农社员的鲜奶有价也有市。[①]

其次，取得了外部规模经济。奶牛合作联社通过统一开展鲜奶运输、冷藏和销售，统一提供技术服务等，降低了基层社鲜奶的运输成本和销售费用，实现了外部规模经济。奶牛合作联社成立前，奶牛合作社负责收购社员的鲜奶，并各自送到乳品加工企业；现在，它

① 2007 年，国际市场发生突变，作为世界主要奶粉供应国和中国市场主要进口国的新西兰、澳大利亚发生旱灾，导致全球牛奶产量大幅下降，国内市场奶源不足，龙头企业纷纷争夺鲜奶源，此条后来被取消，企业对于联社提供的鲜奶全部收购。

们只需将鲜奶交到奶牛合作联社即可，由联社统一将基层社的鲜奶销售到乳品加工企业，并按照实际的鲜奶出售价格与基层社一个月结算一次，中间不收取任何管理费。

奶牛合作联社由于统一销售鲜奶的规模大，并自备运输工具直接送到乳品加工企业。乳品加工企业按照市场价格向奶牛合作联社支付鲜奶运费，奶牛合作联社在扣除实际运输成本后，年结余可达 30 余万元。除去用来支付奶牛合作联社全年近 20 万元的人员、办公等运营开支后，还有 10 万元的净盈余，这也是奶牛合作联社目前唯一的收入来源。

第三，开展了互助保险，基层社抗风险能力得到提升。在前面提到的奶牛保险中，当时政府与商业保险公司的约定是，如果奶牛因疾病死亡，每头补贴 5000 元；如果因一般性疫病死亡，每头补贴 8000 元。但是，当基层社已经向奶牛合作联社缴纳了保费，奶牛合作联社准备签订正式合同时，商业保险公司毁约，只保奶牛意外死亡险。而这个险种对于广大奶农来讲并无实际意义。为了维护广大基层社的利益，奶牛合作联社自我开展了互助保险，实现了基层社自我无法实现的目标。

（二）奶牛合作联社的困境与问题

密云县奶牛合作联社在取得明显的合作效应的同时，运行中也遇到了困境，暴露出一些问题，主要有以下两点：

第一，资金来源单一，主要依靠外部。奶牛合作联社的章程规定，社员按照 50～500 元/头缴纳股金，但在实际中，这一条基本没有执行。因为理事会认为时机尚不成熟，目前阶段的主要工作是吸引游离在联社外的规模养殖场大户入社，让他们从合作中得到的实惠远远高于加入其他组织所带来的利益。① 奶牛合作联社已经注入的 560 万元投资，主要依靠外部贷款和拆借，其中，从农村商业银行贷款 300 万元，其他主要是从李各庄奶牛合作社拆借的资金。

第二，联合社运营依赖于“大户社员”。从成立一年多来的运行情况看，奶牛合作联社能有效发挥作用在较大程度上依赖于李各庄基层社。从重大投资项目策划，到资金筹措，再到日常工作人员提供等，可以讲，如果没有李各庄基层社，奶牛合作联社的经营就不会有今天的业绩。②

相比之下，其他基层社在其中缺少投入，尤其是资金投入，而这又与前面提到的奶牛合作联社决策层的指导思想有直接的关系。笔者认为，基于奶牛合作联社基层社经营实力普遍有限的现状，奶牛合作联社在发展初期依靠既有经济实力、又有销售网络和社会关系网络的个别基层社开展经营活动，有其经济合理性。但是，如果奶牛合作联社的运行过分地依靠某个基层社，那么其发展将存在被个别基层社所左右的潜在风险。事实上，在奶牛合作联社的基础设施建设中已经暴露出了一些问题。例如，建在李各庄村的奶牛合作联社培训楼和办公室，占地面积偏大，功能设计明显地多元化，一旦奶牛合作联社撤出或

① 理事会的具体目标是想把前面提到的、那些从奶业协会中分离出去“单干”的奶牛养殖场大户吸引回来，在目前奶牛合作联社覆盖所有奶牛合作社和部分规模奶牛养殖场的基础上，实现对全县规模奶牛养殖场全覆盖。

② 当然，李各庄基层社也是奶牛合作联社成立的最大受益者，它不仅像其他基层社那样，社员从奶价提高中获益，而且也从奶牛合作联社的土地租赁费收入中受益。并且，李各庄村的知名度也随着奶牛合作联社的社会影响力的提高而同步提高。

无力偿还从李各庄合作社拆借的资金，村里即可将该地转为旅游开发景点区。对于李各庄合作社，这种选择是理性的，即尽可能地规避投资风险。然而，对于发展初期的奶牛合作联社来讲，这无疑增加了投资规模和投资成本。

因此，从长远发展看，奶牛合作联社面临从依靠个别基层社到由全体基层社共同参与的机制转换，通过调动全体基层社的积极性，对奶牛合作联社进行共同的资金投入，建立起全体基层社与奶牛合作联社内在的利益联结机制，更加明确各基层社的权利和义务，让基层社在获得规模收益的同时，也按照与奶牛合作联社的交易额比例相应分摊其经营风险，最终建立起奶牛合作联社可持续发展的机制。

三、前景展望与启示

（一）奶牛合作联社的发展前景

展望未来，继续巩固和提升市场竞争地位，改善为基层社的服务，仍然是奶牛合作联社的首要任务。要实现这一目标，奶牛合作联社将面临以下三个方面的突破：

第一，建立有效的成员入社制度，扩大基层社规模，最大限度地覆盖本地区的奶农，以控制本地的鲜奶供应。为有效应对当地鲜奶市场买方寡头垄断的局面，奶牛合作联社需要建立起稳定的奶源供应基地。基本途径有两条：一是引导更多分散饲养的中小规模奶农加入奶牛合作社，扩大基层社的覆盖面；二是吸引规模奶牛养殖场直接加入奶牛合作联社。后者需要奶牛合作联社不断增强经营实力，为这些作为专业大户的奶牛养殖场提供更有吸引力的鲜奶收购价格和优质服务。而前者则需要奶牛合作联社引导基层社在实践中履行成员资格开放的合作社基本原则，体现合作社自助的基本价值，不是从眼前的经济利益上核算组织的收益与支出、排斥小散户，而是以长远发展的战略目光，向小散户、弱势奶农敞开大门，最大限度地将广大奶农联合在合作社的大旗下，充分体现合作社成员互助的本质属性。

如果奶牛合作联社能够做到广泛吸纳弱小散户，那么它在获得政府产业政策的倾斜上将继续保持并且扩大其已有的独特的有利地位。从政府已经实施的产业政策看，它帮助奶牛合作联社获得了至少两个方面的好处：一是降低了开展运输、冷藏等业务所需的基础设施建设的投资成本，并提高了其他竞争者进入的资本门槛，降低了潜在进入者的威胁，最终有助于形成合法的产业进入壁垒；二是改善了奶牛合作联社的资本、土地、劳动力等生产要素的供给状况，降低了联合社的经营成本，提高了与供货方或购买方议价的实力。

第二，延伸产业链，逐步向奶业生产链上游乃至下游延伸，进一步降低交易费用，削弱市场垄断势力，保证生产投入品的供应，消除负外部性，分享产品初加工的增值。目前，奶牛合作联社已经筹划向上游投入品联合购买乃至联合生产（例如部分饲料）、品种统一引进和改良等过程延伸，开展后向一体化，将各个基层社与投入品厂商之间的交易变为奶牛合作联社一家与投入品厂商之间的交易，甚至是奶牛合作联社内部各部门之间的协作关系。这样不仅可以进一步降低市场交易成本，降低奶农的生产经营成本，而且有助于促进鲜奶品质的提升，不断提升奶牛合作联社对其他买方或卖方等市场竞争主体的抗衡力，并形成奶牛合作联社产品的信誉品牌，产生积极的正外部性，防止因个别基层社产品质量不过关而可能出现的负外部性。此外，奶牛合作联社还计划在未来几年内，投资建设奶粉加工生产线，开展前向一体化，让基层社不仅直接参与鲜奶加工利润的分配，而且彻底改变受制于乳品加工企业的局面。

第三，开展合作文化建设，不断提升社员的凝聚力，实现基层社的广泛参与。奶牛合作联社是基层社的联合社，它成立的宗旨是为全体基层社服务，谋求全体基层社的共同利益。因此，只有不断培养基层社的互助合作精神，形成团结、独立、自助、民主的合作文化，建立起广大基层社主动参与的机制，才能保证奶牛合作联社的发展战略不偏离方向。其中，基层社对奶牛合作联社的主动参与是全方位的，它不仅仅是对重大决策的参与，而且包括对各项经营活动的主动参与。例如，按照联社的要求提交鲜奶，保质保量；按照与联社的协议购买投入品等；参与收益的分配，即分享联社开展投入品购买和产品销售等共同经营活动所产生的盈余或分担相应的亏损。从近期发展看，最重要的是加大广大基层社在奶牛合作联社中的资金投入，明确各基层社所享有的收益权和应当承担的潜在风险，逐步建立利益共享、风险同担的机制。否则，随着奶牛合作联社经营业务的不断扩大，它将面临经营业务"两张皮"的危险，即不是奶牛合作联社自我经营，而是变成了奶牛合作联社购买某个基层社提供的服务。

(二) 奶牛合作联社发展的启示

从密云县奶牛合作联社的案例中，可以得到以下三点基本推论：

第一，走向联合是农民专业合作社发展的必然趋势，而联合的形式是开放式还是封闭式，并无固定范式。农民专业合作社成立后，虽然帮助广大小农社员取得了规模效益，降低了交易成本，但是与同行业中其他市场竞争主体特别是业内的龙头企业相比，农民专业合作社仍然是中小企业，势单力薄，在市场竞争中不能获得公平的竞争地位，往往处于被动的价格接受者的地位。因此，为了改善自身的市场境遇，农民专业合作社走向联合将成为必然趋势，因为只有联合，才能以最低的成本实现市场的快速扩张，提升农民专业合作社的竞争实力。但是，联合的方式是采取封闭式的，即组织成员仅局限于合作社成员之间，还是采取开放式的，即吸纳同行业的其他市场主体加入，例如本案例中的奶牛养殖大户加入，并无一个固定的模式，而是取决于多种因素。该行业农民专业合作社的发育程度，其市场份额，合作社产品的特性，其产品所处的市场结构，例如是否存在买方垄断、寡头、买方寡头、垄断竞争等(金碚，1999)。

如果农民专业合作社的普及程度不高，所覆盖的成员规模有限，并且成员所提供产品的市场份额偏低，而且市场并不是完全竞争的，那么采取社员开放式的联合社发展道路是非常必要的。它可以帮助农民专业合作社最大限度地将处于相近市场地位的同业者联合起来，以有效地对抗大资本，改善市场结构。如果单纯地追求合作社联合社的"纯度"，强调联合社必须由农民专业合作社组成，那么就可能难以有效发挥合作社联合社应有的功效，在短期内会抑制合作社联合社的健康发展。因此，选择联合方式的标准只有一个，那就是最大可能地提升农民专业合作社的竞争力，扩大农民专业合作社的市场份额，给广大社员带来最大的经济利益。

第二，政府对于合作社联合社的推动作用不可或缺，但有个"度"的界限。成立合作社联合社是农民专业合作社的一次集体行动，其目的是通过联合行动追求基层社的共同利益。按照奥尔森(2003)的理论，由于个人利益与集体利益并不完全一致，组织内部成员之间既有一致的共同利益，也有各自的自我利益。具体到组建联合社的行动，对于每个个别的基层社而言，它发动其他基层社加入联合社，组织的产出是成员的共同利益，要与其他基层社平等分享。即它在行动中所获得的自我收益与其他基层社各自的收益相同，不存在额外的个人收益。而其他基层社的行动是一种"搭便车"行为，结果将是个别基层社牵头领办联合社的内在激励不足。为此，奥尔森提出了向成员提供"选择性激励"的理论。然而，即使"选择性激励"机制生效，个别基层社为了自身利益的改进而产生了率先采取行动的动力，但是集体行动并不一定能产生，因为这些可能牵头发起联合社的基层社与其他基层社所处的社会经济地位大多相仿，彼此之间相互封闭、不了解，缺乏必要的信任和合作基础，因而对其他基层社缺乏有效的社会动员力，更谈不上权威性。因此，仅仅依靠基层社自我组建联合社至少在目前的农村存在较大的困难。在此背景下，政府介入，利用自己特有的社会资源优势，作为第一推动者，填补了发起人供给不足的空缺。[①]

政府牵头帮助指导组建联合社，不仅可以充分利用自身特有的社会动员力和社会信誉度，在短期内将本地区有着相同需求的基层社聚集起来，而且在为基层社提供市场信息、资金支持、技术服务等生产要素和搭建公共服务平台上也有着明显的独特优势。正因为如此，国际劳工组织1999年通过的《合作社促进建议书》中倡议，各国政府要支持合作社建立有利于对社员需求作出反应的组织结构，包括合作社联合社或联盟(唐宗焜，2003)。

但是，政府参与联合社的创建隐藏着风险，那就是在联合社的发展中往往会注入过多的政府意愿，而非基层社社员的要求。因此，如何坚持联合社满足全体社员的共同需要、为社员的共同利益服务的基本宗旨是关键。联合社是由基层社共同拥有、民主管理和共享利益、共担风险的合作组织。联合社健康运行的关键是保持独立、自治，例如决策层人选、发展战略制定、重大投资决策等都应当坚持由基层社共同作出决定，而不是由政府取而代之。如果不坚持住这一点，也就是放弃了合作社的基本原则，那么联合社也就成为无源之水，失去了立足之本。

第三，联合社的发展道路并不一定要"自下而上"，关键在于基层社是否存在联合的需求，在于联合社的运行能否坚持独立、自治、民主的合作精神。与上一个问题相联系，合作社联合社的发展道路是否一定要"自下而上"而不能"自上而下"？这个问题在国内一直是

---

① 典型的一个例子是，笔者在密云板栗合作联社的调查中发现，2006年初，当全县板栗合作社达到了30家后，由于各个合作社之间没有联系，信息相互不沟通，造成出售价格高低不等、相差较大。最严重的时候，同一时间，相同产品只因来自不同的合作社，价格相差高达0.6～0.8元/公斤，结果，栗农的经济利益无法实现最大化。在此背景下，基层合作社中出现了联合的呼声。但是，它们并没有自我采取行动，而是找到当地政府，请求政府牵头帮助基层社成立联合社。密云县政府在本县合作社指导专家的建议下，责成县农经站负责对板栗合作社自发组建联合社的具体指导工作。县农经站首先在板栗基层社中物色了候选发起人，并由候选发起人召集30家基层社召开成立联合社的预备会，选举理事会、监事会成员。其中，理事标准除了人品好、信誉好、组织能力强外，还注意到了全县不同产区、不同区域的代表性。

个争论不休、无法回避的问题。密云的实践表明，将“自下而上”的基层社需求与“自上而下”的政府积极性结合起来，并且形成两者的有效互动，是推进合作社联合社健康发展的有效途径。合作社联合社的发展道路并不存在唯一标准，而是取决于本地的组织资源优势和制度遗产。

从国外的经验看也是这样。西方合作运动大多是“自下而上”，即先有基层社，待基层社发展数目已多，感到有联合的必要时，才共同组成它们的联合社。以德国的农业合作社为典型。当基层社发展到一定程度后，因业务发展的需要，基层社通过自发联合建立起了联合社。以奶业联合社为例，20 世纪 70 年代，全西德地区成立了 17 个区域牛奶合作中心，以生产奶油为主，同时也生产一些干酪或其他奶制品。区域合作社联合社集中为社员出售产品或为社员购买所需用品，节省了社员的时间和费用，并且在大量消费地区设置冷藏库，通过全国联合社调节牛奶生产量季节性的波动，平衡各地区牛奶需求的过剩或不足。联合社的工作主要包括：对基层社进行指导，包括法律、财务等事务；合作教育与培训；印制出版物（尹树生，1973）。

但是，也有些国家情况不同。在部分合作运动后发国家，因为已经有很多国家的经验可以借鉴，因而“自上而下”地组成联合社，例如芬兰。作为一个小国，芬兰首先于 1899 年成立社团性质的全国性的合作社联合组织，再由它派人到各地区指导民众组成各种基层社。尽管不少基层社是在联合社的指导下成立的，但是，基层社成立后，仍然是独立的，具有充分的民主和自主精神，并且作为经营具体业务的联合社，通常是“自下而上”产生的（尹树生，1973）。

因此，合作社联合社的发展道路需要从实际出发，既可以“自下而上”，也可以“自上而下”与“自下而上”相结合。与“自下而上”相比，“自上而下”的发动方式可以比较迅速，但依此组建的联合社容易变质，因而保持基层社的民主、独立精神至关重要。

参考文献

[1] 迈克尔·波特. 竞争论[M]. 上海：中信出版社，2003.

[2] 曼瑟尔·奥尔森. 集体行动的逻辑[M]. 上海：上海人民出版社，上海三联书店，2003.

[3] 金碚. 产业组织经济学[M]. 北京：经济管理出版社，1999.

[4] 尹树生. 各国合作制度[M]. 台北：正中书局，1973.

[5] 唐宗焜. 中国合作社政策与立法导向问题：国际劳工组织〈合作社促进建议书〉对中国的意义[J]. 经济研究参考，2003(43).

农民专业合作社绩效评价体系初探

浙江省农业厅课题组 ①

一、农民专业合作社绩效评价的重要性和必要性

农民专业合作社是“一种使用者所有、使用者控制和基于使用进行分配的企业组织”(RBCDS,1989)，其发生和发展是我国农村基本经营制度在市场经济环境中既具必然性又具时代性的制度变迁及创新。近年来，人们日益认识农民专业合作社的作用，政府日益鼓励和支持农民专业合作社发展，《农民专业合作社法》也已颁布实施。不过，就整体而言，农民专业合作社的发展还存在许多问题：总体上发展速度仍较缓慢，总量不多；地区、产业之间发展不平衡；普遍规模较小，竞争力较弱，带动力不强；普遍结构松散，治理不规范，部分专业合作社的股份化色彩也时遭异议。造成这种状态的原因很多，譬如我国农民专业合作社发展历史不长、农业专业化程度不高、缺乏有力的带头人等，而农民专业合作社的绩效问题则是更为深层的原因之一。具体地说：(1) 尽管能够“感觉”到农民专业合作社的作用和影响，但人们至今很难确切地获得关于农民专业合作社的现实绩效的足够证据。(2) 由于现有这些农民专业合作社的制度安排(特别是治理结构)大多不很规范，人们很难认可这些不很规范的治理结构(即便有绩效)就是合作社。因而，人们在日益体会到发展农民专业合作社的必然性、必要性和紧迫性的同时，却又一直困惑于农民专业合作社的真实绩效。有绩效的合作社很不规范，规范的合作社难有绩效，而制度创新又说不清究竟应以何种尺度为边界。(3) 即使对于比较规范的、有绩效的农民专业合作社，人们也很难有效地、准确地将由合作社制度因素引致的绩效与其他因素引致的绩效区分开来。事实上，这些问题都直接影响和极大制约了各级政府和社会各界对农民专业合作社的认同和实际支持。

因此，当前在建设社会主义新农村的基本背景下，我国已进入需要采取综合性政策促进农民专业合作社健康持续发展的关键时期，我们应尽快探明如何评价农民专业合作社的绩效，农民专业合作社是否具有绩效、绩效多大，影响农民专业合作社绩效的基本因子是什么，等等。这已成为当前我国及浙江省农民专业合作社健康持续发展亟待解决的主要问题之一。

就总体而言，浙江省农民专业合作社的实践在全国处于发展前列。在相当程度上，浙江省农民专业合作社的发展境况，既代表了我国东部沿海地区农民专业合作社的普遍情

---

① 课题组由赵兴泉、叶新才、徐旭初、童日晖、顾剑明、郑水明、许彩燕组成，课题主持人为赵兴泉，技术负责人为徐旭初。本文由徐旭初执笔。

况，也反映了我国农民专业合作社的发展趋势。因此，浙江省有责任也有必要来解答有关农民专业合作社的绩效及其评价体系的问题，建立起较为科学的农民专业合作社绩效评价体系。

二、农民专业合作社绩效评价的原则、思路和方法

"绩效"(performance)概念最早来源于经济方面的定义，主要以可计算的利润来表达。随着社会经济和企业管理的需求，绩效的含义逐渐拓展为"组织对资源的有效、高效及安全的运用，与运营和功能的有效性相关"。一般认为，所谓绩效是指立足于组织长远发展，以提高个人绩效和组织绩效为基本目标，以组织功能的实现度、组织运营的有效性和组织服务对象的满意度为基本衡量指标，对组织的运营效果和功能发挥的一种综合性衡量。

组织绩效评价一直是困扰经济学、管理学理论发展的一大难题。而对于合作社这样兼有企业属性和共同体属性的多元向度的社会经济组织，其绩效评价更是缺少有效的解决方法。长期以来，由于认为农业合作社属于在政府政策支持下的"反市场"机制，西方学者较多地从社会影响层面上看待合作社的绩效问题。在他们看来，合作社在使其成员利益得以改善的同时，可以使他们所在的经济体系变得更有效率(Nourse，1944)，也许还可以获得符合他们偏好的影响市场态势或贸易周期的权力(Sapiro，1920)。但在西方农业经济学中，虽然有一些关于合作社经济效率的研究成果，但一直缺乏为合作社绩效提供清晰的解说和公认的结论的实证研究。而近些年来，众多西方学者已不太关心合作社绩效问题，而更多地关注在新的经济社会技术条件下合作社组织制度的调整和创新。至于我国，尽管这些年已在发展农民专业合作社的必要性、发展状况、组织制度安排、合作社立法、对国外合作社情况介绍等方面取得了比较可观的成果，但由于我国农民专业合作社尚处于发展初期，有关研究较多的是在讨论专业合作社的发展状况、组织制度安排时对组织绩效有所涉及，并未直接聚焦于专业合作社的绩效，更没有具有可操作性的农民专业合作社绩效评价体系。

(一) 农民专业合作社绩效评价的基本原则

我们认为，评价农民专业合作社绩效必须注意把握以下基本原则：

(1) 建立农民专业合作社绩效评价体系，既要强调全面性，也要强调适用性，更要强调操作性。换言之，农民专业合作社绩效评价体系既要全面考虑合作社在经济、社会等方面的绩效，也要注意适用于目前我国(特别是浙江省)农民专业合作社发展的现实，更要具有可操作性。

(2) 建立农民专业合作社绩效评价体系，既要注重经济绩效，又要考虑社会绩效。换言之，合作社是兼有企业属性和共同体属性的社会经济组织，因此，农民专业合作社绩效评价体系既要关注其经济功能，也要关注其社会功能。

(3) 建立农民专业合作社绩效评价体系，既要考察产出，又要考察行为。合作社是社员自我服务的组织，不能简单地用产出来衡量，还要看合作社为社员提供服务的情况。

(4) 建立农民专业合作社绩效评价体系，既要采用定量评价，又要兼顾定性评价。

（二）农民专业合作社绩效评价的基本思路

我们认为，农民专业合作社绩效可以从行为性绩效和产出性绩效两方面加以考察。其一，农民专业合作社作为兼有企业属性和共同体属性的社会经济组织，其行为性绩效指标应反映其生产经营和组织运行两方面活动；其二，农民专业合作社的产出性绩效指标应分别体现在社员、组织和社会三个层面上。换言之，农民专业合作社绩效主要可从组织运行、运营活动、社员收益、组织发展和社会影响五方面进行测量、评价，其中，组织运行、运营活动是行为性绩效指标，社员收益、组织发展和社会影响是产出性绩效指标。具体地说：

首先，农民专业合作社的组织运行主要表现在治理活动和分配活动方面。合作社的治理原则是民主控制，而从现代合作社的视角和浙江省农民专业合作社的实践来看，民主控制并非是仅看一人一票，而是主要看社员对合作社的治理满意度。合作社的分配原则是以按惠顾额（量）分配为主，所以要看合作社按惠顾额向社员返还盈余的比例。

其次，在一定意义上，农民专业合作社的生产经营活动就是农民社员试图通过集体行动来实现成本降低、收益增进的目的，考虑到目前绝大多数合作社还是以从事农产品生产、销售为主，因此，我们可通过考察合作社的运营活动（主要是投入品采购、农产品销售、农业技术培训、农产品标准化生产等）来衡量其生产经营活动的绩效。

再次，农民专业合作社是由一个个农民社员联合组成的，社员加入合作社的基本动因是为了获得收益，合作社服务社员的基本途径也是通过提供收益。因此，考察农民专业合作社产出性绩效，首先应该考察合作社为社员个人直接提供了哪些收益。

第四，农民专业合作社是一个共同体，许多社员收益并不能直接获得，而是通过合作社组织发展壮大来间接获得。因此，考察农民专业合作社产出性绩效应该考察通过合作社的运营，合作社是否获得了发展壮大，换言之，农民专业合作社是否具有可持续发展的能力和御风险的能力。

最后，尽管合作社是一种“集体自私”的组织，但它天然具有社会意义。这不仅因为它是弱者的组织，更是因为它天然地对市场经济体制完善、所在社区发展等具有促进作用。也正因为此，各国政府才积极鼓励、支持合作社的发展。因此，考察农民专业合作社产出性绩效，应该考察合作社在提供社员收益、获得组织发展的同时，还要考察其对社会进步（特别是其所在社区的发展）产生了哪些影响。

（三）农民专业合作社绩效评价的基本方法

首先，根据对农民专业合作社绩效的基本认识，提出农民专业合作社绩效评价指标。如上所述，农民专业合作社绩效评价指标应该能够反映农民专业合作社在组织运行、运营活动、社员收益、组织发展和社会影响五方面的效果和功能发挥。

其次，对农民专业合作社绩效评价指标进行赋权并进行计算，从而得出农民专业合作社的综合绩效指数。

再次，还可根据具体需要，依据农民专业合作社的综合绩效指数对农民专业合作社进行绩效排序。

三、农民专业合作社绩效评价体系的设计

(一) 农民专业合作社的绩效评价指标

我们认为,根据以上基本原则、思路和方法,农民专业合作社的绩效评价指标主要应包括以下16个指标:

(1) 社员总数(人)

概念解释:指该合作社年末在册成员数,包括法人社员数。

测量方法:合作社自查自评,农业行政主管部门核查评定。

(2) 合作社年经营收入(万元)

概念解释:指该合作社本年度实现的经营服务性收入总额。

测量方法:合作社自查自评,农业行政主管部门核查评定。

(3) 合作社年纯盈余(万元)

概念解释:指该合作社本年度实现的收益总额,即总收入减去总支出的差额。

测量方法:合作社自查自评,农业行政主管部门核查评定。

(4) 社员人均年纯收入(万元)

概念解释:指该合作社成员本年度人均纯收入。包括社员从事生产和非生产性经营活动得到的收入,不含转移性收入。

测量方法:合作社自查自评,农业行政主管部门核查评定。

(5) 社员人均年纯收入高于当地平均数的比例(%)

概念解释:指该合作社成员本年度人均纯收入高于当地农民年纯收入(年报数)的比例。

测量方法:合作社自查自评,农业行政主管部门核查评定。

(6) 社员与合作社交易额占合作社年经营收入的比例(%)

概念解释:指社员本年度通过合作社销售农产品、采购农业投入品等的总金额占合作社年经营收入的比例。

测量方法:合作社自查自评,农业行政主管部门核查评定。

(7) 合作社为社员统一采购农业投入品的比例(%)

概念解释:指该合作社本年度为社员统一采购农业投入品占社员采购农业投入品总量(额)的比例。

测量方法:合作社自查自评,农业行政主管部门核查评定。

(8) 合作社为社员统一销售主产品的比例(%)

概念解释:指该合作社本年度为社员统一销售主产品占社员销售主产品总量(额)的比例。

测量方法:合作社自查自评,农业行政主管部门核查评定。

(9) 合作社为社员统一技术、业务培训的次数(次)

概念解释:指该合作社本年度对社员进行技术、经营、合作社知识等内容培训的次数。

测量方法：合作社自查自评，农业行政主管部门核查评定。

(10) 社员进行标准化生产的比例(%)

概念解释：指该合作社社员本年度按照国家和地方标准或合作社生产技术操作规程开展生产的面积、产量占总面积、总产量的比例。

测量方法：合作社自查自评，农业行政主管部门核查评定。

(11) 主产品品牌度(分)

概念解释：指该合作社本年度生产经营的主要农产品的市场品牌化程度。

测量方法：合作社自查自评，农业行政主管部门核查评定。主要通过考察主产品是否有品牌、是否有绿色认证、是否获品牌称号以及品牌称号的层次等进行测量。主产品有国家级品牌称号或认证的、有全国影响的为10分，有省部级以上品牌称号或认证的、有省区影响的为8分，有市县级以上品牌称号或认证的、有市县影响的为6分，有品牌或认证的、有地方影响的为4分，无品牌或认证的、但有一些地方影响的为2分，无品牌或认证的、也无地方影响的为0分。

(12) 合作社按交易额向社员返还盈余的比例(%)

概念解释：指该合作社本年度从盈余中按社员与合作社交易额的比例返还给社员的总金额占总盈余的比例。

测量方法：合作社自查自评，农业行政主管部门核查评定。

(13) 社员对合作社的治理满意度(分)

概念解释：指该合作社社员对合作社内部制度建设、民主管理、归宿感等方面的满意程度。非常满意为10分，满意为9分，比较满意为7分，一般为5分，比较不满意为3分，不满意为1分，非常不满意为0分。

测量方法：该指标是一个综合性主观指标，应由农业行政主管部门通过随机抽样调查10%～20%的社员进行直接评定。

也可以由农业行政主管部门通过核查该合作社内部管理的规范程度进行间接评定。也就是可以通过以下几点进行间接评价：① 社员(代表)大会是否正常召开？表决方式如何(一人一票，附加表决权总数不超过基本表决权的20%，单个社员表决权不超过所有表决权的20%，其他)？② 理事会会议是否正常召开？表决方式如何(一人一票，其他)？③ 监事会会议是否正常召开？表决方式如何(一人一票，其他)？④ 是否建立了规范的成员账户？⑤ 是否拥有比较规范的章程？章程是否明确规定了财务状况、分配方案和重大决策、变动事宜的公示、披露制度，并且付诸实施？⑥ 是否拥有比较完善的内部管理制度？⑦ 财务公开是否正常？

(14) 合作社带动当地非社员农户数(户)

概念解释：指该合作社本年度发生业务往来(包括各种服务和培训)的当地非社员农户总数。

测量方法：合作社自查自评，农业行政主管部门核查评定。

(15) 合作社为当地非社员农户销售与社员同类主产品的年营业额(万元)

概念解释：指该合作社本年度为当地非社员农户销售与社员同类主产品的总营业额。

测量方法：合作社自查自评，农业行政主管部门核查评定。

(16) 合作社对当地经济社会发展的综合影响度(分)

概念解释：指该合作社对当地经济社会发展各方面产生积极影响的综合程度。

测量方法：该指标应由农业行政主管部门评定。主要通过考察该合作社的存在和发展对提高当地相关产业规模、提高当地相关产业效益、推动当地农业科技应用、带动当地闲散劳动力就业、促进当地农村精神文明、带动当地合作社发展、合作社知识普及等方面的影响进行直接测量。非常显著为10分，显著为9分，比较显著为7分，一般为5分，比较不显著为3分，不显著为1分，非常不显著为0分。

也可以通过考察该合作社是否规范性合作社或省级示范性合作社或国家级示范性合作社来间接测量。国家级示范性合作社为10分，省级示范性合作社为8分，规范性合作社为5分，均不是为2分。

显而易见，这16个指标主要从组织运行、运营活动、社员收益、组织发展、社会影响五个方面进行测量，既有总量指标，也有人均指标；既有经营指标，也有收入指标；既有反映经济发展现状的指标，也有反映经济发展潜力的指标；既有产出性指标，也有行为性指标；既有客观性指标，也有主观性指标；既有单项指标，也有复合指标。因此，通过这一指标体系对合作社绩效情况进行测评，能够较为全面、科学地反映合作社绩效的基本情况。

在这16个指标中，组织运行指标有2个，包括合作社按交易额向社员返还盈余的比例、社员对合作社的治理满意度；运营活动指标有4个，包括合作社为社员统一采购配送农业投入品的比例、合作社为社员统一品牌销售主产品的比例、合作社为社员统一技术培训的次数、社员进行标准化生产的比例；社员收益指标有3个，包括社员人均年纯收入、社员人均年纯收入高于当地平均数的比例、社员与合作社交易额占合作社年经营收入的比例；组织发展指标有4个，包括社员总数、合作社年经营收入、合作社年纯盈余、主产品品牌度；社会影响指标有3个，包括合作社带动当地非社员农户数、合作社为当地非社员农户销售与社员同类主产品的年营业额、合作社对当地经济社会发展的综合影响度。

(二) 农民专业合作社绩效指标的权重

我们赋予这些指标以下述权重(见表1)。

表1　农民专业合作社绩效指标的权重

一级指标	二级指标	三级指标
合作社绩效(1.0)	组织运行(0.15)	社员对合作社的治理满意度(分)(0.075)
		合作社按交易额向社员返还盈余的比例(%)(0.075)
	运营活动(0.20)	合作社为社员统一采购配送农业投入品的比例(%)(0.05)
		合作社为社员统一品牌销售主产品的比例(%)(0.05)
		合作社为社员统一技术培训的次数(次)(0.05)
		社员进行标准化生产的比例(%)(0.05)

续 表

一级指标	二级指标	三 级 指 标
合作社绩效(1.0)	社员收益(0.20)	社员人均年纯收入(万元)(0.075)
		社员人均年纯收入高于当地平均数的比例(%)(0.075)
		社员与合作社交易额占合作社年经营收入的比例(%)(0.05)
	组织发展(0.30)	社员总数(人)(0.1)
		合作社年经营收入(万元)(0.1)
		合作社年纯盈余(万元)(0.05)
		主产品品牌度(分)(0.05)
	社会影响(0.15)	合作社带动当地非社员农户数(户)(0.06)
		合作社为当地非社员农户销售与社员同类主产品的年营业额(万元)(0.045)
		合作社对当地经济社会发展的综合影响度(分)(0.045)

(三) 农民专业合作社综合绩效指数的计算方法

一般而言,我们可以根据分层赋权逐层汇总方法计算农民专业合作社的综合绩效指数。

农民专业合作社的综合绩效指数的具体计算方法大致如下:

首先,对各指标进行规格化处理。由于各个指标的物理量及数量级相差较大,计量单位不同,必须进行规格化处理,即必须采用具备统计学合理性的方法来计算各指标的规格化指数。我们主要使用"功效系数法"①。经过处理的规格化指数居于50～100之间,而且该指标各合作社的位次没有发生变化。

其次,根据预先确定的各项指标的权重,利用各项指标的规格化指数计算各合作社的综合绩效指数,按照综合绩效指数的大小对所测评的所有合作社排出基本顺序。

(四) 关于农民专业合作社的绩效评价指标的思考

当然,这些绩效评价指标也有不少值得进一步思考之处。譬如:

"社员人均年纯收入(万元)"是指统计意义上的人均年纯收入,还是指经合作社所致的社员人均年纯收入?这涉及合作社成员生产经营的专业化程度。换言之,社员专业化程度越高,经合作社所致的社员人均年纯收入越接近社员人均年纯收入;反之,社员兼业化程度越高,经合作社所致的社员人均年纯收入越不等于社员人均年纯收入。

"社员人均年纯收入高于当地平均数的比例(%)",严格说来,应分产业进行比较。但事实上难以做到。

"社员对合作社的治理满意度(分)",由农业行政主管部门通过核查该合作社内部管

① 功效系数法是指消除不同指标量纲的影响并计算分值。计算公式如下:

$$A_{ij}=\frac{X_{ij}-X_{sj}}{X_{mj}-X_{sj}}\times 50+50$$

理的规范程度进行间接评定，能代替对社员的直接测量吗？如认可这一点，这就意味着一个潜在假定：该合作社内部管理的规范程度越高，社员对合作社的治理满意度就越高。

“合作社带动当地非社员农户数(户)”是一个目前通用的说法和概念，但究竟何谓“带动当地非社员农户数”，等等。

而且，这些绩效评价指标还有一些值得进一步讨论之处。譬如：

按说绩效指标中应有反映农民专业合作社产权结构的组织运行指标，不过，《农民专业合作社法》视成员出资为一种由章程规定的义务，而非一种法定义务，由此，“社员人均股东权益(万元)”和“合作社股东权益(万元)”这两个指标似乎没有太大意义。然而，《农民专业合作社法》虽未对出资额作出统一的规定和限制，绝非合作社成员出资不重要。恰恰相反，合作社股东权益反映合作社的经营实力，社员人均股东权益反映社员作为所有者、控制者、惠顾者合一的状况。所以，如果我们认可农民专业合作社社员主体、面向市场、强调共赢的基本价值趋向，绩效评价指标体系中也许应当包括这两个指标。

可能有人觉得“合作社固定资产(万元)”这个指标也没有什么意义。然而，在当今农业(食品)产业正处于深刻的结构变革的背景下，产业形势和市场环境的变革迫使专业合作社不能再像过去那样单纯地为社员服务，而应将与投资伙伴或供应链伙伴的关系视为它们最重要的事情。换言之，在农业(食品)产业变革中，专业合作社将不再单纯地以成员利益为导向，而是更多地以顾客利益(市场需求)为导向；不再粗放地通过产能规模化盈利，而是更多地通过加工、品牌等谋求提高附加值。而“合作社固定资产(万元)”这个指标恰恰在相当程度上反映着合作社提高附加值的能力和可能。所以，如果我们着眼于农民专业合作社积极应对供应链时代的必然要求，绩效评价指标体系中也许也应当包括这个指标。

还应该指出的是，这些指标实际上比较适合评价以采购、营销为主要业务的农民专业合作社。不过，不难看出，如果要评价以提供服务为主要活动的农民专业合作社的绩效，这些绩效评价指标大多数仍是适用的，仅须根据合作社的服务活动特点稍作调整即可。

无论如何，这些思考提示我们应进一步完善这些指标，但并不影响我们建构指标体系的尝试。

参考文献

[1] Barton, D. G. Principles. In D. Cobia (Ed.), Cooperatives in Agriculture Englewood Cliffs, NJ: Prentice-Hall, 1989.

[2] 许行贯. 创新农村经营体制的探索与实践[M]. 杭州：浙江人民出版社，2004.

[3] 徐旭初. 中国农民专业合作经济组织的制度分析[M]. 北京：经济科学出版社，2005.

[4] 张晓山. 促进以农产品生产专业户为主体的合作社的发展——以浙江省农民专业合作社的发展为例[J]. 中国农村经济，2004(11).

农民专业合作社对农户收入影响的研究*

——基于浙江省仙居县杨梅合作社的调查

李曼琳　郭红东

（浙江大学中国农村发展研究院）

一、研究背景

20世纪90年代以来，我国各地出现了各种不同类型的农民专业合作社，特别是在浙江、山东、河北、陕西等省已经具有相当的规模，并且形式多样。如何客观地评价合作社对农户的增收效果以及合作社在农村经济社会的进步和发展中所起的作用，不仅在理论上有助于进一步加深对农民专业合作社的认识，而且可以从实践上考察我国农民专业合作社在现实中发挥的作用和存在的问题。这对于准确定位现阶段我国农民专业合作社的发展态势，促进农民专业合作社进一步规范并有序发展，进一步实现农业增效、农民增收，进一步推进中国特色农业现代化道路都具有很强的现实意义。

二、文献综述

关于合作社对农户收入的影响，目前国外已经有一些学者对其进行了实证研究，比如Meike Wollni和Manfred Zeller(2006)以哥斯达黎加的咖啡专业市场为例，分析农民是否从参加专业市场和合作中获益。研究通过对哥斯达黎加两个咖啡主产区的农户的抽样调查，用一个两阶段模型来分析农民的行销决定及其对价格的影响。结果表明，参加专业市场的农户比通过传统渠道交易的农户得到了更高的价格。另外研究还发现，参加合作能提高一个农民选择种植专业咖啡的可能性，以及提高他们获得相同价格的可能性。研究发现，教育、是否有种植经验、土地面积、家庭人数、推广服务、家庭分工的有效性等因素是影响农户是否会采取创新的农业实践（参加专业市场和合作）的主要因素。Keshav Lall Maharjan和Carlos Cadacio Fradejas(2006)则通过对菲律宾生猪养殖户的实证调查发现，菲律宾的合作社在家庭生猪养殖户的发展和获取收益过程中扮演了重要的角色。合作社能够使养殖户获得更多的经济利益，也就是使他们在正常养殖水平下能够获得更加可观的收入，进而使他们在食物、着装、教育、医疗等日常生活的各方面具备

* 本研究得到国家自然科学基金项目“中国农民专业合作社成长机理与发展对策研究”（项目编号：70773097）的资助。

更高的消费能力。合作社的这种作用一方面进一步促进了小型养殖业的发展，同时也提高了其社员的社会经济地位。Ludwig Theuvsen 和 Annabell Franz 则分析了现代猪肉供应链中合作社的角色以及影响猪肉合作社成功的因素。结果显示，合作社成功与否取决于合作社的服务项目是否能与社员需求吻合以及合作社是否能为农户增加收益。

国内目前在合作社增加农户收入的实证研究上还比较少见。黄祖辉等(2007)分析了发展中国家普遍存在的"小农户面对大市场"的困境及其成因，以浙江省温岭市箬横西瓜合作社为例，对合作社社员和非合作社社员的生产成本和收益进行了比较分析，并得出了合作社这一组织制度的意义，进而对箬横西瓜合作社的发展成因及其进一步发展的有效性和阻力进行了分析，概括了该合作社发展和运行中的一些有益经验，最后给出了几点建议。孙艳华等(2007)则利用江苏省养鸡行业的调查数据，对农民专业合作社的增收绩效进行了实证分析。研究结果表明：(1) 与独立养殖相比，加入合作社的农户能获得更多的养殖收入。(2) 合作社内部功能与原则的差异引起了不同合作社社员之间的增收绩效的差异。(3) 与独立养殖相比，农户通过合作社的利润返还、饲料上门、苗鸡上门和防疫上门等服务实现了较为显著的增收绩效，其中，利润返还对提高增收绩效的意义最为重要。由此得到结论：利益联结是农民专业合作社发展成熟的关键，只有真正实现利润返还等合作社原则，加强农户与合作社的利益联结，民主管理才有意义，技术服务才有效果，合作社增收绩效才更显著。

本研究在前人研究的基础上，采用定量分析方法，通过对浙江省仙居县杨梅种植户的实地调研数据进行实证分析，来研究农民专业合作社对农户收入的实际影响。

三、数据来源及本文所涉及的合作社的基本情况

(一) 数据来源

本文的数据来源于浙江省仙居县的 4 个杨梅主产区：赵岙村、桐桥村、西炉村和坎头村，这 4 个村分别位于仙居县南峰街道、福应街道、步路乡和横溪镇。这四个村也是仙居四大杨梅果园观光旅游基地。

本次调查的时间为 2008 年 1 月，在正式调查前首先进行了实地预调查，并在预调查的基础上对问卷进行了修改；调查人员均为本专业的研究生同学，具有一定的专业理论基础和调查研究经验，从而保证了调查的科学性和可靠性。本次调查共回收有效问卷 160 份，其中赵岙村 45 份，桐桥村 50 份，西炉村 34 份，坎头村 31 份。本研究所考察的合作社对农户收入的影响是通过与非合作社社员相对照而得出的，因此，在调查中我们也选取了数量相当的非合作社社员，从有效样本构成来看，参加合作社的农户 80 户，未参加合作社的农户 80 户，问卷比例比较理想。另外，问卷中关于生产销售杨梅的所有数据均基于 2006—2007 生产年度。具体的样本分布见表 1。

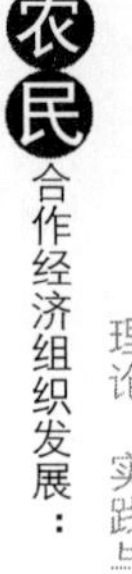

表 1 调查样本分布情况

	赵 岙	桐 桥	西 炉	坎 头	合 计
参加合作社(户)	24	25	10	21	80
未参加合作社(户)	21	25	24	10	80
合 计(户)	45	50	34	31	160
所占比例(%)	28.13	31.25	21.25	19.38	100

(二)本文所涉及的合作社的基本情况

本次调查所涉及的四个地区均有合作社，并且有的地区还不止一家合作社。调查结果显示，样本中参加合作社的 80 户农户比较集中参加的合作社有仙居县赵岙果品专业合作社、仙居县农合杨梅专业合作社和仙居县横溪镇坎头专业合作社，参加这三家合作社的农户数分别为 24 户、20 户和 21 户，分别占参加者总数的 30%、25%和 26.25%。其次比较集中的还有仙居县肖洋杨梅专业合作社和仙居县西炉农庄杨梅专业合作社(见表 2)。本研究在后面模型的对比分析中，主要以农户参加人数相当并且比较集中的前三家合作社作为研究对象。

表 2 调查样本农户参加的合作社的分布情况

合作社名称	社员所在地区	户数(户)	比例(%)
仙居县赵岙果品专业合作社	赵岙	24	30.00
仙居县农合杨梅专业合作社	桐桥、西炉	20	25.00
仙居县肖洋杨梅专业合作社	桐桥	7	8.75
仙居县西炉农庄杨梅专业合作社	西炉	6	7.50
仙居县横溪镇坎头专业合作社	坎头	21	26.25
其 他	西炉	2	2.50
合 计		80	100

在调查中我们发现，不同的合作社所遵循的原则和提供的服务是有差异的。调查样本中农户比较集中参加的合作社是仙居县赵岙果品专业合作社、仙居县农合杨梅专业合作社和仙居县横溪镇坎头水果合作社。表 3 反映了这三家合作社在基本情况和服务项目上的异同。

这三家合作社是仙居县比较有代表性的杨梅专业合作社。在建社目的上差异不大。差别主要体现在治理原则和提供的服务上。在合作社的原则上，农合合作社和坎头合作社对社员进行利润返还，而赵岙合作社没有实行这项原则。根据合作社一般的服务项目，结合杨梅的特性，我们归纳出仙居的杨梅合作社提供的服务项目主要有：统一供种、农资采购、生产技术标准、技术服务与培训、病虫害防治、提供市场信息、保鲜、统一品牌(包装)、按保护价收购成员产品、代理销售、联系买主和信用担保。其中，生产技术标准、技术服务与培训、病虫害防治、提供市场信息、保鲜、统一品牌(包装)等 6 个项目是三家合作社都有提供的。在其他的项目上，农合合作社和坎头合作社为社员提供农资采购服务、加工服务并且按保护价收购成员产品；赵岙合作社和农合合作社为成员联系买主；提供统一供种服务的只有坎头合作社；赵岙合作社还可以为社员提供信用担保。

表 3　三家主要合作社具体情况比较

特征：	仙居县赵岙果品专业合作社	仙居县农合杨梅专业合作社	仙居县横溪镇坎头专业合作社
成立时间	2004 年 2 月	2002 年 5 月	2003 年 6 月
社员个数	33	760	66
带动社员	500	1670	210
社员来自	同一个村	同一个县	同一个村
依托组织	生产大户	供销社	村委会
建社目的	解决产品销售问题	解决产品销售问题	解决产品销售问题
工商登记时间	2007 年 12 月	2002 年 5 月	2003 年 6 月
注册资金	15 万	16.7 万	6.6 万
成员出资额比例	97％	7％	100％
品牌	赵岙山	仙居仙	仙庆
安全农产品认证	绿色农产品	绿色农产品	绿色农产品
有无网站	无	有	有
原则：			
一人一票	是	是	是
利润返还	否	有	有
提供服务情况：			
生产技术标准	有	有	有
技术服务与培训	有	有	有
病虫害防治	有	有	有
提供市场信息	有	有	有
保鲜	有	有	有
统一品牌(包装)	有	有	有
农资采购	无	有	有
加工	无	有	有
按保护价收购成员产品	无	有	有
统一供种	无	无	有
代理销售	无	有	有
联系买主	有	有	无
信用担保	有	无	无

四、研究假说、变量定义及模型构建

（一）研究假说及模型构建

目前国内外对农户是否理性存在不同观点，认为农户是理性的观点的代表人物国外有西奥多·舒尔茨等、国内有林毅夫等，舒尔茨（1964）在其著作《改造传统农业》中，通过对印度等地的资料研究，认为农民是在传统技术状态下有进取精神并已最大限度地利用了有利可图的生产机会和资源的人，是相当有效率的，是理性的“经济人”。林毅夫（1988）也认为小农的行为是理性的，看似非理性的行为，其实是农户在受到外部经济条件、信息搜寻成本以及主观认识能力的多重制约下的理性决策。认为农户非理性的代表人物是苏联的 A. 恰亚诺夫。A. 恰亚诺夫（1996）指出农户依靠自己劳动而不是租佣劳动，因此工资难以核算；农产品主要满足家庭自身消费，收益也难以衡量，而且一旦农户生活需要基本满足，他们就不愿意进一步进行劳动投入。他由此认为农户的行为是非理性的。

从国内外已有的研究来看，认为农户是理性的观点更有说服力。而且对于本文的研究对象，以获取收益为目的的杨梅种植户来说，A. 恰亚诺夫（1996）指出的农户非理性的理由并不能成立。因此，本研究赞同农户行为是理性的观点，认为杨梅种植户参加合作社的行为是理性的，可以用经济学研究方法对其进行研究。

那么，根据理性经济人假设，作为具有理性和判断能力的农户，他们势必要追求利益最大化。因此，在市场经济条件下，当他们对农产品的生产和销售方式具有充分选择余地时，如果他们选择以加入农民专业合作社进行生产和销售行为，可以认为，他们已经看到或者预料到这种生产销售模式会给他们带来比其他方式更好的技术指导，更多的报酬，更高的销售价格或更稳定的市场需求。不然，农户不会轻易放弃自己的“自由”——采用成本更低、杀虫效果更好的高毒农药，或者拥有更多的市场选择机会。为此，本文提出以下假设：

假设 1：如果农户选择参加合作社，那是因为与不参加合作社相比，参加合作社的农户能够获得更高的现实和期望的经济效益。

农民专业合作社被认为具有节约交易成本、提高作物产量和质量，以及增加农户收入等作用，但这些效果也可能来自于合作社生产方式下地方政府的优惠政策、农户更多的要素投入等。一般认为，农民专业合作社的作用主要通过为社员提供产前、产中、产后的各项服务来实现。为了测算农民专业合作社通过什么途径为农户增加效益，我们提出第二个假设：

假设 2：专业合作社提供的各项服务对于农户的经济效益具有显著影响，获得过各项服务的农户的经济效益要高于没有获得过服务的农户。

（二）变量定义及模型构建

为了验证以上假设，本文构建以下模型：

（1）首先，构建“是否参加合作社”虚拟变量，然后对农户的每亩纯收入进行回归，以验证是否参加合作社对农户收入影响的实际作用，通过回归系数符号及参数显著性的比较，确定一个基本的模型一：

$$\ln Y = C + \alpha_1 x_1 + \alpha_2 x_2 + \alpha_3 x_3 + \alpha_4 x_4 + \alpha_5 x_5 + \alpha_6 x_6 + \alpha_7 x_7 + \alpha_8 x_8 + \alpha_p x_p + \alpha_z x_z + \alpha_t x_t + \alpha_k x_k + \varepsilon \tag{1}$$

其中,Y 为每亩的纯收入;x_1 为性别;x_2 为受教育程度;x_3 为家庭人口;x_4 为种植经验;x_5 为农户拥有的杨梅棵树;x_6 为平均树龄;x_7 为每亩自家劳动力投入;x_8 为每亩成本投入的对数(即 ln 每亩成本投入);x_p 为是否参加合作社虚拟变量;x_z 为赵岙地区虚拟变量;x_t 为桐桥地区虚拟变量;x_k 为坎头地区虚拟变量。各生产要素投入量用实际花费的货币表示,其中的每亩成本投入是每亩种苗成本、每亩化肥成本、每亩农药成本、每亩除草剂成本、每亩营养液成本、每亩雇工成本、每亩包装成本等项的和。

(2) 在模型一的基础上,抽取是否参加合作社虚拟变量,加入不同合作社名称虚拟变量,对不同合作社虚拟变量下的每亩纯收入进行回归,通过对回归系数符号及参数显著性的比较,分析不同合作社对于农户经济效益的影响,以验证前面的假设。构建模型二如下:

$$\ln Y = C + \alpha_1 x_1 + \alpha_2 x_2 + \alpha_3 x_3 + \alpha_4 x_4 + \alpha_5 x_5 + \alpha_6 x_6 + \alpha_7 x_7 + \alpha_8 x_8 + \alpha_z x_z + \alpha_n x_n + \alpha_k x_k + \varepsilon \tag{2}$$

其中,Y 为每亩的纯收入;x_1 为性别;x_2 为受教育程度;x_3 为家庭人口;x_4 为种植经验;x_5 为农户拥有的杨梅棵树;x_6 为平均树龄;x_7 为每亩自家劳动力投入;x_8 为每亩成本投入的对数(即 ln 每亩成本投入);x_z 为赵岙合作社虚拟变量;x_n 为农合合作社虚拟变量;x_k 为坎头合作社虚拟变量。

(3) 在模型一的基础上,抽取是否参加合作社虚拟变量,加入合作社各服务项目虚拟变量,然后对不同虚拟变量下的每均纯收入进行回归。通过对回归系数符号及参数显著性的比较,分析不同服务项目对于农户经济效益的影响,以验证前面的假设。构建模型三如下:

$$\ln Y = C + \alpha_1 x_1 + \alpha_2 x_2 + \alpha_3 x_3 + \alpha_4 x_4 + \alpha_5 x_5 + \alpha_6 x_6 + \alpha_7 x_7 + \alpha_8 x_8 + \alpha_s x_s + \varepsilon \tag{3}$$

其中,Y 为每亩的纯收入;x_1 为性别;x_2 为受教育程度;x_3 为家庭人口;x_4 为种植经验;x_5 为农户拥有的杨梅棵树;x_6 为平均树龄;x_7 为每亩自家劳动力投入;x_8 为每亩成本投入的对数(即 ln 每亩成本投入);x_s 为治理原则或各服务项目虚拟变量。治理原则指"利润返还",各服务项目包括:"生产技术标准"、"技术服务和培训"、"病虫害防治"、"统一品牌(包装)"、"保鲜"、"种苗供应"、"农资采购"、"提供市场信息"、"加工"、"按保护价收购成员产品"和"代理销售"。在具体的操作中,分别将每一个项目引入模型进行回归,以考察每个项目对收入的影响。

根据前面的分析和假设,本部分将通过多元线性回归模型来验证前面的假设,以农户种植杨梅每亩纯收入作为考虑标准,考察合作社对农户收入的实际影响。表 4 显示了进入模型的各变量的具体设置方式。

(1) 因变量:ln 每亩纯收入,为农户种植杨梅每亩纯收入的对数。

(2) 自变量包括几个部分:农户基本特征变量、种植杨梅情况变量、社间和地区间差异变量,以及合作社提供的服务项目变量。

在经济学对个体行为的分析中,个体特征(性别、年龄、受教育程度、家庭经济能力及消费个体不同的家庭结构等),是影响个体信息的获取及其行为的重要因素。因此,农户的个体特征对于他在种植杨梅过程和参加合作社行为过程中必然会产生影响。本研究结合杨梅的特性和实际调查情况,选取的个体特征变量有性别、受教育程度和家庭人口。

表 4　模型中变量的设置

变量名称	变量定义
因变量	
ln 每亩纯收入	每亩纯收入的对数
自变量	
性别	1＝男性；2＝女性
受教育程度	1＝小学以下；2＝小学；3＝初中；4＝高中及以上
家庭人口	农户家庭人口(个)
种植经验	种植历史(年)
杨梅棵树	农户种植的杨梅总棵树，包括东魁和荸荠种(棵)
平均树龄	农户种植的杨梅的平均树龄(年)
每亩自家劳动力投入	农户自家劳动力投入，不包括雇工
ln 每亩成本投入	农户每亩成本投入的对数
是否参加合作社	0＝否；1＝是
地区差异	西炉为参照组。 包括：赵岙、桐桥、坎头
社间差异	未参加合作社为参照组。 包括：赵岙合作社、农合合作社、坎头合作社以及其他合作社
利润返还	农户是否享受到利润返还。0＝否；1＝是
服务项目	农户是否享受过合作社提供的服务。0＝否；1＝是

在种植杨梅情况变量的选取上，本研究主要考察农户的种植经验、杨梅棵树和杨梅树的平均树龄，以及在种植过程中每亩自家劳动力投入，还有种植杨梅的每亩成本投入。

社间和地区间差异变量的设置，地区差异以西炉作为参照组，比较不同地区对农户在种植杨梅过程中的生产效益有没有显著影响。社间差异以未参加合作社的农户为参照对象，对赵岙合作社、农合合作社和坎头合作社的农户亩均收入进行回归，在其服务项目和增收效果等方面进行对比。

合作社原则和服务项目对农户生产效益的影响，我们通过设置合作社治理原则和服务项目变量，来考察这些项目对于农户收入影响的显著情况。合作社治理原则变量主要选取“利润返还”；在考察服务项目的效果时，设置“合作社×服务项目”变量，将享受过该项服务的合作社社员挑选出来，观察农户获得服务项目情况对于其种植收入的影响。

(三) 实证分析结果及讨论

1. 是否参加合作社对农户每亩纯收入的影响

这一模型中进入的自变量有性别、受教育程度、家庭人口、种植经验、杨梅棵树、平均树龄、每亩自家劳动力投入、ln 每亩成本投入、地区虚拟变量和是否参加合作社虚拟变量。回归结果见表 5。

表 5　模型回归结果

	系　数	标准差	B 指数	T　值	显著性水平
性　别	0.120	0.122	0.058	0.981	0.328
受教育程度	0.083	0.056	0.088	1.491	0.138
家庭人口	−0.004	0.027	−0.007	−0.133	0.894
种植经验	−0.084***	0.015	−0.596	−5.444	0.000
杨梅棵树	−0.001*	0.000	−0.111	−1.695	0.092
平均树龄	0.162***	0.018	0.967	8.940	0.000
每亩自家劳动力投入	−0.002	0.002	−0.056	−0.833	0.406
ln 每亩成本投入	0.221***	0.065	0.201	3.404	0.001
赵岙	0.055	0.173	0.027	0.317	0.751
桐桥	−0.019	0.148	−0.010	−0.130	0.897
坎头	−0.087	0.172	−0.038	−0.505	0.614
是否参加合作社	0.482***	0.109	0.263	4.421	0.000
常数项	5.203***	0.504		10.333	0.000
样本数	160				
R^2	0.570				
调整后的 R^2	0.535				
$D-W$ 检验值	2.061				
F 值	16.255***				

注：***、**、*分别表示在 0.01、0.05 和 0.1 的水平上通过显著性检验。

从表 5 中可以看出，模型的 R^2 值为 0.570，模型拟合优度一般①，说明农户种植杨梅的收入还受到其他因素的影响。鉴于本文主要考察是否参加合作社对于农户种植杨梅的收入的影响，其他因素暂不考虑，所以 R^2 值大小对结果的影响可以忽略。回归模型的 F 值为 16.255，通过 1%水平的显著性检验，说明模型总体显著性比较高。且从 $D-W$ 检验值来看，方程不存在自相关，回归模型具有统计学意义。

是否参加合作社变量系数为正，并且在 1%的水平上显著，说明参加合作社对农户种植杨梅的每亩纯收入有着显著的正影响。即在杨梅种植上，参加合作社的农户能比不参加合作社的农户获得更高的利润。这个结论与国内外已有的实证研究成果基本一致，不仅证明了关于合作社功能和作用的讨论，也在一定程度上说明我国当前的合作社虽然在组织架构和运行等方面还不尽如人意，但的确给社员农户带来了好处，对于提高农户收入

① 现代计量经济学理论认为，R^2 的大小不能作为评价计量经济学分析成功与否的主要标准，一个显著低的 R^2 并不意味着 OLS 回归方程是没有用的——具体参见 J. M. 伍德里奇：《计量经济学导论——现代观点》，中国人民大学出版社 2007 年版，第 38 页。

是有益的。

种植经验的系数为负，并且在1%的水平上显著，说明农户的种植经验对于其收入有着显著的负影响。在调查中我们发现，种植历史的长短产生的影响主要有两个方面：从正面来说，农户的生产经验随时间的增长而积累，有利于节约成本，提高产量；从负面来说，受生产习惯影响，农户接受新技术、新栽培模式的阻力也在增加，种植历史短的农户反而更容易接受新的栽培模式和管理技术。合作社农户种植经验与单位利润显著负相关，可能的原因是种植经验的负面作用超过了正面作用。另外，人力资本理论认为，个体的经验随着年龄的增长而增长，收入随着年龄的增长而增长，而当年龄的增长到一定阶段后个体的收入就没法再提高了，因此，这里种植经验对于收入产生负影响的另一个原因可能是因为农户的种植经验超过了增长的极限。

杨梅棵树的系数为负，并且在10%的水平上显著，说明种植规模的盲目扩大对于农户的收入有着负影响。可能有两个原因导致这个结果：一是被调查农户的杨梅种植棵树已经超过临界点，棵树过密不利于产量的提高；二是种植规模的增大导致农户粗放式管理，没有提高生产效率。另外在调查中我们发现，不少农户每年都有补栽新树苗的行为，补栽的棵树根据实际情况而定，大多数新栽的树苗开头两年基本上都没有产出。这一点也可能在一定程度上导致了杨梅棵树的系数为负。

杨梅树的平均树龄系数为正，并且在1%水平上显著，说明杨梅树年龄越长越能给农户带来收益，这一点不难理解。在实地调查中我们也发现，杨梅树产出杨梅的品质和数量与其树龄呈正比关系，一般情况下，栽种年代越久远的树生产出的杨梅品质和数量越高。

每亩总成本投入对于杨梅的收益具有显著的正影响，在1%水平上显著，说明在杨梅种植中，投入越多，收入越高。另外，前面已经提到过，农户种植杨梅的生产成本投入主要包括种苗成本、化肥成本、农药成本、除草剂成本、营养液成本、雇工成本和包装成本，其中化肥成本、雇工成本和包装成本是最主要的组成部分，而参加合作社的农户在这三项成本的投入上都显著高于未参加合作社的农户，这从侧面说明了合作社增加社员收入的途径。

此外，在农户个体特征方面，性别、受教育程度、家庭人口以及地区变量对农户种植杨梅的纯收入无显著影响。

2. 不同合作社对农户每亩纯收入的影响

为了考察不同合作社对农户种植杨梅的收入的不同影响，我们在模型一的基础上，抽取了是否参加合作社的变量，而加入了不同合作社名称变量，以不参加合作社的农户作为参照组，来考察不同合作社在增收效果上的差异。模型回归结果见表6。

这个模型的R^2值为0.575，F值为12.972，通过1%水平的显著性检验，说明模型总体显著性比较高。且从$D-W$检验值来看，方程不存在自相关，回归模型具有统计学意义。

从模型二可以看出，参加农合合作社和坎头合作社的农户收入与未参加合作社的农户相比的差异比较明显，变量在1%水平上显著；赵岙合作社未通过t检验，说明该合作社社员的种植收入与未参加合作社的农户的收入差异不大。赵岙合作社与其他两家合作社增收效果的差异可能就是两者在治理原则上和服务内容上的差异。后者在治理原则上严格实行"利润返还"原则，而在服务项目上，也比前者多提供了以下几项服务：农资采购、按保护价收购成员产品、代理销售等。可以说农合合作社和坎头合作社通过实行"利润返还"，真正意义上将合作社和社员的利益联结在一起；通过为社员提供产前、产中、产后全面的服务，为社员解决了后顾之忧。这一结果，与孙艳华(2007)对江苏省养鸡合作社的研究结果是一致的。

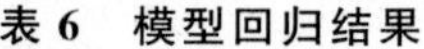

表6　模型回归结果

	系　数	标准差	B 指数	T 值	显著性水平
性　别	0.137	0.125	0.066	1.093	0.276
受教育程度	0.095	0.058	0.101	1.648	0.102
家庭人口	−0.011	0.028	−0.023	−0.406	0.686
种植经验	−0.087***	0.016	−0.622	−5.589	0.000
杨梅棵树	−0.001	0.000	−0.086	−1.269	0.207
平均树龄	0.166***	0.018	0.990	9.114	0.000
每亩自家劳动力投入	−0.001	0.002	−0.039	−0.571	0.569
ln 每亩成本投入	0.201***	0.067	0.184	3.017	0.003
赵　岙	0.143	0.200	0.070	0.717	0.474
桐　桥	−0.153	0.166	−0.077	−0.921	0.359
坎　头	−0.303	0.245	−0.131	−1.237	0.218
赵岙合作社	0.183	0.201	0.071	0.912	0.363
农合合作社	0.660***	0.210	0.216	3.137	0.002
坎头合作社	0.695***	0.250	0.256	2.774	0.006
其他合作社	0.475**	0.189	0.151	2.510	0.013
常数项	5.338***	0.514		10.393	0.000
样本数	160				
R^2	0.575				
调整后的 R^2	0.530				
D-W 检验值	2.078				
F 值	12.972***				

注：***、**、*分别表示在0.01、0.05和0.1的水平上通过显著性检验。

3. 合作社服务和功能对农户每亩纯收入的影响

合作社为社员提供产前、产中、产后各项服务，这里我们通过模型回归考察合作社治理原则和各项服务的实际效果。在模型一和模型二的基础上，我们引入了"利润返还"原则变量，同时将合作社提供的"生产技术标准"、"技术服务和培训"、"病虫害防治"、"统一品牌(包装)"、"保鲜"、"种苗供应"、"农资采购"、"提供市场信息"、"加工"、"按保护价收购

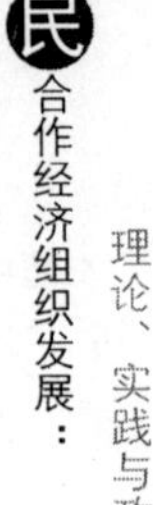

成员产品"和"代理销售"11 个合作社提供的服务项目，与"是否参加合作社"变量分别相乘，构筑"是否参加合作社×服务项目"变量，分别进入模型，以考察合作社各项服务的效果。"联系买主"和"信用担保"变量由于频次太少而不参加回归。具体的回归结果见表 7。

表 7　模型回归结果

	(1)	(2)	(3)	(4)	(5)	(6)
性　别	0.170	0.113	0.119	0.132	0.109	0.119
受教育程度	0.120**	0.070	0.086	0.072	0.110*	0.113*
家庭人口	−0.006	0.010	0.005	0.001	0.007	0.003
种植经验	−0.091***	−0.084***	−0.084***	−0.086***	−0.087***	−0.086***
杨梅棵树	0.000	−0.001*	−0.001	−0.001*	−0.001*	−0.001
平均树龄	0.169***	0.162***	0.165***	0.167***	0.163***	0.166***
每亩自家劳动力投入	−0.002	−0.003	−0.002	−0.002	−0.002	−0.002
ln 每亩成本投入	0.223***	0.236***	0.256***	0.234***	0.215***	0.229***
赵　岙	0.176	0.072	0.072	0.098	0.096	0.102
桐　桥	0.039	0.041	0.073	0.098	0.055	0.058
坎　头	−0.038	−0.104	−0.072	−0.095	−0.081	0.020
利润返还	0.441***					
生产技术标准		0.465***				
技术服务和培训			0.362***			
病虫害防治				0.436***		
统一品牌(包装)					0.448***	
保　鲜						0.336**
常数项	5.154***	5.171***	4.999***	5.155***	5.243***	5.136***
样本数	160	160	160	160	160	160
R^2	0.547	0.560	0.541	0.547	0.556	0.534
调整后的 R^2	0.510	0.524	0.504	0.510	0.520	0.496
D-*W* 检验值	2.078	1.968	1.984	2.020	1.965	2.016
F 值	14.773***	15.590***	14.447***	14.798***	15.368***	14.059***

注：***、**、* 分别表示在 0.01、0.05 和 0.1 的水平上通过显著性检验。

续表 7 模型回归结果

	(7)	(8)	(9)	(10)	(11)	(12)
性　别	0.124	0.089	0.128	0.130	0.144	0.158
受教育程度	0.093	0.083	0.091	0.113*	0.118**	0.117**
家庭人口	−0.005	−0.007	−0.008	−0.004	−0.007	0.001
种植经验	−0.092***	−0.092***	−0.088***	−0.093***	−0.087***	−0.087***
杨梅棵树	0.000	−0.001	−0.001	0.000	0.000	0.000
平均树龄	0.174***	0.175***	0.170***	0.175***	0.169***	0.170***
每亩自家劳动力投入	−0.002	−0.002	−0.002	−0.002	−0.002	−0.002
ln 每亩成本投入	0.258***	0.235***	0.230***	0.258***	0.248***	0.214***
赵　岙	0.087	0.064	0.132	0.124	0.178	0.141
桐　桥	0.047	0.053	0.036	0.047	0.008	−0.037
坎　头	−0.027	−0.020	0.002	0.059	0.049	0.067
种苗供应	0.305*					
农资采购		0.433***				
市场信息			0.330**			
加　工				0.178		
按保护价收购					0.307**	
代理销售						0.417***
常数项	5.056***	5.261***	5.182***	4.969***	4.981***	5.106***
样本数	160	160	160	160	160	160
R^2	0.523	0.531	0.532	0.516	0.526	0.537
调整后的 R^2	0.484	0.493	0.493	0.477	0.488	0.499
$D-W$ 检验值	2.089	2.074	2.056	2.081	2.061	2.104
F 值	13.410***	13.886***	13.906***	13.076***	13.607***	14.189***

注：***、**、*分别表示在 0.01、0.05 和 0.1 的水平上通过显著性检验。

从表 7 中可以看出，合作社“利润返还”原则在 1% 水平上显著，说明该原则对农户增收起到了重要的作用。该模型 R^2 值为 0.547，F 值为 14.773，通过 1% 水平的显著性检验，说明模型总体显著性比较高。且从 $D-W$ 检验值来看，方程不存在自相关，回归模型具有统计学意义。

在合作社服务项目上，“生产技术标准”、“技术服务和培训”、“病虫害防治”、“统一品牌(包装)”、“农资采购”、“代理销售”等均在 1% 水平上显著；“保鲜服务”、“提供市场信息”和“按保护价收购成员产品”在 5% 水平上显著；“种苗供应”在 10% 水平上显著；说明这些服务项目是与社员需求吻合的，同时对于农户的收入有着显著的影响，即合作社通过提供以上服务项目，实现了其增加农户收入的最终目标。

"加工"变量没有通过显著性检验，说明这一项服务对农户的收入没有产生显著的影响。在实地调查中我们也发现，目前合作社具有的加工技术都比较初级和简单，比如酿制杨梅酒、晒制杨梅干等。这些加工方法都比较传统而且没有什么技术含量，并没有在真正意义上增加杨梅的附加价值，因此，这一方面的潜力还有待进一步挖掘。

五、结论和政策启示

通过以上分析，我们得出以下主要结论和政策启示：

1. 农民专业合作社有利于提高农户的收入

本文通过对参加合作社和不参加合作社的农户的比较，发现合作社在杨梅种植户的发展和获取收益的过程中扮演着重要的角色，它们能使参加合作社的农户获得更多的经济利益。因此，应该鼓励和大力支持农民专业合作社的发展。

2. 不同的合作社对农户收入的影响具有差异性

本文通过对三家典型合作社的对比分析发现，不同合作社对农户的增收效果是不一样的，赵岙合作社对农户收入的影响效果不显著，农合合作社和坎头合作社对农户的收入影响显著，造成这种差异的原因是这些合作社在治理原则和服务上的差异，以及各合作社规范程度的差异。那些与农户利益联结紧密、提供的服务项目涵盖产前、产中、产后各环节，并且各项服务均能够落到实处的合作社，在提高农户种植收入上具有显著效果。而那些内部利益联结比较松散、提供的服务项目不能切合社员实际需求的合作社，在增加农户的收入上发挥的效果是有限的。因此，要发挥合作社在增加农民收入中的作用，必须要提高合作社的服务水平。

参考文献

[1] Wollni M & Zeller M. Do Farmers Benefit From Participating in Specialty Markets and Cooperatives? The Case of Coffee Marketing in Costa Rica [A]. Contributed Paper Prepared for Presentation at the International Association of Agricultural Economics Conference. Gold Coast, Queensland Australia, 2006(August).

[2] Maharjan K L & Fradejas C C. Role of Cooperative in Improving Access to Production Resources and Household Economy of Backyard Pig Raisers in Batangas, Philippines [A]. Poster Paper Prepared for Presentation at the International Association of Agricultural Economics Conference. Gold Coast, Queensland Australia, 2006(August).

[3] Theuvsen L & Franz A. The Role and Success Factors of Livestock Trading Cooperatives: Lessons from German Pork Production [J]. International Food and Agribusiness Management Review, 2007(3).

[4] [俄]A.恰亚诺夫.农民的经济组织[M].北京：中央编译出版社，1996.

[5] [美]J. M. 伍德里奇. 计量经济学导论——现代观点[M]. 北京：中国人民大学出版社，2003.

[6] 陈锡文. 关于中国农业合作制的若干问题[J]. 农村合作经济经营管理，1999(2).

[7] 黄祖辉，梁巧. 小农户与大市场的集体行动——以浙江省箬横西瓜合作社为例的分析[J]. 农业经济问题，2007(9).

[8] 林毅夫. 小农与经济理性[J]. 农村经济与社会，1988(3).

[9] 孙艳华，周力，应瑞瑶. 农民专业合作社增收绩效研究——基于江苏省养鸡农户调查数据的分析[J]. 南京农业大学学报(社会科学版)，2007(2).

[10] [美]西奥多·W. 舒尔茨著，梁小民译. 改造传统农业[M]. 北京：商务印书馆，1987.

我国农民专业合作经济组织发展中的政府行为与相关政策法规

夏　英
（中国农业科学院农业经济与发展研究所）

以合作社为基本组织单元的合作经济组织，其组织特征决定了它作为非营利性自治组织在满足成员共同利益和需求方面具有特殊价值，在应对政府和市场失效问题上具有不可替代的功效。作为行使社会经济与社会发展公共职能的政府应当与合作社建立一种理想的伙伴关系（这一点为国际合作社联盟所倡导），同时，政府机构和第三方的支持也是合作社发展的重要条件。我国农民专业合作经济组织尚处在初期发展阶段，来自政府的支持与帮助十分关键。政府如何扶持合作经济组织发展，并与之建立理想的伙伴关系，是值得深入探讨的理论与实践问题。

一、政府在合作经济组织发展中的职能、作用及行为特点

（一）政府的职能

根植于合作社所遵循的价值原则——涵盖了经济互助、社会责任、关注社区等元素，可以确认合作社自身的组织特征：（1）所有者、经营者、受益者三位一体的“同一性”特征；（2）“一人一票”的民主管理企业特征；（3）不以盈利最大化为目标，合作社的奋斗目标不止于为社员提供经济服务，还涉及更广义的社会、文化和环境范畴。鉴于合作社具有经济与社会双重属性，及其不可或缺的经济与社会价值，国际合作社联盟倡导各国政府与合作社建立伙伴关系。

一般而言，在市场经济体制下，政府在处理与合作社的关系上，通常从合作社立法、机构设立、发展规划、政策调整等多个方面，给予合作社指导、扶持和监管。按我国《农民专业合作社法》，政府对合作社的职能被明确界定为：“对农民专业合作社的建设和发展给予指导、扶持和服务”。

（二）政府的作用

理论上讲，政府在合作事业中的作用有三：一是维护合作事业的本质，不容被破坏和歪曲；二是增强合作社的服务能力，为社员与社会谋求福利；三是推行合作制度，促进合作经济组织参与经济、社会、文化等建设。

不可或缺的外部条件。合作事业的发展存在三个基本的条件：市场经济、弱势群体的需求和无私奉献的合作事业倡导与实践者，即“道德高尚的先驱者”。第一个条件为社会经济制度因素，作为外部环境存在；第二个条件内生于市场经济制度因素，与之相辅相成；第三个条件为人的因素，产生于由价值观决定的道德力量，一般由为合作事业奉献精

神的个人、政府和第三方力量来充当。在此三个条件兼备的情况下,合作事业方能发展不息。

合作社绩效的重要提供者。目前在全世界利用合作社的人口已达到8亿,合作社的发展领域覆盖从农业、手工业、生产生活消费,到金融、保险、教育、住房、医疗等所有人类生存与发展的方方面面。合作社的发展能力在市场竞争中不断提升,合作社一头连着数以亿计的基层民众,一头可在跨区域、跨国经营中抢占先机,赢得一席之地。合作社何以创造伟业与奇迹,合作社事业何以兴旺发达,美国一位合作社研究学者道出了其中的奥秘:农民合作社成功的背后是政府为合作社创造了有利的发展环境,降低了其运营成本,构建了有效的合作伙伴关系。

(三)政府的行为特点

总体而言,在国际合作运动中,各国政府一般从财税、金融到教育培训,以及其他公共物品领域制定相关政策支持合作社发展。通行做法主要包括四个方面:一是以立法的形式,通过减税、低税、免税政策或财政补贴政策来支持农民合作社的发展。二是给予信贷扶持和允许金融、保险准入,帮助合作社发展和建立各项互助合作金融和保险事业,优先为合作社提供政策性信贷和政策性保险。三是支持合作社的教育和培训,培养专业化管理人才,在各类学校和一般教育课程中加入合作社的内容。四是宣传倡导合作社价值和精神,对于为合作社发展作出贡献的人授予适当荣誉和必要的奖励。

但是,综观世界各国农民合作经济组织发展的漫长历史实践过程,合作社发展表现出自主联合型、社会改造型和政府推动型三种主要模式。在不同的发展模式下,政府的行为特点也不尽相同,特别是对合作社的监管、控制或干预程度上差别较大。

在自主联合发展模式中,合作经济组织是根据农民生产经营的需要,自由、自愿组织建立起来的,政府依据相关的法律、政策加以规范和监管,不对内部管理经营直接进行任何干预。如法国、德国、美国、加拿大等欧美国家发展的合作组织,也是目前合作社发展的主导模式。

在社会改造模式中,合作组织是由政府直接倡导、组织兴办起来,把合作组织作为改造个体农民经济或改造农村社会的工具,目的是借助合作社引导广大农民走集体化发展道路,过渡到社会主义。这类合作社的组成、发展带有强烈的意识形态色彩,受到政府强有力的控制,合作组织的自主性不强,对政府的依赖性极强。苏联、东欧等社会主义国家、我国20世纪50年代的合作化运动都曾采用了这种模式。

在政府推动模式中,这类合作组织在政府引导下建立,从合作社的引入、组织体制的设计到合作社在乡村经济体系中承担的任务等,都是在政府的支持下进行的,政府在合作社产生与发展中起到了决定性作用。但政府不会直接干预和控制合作组织,只是出于一定的目的,通过法律、经济、政策等手段进行间接管理、指导和监督。合作社实行民主决策、民主管理,同时具有一定的自主权。目前世界上大多数发展中国家的合作组织都属于这种类型。日本、印度、泰国等较为典型。

从上述三种合作社发展模式可以看到,不同国家政府同合作社的关系主要体现在支持和控制两个方面(支持不等于控制),区别体现在支持程度和控制程度的不同,并在不同发展时期有所调整。从发展的趋势看,政府支持但不控制合作社是发展的主流。即使过

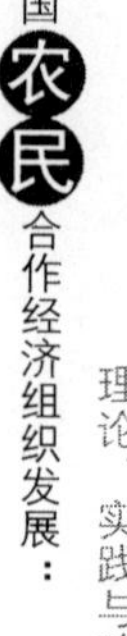

去由政府控制合作社进行社会改造的国家，经过近半个世纪的发展，也逐步转变为政府推动型合作社发展模式，只是政府参与的成分比欧美等国家偏重一些而已。

二、我国政府指导、扶持和服务合作社的行为选择

改革开放以来，从政府行为层面看，农民专业合作经济组织经历了农民自主发展、政府培育推动和国家立法促进三个发展阶段，政府行为出现从无为到有为再到依法履行职责的变化。我国《农民专业合作社法》颁布实施一年多来，伴随着扶持政策与配套法律法规的陆续出台，政府行为向规范方向发展，政府的职能与作用得到进一步发挥，对农民专业合作社的发展与壮大产生了积极影响。

（一）农民专业合作社政策法律体系

到目前为止，国家相继出台了与《农民专业合作社法》相配套的登记条例、示范章程、财会制度和四项税收豁免扶持政策，“一法、一条例、一章程、一制度、四免税”的颁布实施，标志着农民专业合作社建设与发展的法律法规制度体系框架已基本建立。

1. 注册登记制度

依据《农民专业合作社法》制定的《农民专业合作社登记管理条例》，自 2007 年 7 月 1 日起开始施行。条例明确规定：工商行政管理部门是农民专业合作社登记机关，农民专业合作社由所在地的县（市）、区工商行政管理部门登记，领取农民专业合作社法人营业执照，取得法人资格；国务院工商行政管理部门负责全国的农民专业合作社登记管理工作，并可以对规模较大或者跨地区的农民专业合作社的登记管辖作出特别规定；登记机关办理农民专业合作社的登记不得收费。但登记环节中涉及有关部门的收费，尚不在此列，如变更登记中重新刻章等。

2. 农民专业合作社财务会计制度

该制度的施行，首先是推动农民专业合作社依法规范发展的需要。《农民专业合作社财务会计制度》对依法规范合作社的财务会计活动，准确核算合作社的各项经济业务和资产状况，加强合作社的内部管理，明晰合作社及其成员的产权关系，保护合作社及其成员的合法权益，促进合作社发展壮大，具有十分重要的意义和作用。推动农民专业合作社依法规范发展，需要基层广大合作社业务辅导员和财会业务辅导工作者共同努力。其次是依法履行职责，加强经管业务职能的需要。《农民专业合作社法》赋予了各级农业行政主管部门指导、扶持和服务农民专业合作社建设与发展的职责。经管部门一项十分重要的指导内容就是财务会计工作的指导。合作社财务会计制度明确规定：“农村经营管理部门依照《中华人民共和国农民专业合作社法》和有关法规政策等，对合作社会计工作进行指导和监督”，要求“合作社应按照规定准确、及时、完整地编制会计报表，向登记机关、农村经营管理部门和有关单位报送”，“各级农村经营管理部门，应对所辖地区报送的合作社资产负债表、盈余及盈余分配表和成员权益变动表进行审查”。各级经管部门要义不容辞地认真履行好职责，及时调整、完善相关业务内容，切实加强对合作社会计工作的指导和监督，适应新形势、新任务和新要求。

3. 财政扶持政策

农民专业合作组织的发展得到了各级政府财政资金的大力支持，这也是《农民专业合作社法》第五十条的明确规定。2003—2007 年间，中央财政（由财政部门、农业部门分别投入）累计安排专项资金 5.15 亿元，对 2700 多个农民专业合作组织给予了扶持补助。从 2004 年起，农业部组织实施了农民专业合作组织示范项目，围绕优势农产品产业带、主导产品及各地名特优产品建设，累计安排专项资金 8500 万元，4 年来共扶持 508 个农民专业合作组织示范单位开展标准化生产、专业化经营、市场化运作、规范化管理，并确定北京、吉林、山东、浙江、安徽、河南、湖北、湖南、四川、陕西、宁夏、青岛等 12 省（自治区、直辖市）为全国试点，促进了“一村一品”和当地主导产业的发展，对于引导农民专业合作组织的规范化建设起到了显著的示范带动作用。此外，据不完全统计，2004 年以来，省一级财政安排的专项扶持资金已超过 4.6 亿元。

4. 税收扶持政策

财政部、国家税务总局联合下发《关于农民专业合作社有关税收政策的通知》（财税〔2008〕81 号）明确规定为农民专业合作社免除 4 项税负，并自 2008 年 7 月 1 日起施行，其具体规定：(1) 对农民专业合作社销售本社成员生产的农业产品，视同农业生产者销售自产农业产品免征增值税。(2) 增值税一般纳税人从农民专业合作社购进的免税农业产品，可按 13%的扣除率计算抵扣增值税进项税额。(3) 对农民专业合作社向本社成员销售的农膜、种子、种苗、化肥、农药、农机，免征增值税。(4) 对农民专业合作社与本社成员签订的农业产品和农业生产资料购销合同，免征印花税。

税收政策的出台将有利于降低农民专业合作社的外部成本，有助于农民专业合作社的稳定持久发展。

5. 金融等扶持政策

目前，全国性的有关支持农民专业合作社发展的综合性政策文件尚未出台，国家层面的专项金融扶持政策尚不明朗，但在地方政府层面已有一些举措。如山东省农村信用联社 2008 年出台了《山东省农村信用社农民专业合作社贷款指引》（以下简称《指引》），把加强农民专业合作社金融服务作为支持“三农”工作的一个新的切入点和增长点。此外，已有 29 个省（自治区、直辖市）专门制定了地方性综合政策扶持文件，明确了财政、税收、信贷、用地、用电、人才、奖励等方面的支持政策。陕西省在实施《中华人民共和国农民专业合作社法》办法中规定：县以上人民政府对在支持、促进农民专业合作社发展工作中作出显著成绩的单位和个人，以及示范带动作用显著的农民专业合作社，应当予以表彰、奖励。

6. 其他配套法规

(1) 无论立法形式如何，世界各国立法对合作社扶持措施中，排除反垄断法对合作社适用是重要一条。我国《农民专业合作社法》对合作社的反垄断豁免虽没有作出专门规定，但《中华人民共和国反垄断法》（2007 年 8 月 30 日第十届全国人民代表大会常务委员会第二十九次会议通过）第五十六条规定：“农业生产者及农村经济组织在农产品生产、加工、销售、运输、储存等经营活动中实施的联合或者协同行为，不适用本法。”这一规定明确了农民专业合作社享有反垄断豁免，这对发展壮大农民专业合作社将发挥重要作用。(2) 陕西省于 2007 年 11 月出台陕西省实施《中华人民共和国农民专业合作社法》的办法，对《农民专业合作社法》实施中可能遇到的一些具体问题作出进一步的具体规定①，极大地促进了农民专业合作社在本地区的发展。湖北省也于2007年12月出台了湖北省实施《中华人民共和国农民专业合作社法》的办法。

（二）产业带动，项目扶持，示范先行

农民专业合作经济组织的产业扶持政策主要是以项目扶持为带动的。农业部2004年以来实施的农民专业合作经济组织示范项目具有代表性，农民专业合作组织示范项目的内容是：以当地主导产业和名特优产品为依托，侧重农业部优势农产品产业带建设，选择在实行标准化生产、专业化服务等方面有较好的工作基础，对提高农业产业化经营水平、增加农民收入有较强带动能力和示范作用的农民专业合作组织进行扶持补助。目的在于通过中央财政资金扶持，帮助农民专业合作组织解决生产经营、市场营销及技术信息服务中的突出困难，不断增强农民专业合作组织的服务功能和自我发展能力，提高农产品质量安全水平和农民收入水平；引导农民专业合作组织健全民主管理制度，完善盈余分配机制，提高经营管理水平；同时为在城乡统筹新形势下的财政支农方式作出新的探索。

以2007年为例，在100个受扶持合作组织中，扶持粮食、油料、生猪、奶牛等主要农产品生产的占14%；与农业部2006年“优势农产品产业带促进行动”确定的优势农产品产业带相符合的有5个；与农业部确定的省部共建示范村（场）或联系村（场）14个。涉及的产业为种植业占64%，畜牧养殖占29%，渔业占5%，农机服务占1%，编织占1%。项目资金主要用于扶持农民专业合作组织增强生产能力建设，开辟市场能力建设。项目单位根据本组织生产发展中迫切需要解决的突出问题，选择下列1～2项作为申报项目建设内容：（1）种植业标准化生产基地建设。制定和实施生产标准与技术规程、引进优良品种、推广实用技术、兴建温室大棚、改造标准化生产基地的微型水利设施、购置灌溉设备和产品质量安全检测仪器等。（2）畜牧集中饲养小区建设。兴建饲养圈舍、购置相关设备和环保处理设施等。（3）渔业标准化养殖基地建设，包括购置相关设备等。（4）实施品牌战略。进行本组织生产的无公害农产品、绿色食品、有机食品、原产地标志等认证，帮助农民专业合作组织提升产品品牌和档次。（5）拓展产品市场。兴办产地批发市场和牲畜交易市场，购置相关设备；在城市超市租用专门柜台直销本组织产品，或者在城市兴办本组织连锁直销网点；举办或参与产品展览展示等市场营销活动。（6）兴办加工实体。开展农产品初加工，建设仓储、加工等厂房以及购置相关设施设备等。（7）农民专业合作组织开展农业保险补助试点。（8）开展生产经营、法律知识等培训。（9）信息网络建设。

农业部计划从2008年10月启动新一轮培育“农民专业合作社示范社”活动。与之相配套，每个市、县每年培育县级“农民专业合作社示范社”3～5个，各省从市、县级示范社中每年择优培育50个左右省级“农民专业合作社示范社”，农业部从省级示范社中每年择优培育100个左右全国“农民专业合作社示范社”，做大做强一批产业基础牢、经营规模大、质量安全优、品牌效益高、出口能力强、服务设施全、带动农户多、社会效果好的示范专业合作社。

---

① 陕西的实施办法对实施家庭承包经营的国有农场职工加入农民专业合作社的，规定视作农民计算比例，从而避免了国有农场职工按《农民专业合作社登记管理条例》不能登记入社的问题。

(三) 教育与培训

各级政府以多种形式开展的农民专业合作社人才队伍建设工作有序推进，农业部已在提出培训原则、阶段性目标和培训方式等基础上，开始抓培训规划的实施与落实。

危朝安副部长在2007年12月召开的全国农民专业合作组织建设与发展经验交流会议上，讲话指出：按照分类指导、分级负责、注重实效的原则，制定培训规划，采取学历教育、远程教育、短期进修、参观考察、国外研修等多种形式，大力加强合作社干部培训教育。要争取将“组织实施农民专业合作社管理人才‘金色证书’计划”纳入《农村实用人才队伍建设规划(2008—2015)》范畴，力争用8年的时间，培训10万名左右以理事长为主的农民专业合作社经营管理人才，10万名左右以会计为主的农民专业合作社理财能手，10万名左右以生产技术为主的种养能人，5万名左右以经管干部为主的县乡基层业务辅导员。要建立健全培训网络体系，依托有关单位尽快成立全国农民专业合作社干部培训中心，组建若干区域性分中心。支持农业大专院校和农业职业技术学校开办相关专业和课程，培养农民专业合作社专门人才。组织有关专家学者抓紧编写相关培训教材。2008年要重点加强农民专业合作社会计制度的培训工作。

三、政府行为中需要注意的问题

(一) 力避农民专业合作社项目扶持资金和优惠政策为假合作社套用

农民专业合作经济组织是特殊的法人主体，有着不可替代的经济与社会价值，正是出于对合作社扶弱助贫、公平民主等功能的推崇与重视，政府通过财政、税收等优惠政策支持农民专业合作社才具有合理性。问题是政府对合作社的扶持是一把双刃剑，一方面扶持了一些需要扶持的真正的农民专业合作社，另一方面也吸引了一些并非合作社的涉农企业目光。它们往往通过虚假材料注册登记为合作社后进行政策套利，以获取农民专业合作社的政策优惠和政府项目扶持资金，使财政扶持合作社的资金隐蔽性地流出，这不仅是对合作社的一种侵害，也是对公共财政的侵蚀。政府务必要防止“戴红帽子”的假合作社或“变色龙”钻空子。

(二) 政府行政推动农民专业合作经济组织发展要适度

从制度经济学的角度分析，农民专业合作经济组织的产生与发展为诱致性制度变迁，政府行为需要符合市场经济规律，不可急于求成，拔苗助长。目前，总体上看我国农民专业合作经济组织的发展正越来越受到政府的重视，并得到一些必要的财政支持。但值得注意的是，有些地方政府行政推动力量过于强大，不是根据当地产业发展水平、农民意愿等必要条件制定渐进式发展规划，而是以政府的力量来主导农民专业合作经济组织的产生发展。如由基层政府指派合作社管理人员，或行政人员兼任合作社董事长、监事长等职务，这种情况多存在于由协会变更登记而来的农民专业合作社中；在合作社发展业务过程，政府在公司与合作社中间充当中介人，本该由公司与合作社签订的生产合同或销售合同，变成由政府为公司担保或由政府代替合作社直接与公司签订等。这类行为，要么存在拔苗助长之嫌，要么则侵犯了合作社的独立性。

(三)合作社监管工作任重道远,规范发展要有为而治

在2004年以来的农业部农民专业合作社试点项目中,我们发现一些基层干部对合作社概念不清,把握不准,有的将农民专业合作社等同于农产品协会、专业协会,也有的把农民专业合作社与股份合作企业混为一谈,结果是推荐为试点项目合作社的入选资格和质量较差,如果上级政府部门把关再不严,将使示范项目的绩效大打折扣。因此,面对整体质量不高的合作社发展现状,严格筛选项目试点十分必要,为此前期摸底、调研的基础工作一定要扎实,否则只能依据试点单位自身提供的申报材料做判别,这就很难把好试点准入关。但是由于种种主客观因素,特别是在试点工作指导力量有限、工作经费不足的情况下,地方试点工作机构往往从工作成本考虑,以简单的处理方法,得过且过,草率完成甄别工作。而大量基础差、起点低的合作社进入试点,给后续跟踪和指导带来大量工作,使试点效果受到影响。在政策扶持力度不断加大、试点示范面持续扩大的现阶段,农民专业合作社的发展既要重数量规模,又要重规范,重视处理好合作社发展与制度建设的关系,以培训、督导、奖励等方式做到有为而治。

与此同时,在政府实施和开展扶持农民专业合作经济组织工作过程中,基层合作社要积极配合,用好政策扶持资金,并接受政府的监督,有义务如实反映合作社业务经营状况,保证守法按章经营。合作社联合社(协会)应为基层合作社做好各项服务,特别是与政府沟通的服务工作,主动与基层政府主管部门沟通,反映本行业合作社对政府服务、指导和监督的需求与意见,维护合作社的利益。

四、提高政府指导、支持与服务农民专业合作社发展水平的对策措施

长期以来,我国农村专业合作经济组织发育水平还不够发达,农民组织化程度较低,普遍存在着政策扶持不足、贷款困难、合作社独立性不够等问题。这些问题的存在,除了源于我国农民家庭经营过于分散,农民群体极度弱势,合作意识较淡薄等内因外,政府作用存在错位、越位、不到位也是不可忽视的重要外部因素。在当前我国《农民专业合作社法》及一系列相关法律政策体系建设逐步完善的有利环境下,结合出现的新问题,政府行为应着力在以下方面改进与完善:

(一)完善和细化登记制度

针对目前农民专业合作社在工商登记中存在的新问题,包括登记注册手续烦琐、有些经营项目尚不能登记、非登记收费标准不一和偏高等,建议对设立农民专业合作社的登记手续再进一步从简,并在农民身份界定和农业经营范围上从宽掌握。比如,从事农业生产的农牧场职工,已转为城市居民而仍然从事农业生产的原农村集体经济组织成员可作为农民身份组建专业合作社。农民从事手工编织、农家乐、乡村民俗游等经营项目也应给予经营许可。

(二)加大力度,持续开展合作社培训教育工作

在目前相关法律政策环境十分有利于农民专业合作社发展的形势下,人才队伍建设则是确保合作社规范发展与壮大的关键,是合作社制度有效供给的源泉,因此要在现有工作基础上,持续开展和加强农民专业合作组织人才队伍建设。依托院校建立合作社学院,

培养合作社经营管理专业人才，培养后续具有专业知识的指导人员队伍，保证合作社工作指导水平不断提高。要充分利用农业系统培训教育资源，特别是现代农业远程教育资源，对专业合作社理事、监事、技术人员、经营管理人员、财务会计人员开展培训工作，努力造就一支善经营、会管理、懂技术、有奉献精神的农民专业合作社经营管理人才队伍，提高农民专业合作社内部的经营管理绩效。

（三）依法加强业务指导和服务工作

农业行政主管部门制定农民专业合作社建设与发展的业务指导操作规范，认真做好农民专业合作组织的指导和服务工作。特别是要以农民专业合作社示范社为中心任务，积极扎实推进农民专业合作社示范社建设。督促示范社开展工作，以制定章程和建立成员账户为重点，指导农民专业合作组织完善财务会计制度、民主管理制度和盈余分配制度。结合农民专业合作社法执法检查和农民负担检查工作，组织开展面向农民专业合作社的收费检查，清理取消不合理收费、制止乱收费现象。组织动员有条件的农民专业合作社参加有关农产品交易洽谈会、博览会、展销会等活动。加强信息服务，建设好“中国农民专业合作社网”。农业行政主管部门要做好农民专业合作社登记的前置辅导工作，依照《农民专业合作社法》和《农民专业合作社示范章程》的规定制定组织章程，建立民主的管理制度，做好农民专业合作社基本情况的统计工作。

（四）明确金融扶持政策

（1）国家开发银行、农业发展银行等国家政策性金融机构，要为农民专业合作社提供多渠道的资金支持，放宽贷款用途；实行优惠利率，由政府政策性金融机构直接安排低息贷款等，并尽快研究制定支持农民专业合作社的实施方案和操作办法。（2）农村地区的农业银行、农村信用社等农村商业性金融机构，要采取多种形式为专业合作社提供金融服务。其方式包括：对农民专业合作社降低贷款条件，加大信贷投放力度，优先提供低息和中长期信贷支持，限定对合作社贷款特别是粮食等种养贷款的最高利率上限。实行“一站式”服务，在信贷审批、利率标准、信用额度、信贷种类等方面提供方便和优惠，不断提高满足贷款需求的能力。（3）健全贷款担保机制。由中央和省级财政支持建立合作社信用担保机制，组建专门的担保机构，或由财政补助社会其他担保机构为农民专业合作社获得金融支持提供担保。积极鼓励开展农村抵押贷款。要在现行法律框架下，积极开展存货、应收账款、生产订单和仓单抵（质）押贷款。凡法律法规不禁止、产权归属清晰、价值评估合理的各类农村资产，都可以作为贷款的抵（质）押物，如林权抵押、依法可流转交易的水域权抵押、草场抵押等。（4）探索农民专业合作社农业保险方式。把农民专业合作社及其成员纳入农业政策性保险试点范围。开展农民专业合作社保险保费补助试点和互助保险试点。保费补助由中央和省级财政提供。

参考文献

[1] 夏英. 经济全球化视角下的合作社及其发展问题[J]. 中国经贸导刊，2004(18).

[2] 夏英. 政府扶持农民合作社的理论依据与政策要点[J]. 农村经营管理，2004(6).

[3] 危朝安. 走中国特色农业现代化道路　大力促进农民专业合作经济组织发展[J]. 农村经营管理，2008(1).

[4] 农业部经管司，经管站. 加快农民专业合作组织发展　提高农业生产组织化程度(2007 年 12 月)[R]. 载农业部经管司，经管站编印. 农民专业合作经济组织建设参阅资料(二). 2008.

[5] 梁晖，任大鹏. 从反垄断法的角度看合作社法律制度[J]. 中国供销合作通讯，2008(5).

辽宁省农民合作经济组织运行的影响因素分析*

周　娟　张广胜
（沈阳农业大学经济管理学院）

一、引　言

农民合作经济组织是农民自愿参加的，以农户经营为基础，在家庭承包经营的基础上，从事同类或相关农产品的生产经营者依据加入自愿、退出自由、民主管理、盈余返还的原则，按照章程进行共同生产、经营、服务活动的互助性经济组织。它包括了现实中的专业协会、专业技术协会、专业合作社等多种农民自己组建的经济实体，它对于推进农业产业化进程和农民增收发挥着极其重要的作用。

尽管各级政府积极推动农民合作经济组织的发展，辽宁省作为我国的农业大省，参与农民合作经济组织的农户却还不足5%，而且，农民合作经济组织的规模普遍较小，运行机制不完善。根据辽宁省农村经济经营管理总站2007年1月31日的统计数字可知，截至2006年底，辽宁省共有农民合作经济组织2821个，入会（社）总农户数为227029户。其中，大连地区的农民合作经济组织最多，约占14.18%，盘锦地区的农民合作经济组织最少，只有18个。从行业划分上看，种植业最多，所占比例接近50%。从服务内容方面看，从事产加销综合服务的合作经济组织最多，达到50%。从设立人身份划分角度看，农民建立的合作经济组织最多，比例高达77.28%。

运行良好的农民合作经济组织不仅在带动农民增收致富方面作用突出，而且在解决社员福利、公共设施配置、经营效率、产业发展等方面影响也很显著。本文选取辽宁省沈阳、大连和抚顺三地区的农民合作经济组织作为调查对象，通过问卷调查的方式获得数据，从理论和实证的角度分析影响辽宁省农民合作经济组织运行的因素，这对于把握辽宁农民合作经济组织的发展方向、促进农民合作经济组织的发展，进而用于指导辽宁省的农民合作经济组织的具体实践具有重要的意义。

文章结构如下：第二部分简要地回顾农民合作经济组织的相关研究文献；第三部分是影响农民合作经济组织的理论分析；第四部分是数据来源说明以及基本变量描述；第五部分利用调查数据，对影响农民合作经济组织因素进行实证分析；第六部分为结论和建议。

---

* 辽宁省教育厅高等学校人文社科研究项目A类（项目编号：2005W195）；辽宁省财政科研基金重大项目（项目编号：06C011）。本次调研得到沈阳市市委党校的支持，数据的录入和初步处理由研究生周密同学完成，谨致谢意。

二、文献综述

农民合作经济组织在规范层面上讲是国际合作社联盟所说的合作社，因此，文中涉及国外部分的农民合作经济组织采用国际通行的"合作社"名称或者"农业合作社"。

国外许多学者对合作社存在的原因进行了研究。Sexton(1986)认为合作社是一种厂商，当合作社的生产者剩余和消费者剩余达到最大化时，合作社成员和社会福利也达到最大化。LeVay(1983)运用交易费用理论分析了合作社产生的原因，他认为合作社是一种合适的组织形式，主要的理由是：第一，合作社能提供进入市场的通道，并在长期内保持市场的稳定；第二，在经济规模基础上，合作社的出现起到了正面效应；第三，合作社可以降低成员的生产和交易成本，增加了成员的收入。Fulton(1995)将所有权的理论运用到合作组织中，他认为，如果农业产出是高度可变和难以预测的，最有效的方法就是使这些产出的所有者成为剩余索取者，即一个合作组织就应该被组建。

近年来，国内也出现了大量的研究成果。在研究影响农民合作经济组织运行的主要因素的文献中，阎寿根(2002)将合作经济组织的运行因素归结为内部运行机制不健全与不规范和外部运行环境不够宽松。于法稳(2003)根据对北京市顺义区农民专业合作经济组织的调查，除了外部环境、政策支持力度、规范管理外，在内部运行机制的完善方面认为组织的能力建设是一个重要内容，尤其是组织负责人的各种能力提高的软件建设。陈军法等(2004)以浙江省青田县的农民专业合作经济组织为例，除阎寿根提到的因素外，还强调了组织与社员利益关系不够紧密的因素。

虽然全国各地已经成立了各式各样的合作经济组织，但基本都还处于初级阶段，对合作经济组织良好运行的影响因素、制度、效益等的探讨也由于实践的限制进行得还不够深入。而且，研究方法主要以规范分析为主，从微观层次对农民合作经济组织发展的内在机理及外部影响因素的实证研究并不多。因此，对辽宁农民合作经济组织运行的影响因素进行系统的研究显得很有必要。

三、理论分析

作为组织，进行经营的动力是收益大于成本，一旦经营收益小于经营成本，组织就无法实现。根据成本收益原则，建立农民合作经济组织运行动力的数学模型：

$$P(R) = (E - C) > 0 \tag{1}$$

其中，P 为组织运行的动力，E 为组织经营效果的预期收益，C 为组织的运行成本。上述模型中组织的运行成本 C 是容易预测的，但预期收益 E 就取决于组织的内外部环境。其数学表达式为：

$$E = f\{G(x_i, y_i), M\} \tag{2}$$

其中，$G(x_i, y_i)$ 为组织内外部因素共同作用而产生的合力，；x_i 为组织内部运行的自身内在因素；y_i 为组织运行中除政府以外的外部因素；M 为政府对组织的支持程度。当内外部因素的推力大于阻力时，合力 $G(x_i, y_i) > 0$；反之，合力 $G(x_i, y_i) < 0$。而当政府对组织的运行有支持，且力度大于政府向组织的索取时，$M > 0$，反之，$M < 0$。该模型表明农民专业合作经济组织的预期收益取决于组织具备的内部条件和所处的外部条件的共同作用。因此，本文从组织运行的内部条件和外部环境两方面进行因素假设，根据已有的研究成果，将影响农民合作经济组织运行的主要因素分为五组：

(1) 组织领导人的特征。组织领导人的特征主要指领头构建合作经济组织并成为管理者的在管理能力、经营能力、学习能力等方面的综合素质。随着合作组织的进一步发展完善，对领导人的管理和经营能力提出了更高的挑战，组织的发展也会受到领导人能力的限制。

(2) 组织内部机构设置。组织内部机构设置的完善程度将影响组织固定成本的大小，机构完善意味着分工明确、权责清楚，这是组织正常运作的前提。

(3) 组织内部管理制度。管理制度是组织正常运行的根本保证，制度是约束人们行为的准则，需要约束的对象能理解并遵守，否则只是一些文字性的东西，社员不理解，无法执行，这样只会增加组织执行成本，降低运行效率。

(4) 组织所在产业的竞争程度。组织所在产业的竞争程度表现在产业体系的完善程度和工商资本进入产业的密集程度两方面。如果产业体系比较完善，组织的发展就受到较大的竞争压力；同时如果工商资本已经大规模地进入该产业，形成了产、供、销的一体化模式，并有区域垄断倾向，组织的成长压力也很大。在这样两种环境中，如果组织无法良好运行，对社员的吸引力就会大大削弱。

(5) 政府支持力度。政府的支持力度应分为三个方面：首先是政府对合作经济组织的认知程度；其次是政府引导、规范管理程度；第三是财政税收支持。政府的正确引导和规范管理有助于合作经济组织明确发展方向，降低构建成本和运行成本。

四、数据来源及基本情况描述

文章选择了辽宁沈阳、大连和抚顺三地区的农民合作经济组织作为调查对象，通过问卷调查的方式获得数据。问卷调查的对象是 2005 年以前登记注册，还在经营的具有实体性的合作经济组织。问卷由合作社的主要负责人填答，总计发放问卷 240 份，回收问卷 221 份。有效问卷 216 份，有效回收率为 90%。

从样本合作社反映的情况来看，目前只有 8.11%的社员对合作经济组织满意度非常低，其中 12.5%社员对合作经济组织满意度比较低，49.99%的社员对合作经济组织满意度一般，38.33%社员对合作经济组织满意度比较高，还有 5%的社员对合作经济组织满意度非常高。调查中社员普遍认为农民合作经济组织的领导人能力比较一般，反映其领导人管理能力的平均为 1.22(如表 1 所示)。目前农民合作经济组织的资金获得还存在比较大的问题，其农产品销售和相关生产资料的采购比例平均在 25%左右。另外，组织的内部监督力度一般，平均而言，社员(代表)大会一年召开两次左右，财务信息公开两次左右。大约超过 70%的合作社接受过行政主管部门的监管，有 33%左右的合作社在同一乡镇内面临同行竞争者，大多数农民合作经济组织都得到了政府部门在税收、法规、贷款等方面的支持。

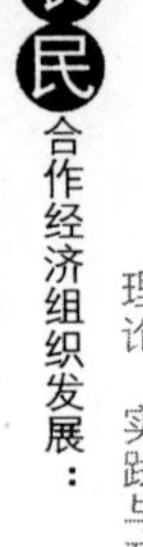

五、实证分析

（一）模型的建立

表 1　影响农民合作经济组织运行相关变量的定义

变　量	变量名称	变　量　定　义	均　值
Y	社员满意度	（1）社员对合作社所提供服务的满意程度	9.03
		（2）社员对合作社管理事务的满意程度	
		（3）社员对合作社的认可和接受程度	
		（1＝非常低，2＝比较低，3＝一般，4＝比较高，5＝非常高）	
X_1	领导人能力	（管理能力）0＝差，1＝一般，2＝强	1.22
X_2	组织结构	（组织结构情况）0＝不好，1＝一般，2＝好，3＝很好	1.35
X_3	收益分配	（收益分配公平程度）0＝不公平，1＝基本公平，2＝公平	1.15
X_4	资金来源	0＝问题很大，1＝问题较大，2＝问题较小，3＝问题很小，4＝没有问题	1.74
X_5	产品销售比例	0＜10％，1＝10％～30％，2＝30％～50％，3＝50％～70％，4＞70％	1.31
X_6	生产资料采购比例	0＜10％，1＝10％～30％，2＝30％～50％，3＝50％～70％，4＞70％	1.7
X_7	内部监督机制	2006 年合作社社员（代表）大会召开的次数	
X_8		2006 年合作社财务信息公开的次数	
X_9	社员退出能力	0＝很弱，1＝较弱，2＝较强，3＝很强	2.45
X_{10}	外部监督	（是否接受行政主管部门监管）0＝不接受，1＝接受	0.71
X_{11}	产业竞争	（同一乡镇是否有业务相近的同行竞争者）0＝没有，1＝有	0.42
X_{12}	政府支持	（在税收、法规、贷款等方面）0＝不，1＝中立，2＝支持，3＝大力支持	2.57

数据来源：根据调查问卷统计得来。

基于前面的理论分析，可知农民对专业合作社的需求受到农户自身因素及外部环境因素的共同影响，建立影响农民对专业合作社需求的经济计量模型为：

$$Y=\alpha_0+\alpha_1X_1+\alpha_2X_2+\cdots+\alpha_nX_n+\mu_i,\quad (i=1,2,\cdots,n) \tag{3}$$

其中，本文用社员对农民合作经济组织的满意度来衡量农民合作经济组织的运行情况，如表 1 所示，文章将其三项评价加总所得的数值作为解释变量的值；X_n 为自变量，根据上文的理论分析和调查的具体情况，笔者选取组织领导人能力特征变量、组织结构特征变量、农户认知与信任特征变量、产业竞争特征变量、组织内部制度特征变量、政府因素特征变量作为被解释变量，μ_i 随即扰动项。

由于本研究中反映农民合作经济组织运行情况的变量是有序分类变量，自变量是由多个变量构成的一组变量。因此，文章将采用 Ordered Probit Model 对农民合作经济组织运行的影响因素进行实证分析。

（二）结果与讨论

表 2　模型回归结果

解释变量	(1)	(2)	(3)	(4)	(5)
X_1	2.8241	2.50676	2.50191	2.49735	2.4951
	(2.41**)	(1.99**)	(2.96**)	(2.03***)	(2.24**)
X_2	0.092388				
	(0.5)				
X_3	0.99127	0.92668	0.95781	1.02912	1.06701
	(2.69**)	(1.69***)	(1.71***)	(1.82***)	(1.96**)
X_4	0.6637	0.664427	0.602539		
	(0.95)	(0.98)	(0.93)		
X_5	0.36948				
	(0.57)				
X_6	1.137897	1.138168	1.01209	1.065023	0.688694
	(1.051)	(1.45)	(1.49)	(1.62)	(1.8***)
X_7	0.66242	0.57614			
	(1.03)	(0.87)			
X8	1.338234	1.338306	1.267068	1.100085	0.923247
	(1.87***)	(1.96**)	(1.83***)	(1.85***)	(1.83***)
X_9	0.623024	0.627504	0.718452	0.657661	
	−0.83	−0.88	−0.95	−0.88	
X_{10}	2.773899	0.93394	1.176085	0.99319	1.788583
	(0.8)	(0.79)	(0.97)	(0.85)	(1.98**)
X_{11}	−0.19838	−0.03456	−0.06195	−0.320956	−0.15459
	(−5.95*)	(−3.52*)	(−2.07**)	(−7.3*)	(−1.88***)
X_{12}	0.165138	0.16436	0.3864	0.7864	0.37501
	(2.18**)	(4.78*)	(5.96*)	(9.11*)	(8.23*)
C	2.773899	0.93394	1.176085	0.99319	1.788583
	(0.8)	(0.79)	(0.97)	(0.85)	(1.98**)
obj	190	190	195	216	216
Chi-square	41.814	40.977	48.283	50.658	47.159
Naglkerke-R	0.262	0.275	0.302	0.355	0.479
对数似然值	35.164	35.866	36.287	36.72	38.924

注：1. *表示10%的显著性水平**表示5%的显著性水平，***表示1%的显著性水平。

2. 括号里的数据是方程各系数的 z 值。

文章应用STATA10计量软件对数据进行了回归分析，在处理过程中，采用了backward conditional方法。计量模型估计结果如表2所示，模型整体效果较好，其估计的卡方值都在1%水平上显着。根据估计方程，本文对计量模型中回归结果给予进一步的说明：

(1) 领导者的能力对农民合作经济组织的影响。从模型的结果中可以看到，代表领导者能力变量的系数估计值分别在5%和10%的显著性水平上通过了检验，系数为正。说明在其他条件不变的情况下，领导者的能力越高，合作经济组织运行的良好性越高。

(2) 组织结构及收益分配制度对农民合作经济组织的影响。回归结果显示，组织结构的完善程度对农民合作经济组织的影响并不显著，尽管其估计系数为正，这可能是由于目前农民合作经济组织机构还存在很多问题，有待进一步完善。而收益分配是影响农民合作经济组织良好运行的重要因素，其估计系数分别在5%和10%的显著性水平上通过了检验，均为正，说明目前农民合作经济组织内部的收益分配制度有利于组织的良好运行。

(3) 资金获得难易程度、产品销售及生产资料采购比例对农民合作经济组织的影响。前三个模型显示，反映资金获得难易程度的变量估计系数尽管为正，但都没通过显著性检验，这可能由于目前辽宁农民合作经济组织规模化不明显，对于资金的需求还不是很旺盛。另外，从回归结果中看到，反映产品销售及生产资料采购比例的变量估计值在模型(5)中显著为正，这表明产品销售及生产资料采购的比例越高，越有利于组织的高效运行。

(4) 外部竞争对农民合作经济组织的影响。估计结果显示，同行竞争者的存在对农民合作经济组织有负面影响，其估计系数值分别在1%和5%的水平上显著。这说明组织所在的产业竞争越激烈，对于合作经济组织的替代性越强，越不利于组织的发展，但其系数值不是很大，对于组织运行的影响程度不是很高。这也反映了当前的农民专业合作社的竞争能力还比较弱，尤其是在合作经济组织发展之初，需要各方面积极扶持。

(5) 内部监督机制对农民合作经济组织的影响。估计结果显示，社员(代表)大会召开次数对农民合作经济组织有一定的积极影响，但没有通过显著性检验。这表明，作为合作社的内部监督机制，社员(代表)大会制度还有待完善，其监督作用有待进一步提高。而财务公开的次数越多，越有利于农民合作经济组织的发展和良好运行。

(6) 政府的支持程度及外部监督对农民合作经济组织的影响。结果显示，反映政府支持的变量估计系数分别在1%和5%水平上显著为正，表明政府支持程度越高，越有利于组织的良好发展和运行，但系数值较小，这说明目前政府在税收、法规、贷款等方面支持对组织的影响程度不大，主要的原因应该与目前政府的支持方向和范围不够大，针对性不强，或是对关键因素的支持不到位。另外，反映外部监督的变量估计系数在模型(5)中显著为正，这表明行政主管部门的监管，对组织的良好发展和运行有积极影响，有助于组织效率的提高。

六、结论和建议

(一) 结论

(1) 理论分析表明，农民合作经济组织的预期收益取决于组织的内部条件、外部条件以及两方面的共同作用。只有当组织运行的预期收益大于成本时，组织才能良好地发展和运行。

（2）从样本调查反映的情况来看，过半的社员对目前农民合作经济组织的发展和运行状况满意度一般，目前多数的合作经济组织为农民提供的服务并不是很到位，且已存在的部分合作组织运行不畅，政府支持力度不够，很多方面需要进一步完善。

（3）实证结果表明，领导者的管理能力、组织内部收益分配制度、组织产品销售比例、生产资料采购比例、财务信息公开的次数、内部监督机制、行政主管部门的监管以及政府的支持程度等因素都对农民合作经济组织的运行有比较显著的积极影响。而同行竞争者的存在对农民合作经济组织有负面影响，这反映了当前的农民合作经济组织的竞争能力还比较弱。

（二）建议

（1）加大政府部门的引导和指导力度并实施规范管理。第一，完善政府专职管理机构，引导农民合作经济组织的发展；第二，多渠道培训专门人才，如在大专院校设置相关专业和开办中、短期培训等形式扩大专业人才的培养途径；第三，加强政府部门的指导作用，通过组织培育，选拔、建立示范点等树立典型并实施规范管理。

（2）制定实施相关政策促进农民专业合作经济组织发展。第一，以税收杠杆推动农民合作经济组织的运行；第二，从制度上完善农民合作经济组织获得信贷的机制，提供多渠道的信贷供给方式，并配合适当的保险产品，分散风险，扶持农民合作经济组织的成长；第三，将农业政策适当向农民合作经济组织倾斜。

（3）为农民专业合作经济组织带头人创造良好的成长环境。政府应对农民专业合作经济组织带头人定期、不定期地进行培训，培养出一批专业合作经济组织的带头人，通过他们的带动引导农户积极参与组织，通过合作经济组织来理顺农民与市场的经济关系，与政府的行政关系，以及与其他商业企业的竞争协作关系。

参考文献

［1］ Fulton M. The Future of Canadian Agricultural Cooperatives: A Property Rights Approach[J]. American Journal of Agricultural Economics, 1995(77).

［2］ LeVay C. Agricultural Cooperative Theory: A Review [J]. Journal of Agricultural Economics, 1983(34).

［3］ Sexton Richard J. The Formation of Cooperatives: A Game—Theoretic Approach with Implications for Cooperative Finance, Decision Making, and Stability [J]. American Journal of Agricultural Economics, 1986(68).

［4］《农村经营管理》编辑部. 让农民专业合作组织发挥更大作用——访农业部副部长危朝安[J]. 农村经营管理，2006(6).

［5］陈军法，熊战苏. 关于青田农村专业合作经济组织情况的调查报告[J]. 内蒙古农业科技，2004(52).

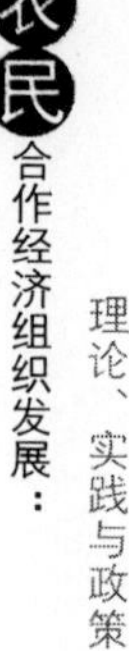

[6] 郭红东，蒋文华. 影响农户参与专业合作经济组织行为的因素分析[J]. 中国农村经济，2004(5).

[7] 姜明伦等. 农民合作的经济学分析[J]. 经济问题探索，2005(3).

[8] 李青柏，张恩禄. 辽宁省农业综合开发扶持农民专业合作经济组织的情况调查[J]. 中国农业开发，2005(7).

[9] 阎寿根. 衢州市农村新型合作经济组织的实践与思考[J]. 中国农村经济，2002(3).

[10] 于法稳. 农民专业合作经济组织发展问题研究——以北京地区为例[J]. 开发研究，2003(6).

[11] 赵慧芬. 农民专业合作经济组织发展制约因素分析[J]. 山东农业大学学报，2005(9).

社会主义新农村建设背景下农民合作的启动

——兼论培育农民专业合作组织的一条途径

邱梦华

（上海工程技术大学社会科学部）

一、研究述评与问题的提出

自20世纪70年代末80年代初农村打破人民公社体制、实行家庭联产承包责任制以来，为弥补农业生产社会化服务体系发展滞后的不足，农民专业合作组织应运而生，且发展迅速。在农村改革的30年里，农民专业合作组织对增长农民收入、促进农业发展起到了举足轻重的作用。尤其是社会主义新农村建设提出要提高农民的组织化程度，更是加强了农民专业合作组织的发展以及对农民专业合作组织的研究的重要性与紧迫性。

事实上，学界已经对农民专业合作组织进行了大量研究，大致可分为两个阶段。在90年代之前的第一阶段，广大农村已经实行家庭承包责任制，新型的农民专业合作组织还仅仅处于萌芽状态。因此这一时期对合作组织的研究，大多处于回顾、介绍层面，多数研究集中在对我国经济合作组织发展历史的评述、国外合作社的经验介绍上。在90年代之后的第二阶段，对农民合作经济组织的研究不仅在数量上迅速增多，而且在研究内容上也不断深化。众多学者对农民专业合作组织的客观必然性、内涵、特征、组建原则、组织形式、运行方式、法律保障以及制度安排、治理结构等多方面进行探讨。应该说，这些研究取得了一系列成果，但也还存在一些不足之处，主要表现在两个方面：第一，从研究的学科视角上看，目前理论界大多从经济学、管理学的角度来探讨农民专业合作组织，而从社会学、政治学、法学等视角研究的成果较少，这不利于对农民专业合作组织的全面了解与把握，也不利于不同学科之间的沟通与交流。第二，从研究的内容上看，已有的研究侧重对于农民专业合作组织内部结构的研究，却忽视对农民专业合作组织形成与发展的社会基础进行研究。虽然也有不少文章论及农民专业合作组织建立的条件和影响因素等，但大多是泛泛而谈地罗列出几条内容，缺乏对农民专业合作组织的形成与发展的社会机理进行深入、系统的分析。农民专业合作组织并不是独立存在的，其产生与发展都是在整个农村社会系统中进行的。忽视对农村社会系统的深入考察，仅就农民专业合作组织而谈农民专业合作组织，难免会影响研究的深度与有效性。

本文认为，从社会学的角度来看，农民建立并参与专业合作组织的行为可以被看成一种社会互动，而且是人类行为中最常见的社会互动——合作。农民专业合作组织的组建与发展，就是农民合作的过程，也是农民合作以谋求更多利益的结果。农民专业合作组织能否顺利建立并正常运作，体现的正是农民合作能力的高低。但目前中国农民的合作能力却不容乐观，曹锦清在走访了河南农村后发出“农民善分不善合”感慨。贺雪峰也认为，“曹先生‘农民善分不善合’的意见不仅正合于河南等地农村当今的实际，而且会越来越合于将来中国大部分农村的实际。市场经济使农民原子化，原子化的农民合作成本高昂，而使合作无法达成，‘不善合’遂成事实”。可见，当下中国很多农村地区陷入农民合作难的困境，而且，农民合作能力的低下已经成了阻碍中国农村经济和社会发展的一个重要因素。要解决“三农”问题，必须提高农民的合作能力。中共中央在推进社会主义新农村建设的文件中，也适时地提出提高农民组织化程度的要求，并倡导大力发展农民专业合作组织，促进农村社会经济发展。

因此，如何在中国农民普遍陷入合作难的境况下，提高农民的合作能力，促进农民合作，尤其是促进农民专业合作组织的发展，进而推进社会主义新农村建设，是摆在目前学界和政界的一个重大理论与现实问题。本文就是从分析当前中国农民合作难的原因入手，再探讨社会主义新农村建设中农民合作所应具备的特征，最后思考在社会主义新农村建设中如何打破农民合作难的僵局，启动农民合作，提高农民的合作意识与合作能力，从而有助于培育农民专业合作组织、促进农民专业合作组织健康稳定的发展。

二、当前中国农民合作难的原因

一般来说，要达成合作应具有五个基本条件：第一，合作对象具有依靠个人无法实现的共同利益；第二，合作的收益要能大于付出的成本，包括直接的物质成本和间接的管理成本；第三，正确的利益观，即正确的公私观念；第四，信任文化的存在，包括人际信任和制度信任；第五，要有精英人物出面组织活动。而当前很多农村的实际情况却是，农民经常在生产、生活中遇到单家独户无法解决的共同问题和困难，有着共同利益，但往往由于缺乏后面四个条件而无法合作。

首先，农民合作的成本高、相对收益少。在中国，农民经营农业的直接盈利已很低，而且机会成本很高，不少农民宁愿让田荒了也不种。在这种状况下，农民对合作成本的承受能力很低。而要把分散的农民组织起来需要做周密细致的协调工作，管理成本十分高。所以，在农业领域，农民明知专业合作经济组织对大家有好处，但还是不能通过合作建立起合作社。除非合作的收益能明显大于成本，否则，原子化的农民不会轻易去合作。

其次，农民是否有正确的利益观与公私观念直接决定着农民合作与否。虽然互惠是合作的结果，但如何正确理解“互惠”却会影响到农民的行为选择。互惠有两种，即“均衡的”（或“特殊的”）互惠与“普遍化的”（或“扩散的”）互惠。前者是指人们同时交换价值相等的东西；后者是指交换关系在持续进行，这种互惠在特定的时间里是无报酬的和不均衡的，但是，它使人们产生共同的期望，现在已予人，将来人予己。在帕特南看来，普遍的互惠是把自我利益和对别人的团结互助结合了起来。普遍性互惠关系的行为动机，在于人们对个人利益的恰当理解，即在组织或群体的互惠范围内实现自身的利益，也即托克维尔所说的“正确理解的利益”。恰当的个人利益是在一定共同体里广泛的公共需要背景下的自我利益，是有远见的而非短视的自我利益，有助于促进他人利益的自我利益。但当前中国农民却只看到眼前的、可以直接计算的利益，而看不到长远的、无法量化的利益，更看不到在长远利益基础上形成的各农户间的共同利益。对当下的私利的过分看重与强调，使农民不愿意合作起来以谋求长远利益和共同利益。

再次，信任作为"一个社会复杂性的简化机制"，具有降低不确定性和风险的作用，使得非密切关系的人之间的合作成为可能。当前中国农村社会中的人际信任和制度信任都很低。人际信任（也叫人格信任）是指向某个具体人物的信任，指在人际交往中，双方对对方具有技术能力和信用责任的期望。制度信任（也叫系统信任）是对维持社会信任机制的信任。在传统时期，中国农民在差序格局范围内的人际信任是很深的，但由于受到再分配时期政府的打压和转型时期市场经济的冲击，农民之间的深厚的人际信任变成了淡漠甚至残酷的"杀熟"。经历了已无信任可言的公社制度，旋即又进入还不很成熟的、正在变化的市场经济制度以及公共权力还没有得到有效约束的现代政治制度，农民对社会系统、法律、契约、协议、合同等都没有建立起良好的信任关系。也就是说，当前我国农村传统信任结构已遭破坏，而现代信任结构没有建立起来，农村的信任文化缺失。农民之间的不信任和农民对社会系统的不信任，不仅撕裂着原来的传统社会组织，而且阻碍着现代社会组织的建立，包括现代取向的农民专业合作组织。这种不信任的社会文化氛围，阻碍了农民之间平等、互惠的横向合作的发展。

最后，农民精英是农民合作的发起者、组织者，是农民专业合作组织的核心人物。成功的合作组织离不开精英人物的领导作用。但大规模的农民进城务工，带走了无数农民精英；即使是留在村庄中的村庄精英，也由于种种主客观原因，常常不能出面带领单干农民合作组织起来。

正是缺少这些重要的合作条件，我国农村地区的众多村庄陷入了合作难的困境，"三农"问题日益严重。"三农"问题已成为我国经济发展的最大障碍，也是影响社会和谐的重要因素，解决"三农"问题是我国全面建设小康社会的核心内容与关键工作。为了实现中国特色社会主义现代化，党中央提出了以彻底解决"三农"问题为目标、建设社会主义新农村为切入点的宏伟任务。社会主义新农村建设要求提高农民的组织化程度，即要使农民合作起来，共同致富，共同发展。那么，在社会主义新农村建设中如何促进农民合作呢？

三、社会主义新农村建设与农民合作

学界已对农民合作在社会主义新农村建设中的重要性、必要性展开充分论述并取得了一致认可，但不同学者对如何在社会主义新农村建设中促进农民合作、提高农民组织化程度这一关键问题，却有着不同的认识。

曹锦清建议开展一场新合作运动，创办合作学校和合作刊物，在农村进行合作试点，用典型来教育农民。贺雪峰认为可以通过县乡村体制改革和村庄建设，利用外部资源培育农村的自组织力量，促成农民合作。张鸣指出重建乡村信任机制对构筑农民合作文化体系的重要性。吴光芸认为培育乡村社会资本是促进农民合作以及提高乡村治理绩效的关键因素。金太军主张拓展农民的合作网络，建立跨村落，甚至跨乡镇或县域的农民组织。姚洋推崇以市场的方式促进农民合作，认为市场本身就为我们提供了一个合作平台。姜裕富的建议是：解决村民的机会主义；培育农民合作组织；利用市场机制来引导村民的合作。

笔者不想去评价这些学者所提出来的提高农民合作能力、促进农民合作的方法的优劣得失，而是认为，要想找出在社会主义新农村建设中促进农民合作、提高农民组织化程度的有效方法与途径，必须先了解社会主义新农村建设背景下进行的农民合作所应具备的特征。只有在对社会主义新农村建设中的农民合作特征的清晰认识的基础上，才能对症下药，事半功倍。在当前社会主义新农村建设中，农民合作具有如下三个特点：

首先，从农民合作的动力来看，从村庄内部自发地内生出农民合作已是不可能了，必须引入外部力量来推动农民合作。依靠血缘关系网络内的人情运作来解决那些无法自给自足的家庭需要是农民传统的习惯，在村落社会内部已不可能产生出新的观念和行为方式——即通过平等协商建立契约合作组织以解决共同问题、谋求共同利益。“改变人的行为方式的新观念只有在村落社会之外，在近现代的工商城市中才能产生出来，然后向村落内部渗透。”“当农民不善合作而又需要有合作时，外生型的合作组织也就并非不能选择。合作是秩序的前提，为了获得生产和生活所必需的秩序，农民放弃一部分个体的理性，而选择一个次生型结构，是值得的。这个次生型结构不能完全建立在自愿的基础上，即不能完全建立在社区民主的基础上，而需要有一定的强制性。”与在公社时期把农民组织起来是为了从农村提取资源不同，新农村建设把农民组织起来是为了农村自身的发展。把农民组织起来的战略取向发生了改变，“农民合作的成功就必然要实现由以自愿为基础的合作向以国家权力为基础的合作的转变，这是小农经济基础上农民合作的一个必然道路。……以国家权力为主导应该是今后农民合作发展的一个方向”。所以，在社会主义新农村建设中，政府必须有效地参与到农民合作组织中去，通过立法、指导、培育合作文化等途径，提升农民的合作能力，提高农民的自治水平。但政府应该是有效参与而不是直接管理，是宽容干预而不是强力控制，即政府只是在农民合作能力低下时积极主动地参与到其中，一旦政府培育的村民组织走上正轨，政府必须及时让位。另外，知识分子也应当作为一支重要的外部力量承担起促进农民合作的责任。梁漱溟、晏阳初等乡村建设学派在20世纪初的中国农村开展了一系列促进农民合作的活动，就是希望从村庄外部导入一些现代因素促进农民合作。可喜的是，当前我国也有不少学者毅然接过了前辈的旗帜，深入农村进行“新乡村建设运动”，如温铁军、徐勇、贺雪峰、何慧丽等。他们通过自己的行动，给农民带去新的观念和行为方式，以期逐渐使农民走上合作之路。当然，必须强调的是，虽然政府与知识分子应该在提高农民组织化程度的过程中发挥重要作用，但社会主义新农村建设的主体仍然是农民。

其次，从合作的领域来看，社会主义新农村建设中的农民合作不能仅仅局限于在经济领域，而且还要在政治和文化社会领域合作起来。很多人一提农民合作就只想到农业合作社，这样的认识是不够全面的。发展农民专业合作经济组织，使农民组织起来闯市场，以获得更多的经济收益；发展政治性组织，如成立农民协会，使农民组织起来增强与政府的博弈能力，以维护农民权益；培育各类社会文化组织，如老年协会，使农民组织起来重建农村生活，以获得切实的物质与精神福利。农民只有在各个领域都合作起来，才能最终实现农民、农业与农村的现代化，才能实现新农村建设所提出的“生产发展、生活宽裕、乡风文明、村容整洁、管理民主”的目标。事实上，如果农民没有良好的合作意识，农村没有良好的合作文化氛围，直接从外部植入所谓的农业合作社，那么，这样的合作社往往会因为缺乏社会基础而不能健康、持续地运作，这种所谓的合作社也往往违背了合作社的真正理念。所以，要促进农民合作，要从夯实农民合作的社会基础做起，塑造农民正确的公私观念与利益观，培育以信任为主要内容的合作文化，使传统小农成为社会主义市场经济条件下的新型农民。

再次，从合作的形式来看，社会主义新农村建设中的农民合作要采取组织化的方式，即农民组织应成为新农村建设中农民合作的载体。一般来说，从形式上来看，合作可分为社会交换式合作和集体行动式合作。前者表现为一定社会关系网络内的互相帮助，后者表现为一个组织或团体内的协调一致行动；前者提供的是可排他性消费的私人物品，后者提供的是组织成员共同消费的公共物品。中国农民向来习惯于社会交换式合作，表现为农民善于在特殊的熟人信任基础上、在血缘与地缘关系范围内形成互帮互助的合作关系。相对来说，中国农民缺乏集体行动式合作的传统。由于没有受过团体生活的训练，所以中国人有两种毛病，即缺乏纪律习惯——人多时不能有秩序；缺乏组织能力——不会商量着办事。换言之，中国农民不擅长西方式的建立在普遍的陌生人信任基础上、在业缘关系范围内展开集体行动式的合作。在市场经济条件下，尤其是中国加入 WTO 之后，分散的小农及其家庭式经营，既无法与国外的一些规模化、组织化程度极高的大农场及其组成的合作社联盟、大公司企业进行有效竞争，也无法抵抗复杂多变的市场风险。市场经济要求农民必须组织起来，形成聚合规模经济，提高农业的市场集中度，增强农产品的竞争力。而停留于个人交换层面的社会交换式合作显然已不能满足市场经济条件下对农民合作的更高要求。同样，在当前中国农村实行村民自治的背景下，农民参与村庄事务的公共管理就是一个合作的过程，民主协商程序中的沟通—妥协机制，就是培育农民合作能力的重要途径。如果农民不能组织起来以合作达成集体行动，就不能真正实现自治，也无法满足农民对村庄公共物品的多元化需求。所以，社会主义新农村建设中的农民合作与农民组织化必须以一定的农民组织作为载体，既包含正式的组织，也包括非正式组织。

四、启动农民合作，夯实农民合作的社会基础

在分析了我国农民合作难的原因和了解社会主义新农村建设中农民合作的特征之后，接下来的问题就是如何促进农民合作，提高农民的组织化程度。但由于农民合作难问题的产生根源不在于农村和农民本身，所以，农民合作难问题的解决也不能局限于农村和农民，不能仅就农民合作问题解决农民合作问题，而是需要把视野放宽，在整个社会系统中统筹思考如何从根本上将农民组织起来。培育农民合作能力涉及很多更为根本的内容，提高农民的组织化程度是一件长期、艰难、复杂的事情。笔者在此不可能给出万全之策，面对合作难的困境和需要做的千头万绪的工作，当务之急就是思考如何打破农民合作

难的僵局，“启动农民合作”，从而逐步提高农民合作能力。也就是说，在社会主义新农村建设中，以政府和知识分子为主外部力量从哪个方面入手更容易促进农民合作，开启实现农民组织化的钥匙？

启动农民合作，可以先从组建休闲娱乐的社会文化组织入手。这是笔者受了几位进行乡村建设实验的学者的启发后得出的观点。何慧丽认为，新农村建设的突破口在于文艺队和老年协会，因为这些农民自助组织具有低成本、低风险、高实效的特征。温铁军在总结他所主持的乡村建设经验时，也认为“文化建设，收效最高”。贺雪峰同样主张，在目前的大部分村庄里建立经济合作组织成本高，难发展；乡村建设应从文化方面打开突破口，建设文化组织是个选择。

为什么文化组织能够启动农民合作呢？首先，轻松、丰富的娱乐活动容易引起农民的兴趣来参加。尽管农民在日常的生产和生活中已变得冷漠，但文化生活比较贫乏的农民，对文艺娱乐活动还是很喜欢甚至是渴望的。在嬉笑玩闹中，农民参与的热情就被点燃了，逐渐从旁观者变成了参与者。其次，组建文化组织的成本低、收益高。组建文艺队和老年协会之类的文化组织，只需要简单的活动场所和一些乐器、服装、道具等。但小小的投入却可以使农民获得极大的精神福利感，与此前以打牌、搓麻将来消磨闲暇时光的空虚感不同，农民在丰富的娱乐活动中感受到的是莫大的幸福与满足。农民在精神生活中的这些收益虽然不能用经济价值来衡量，但其对改善人际关系、提升农民合作能力具有积极作用。再次，文化组织构建了“文明健康的农民公共文化生活”，不但可以满足农民日益增长的文化生活需求，而且还可以培育农民之间的合作精神与信任文化。农民参与文化组织，学到了如何与人合作的技巧，增强了在集体行动中共同分担责任的意识，并在彼此间互利互惠的行动中增进了对集体意义的理解。换言之，文化组织有助于培养农民的合作、团结的习惯和公共精神。最后，文化组织为农村精英分子提供了施展才能的舞台，同时，文化组织的持续发展也离不开农村精英的带头作用。在开展文化合作组织活动时，充分调动村庄内部各方面特殊职业人员的资源，比如两委会中的干部、学校里的教师、卫生所的医生、返乡的离退休人员等。正是这些住在农村却又不是地地道道的农民的人，往往具有相对较强的动员能力和较广的社会关系网络资源，能够在农民组织的建立和发展的过程中发挥领导带头作用。

当前我国农村的文化组织大多是自发的非正式组织，而且不直接产生经济效益，粗看一下似乎与农民专业合作组织无直接关系。事实上，正是通过兴建文化组织培育了村庄合作文化，提高了农民合作能力，间接地为农民专业合作组织的成立与发展打下了扎实、良好的社会基础。当前农民专业合作组织正在全国各地农村蓬勃发展，但也暴露出一些问题，其中比较突出的就是合作社的异化。根据笔者在浙江省台州市几个村庄的调查，可以把合作社的异化分成两种情况：一种是合作社有名无实，另一种是合作社名不符实。前者是指合作社审批下来之后却没有开展任何实质性的活动，成为“口袋合作社”，而其负责人则利用合作社的名义谋求私利。后者是指合作社成立后虽然也开展一些活动，但其运作方式、管理模式并不符合合作社的精神，完全是变相的私人企业。合作社异化现象的存在说明这些村庄还不具备使农民专业合作组织健康运作的社会基础。

总之，缺乏农民合作的社会基础，而仅仅从外部强加某种所谓的农民专业合作组织，无助于“三农”问题的解决，也无法实现社会主义新农村建设要提高农民组织化程度的目标。通过组建文化组织来启动农民合作、夯实农民合作的社会基础，是培育农民专业合作组织的一条可行的、重要的途径。

参考文献

[1] [美]罗伯特·D.帕特南著，王列等译.使民主运转起来[M].南昌：江西人民出版社，2001.

[2] [法]托克维尔著，董果良译.美国的民主(下卷)[M].北京：商务印书馆，1997.

[3] [德]尼克拉斯·卢曼著，瞿铁鹏等译.信任[M].上海：上海世纪出版集团，2005.

[4] 曹锦清.黄河边的中国——一个学者对乡村社会的观察与思考[M].上海：上海文艺出版社，2000.

[5] 梁漱溟.梁漱溟全集(第一卷)[M].济南：山东人民出版社，1989.

[6] 贺雪峰.市场经济下农民合作能力的探讨——兼答蒋国河先生[J].探索与争鸣，2004(9).

[7] 童志峰.乡村社区人际信任研究——以旧沟、赵家沟村为例[D].西北师范大学政法学院，2003.

[8] 张鸣.漫议乡间合作发生的文化条件[J].华中师范大学学报(人文社会科学版)，2004(5).

[9] 吴光芸，李建华.培育乡村社会资本、促进农民合作[J].当代经济管理，2007(4).

[10] 金太军.拓展农民合作能力与减轻农民负担[J].华中师范大学学报(人文社会科学版)，2004(5).

[11] 姚洋.以市场替代农民的公共合作[J].华中师范大学学报(人文社会科学版)，2004(5).

[12] 姜裕富.农民合作能力与新农村建设——以浙江省常山县 ZF 村为个案[J].调研世界，2007(1).

[13] 申端锋.农民合作的想象与现实[J].读书，2007(9).

[14] 姜裕富.论农民合作中的政府有效参与[J].中共杭州市委党校学报，2007(1).

[15] 董磊明.农民合作的类型与基础[J].华中师范大学学报(人文社会科学版)，2004(1).

[16] 吴理财，夏国锋.农民的文化生活：兴衰与重建——以安徽省为例[J].中国农村观察，2007(2).

[17] 毛志勇.三农问题学者系列访谈之贺雪峰访谈[N].南方农村报，2005-05-16.

[18] 何慧丽.着眼点在农民，着力点在村社——兰考新农村建设试验的具体经验[J/OL].三农中国网，(2006-12-19).http://www.snxg.net.

[19] 温铁军.重视发展农村合作组织[J/OL].人民网，(2006-11-01).http://www.people.com.cn.

现代化语境中“农民专业合作组织”发展之价值与途径

匡和平
（广东中山电子科技大学中山学院）

从某种意义上来说，人们通常所说的农民现代化包括农民素质、农民的劳动工具以及组织的现代化。素质主要靠教育手段来解决；劳动工具是靠技术创新来解决；而组织则是以合作的方式来解决。农民组织现代化是农民抗衡大自然，对接“大市场”，与“政府”平等对话的必然要求。为此，在党的十七大报告中，胡锦涛同志提出：“发展农民专业合作组织，支持农业产业化经营和龙头企业发展”，“走中国特色的农业现代化道路”。这是党在解决“三农”问题上提出的一个具有划时代意义的重大方略。其合目的性在于其对农民和社会的发展价值无以替代。其合规律性则在于必须由党的“倡导”和政府的“引导”，才能真正走中国特色的农业现代化道路。

一、农民专业合作组织何以必要

农业生产的本质是利用农业生物的生命过程取得所需要的农产品，其所具有完全不同于工业生产的突出特点，如劳动时间的季节性、劳动场所的分散性、劳动过程的连续性、劳动成果的不确定性以及劳动分工的困难性等特点。而农业的家庭经营基本上适应了农业生产的自然特性和季节性特点，尤其是以零成本解决了农业劳动质量不易被监督的问题，因而已经成为农业生产的主要经营方式。所以，“不论是在古代还是在当代，不论是在农业生产落后的发展中国家还是农业高度发达的西方国家，农业生产都主要采用家庭经营，即使是发达国家的现代农业也不例外”。但是，这种经营的致命弱点是个体农户在面对大自然条件、国家政策、市场波动和中间商盘剥时的无能为力，甚至常常遭遇到重大的利益损失，乃至灭顶之灾。

就市场对其所造成的影响而言，由于“农业生产者在讨价还价中处于很弱的地位，他们所出售的一些产品其生产是很不稳定的和难以预料的，其消费是没有弹性的，而且这些产品通常保管得不好，难以贮存。再者，他们处于生产周期过程的起点，这种地位使他们很少具有讨价还价的可能。最后，他们非常分散，意见分歧很大，经济影响力很弱”。不难看出，农产品销售几乎完全由买方垄断。不仅如此，当农民需要农用生产资料时，这些农用生产资料的供给又几乎完全由卖方垄断着。可见，分散的农民在交易中都是处于不利地位，其结果是农产品最终价格构成变化的趋势是农业生产所占有的价值份额逐步下降，而其他环节加价的比重逐步上升。市场这种变化无常的外在力量非单个农民所能左右，在没有中介，或是与中介关系紧张的情况下，对小农都意味着被市场欺负后陷于绝对或是相对贫困，即使一个最节俭最讲效率的农民也难免失败。如此看来，各类农民合作组织的产生都与市场本身存在的缺陷有关。农业的特点所决定着其无论在发达国家还是在发展中国家都是弱势产业，因而完全有必要在一定程度上把农民组织起来，最大限度地减少风险、降低生产和经营成本。

在中国，虽说家庭联产承包责任制是农村经济发展的必然选择，但由于其造成分散经营的农户规模过小，很难依靠自己解决与大市场连接的问题，农业的社会效益和农民自身的比较效益低的矛盾日益突出。随着市场经济进一步发展，分散的、势单力薄的、无市场竞争力的农民家庭经营越来越暴露出其局限性和突出矛盾。比如，单家独户所拥有的生产要素与扩大生产经营的要求不适应的矛盾；分散农户的家庭经营与市场需求难以衔接的矛盾；家庭经营向商品生产转化与社会化协作机制不相适应的矛盾；生产和再生产的各个环节在利益分配机制上的矛盾等。如果农民仍然不提高其组织化程度，就难以实现现代化的生产经营，也难以更好地维护自己的合法权益。千家万户的小生产与千变万化的大市场更无法有效对接，导致难以进入大市场。失去公平谈判地位的农民只有通过其他中间环节进入市场，难免遭受到被盘剥的厄运，损失掉应得的工商利润和加工附加值份额。据研究表明，长期以来，农民从生产的农产品当中所应该得到的利益，大体上有43%左右在加工和流通两个环节中流失掉了。这样，农民仍然是数量众多，生产经营分散，规模化效益差；农村仍然处于网络化交通不便、流通设施短缺、市场化交易落后的状态；农业仍然是科技服务薄弱，现代化水平不高，集约化程度不高。如果长此以往，作为农村第一步改革成果的“统分结合，双层经营”的农村经济体制便不能巩固下去，“统”的层面将会彻底“空洞化”，“分”的层面将会更加“弱小化”，小生产与大市场的矛盾将会进一步尖锐化。这将不利于农村经济的全面、持续发展，不利于城乡和区域统筹发展，更不利于从根本上保障农业稳定增产和农民持续增收。特别是随着农村产业结构的调整，专业化生产快速发展和社会化服务滞后的矛盾日益突出的情况下，如果农民专业合作组织仍然得不到发展，中国农村二元经济结构将不是在逐步缩小，而是在扩大。

农民专业合作组织是为农民解决经营规模狭小，把家庭经营的优势与合作经营的优势有效地结合起来，把农业生产与农产品加工和销售等环节连接起来，同时把加工和销售中增值的收益返还一部分到农民手里，使农民的收益增加的最佳途径。这种组织可以为农民提供产前、产中和产后服务，为家庭经营增添新的生机和活力，使很多单独农户办不到、办不成的事由合作组织来办。从这个意义上说，农民专业合作组织被称为中国农民“自家庭承包制和乡镇企业以来的第三次历史性创造”是一点也不为过的。

发展农民专业合作组织，真正发挥其本质作用，无论是对农民自身还是国家、政府和社会，其价值还远不是其自身所能涵盖的。从农民自身发展这个纬度来说，有效发挥农民专业合作组织的本质作用，无疑有利于培育“有文化、懂技术、会经营”的“新型农民”。现代农业属于高科技农业，迅猛发展的农业科技只有被农民真正掌握才能进一步转化为现实的农业生产力。这首先就要求对农民进行各种相关的技术培训和指导。在当今国际上，许多农民合作经济组织早就被赋予了提高农民科技水平的使命。而在中国农民中，有相当多的人还基本上处于靠天吃饭，依靠世代相传的农业经验进行生产的传统农业阶段。为使其学到现代农业技术和相关的经营知识，各级政府做了大量的工作，如科技、文化下乡等，但由于参与人员的非固定化，效果不甚明显。如果有农民专业合作这样的组织作为国家对农民进行科技帮扶的对口承接者，问题就迎刃而解了。不仅如此，这种组织既可知农民之所需，又可解农民之所难，对农民又有一种天然的亲和力，而且还完全可以全天候、专业化、低成本化地指导和培训农民。

从严格意义上说，农民专业合作组织是不涉及政治的，所以，在西方是不存在这个问题。而在中国，就目前来看，情况恰恰相反。农民专业合作组织的出现客观上为农民与政府对话构筑了一个不可多得的平台。这主要是由于各种体制的不完善，存在的管理标准漏洞太多，加之在操作层面的政府以各种名义干预和不作为现象极为普遍。农民靠个人是无法取得有效的对话效果的。而农村“两委”中，村党支部隶属于上级党委，主要负责宣传党的路线、方针、政策，不拥有与国家对话的平等权利的；村委会则是村民“自我管理、自我教育、自我服务”的基层群众性自治组织，不是一级政府，也不是任何一级政府的派出机构或下属机关，也就是说，它只是一种天然性的、地域性的组织，农民甚至没有加入或不加入的选择权利，天生就只能是其中一员。可见，“两委”的主要职责是处理农民与村集体关系，不涉及处理农民与国家的关系，因而在性质上内在地缺乏对话所必需的协商和妥协机制。从这个意义上说，在还没有全国性的农民协会产生的前提下，农民专业合作组织由于其作为一个法人却拥有这个权利，并且由于这种组织内在地蕴涵着向外拓展的潜能，成为农民的经济利益诉求的代表就有其必然性。随着农民专业合作组织作用的发挥，农民将不仅能够清楚地认识到自身权利所在，而且也一定能够通过这个组织学会如何表达和维护自己的权益，并进一步确立起平等意识、责任意识和规则意识，法制观念、理性观念、参与观念也随之逐步得到树立。

农民的各种专业合作组织的总体目标无一不是为着农民增收而建立的。在家庭联产承包责任制实行后，农民的温饱问题已基本得到解决。随之而来的是增收问题，这已成为农民的迫切愿望。然而，在经济发达地区，农民不参加任何专业组织，而是靠卖地，或是物业就完全可以坐享其成。事实上，这些地区的农民中已有不少已经成为了新的食利阶层。这样，新的社会问题随之产生。文化建设是解决问题的办法之一。但如果采取组织化的方法，让这部分农民感觉到劳动是人“乐生”的必需，是人生价值的彰显，其意义就更大了。其实，早在100多年前，马克思就指出，从人的本质上说，劳动是人的需要，只是在阶级社会中，劳动的真本意义才从“价值理性”异化为“工具理性”。从这个意义上说，农民专业合作组织解决了当前农民“求生、谋生、乐生”共时性现象中存在的问题，充实和丰富了农民的生活，并因之成为展现新型农民价值的大舞台。无论如何，农民在价值观、行为模式等方面的“现代化”才是最本质的，也是最重要的。农民专业合作组织实实在在地为呈“原子化”状态存在的农民真正融入整个中国社会的现代化进程提供了宝贵的实践舞台以及培训、提高自身素养的机会。

再从社会发展纬度来看，有效发挥农民专业合作组织的本质作用，对于有效落实科学发展观，构建社会主义和谐社会均具有重大的战略意义。农民专业合作组织具有民办性、合作性和专业性等优势，通过专业合作，把服务渗透到从生产到流通的各个环节，能够解决社区集体经济组织“统”不起来、国家经济技术部门包揽不了、农民单家独户又干不了的有关事项，完善农业社会化服务体系。为此有必要借鉴发达国家的经验，提高农民专业合作组织的农业社会化服务水平，使之真正成为农产品销售的主体，成为推进农业规模化和产业化经营的重要载体。这样，农民就避免以“自然人”身份，代之以“法人”的身份去闯荡市场。市场主体的规范必然带来市场秩序的完善。发展农民专业合作组织因此逻辑地成为落实科学发展观的一个光彩注脚。

和谐社会一直是人们憧憬的美好社会，因为这样一个社会既包括了社会关系的和谐，也包括了人与自然的和谐，还体现了民主与法制、公平与效率、活力与秩序、科学与人文、人与自然的统一。在中国经济发展和不无进步意义和积极作用的社会分化中产生了某些不平等与不协调，其所带来的客观效应是种种差距、冲突和失衡，也就是不和谐。主要表现有：收入分配失衡导致贫富差距拉大，造成贫富阶层之间发生冲突；劳动关系失衡导致强资本、弱劳工格局，造成劳资之间发生冲突；城乡发展失衡导致城乡差距扩大，造成城乡之间发生冲突；区域发展失衡导致地区差距扩大，造成地区之间发生冲突；物质文明与精神文明发展失衡导致价值观扭曲，造成新道德与旧道德之间的冲突等。社会已进入了一个不和谐时期。在种种不和谐中，农业、农村和农民常常处于弱势。只有通过农民专业合作，才能普遍改变特别是欠发达贫困地区的环境条件，才能普遍改善农民这一弱势群体的经济地位，才能给予农民和农村包括经济、教育、科技、文化等多方面的发展机遇，才能赋予农民足够的素养和力量，以争得自身的经济解放和自身的全面发展，因而在构建和谐社会中的独特作用亦弥足珍贵。

二、农民专业合作组织何以可能

农民专业合作组织的功能是既提供信息、调剂资金、协调生产、帮助交易谈判，又不直接干预农户经营，农户作为该组织的成员而非法人，拥有完全的自主经营权。要积极发挥农民专业合作组织的功能的本质作用，探讨其功能合规律性的实现路径就成为必然。

“合作”一词源于拉丁文，其意指成员之间的共同行动或协作行为。合作不仅能够给人增加物质性的收益，而且有助于增进精神性的收益。合作的目的不是合作本身，而是合作成员的个体利益。这就是说，合作收益的分配制度如何是合作能否产生的关键，所以，公平与效率的均衡是保证合作有效的基本内容，诚信便成为合作有效性的重要条件。从经济层面上讲，合作一般表现在生产和流通两个领域。历史上，合作的路径主要有：血缘、地缘和业缘三种，其中血缘是合作的天然最短路径。随着社会的发展，这种血缘合作方式将得到完善的同时，地缘和业缘的合作方式将更广泛。但无论如何，这两种合作建设的路径无外乎两条，即“自组织”和“他组织”。中国由于小农经济的生产结构决定了中国农村的合作只能是“他组织”。马克思曾经把法国前资本主义的小农社会的农民比喻为由“一个个马铃薯”堆积而成的“一袋马铃薯”，并指出他们需要的是权威与代表，就好像是从上面赐给他们“雨露和阳光”。他们既不会自发地形成自己的组织，更不会以自己的名义来保护自己利益的。传统中国在土地细碎化以及分工的自然性和局限性方面和当时的法国足可比肩，甚至有过之而无不及，因为中国重等级伦理的人际关系加强了这种趋势。如果说自给自足的小规模生产从经济上阻止了他们形成一个代表自己的组织的话，那么，宗法关系以及作为其理论形态的儒家文化则在思想上封闭了他们，甚至产生不了自己当家做主的梦想。由于历史的惯性，迄今为止，农民仍然不善于自发地组织起来。但不能由此断定他们就不可能被组织起来，这一点早已在中国革命的历史上得到充分证明。

由于在“他组织”的三个主体，即政府、社会服务协会、优秀的个人中，政府在当今中国既具有规模优势又有先进手段，因而政府理应成为农民合作化建设的主要推动者。所以，党的“倡导”和政府的“引导”合规律地成为发展农民合作组织的必然路径。事实上，中国的农民专业合作组织都是在党的“倡导”和政府的“引导”下，在家庭承包经营的基础上，由从事同类或者相关农产品的生产经营者，依据“加入自愿、退出自由、民主管理、盈余返还”的原则，按照章程而建立起来的进行共同生产、经营、服务活动的相互性组织。尽管从目前的组建方式来看，各地建立的农民专业合作组织中，有的是农村专业大户、技术能手和农民经纪人领办的；有的是农业产业化龙头企业或涉农企业与农民联办的；有的是供销社、农业技术推广机构等涉农部门牵头办的；有的是基层领导领头创办的；有的是与基层党组织和协会紧密结合，形成“党支部＋协会”的运行模式；还有的是农产品专业协会引导或直接转制而来的，但从总体上说，其创办、抑或是运作都离不开党的“倡导”和政府的“引导”。

然而，从总体上看，农民专业合作组织不仅普及有相当的难度，而且已成立的组织的功能也不能完全发挥好。问题的症结在哪里？从根本上来说，在于没有客观把握农民专业合作组织的本质属性，从而在政策运行中偏离规律，导致本质性的异化。

农民专业合作组织无论如何在本质上必须是一个利益团体。马克思说：“把人和社会连接起来的唯一纽带是天然必然性，是需要和私人利益。”“真正的社会联系并不是由反思产生的，它是由于有了个人的需要和利己主义才出现的，也就是个人在积极实现其存在时的直接产物。”在这里，马克思清晰地表述了他的思想，即社会不是由思想产生的，而是人的需要的产物，是为了实现人们联合起来进行生产从而满足人们的生活需要而建立起来的。离开了人的需要，无法理解社会组合的原因。而利益则是满足人的需要的各种对象条件的总和。事实上，人们奋斗所争取的一切，都同他们的利益相关。然而，随着人类社会以及社会分工的发展，个人在追求自身利益的时候，客观上需要结成各种社会关系，以期通过集体行动的努力使利益分配向有利于自己的方向转变。这自然就涉及群体利益这个问题。群体利益是相对于个体利益而言的，它不仅不是个体利益的简单总和，而且是高于、大于每个人的个体利益。它为个体利益提供实现、维护、提高、发展的条件。人们由追求群体利益而结成利益集团。利益集团即指在各行各业中对某些问题具有共同利益和主张的人，为使政府维护其利益或采纳其主张而组织起来，采取共同行动的集团。与一般利益集团的产生一样，农民组织的起源和行动的深层原因在于每一个人的逐利天性和各个阶层之间由于分工而产生的利益冲突。“造成派别的最普遍而持久的原因，是财产分配的不同和不平等。”尤其是在农业处于相对衰退中，农民感到格外需要有一种外部的思想和力量支持，这样才能有一种安全感，于是产生了农民利益集团。因为，相对于社会来说，处于绝对弱势的农民是特别需要借助于集体力量来实现命运转变的。

关于这个问题，还可从阿尔蒙德的“结构—功能主义”视角来进一步分析。阿尔蒙德认为，利益集团虽然主要是一个利益表达的结构，但是其功能仍然遍布于政治过程的各个环节，在整个政治过程中都发挥着重要功能。农民之所以需要专业合作组织，全在于对预期利益的考虑。首先，从利益表达来看，农民对市场经济中制定合理的产品比价、生产鼓励的措施和提供基础建设等公共品的要求；对制定稳定优惠的消费者价格和对加工业有利的交换比价或其他形式的资源提取的要求；对管制市场和商品流通，特别是规范市场交易行为、创建公平的市场竞争秩序的要求以及在社会集团之间在机会、荣誉、地位等方面平等的要求等，如果是以农民个人方式来进行利益表达，其效果不会太好，甚至是没有效果，抑或是反效果的。究其原因：一是利益表达是要付出代价的，坚持持续不断的利益表达，成本很大，靠公民个人无力承担。二是个人的利益表达缺乏足够的分量，难以引起决策者的足够重视，难以进入决策程序。个人意见和要求远不如一个法定的组织反映的意见和要求能引起人们的重视。三是农民如果是个人或小团体进行的利益表达，往往只是反映少数人、局部地区的利益，而不是有效地代表整个农民群体，不能从长远的角度深刻反映农民的整体利益。所以，农民自然是需要专业合作组织的。其次，从利益综合来看，根据"利益—过程理论"，在输入阶段之后，开始了政策过程的转换阶段，即要求和支持输入通过一个转换过程变成了权威性政策输出。在转换阶段，首先要进行利益综合，把利益表达提出的许多要求综合成少数重大的政策选择方案。这项工作靠个人是无法完成的，而农民的专业合作组织是充当这个中间媒介角色的最理想选择。再次，从政策的制定来看，虽然作为农民自己成立的民间合作经济组织根本不可能直接参与农业政策的制定，但这些组织却可以通过种种合法途径，采取种种方法来影响农业政策的制定。这一点在美、英等国已非常普遍了。又次，从政策执行及信息反馈来看，农业政策的实施不仅是农业行政部门的事情，它还需要作为政策接受者的农民的认识和配合。如果农业行政部门对农业政策的宣传和推行要面对千千万万的分散的农户，那么不仅推行政策的成本实在难以承担，而且推行的效果也肯定很差。更何况，如果农民对政府推行的政策愿不愿意接受，或者满不满意存在哪些问题，该如何改正或补救，这都需要由其组织提供情况给当局。一句话，只有在报酬和代价相当明确的条件下，建立这样一个组织并且使用其进行利益表达的好处才足以鼓励人们去这样做。

但近年来，由于认识的偏差和政策和制度安排的惰性，农民专业合作组织从总体上来说没有充分发挥争取并维护农民利益的作用。比如，在农民的利益表达上就存在诸多问题。因不能准确全面反映农民的利益要求而使利益表达"失真"；利益表达过于分散化而得不到重视，起不到维护农民利益的积极作用使利益表达"失效"；还有更多的是不愿表达、不能表达或表达方式非制度化等。出现这些问题，除了农民自身的利益表达意识欠缺外，组织化的利益表达渠道不通畅是最主要的原因。如果农民专业合作组织能够充分表达农民的利益，情况就会截然相反。因为社会集团的组织程度越高，社会集团之间对话成本就越低，妥协的可能性就越大。高度离散的社会群体最容易受到谣言和邪教的蛊惑，并很容易成为立场极端的领袖人物的基础，这一规律也在各种农民事变中得到了证实。分散的农民可能是"革命者"的社会基础，而有组织的农民则可能是改良主义者甚至是保守主义者的社会基础。农民的愿望容易通过秩序化组织渠道得到表达，一些突发事件也可以得到缓冲和调解。

要发挥好农民专业合作组织的本质作用，除了需要国家政策支持和确立起基本的法律框架外，在操作层面上政府与该组织之间的利益关系必须明确。现实地看，作为一种政府主导性的制度安排，农民专业合作组织从一开始就与各级政府部门衍生出十分复杂的关系。这是有别于西方国家以宽松的政策环境来支持农民专业合作组织发展的。我国各级政府更多的是采取行政介入的方式进行。一方面，农委、科协、农技站、经管站、供销社等职能部门和实体通过兴办专业经济协会以有效行使其职责；另一方面，也通过依托或挂靠这些部门和实体，寻求庇护和支持。虽说根据中国社会经济发展的历史现实，行政协会的介入与影响在一定意义上来说是必须的，但问题的关键是，在农民专业合作组织创建和发展过程中，政府部门对自身角色定位的认知和介入方式的准确把握更为重要。

从“利益—过程理论”的视角分析来看，由于政府部门的介入力量往往居于支配地位，利益驱动使其不可能在管理决策及利益分配上给予农民很多的行使权利的机会。比如，在扶持过程中行政介入太多、力度过大，在管理上没有很好地尊重农民意愿，结果事与愿违；或者是比较利益不大，加之精力有限，由政府牵头组建以后就无暇顾及，使其处于松散状态，任其自生自灭。这样一来，本来是从满足广大农民利益和需要出发而组建的农民专业合作组织无形中却被异化了。可见，当前在许多地方之所以没有农民专业合作组织的一个合理解释，从根本上来说，就是组织建立没有着眼于满足广大农民的利益需要。已经建立起了农民专业合作组织的许多地方之所以组织化程度低，问题仍然在于该组织没有想方设法去满足广大农民的利益诉求。

有一种说法很值得商榷。有人说，目前农民无法组织起来是由于他们文化素质普遍太低。其实，这不是问题的根本。有资料显示，台湾农会早在1899年就建立了，到20世纪80年代，绝大多数农会职员(68.3%)的学历只有小学文化程度，具有专科和大学文凭的只有1.4%，而那时，台湾农会已经是世界上有知名度的农民协会。所以，组织化有时候就是一种“羊群行为”，只要其中有几只领头的，整个羊群就不会涣散，就会向前进。西方学者舒尔茨通过多年调查得出结论：农民也能在权衡长、短利益之后，为追求最大利益作出合乎理性的反应。这样追求自身利益最大化的“经济人”概念可以为农民组织起来的“羊群行为”提供解释。潜在的收益大于潜在的代价，农民就可能选择联合。这种计算收益与代价的能力，既不需要太多的教育，也不需要太多的文化，几乎是一种本能。让农民在没有效益甚至是负效益的农业生产中进行合作，当然是不可能的。如果连过去传统农业的水利灌溉设施等都被有关部门垄断了，如果政府部门没有给农民留下任何一个可以生成利润的领域，他们就根本不可能形成合作。如果政府真想让他们发育合作组织，那么，请把涉农并拥有利润空间的领域，如金融、保险、水利、供销、批发、农机等放开。只有让农民专业合作组织能够免税地进入这些原来尚能产生利润的领域，通过农民合作起来的规模经营可以生成规模收益，那这个农民组织才能存在。现在一般人讲农民的组织需求，往往是在被垄断部门控制之外的单纯农业生产这个有限范围内看农民的需求，这当然不是农民的需求，而是政府的需求。如果此时一定说农民有需求的话，那么，他们就需求“你别管我，我自己玩自己的”，仅此而已。所以，目前农村专业经济合作协会发展的主要障碍不在于农民自身。

三、结 语

H.孟德拉斯说：“农业不再仅仅是一种生产的技术，也是对市场需要的一种适应。当农业劳动者不再把自己仅仅看做生产者，并开始考虑自己的生产销路时，他们的整个世界都改变了。种地养家的农民和满足消费者需求的农业生产者具有完全不同的视野。”只要高度重视并有效发挥农民专业合作组织的作用，把握好其本质所在，厘清利益关系，中国农民一定会呈现出不同“视野”的。

参考文献

[1] 陈吉元等. 21世纪中国农业与农村经济[M]. 郑州：河南人民出版社，2000.

[2] [法]H. 孟德拉斯著，李培林译. 农民的终结[M]. 北京：社会科学文献出版社，2005.

[3] 程同顺等. 农民协会与政治发展[M]. 天津：天津人民出版社，2006.

[4] 孙津. 中国农民问题研究(第一册)[M]. 北京：中央编译出版社，2005.

[5] 马克思，恩格斯. 马克思恩格斯选集(第1卷)[M]. 北京：人民出版社，1972.

[6] 马克思，恩格斯. 马克思恩格斯全集(第1卷)[M]. 北京：人民出版社，1956.

[7] 马克思，恩格斯. 马克思恩格斯全集(第42卷)[M]. 北京：人民出版社，1979.

[8] [美]汉密尔顿等著，程逢如译. 联邦党人文集[M]. 北京：商务印书馆，1980.

[9] [美]G. A. 阿尔蒙德等著，曹沛霖等译. 比较政治学——体系、过程和政策[M]. 上海：上海译文出版社，1987.

[10] 党国英. 恢复农会的意义[J]. 南风窗，2002(7).

三类专业合作社农民政治参与比较分析*

董进才
（浙江财经学院工商管理学院）

一、引　言

发达国家的社会阶层或群体大都有自己的“代言人”——利益集团，而且利益集团的格局是相对均衡的（这意味着长期、持续地压榨某一利益集团的行为近乎不可能）。从国内看，包括铁路、电信、石化等众多工业行业和包括政治精英、经济精英、科教精英等的城市群体已经或正在形成各自独立的利益集团，而占全国人口70%的农民阶层，除政府外，缺少一个真正为自己说话、维护自身权益的利益集团。

由于缺乏自己的组织，中国农民政治地位低下，权益常常受到侵害，社会矛盾激化，过激事件频频发生，农村稳定问题非常突出，成为构建和谐社会的关键。村支部和村委会是农村的类政权组织，是目前农村政治体制中维护农民权益的组织。然而在实际运行中，它们却表现出浓厚的行政化倾向，与制度赋予的“草根性”严重背离，不仅不能很好地维护农民权益，在不少地方反而成为冲突的根源。一些地方的农民成立“维权组织”，来充当“农民利益的代言人”。不过，这些组织大都没有得到政府相关部门的认可，有的还遭受了不同程度的打击，有些组织开始秘密向地下发展。目前有些学者呼吁发展农民自己的政治组织，尽快建立“农民协会”，但也有人担心提高农民的组织化程度会影响社会稳定，特别是一些地方官员，对农民自发建立的各种维权组织大都持谨慎或反对态度。可以说，短期内要广泛建立“农民协会”性质的组织恐怕还不现实，肯定会遇到这样那样的阻力。

基层组织不能很好代表农民利益，农民自己组建的“政治组织”不能得到承认，而不提高组织化程度自身利益又无法得到保护，那么，如何满足农民的“组织要求”，解决农民制度化政治参与问题呢？从国外经验看，各种农村合作经济组织，如欧洲、美国、东南亚的合作社，日本、韩国的农协等，除有强大的经济功能外，作为一种独立的政治力量，它们还通过游说、公开运动、和平示威、影响选举、停止合作等各种方式产生着影响力，进而使政府部门在政策的制定和执行中不得不考虑到农民利益，否则

---

* 本文为国家社科基金项目“农民专业合作组织的政治参与问题研究”（项目编号：06BZZ015）的阶段性成果，主持人：董进才。感谢浙江财经学院60名本科生在炎炎夏季深入农村进行问卷调查，感谢严良海、董晓、廖进安、宋福丽、孟丽丽等研究生同学在实地调研、问卷质量控制、数据录入与分析方面所做的大量工作。

就会动摇执政基础。

或许，合作经济组织在中国也会成为一个维护农民权益的政治组织。截至2006年底，我国农民专业合作经济组织发展到15万多个，成员数为3878万户，占全国农户总数15.6%。农民专业合作组织为成员统一组织购买化肥、农膜、饲料、农药、兽药等农业生产资料，统一组织销售各类农产品，积极开展各类技术培训，在“三农”中的作用越来越强。目前我国的农民专业合作组织还是地地道道的经济组织，主要作用是为农民解决产前、产中、产后遇到的问题，而且发展还远远不够。2007年7月1日，《农民专业合作社法》正式实施，成为专业合作社发展的重要契机。那么，随着经济实力的强大，会不会像国外农民合作组织那样，作为独立的利益集团，成为“农民利益的代言人”，承担起维护农民政治权益的作用呢？

理论上讲，经济组织发展壮大以后，必然会谋求政治利益。虽然我国的农民专业合作组织还不够强大，但是在农村社会中还是最有经济实力的农民组织之一，在一定范围内（比如乡、村内）应该具备发言权，能够影响“管理层”决策。本文通过对浙江省农民专业合作社的调查，初步了解了专业合作社农民的政治认知水平、政治态度、政治参与动机、政治参与方式和政治参与水平。

二、样本与数据

样本选择。此次调查选择了专业合作社发展较好的浙江，并且以省级示范合作社（包括浙江省、农业部、科技部、财政部、国家等命名的示范合作社）作为我们的调查对象。通过二手资料的收集，确定了146个省级示范专业合作社，我们采用招聘调研员的方式，于2007年6月在浙江财经学院网站公布了暑期调查启事，共收到80多名同学的报名请求。根据所学专业、家庭地址、工作经验等，通过筛选，确定了60名同学和45家专业合作社作为此次调研的对象，要求每人完成20～30份问卷，每个专业合作社完成一份专业合作社理事长访谈录。共收回问卷1297份，涉及37个合作社。调查结束后我们采用电话访问、网络资料查询、问卷审查（回答前后矛盾、连续选择一个答案、空缺项多）等方式进行了访谈录、问卷质量的验证，剔除6个不合格的合作社，无效问卷199份，共获得有效合作社样本31个，有效问卷1098份，问卷有效率为84.7%。

我们采用SPSS 13.0对问卷进行了数据处理，并采用阶层分析法，以其中13道题目进行聚类分析，将合作社分为了三个组别：第一组有10个合作社，问卷数量275份；第二组有15个合作社，问卷数量573份；第三组有6个合作社，问卷数量250份。数据处理结果显示，20个问项中，19个问项在$P>0.05$水平上通过卡方检验，表明三类合作社具有显著差异。根据访谈录、二手资料收集的合作社情况以及问卷中的三个分别反映合作社决策机制、经营效果以及维权能力的问项，可以看出这三组明显处于不同的发展水平上（见表1）。

表1　合作社发展水平　　　　（单位：%）

维　度	题　项	第一组	第二组	第三组
专业合作社的决策机制	主要负责人做决定	6.3	17.4	32.6
	理事会集体决定	20.4	22.8	30.2
	社员大会集体做决定	73.2	59.8	37.2
加入专业合作社后社员收入变化情况	没有什么变化	3.3	5.3	16.7
	增加不多	5.2	12.0	17.2
	有一定增加	52.8	48.1	53.5
	有明显增加	38.7	34.6	12.6
专业合作社在维护社员权益方面的作用	有时候利益不容易得到保障	11.9	15.9	30.1
	对于经营大户的利益维护更多些	5.6	21.5	29.2
	确实能够维护绝大多数社员利益	82.6	62.7	40.7

(1) 决策机制。通过让被调查者回答"专业合作社的重大事情是由谁来决定的?"来了解合作社的决策机制。数据表明，浙江的省级示范专业合作社民主决策状况比较良好，集体决策最低的为67.4%，最高的为93.6%("理事会决定"和"社员大会集体决定"两项之和)。"专业合作社的重大事情由谁来决定"，反映了该合作社民主政治发展情况，反映了社员在合作社中的地位。第三组选择"主要负责人做决定"的是第一组的5倍左右，而"社员大会集体做决定"的，第一组是第三组的2倍左右。可以看出，比较而言，第一组的民主决策活动开展得非常好。

(2) 经营效果。专业合作社带动农民增收的能力，直接反映了合作社的经营水平。数据显示浙江省的示范专业合作社在增加农民收入方面都有较强的作用，第三组最差，表示收入有增加(有一定增加和有明显增加)的农民占66.1%，第一、第二组则为91.5%和82.7%，可以说，合作社确实起到了致富的带头作用，尤其是一些发展好的合作社，只有极少数的农民认为收入没有什么变化或者增加不多。

(3) 维权能力。问项"您认为所在合作社在维护农民利益方面的作用怎样?"了解的是合作社在为谁服务的问题，而不是简单地衡量经营效果。有的合作社，比如慈溪观海卫镇高背浦渔业合作社，成立时间不长就遭受到自然灾害，在增加农民收入方面的作用还没有充分体现出来，但合作社领导人尽心尽力，为安抚人心、恢复生产、保护渔场安全做了大量工作，尽管收入增加不多，社员却认可合作社确实在维护自己的利益。表1数据表明，第一组选择"确实能够维护绝大多数社员利益"的比例高达82.6%，说明这样的合作社真正是农民自己的组织。

这三个指标总体反映了三组合作社在发展层次的差异，我们把发展水平较高的第一组称为"A类合作社"，第二组称为"B类合作社"，发展水平较低的第三组称为"C类合作社"。下面将以三类合作社相比较的方式，从政治认知水平、政治态度、政治参与动机、政治参与方式和政治参与水平五个维度，来了解不同发展水平的专业合作社农民政治参与状况。

三、专业合作社社员政治参与状况

（一）政治认知水平

政治认知是政治主体对于政治生活中各种人物、事件、活动及其规律等方面的认识、判断和评价，即对各种政治现象的认识和理解。它反映了政治主体对政治的关心程度和政治水平。问卷用两道题目来测量社员的政治认知水平（见表2）。

表2　政治认知　（单位：%）

维　度	题　项	A类	B类	C类
对村委会性质的认知	国家政权组织	6.6	16.2	10.1
	基层群众自治组织	74.1	68.1	72.6
	乡镇的派出机构	17.0	15.7	17.3
对专业合作社主管部门的认知	民政部门	1.8	10.6	5.7
	农业部门	83.5	52.3	50.8
	工商部门	6.6	14.2	9.8
	不清楚	8.1	22.9	33.7

（1）对村委会性质的认知。70%左右的合作社社员能够正确认识村委会是基层群众自治组织，但也有三分之一左右的人认为村委会属于国家政权组织或乡镇派出机构。这表明目前农民的政治素质还不是很高，对农民在村民自治中的权利还不清楚。而且三类合作社虽然有差异，但不是非常显著。

（2）对《农民专业合作社法》的了解。该法出台之前，专业合作社没有明确的主管部门，农业、工商、民政、科技、供销社等都有自己支持的合作社。2007年7月1日开始实施的《农民专业合作社法》规定，农村专业合作社的主管部门是农业部门。这一规定的出台，有助于解决过去专业合作社主管部门不清、登记混乱的状况，是专业合作社最希望解决的问题之一。调查结果表明，一半以上的农民能够准确说出法律规定的农业部门为合作社主管部门，特别是A类合作社，有83.5%的社员知道这一规定。结合调研员做的访谈录了解到，一些合作社对社员进行过该法的宣传与培训。调研中一些合作社的负责人对该法的出台评价很高，认为它对维护专业合作社权益有着非常重要的作用。

（二）政治态度

根据行为主义政治学的观点，政治态度包括公民责任感、政治功效感、政治信任感、政治疏离感四种类型，政治疏离感是指公民认为自己无法影响政府的决策，是一种与政治功效感相反的态度。拥有较强的政治功效感，反映出来的政治疏离感就较轻，限于篇幅，我们只选择政治功效感进行测量。

1. 公民责任感

公民责任感是指政治成员认为自己或人应该参与政治过程，而不必计较这些政治活动是否值得或者会有代价（见表3）。

表3　政治态度(公民责任感)　(单位：%)

维　　度	题　　项	A类	B类	C类
参加村委会、地方人大代表选举状况	没有参加过	1.5	12.8	8.0
	偶尔参加	3.6	23.6	14.8
	经常参加	29.9	31.1	28.4
	每次都参加	65.0	32.5	48.8
对于当村干部的态度	不想当	31.5	30.8	31.1
	无所谓	44.0	38.1	39.6
	想当(或自己就是)	24.6	31.1	29.4
当合作社理事或监事的态度	很高兴有更多机会为社员服务	38.6	40.3	29.1
	大家选我，就干	35.3	32.5	38.5
	担心干不好，还是做好自己的事情	11.0	20.6	23.8
	自己就是其中一员	15.1	6.6	8.6

参加村委会、地方人大代表选举，是农民参与政治活动的最直接形式，积极性如何，直接反映了公民的责任意识。来自民政部的资料表明，最近的一次村委会选举中，各地平均参选率在80%以上。本次调查同样显示合作社社员具有较高的热情参加选举投票，“经常参加”和“每次都参加”的比例，C类合作社达到77.2%，如果算上部分“偶尔参加”的，与全国的平均参选率基本相当，而A类合作社社员的两项之和高达94.9%，只有1.5%的人没有参加过。可以看出，合作社越是发达，社员的政治参与意识越强，公民责任意识越浓厚。

是否愿意担任村干部，反映了农民承担更大责任的愿望，是一种更高层次的政治需求。在所有的问题中，只有该问项在$P>0.05$水平上没有通过卡方检验，表明三类合作社之间可能不存在明显区别。被调查者中有31%左右的人明确表示不想当村干部。“无所谓”表现出来的是一种模棱两可的态度，如果大家推选，可能接受村干部职位，但态度并不积极。总体看，合作社社员对于当村干部的积极性不高。

与当村干部有着明显不同的是社员对于从事专业合作社管理工作的态度，他们对于能够当选理事会或者监事会成员有着比较高的积极性。在回答是否愿意担任合作社理事或监事时，选择“担心干不好，还是先做好自己的事情再说吧”的人数较少，最高的C类合作社不到四分之一，而A类合作社只有11%的人不愿意承担管理工作。这个比例远远低于不愿意当村干部的比例31%，表明社员对于合作社的关心要超过对村里公共事务的关心，因为他们将合作社看做是“自己的”，同时也说明，社员与合作社是个联系紧密的利益共同体，而非纯粹的商业关系。而且，合作社发展得越好，社员的这种归属意识越强。

2. *政治功效感*

政治功效感是政治主体认为其行动对政治过程一定有或能够有影响的感觉。问卷通过比较社员在合作社民主管理中投票和对村委会选举的感觉，来判断社员在参与村级事务和合作社事务的功效感差异(见表4)。

表 4　政治态度(政治功效感)　　(单位：%)

维　　度	题　　项	A类	B类	C类
合作社投票	多一票也不起作用	5.2	14.1	32.1
	投票是我的权利	74.5	59.4	46.5
	我的一票很重要	20.2	26.4	21.4
对村民自治的看法	走过场,还是几个人做主	10.6	18.9	26.2
	不好说	17.9	19.2	29.5
	农民自己当家做主	71.5	61.9	44.3

合作社社员对自己在通过表决的方式参与合作社管理时,选择"我的一票很重要"的三类合作社相差不大,都是20%多,反映了社员在对自己投票的功效的重要性不是很有把握,但是在"多一票也不起作用"选项上却有明显的差别,C类合作社有32.1%的人认为自己的投票是没有效果的,而A类合作社只有5.2%的人这样认为。这与合作社决策机制中选择由"主要负责人决策"的比例基本一致,因此可以说问卷比较准确地反映了社员对合作社民主权利情况的真实感觉。

对于"村民自治"的观点,反映了社员在村委会民主选举和公共事务投票中的功效感。数据显示社员对"村民自治"的看法还是比较积极性的。三类合作社分别只有10.6%、18.9%和26.2%的社员明确表示村民自治是在走过场,还是几个人做主。如果认为是农民自己当家做主,那么,对自己参与投票选举、村民会议等活动,就会有较强的功效感,就会认真履行自己的职责,相反,如果认为是走过场,那么即使参加这些活动,也不会真正投入进去。

3. *政治信任感*

政治信任感是指对政府官员、政府政策的信任态度。我们通过了解社员对村干部、合作社干部的信任态度,以及对合作社建立党支部的态度来测评社员的政治信任感(见表5)。

表 5　政治信任　　(单位：%)

维　　度	题　　项	A类	B类	C类
是否支持合作社骨干成员参加村干部选举	不支持,他走了影响合作社发展	3.3	7.4	12.1
	拿不准	28.4	26.8	53.0
	全力支持,这会给合作社发展带来更多便利	68.3	65.8	34.8
对村干部到合作社兼职的看法	不适合担任合作社职务	19.1	24.4	30.8
	村干部在合作社兴办过程中起很大的作用,应该承担职务	13.6	23.5	21.9
	对合作社发展有积极作用	67.3	52.2	47.4

续 表

维　度	题　项	A类	B类	C类
在合作社建立党支部的作用	消极作用	0.4	2.5	6.9
	没有作用	3.6	5.7	9.3
	说不清楚	42.3	19.8	31.2
	积极作用	53.6	72.0	52.6

问卷调查了社员对于合作社的骨干成员参加村委会选举的态度。合作社在带动农民致富方面有目共睹，特别是合作社骨干成员，大都是经营能手，社员会对他们产生一种依赖感，如果他们去担任村里干部，可能会影响合作社的经营，社员不会支持他们这么做。但是调研结果显示只有极少数人明确表示不支持骨干成员去村里担任村干部。A类、B类合作社有三分之二的人明确表示“全力支持骨干成员参加村干部选举”，几乎是C类合作社的一倍。表明合作社发展越好，人们的凝聚力越高，骨干成员得到的支持越多。一旦这些成员参加村里的选举，就可以赢得更多人的支持，从而直接进入“政治”领域。而且，他们当选村干部或人大代表，可能会给合作社的发展带来更多便利条件。

同样问卷中也有问项来了解对村干部到合作社兼职的看法，数据显示，对于村干部到合作社来兼职，显然受到的欢迎程度不如将合作社干部送到村委会去“兼职”。表明一部分社员对村干部的抵触心理。但是总体上讲，社员对村干部在合作社中的积极作用还是认可的，即使是C类合作社，反对村干部到合作社任职的比例也不超过三分之一。

目前在浙江台州按照“围绕经济抓党建，抓好党建促发展”的工作思路，积极探索，扎实开展农民专业合作社党建工作。合作社是个经济组织，又是在民营经济发达的浙江，农民是否会支持这样的举措，肯定会有很多疑虑。但结果显示一半以上的被调查者表明在专业合作社中建设党支部对合作社的发展有积极作用，其中B类合作社有72%持有这种观点。此外还有相当一部分表示“说不清楚”，一方面可能对于此问题比较敏感，不愿意表态。不过，选择“没有作用”或者有“消极作用”的很少，A类合作社只有4%，C类合作社也只不过16.2%，表明台州推行的这项措施能够得到大多数合作社社员的理解和支持，也说明社员对党充满信任。调研员的理事长访谈结果也显示，依托合作社建立党支部、党小组是受到群众拥护的，“支部＋专业合作组织”形式把党的组织建在产业链上，使党的组织覆盖和工作范围随着合作组织的发展而不断延伸，同时使农村党支部找到了加强党员管理、发挥党员作用、服务农民群众的有效抓手，有助于扩大党的工作影响力。

（三）政治参与动机

当前我国农民的政治参与基本上是手段性参与而非目标性参与。目标性参与是指参与者把政治参与当作一种目标来追求，或者至少是当成目标之一来追求；而手段性参与则是参与者把政治参与当作其他目标的手段，如达到某种经济目标的手段，政治参与本身并不是参与者的目的，当前我国农民的政治参与大多是为了实现某种具体经济目标的手段性参与。

表 6 政治参与动机 (单位:%)

维 度	题 项	A类	B类	C类
参与选举的主要原因	这是自己的权利和义务	75.6	53.2	48.4
	熟人拉票不好意思	6.5	12.9	12.8
	非常希望某人当选	3.6	12.4	12.4
	选举对自己有好处	6.2	6.6	8.0
	没有参加	8.0	14.8	18.4
合作社在村里应该起的作用	没有直接关系	4.7	7.9	21.0
	别掺和村里的事情	9.5	14.1	21.4
	为村子的发展作出贡献	85.8	78.0	57.6

调查参加选举的目的,可以较直接地了解社员的政治参与动机(见表 6)。数据显示,合作社社员对参加村委会选举的认识,认为是“自己的权利和义务”可以看做是目的性参与,持这种动机的被调查者比例较高,而且三类合作社差别显著,C 类合作社为 48.4%,而 A 类合作社高达 75.6%,表明合作社社员的参与动机并非以手段性参与为主。另外,这个问项也反映了社员的参与状况,可以看到,三类合作社的参加比率都超过了 80%,A 类合作社高达 92%,这个答案与直接测量参加选举状况的数据基本一致,说明被调查者回答问题比较认真。

对社区福利的贡献意识也是衡量一个公民政治取向的一个基本指标,相应地,对村子的贡献意识反映了农民的政治取向。我们用“合作社发展了,应该在村子里起什么作用?”来测量合作社社员对社区福利的贡献意识,结果是可喜的。认为应该为村子的发展作出贡献的社员三类合作社分别是 85.8%、78.0%和 57.6%。多数社员不认为“合作社与村子的发展没有直接关系”,或者说“别去掺和村子里的事情”。这说明社员有着积极的政治取向,对合作社的发展有充分的信心,认为应该为村子里的发展贡献力量。因此,可以认为,合作社社员的政治参与不能说是以手段性参与为主,其参与动机要比普通农民更加理性化。

(四)政治参与方式

多数学者将我国农民政治参与方式分为制度化政治参与和非制度化政治参与两种形式。制度化参与是指依据国家的宪法、法律、规章、政策、条例等所规定的制度和程序,参与公共事务和国家事务的行为;非制度化参与即是指采取不符合国家宪法、法律、规章、政策、条例所规定的制度和程序而进行的影响政治决策过程的活动。目前,农民的政治参与意识不断增强,政治参与活动不断增多,同时,农民的非制度化政治参与现象也不断呈现出扩大的趋势,深深地影响了我国农村乃至整个社会的政治稳定与改革开放进程。

表 7　政治参与方式　　（单位：%）

维　度	题　项	A 类	B 类	C 类
对于县、乡政府机构出台了损害农民利益政策后反映问题的途径	通过新闻媒体反映	29.3	24.6	35.2
	通过集体上访形式反映	15.8	31.2	27.9
	找人大代表反映	13.9	13.8	9.7
	通过自己的组织（如合作社）反映	41.0	30.4	27.1
社员如何反映村民自治中的问题	参加村民大会发表意见	37.2	28.0	17.8
	直接找村干部交涉	33.6	28.7	25.9
	向县、乡人大代表或上级部门反映	4.0	14.3	21.1
	联合其他农民共同协商解决	19.0	19.8	15.0
	反映也不管用，不去反映	6.2	9.2	20.2
对于行贿现象的认识	谁也不愿意送礼，没有办法而已	9.8	15.8	15.9
	从上到下都这样，无所谓	8.7	13.3	24.0
	不正之风，应该抵制	56.4	51.4	41.9
	随着村务公开，这种现象越来越少	25.1	19.4	8.3

调查结果显示（见表 7），专业合作社社员的非制度化政治参与方式比较低。当问及“县、乡政府机构出台了损害农民利益的政策后会通过什么途径反映问题”时，选择“集体上访形式”的比例较低，尤其是 A 类合作社，只有 15.8%的人可能通过这种方式来反映问题。即使 C 类合作社，也只有 27.9%。更多的人选择了通过新闻媒体、找人大代表等制度化参与形式。尤为可喜的是，三类合作社都有相当多的人选择了通过自己的组织来解决问题，A 类合作社达到了 41.0%。无疑，发展合作社有利于形成合理的农民利益表达途径，对减少农民非制度化政治参与、缓和矛盾与冲突有着积极的现实意义。

另外一个问题进一步验证了这个结论。“对于村里存在的一些不满意问题，您一般通过什么方式来表达自己的看法？”选择“联合其他农民采取共同协商解决”的，无论哪一类合作社都不足 20%。这个问题比较隐蔽地了解了农民可能采用的“集体上访”解决问题的可能性。社员选择“参加村民大会发表意见”、“直接找村干部交涉”、“向人大代表或上级部门反映情况”的比例在 65%～75%之间，表明社员的政治参与活动是比较理性的，基本上都属于制度化参与方式。

此外，问卷还设计了一个比较隐蔽的问题，请被调查者回答对“他人通过送礼获得好处”的看法，来测量他们是否会采用“行贿”这种非制度化参与方式。“谁也不愿意送礼，没有办法而已”和“从上到下都这样，无所谓”暗含了这些社员很有可能会通过私下接触的方式解决问题，因为问及的是“他人”的事情，因而能较真实地反映社员的心理状况。数据显示，C 类合作社选择这两个答案的有 39.9%，A 类和 B 类分别为 18.5%和 29.1%。可以看出绝大多数社员的政治素养比较高，能够自觉抵制不正之风，而且合作社越发展，社员的觉悟越高。

（五）政治参与水平

政治参与是公民试图通过自己的行为影响政府部门决策的，对于现阶段的农民而言，在组织化程度还比较低的情况下，要想影响到高一层次的政府部门的决策还不现实。课题组在实地调研中了解到，一些规模大的合作社，比如湖南省双峰县农村科技合作社、几年前的河北省元氏县农林牧联合会等都对县一级政府部门的决策产生了影响，表现在政府部门对合作社的政策倾斜或人财物的“支持”上。但对于绝大多数合作社而言，影响范围应在乡、村级别，因此，在问卷调查中我们以合作社发展是否得到乡镇政府部门、村干部的支持，作为政治参与能力和水平的体现。虽然这些“支持”可能属于上级政策使然，并非合作社“活动”的结果，但即使如此，在一定程度上仍然是其影响能力和沟通能力的体现，从侧面反映了其参政能力（见表 8）。

表 8　政治参与水平　　（单位：%）

维　度	题　项	A 类	B 类	C 类
乡镇政府对合作社的态度	不支持	1.5	0.9	3.6
	没有给予太多关注，任其自由发展	24.7	19.2	48.6
	支持，但也担心合作社势力太大	6.3	11.0	15.7
	全力支持	67.5	68.9	32.1
村干部在合作社发展中起的作用	支持并参与了专业合作社的建设	60.6	49.7	27.6
	在用房、用地、用电等方面给予了帮助	21.2	26.5	19.1
	不支持也不反对	14.1	19.9	44.7
	个别时候不支持	4.1	3.9	8.5

A、B 两类合作社分别有 67.5%和 68.9%的社员选择了乡镇政府“全力支持”合作社的发展，还有部分社员选择了“支持，但也担心合作社势力太大”，从而影响其权威。很明显在 C 类合作社中，感受到“全力支持”的社员要少得多。不过无论哪类合作社，明确认为乡镇政府机构不支持合作社发展的比例很低，表明专业合作社在浙江的发展环境还是比较宽松的，从侧面说明浙江省专业合作社发展走在全国前列的原因。

合作社在村干部那里得到支持的情况，基本上与在乡镇政府那里得到的支持情况相同，A、B 两类合作社有 80%左右的社员认为村干部“支持并参与了专业合作社的建设”或者“在用地、用房、用电等方面给予了帮助”。C 类合作社这一比例只有 46.7%，但明确表示“个别时候不支持”的也只有 8.5%。

可见，合作社大都得到了乡镇政府、村干部的大力支持，一定程度上说明专业合作社具有较强的政治活动能力，能够引起“官方”的兴趣，在发展过程中享受到更多的优惠。

四、结论与建议

结论一：“民办、民管、民受益”原则在合作社中的实施，使农民有更多的机会践行民主活动，提高民主、政治意识。美国社会学家英格尔斯在《人的现代化》一书中把合作社看成是促进农民现代性的学校，调查结果一定程度上支持了这一论断。合作社的发展，利于培养农民健康向上的政治态度和民主参与意识，发展程度越高，这种教育功能就越强。

结论二：专业合作组织作为一个新兴的农村合作组织，在带动农民增产、增收方面有着非常重要的意义。经济作用的增强，凝聚了人心，提高了农民的团结意识，为它们向政治组织发展奠定了坚实的经济基础和群众基础。

结论三：专业合作社的发展壮大，离不开乡、村干部的支持，参与村、镇建设应当是合作社的义务。合作社参与政治，正是从基层社区政治起步的，通过参与基层政治活动，为今后在更大范围内参与政治积累了经验。

结论四：合作社为农民提供了一个维护自身权益的渠道。合作社的发展，有助于农民通过制度化途径参与政治，减少非制度化参与的弊端，有利于农村的稳定。

目前专业合作社的“政治影响”还主要停留在乡、村区域，而且活动还没有深入进去，但是随着专业合作社联合会的广泛成立（目前浙江省已经有数十家县、市级专业合作社联社），参与政治的平台会大大扩展，其影响也会越来越深。有关部门应该在合作社参与政治活动的初期，给予高度关注和充分引导，将其政治活动引入健康的轨道，使其既能够维护广大农民的权益，又符合和谐社会、民主社会发展的需要，防止不稳定因素的出现。此外，专业合作社作为“业缘组织”，发展范围最终肯定会超越“行政区域”，其活动必然与“地缘”组织产生交叉（目前浙江省农村党组织建设中就出现了这种现象，合作社党支部成立时，党员退出在村支部的关系，加入合作社支部），甚至出现矛盾。因此，需要有关部门探讨新形势下“业缘组织”与“地缘组织”对农村基层社会的共同治理问题。

参考文献

[1] 徐勇. 中国农村研究（2003 年卷）[G]. 北京：中国社会科学出版社，2005.

[2] 于建嵘. 当代中国农民维权组织的发育与成长——基于衡阳农民协会的实证研究[J]. 中国农村观察，2005(2).

[3] 刘宝森，董振国. 我国农民合作组织发展到 15 万多个[N]. 经济参考报，2007-10-15(6).

[4] 林嘉诚. 政治心理形成与政治参与行为[M]. 台北：台湾商务印书馆，1989.

[5] 程同顺. 当代中国农村政治发展研究[M]. 天津：天津人民出版社，2000.

[6] 章荣君. 当前我国农民非制度化政治参与原因探析[J]. 人文杂志，2001(1).

[7] 罗凤. 当代中国农民非制度化政治参与的影响因素分析[J]. 党政干部学刊，2007(12).

[8] 英格尔斯. 人的现代化[M]. 成都：四川人民出版社，1985.

农民专业合作社的益贫性及其机制

吴 彬
（天津师范大学政治与行政学院）
徐旭初
（浙江大学中国农村发展研究院）

一、 农民专业合作社的益贫性及其功能

反贫困工作，不是由任何一个单一主体的投入即可完成的，它需要政府、社会、社区、贫困群体之间的有效合作，而这种有效的合作必须通过一些有效的组织载体来完成。而合作社一直被人们视为一个由贫困群体通过自助和互助而实现益贫和脱贫的理想载体。

毋庸置疑，合作社"天然地"具有益贫性。（1）合作社运动最初源于一些思想家、社会活动家的倡导和推动，其初衷和旨趣从根本上说是益贫的，这一点是毫无疑问的。（2）最初的合作社形式几乎都以互助性合作社为主，以益贫为导向。而共赢型合作社则是在第二次世界大战以来才逐渐成为主要形式的。（3）合作社的内部制度安排大都强调维护弱者或贫困社员的组织主体地位、自我服务旨趣和民主管理权利。

其次，合作社是各种经济组织中易为相对贫困人口接受的一种。（1）合作社主要以个人的努力和有组织的合作为基础；（2）合作社需要很少或不需要创办资本；（3）合作社是通过在干中学来发展的；（4）合作社强调以自己的力量来经营发展，不依赖于外来援助。

而在农业和农村领域中，农业合作社（或农民合作社）的益贫性及其益贫功能则更为显著。

首先，小农在激烈的市场竞争中无疑是弱者，而弱者只有通过联合才能壮大自身力量。因此，从本质上看，农业合作社是弱者的联合，是农民利益的"保护者"。通过农业合作社把弱者联合起来，不仅可以让农民避免无序竞争，而且可以提高农民的市场谈判地位，维护自身利益；不仅可以让农民获得出售农产品的直接收益，而且可以让农民通过合作社的再分配机制，获得产后环节的收益。对于弱者中的弱者——贫困农户而言，正是由于农业合作社对内不以盈利为目的的特性，通过无偿或低偿采购供应农业投入品、按市场价或保护价收购产品、一人一票、按交易额和股金额返还盈余等措施，尤其保护了贫困农民社员的利益，增加了农业收入，起到了其他经济组织所不可替代的作用。

其次，长期以来，政府指导农民、扶持农业的各种政策措施主要通过有关部门来落实，一些指导性政策往往因直接指挥难以完全成为农民的自觉行为，一些扶助性政策往往因直接包办难以充分发挥政策的实际作用。例如，我国政府制定并颁布实施了《中国农村扶

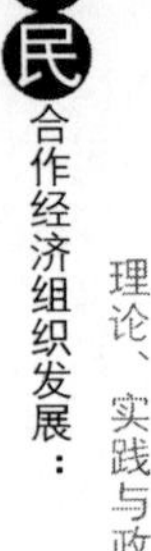

贫开发纲要(2001—2010年)》,针对当前贫困人口分散化的特点在全国范围内确定了14.8万个贫困村,将瞄准对象由贫困县下移到贫困村,确定了以贫困村为重点的"整村推进"专项扶贫工作重点。但是,从运行情况来看,效果并不理想。至2005年,《纲要》实施时间已经过半,而在中西部21个省、自治区、直辖市的10.6万个贫困村中,启动"整村推进"的贫困村只占贫困村总数的32%;已实施"整村推进"的贫困村中,实际上推进的却主要是富裕户,其部分扶贫项目也缺乏可持续性。而与此形成鲜明对比的是,农业合作社作为农民利益的"保护者",政府不仅可以通过它们及时准确地了解农民群众的心声,而且可以通过它们及时足额地落实相关扶持政策,使它们成为农村政策的有效贯彻者。

可以确认,贫困农户通过农民专业合作社实现的合作,对于我国反贫困工作益处匪浅。首先,贫困户之间的合作可以解决分散的贫困农户与大市场及政府政策对接的基础性瓶颈;其次,可以增加贫困农村地区经济制度供给,甚至是推进农村政治民主化进程;另外,更重要的是,贫困农户之间的合作,还使他们获得了平等参与公共事务讨论和决策的权利,他们可以从自己的自由投票中体会到自身的尊严和人与人之间的平等,逐步增强自信心,激发自身潜能,而这正是可持续反贫困所需要的极为重要的资源。

然而,在充分注意到合作社(特别是农民专业合作社)的益贫性的同时,我们必须指出几点易为人们忽视的误区:

误区之一:合作社必须帮助贫困人口。在20世纪70年代,联合国有关研究机构曾批评合作社不帮助贫困人口,加上其他合作社在扶贫上的失败,人们曾经怀疑合作社在扶贫方面的功能和机制。实际上,人们与其问"合作社是否能够帮助贫困人口",不如问"贫困人口能够通过组建合作社或加入合作社帮助自己吗"。换言之,合作社虽然具有"天然的"益贫性,但合作社并不"必须"帮助贫困人口。

误区之二:合作社是反市场的。应该明确指出,合作社从一开始就不打算且从不打算去颠覆市场经济规律和外部环境。换言之,合作社成员设想的只是合作社内部的益贫机制,而对外部实际上更多地反映出一种环境适应性,即在尊重外部环境的前提下,通过内部的组织机制来实现益贫。当外部环境发生足以危及合作社生存和发展的深刻变化时,合作社往往通过调整和改革内部机制来适应外部环境变化。

误区之三:贫困群体组建合作社就一定能够摆脱贫困。应该说,在所有的经营组织中,合作社是比较容易为低收入者接受的组织。然而,生活在贫困线以下的人们,由于缺乏人力资源,缺乏社会资本,很难组建成一个富有生命力的合作社,更不必说就一定能够摆脱贫困了。只有那些有共同需要的人,有一定特长、守纪律和在集体行动中相互信任的人,及有能力管理自己事务的人,才能通过组建自助和互助的合作社形式来达到大大改善自己处境的目的。

二、农民专业合作社的益贫机制

(一)合作社的类型

我们有必要廓清在扶贫视阈中的合作社类型。

人们往往将合作社分为专业型合作社和社区型合作社。如果专业型合作社是同类生产经营者的联合，那么社区型合作社更多是着眼于解决社区居民要共同面对的困难。在这个意义上，社区型合作社常常被人们认为更具有扶贫功能。

目前，我国农民专业合作社大致可以分为四类：比较经典的合作社、具有股份化倾向的合作社和相对松散的专业协会(类如“新一代合作社”)的现代合作社。一般认为，其中的经典型合作社和协会型合作社相对比较可能实现扶贫功能。

在此，我们要特别提出另一种关于合作社的分类。在这种分类中，合作社有两种类型：一是互助型合作社(也称为内向型合作社)，这种合作社以自我服务为基本旨趣，以内部交易为主要经营形式，强调成员之间通过互助性集体行动共同改善经济社会境遇。如资金互助社、用水者协会、一些服务合作社等。二是共赢型合作社(或称外向型合作社)，这种合作社以增值服务为基本旨趣，以外部交易为主要经营形式，强调成员之间通过要素合作来实现营利性目的。如采购合作社、销售合作社、一些服务合作社。应该说，这两种合作社都具有扶贫功能，但互助型合作社的扶贫功能相对显著。因为共赢型合作社的主要目标是走向市场，参与市场竞争以获利，而一般的小农、弱者并不具备走向市场的人力资源，因此他们往往需要大户来带动，故而这类合作社多带有股份制色彩。

(二) 合作社的益贫机制

可以认为，合作社的益贫机制就是合作社能够给予贫困社员的利益以及实现这些利益的利益联结方式。

先说合作社能够给予贫困社员的利益：

(1) 市场进入，即从合作社买入或卖给合作社的机会。对于缺乏人力资源和社会资本的贫困社员而言，能将自己生产的农产品卖出去或者是买到所需的农资，特别是前者，是头等重要的大事。

(2) 价格改进，这不仅包括支付或获得比较好的价格，当然还包括由此而导致的经营成本或效益的改进。譬如，营销合作社将为社员产品支付更高的价格，供应或服务型合作社将向社员提供价格较低的供应或服务。事实上，我国很多农民专业合作社(特别是一些股份型和协会型的合作社)对一般社员通常就是通过价格改进而不是股息和返利来分配合作社收益。

(3) 特殊服务，即合作社把这种服务特别给予其社员的，而非社员不能获得。如：营销合作社以批发价给社员提供一定的投入；合作社对社员进行免费的生产技术培训；合作社为社员提供免费的或成本价的农业技术服务等；再如，合作社无偿对当地的乡村道路进行维修，为社员生产运输提供方便。

(4) 收益返还，即对合作社在营销交易中赚取的净收益的获取，通常包括惠顾返还和股息获得。对于贫困社员而言，由于较少拥有股份，惠顾返还就显得比较重要。惠顾返还，就是将合作社的盈利根据社员与合作社的交易额(或量)的比例在社员之间分配，这种方式是合作社基于成本运营的理念的重要体现和应用。

(5) 通过民主管理而产生加入合作社的主人翁感受、归属感等。

而实现这些利益的利益联结机制主要有：

(1) 服务联结方式。在这种利益联结方式中，合作社主要对农户开展技术培训、信息交流、种禽种苗、生产资料采购等服务，有些也帮助农户运销农产品，这是目前大多数合作社与社员（特别是贫困社员）之间常用的关联方式。这种利益联结方式对农户既无太多要求，也无太多责任，更不存在什么分红或返利的问题。实际上，这类比较松散的利益联结方式仅仅为贫困社员在一定程度上解决了市场进入的问题，但无法从根本上解决他们有效增收的问题。

（2）合约联结方式。在这种利益联结方式中，合作社与社员签订具有法律效力的产销合同，明确规定双方的责权利，以契约关系为纽带，进入市场，参与竞争，共谋发展。这种联结方式的优势在于：农户经营的不确定性因素相对减少，也在一定程度上降低双方的市场风险和市场交易费用，还可以避免所有权、经营权集中体制下管理的种种弊端。不足之处在于在许多情况下不利于保护贫困农户的权益。

（3）产权联结方式。在这种利益联结方式中，社员多为股东，同时也是交易者，因而通常根据产权关系既按股份分红，又按惠顾额返利。显然，这类组织比较符合合作社原则。不过，目前我国农民专业合作社中，从章程上看这类合作社有不少，但实际上真正实行“资本报酬有限”和“按惠顾额返利”的很少，而且返利比重很小。

事实上，合作社中最为重要的益贫机制是其特有的治理结构。就制度安排而言，合作社与其说是一种产权结构，毋宁说是一种治理结构。合作社的治理结构表现为所有权与经营权的同一，社员既是所有者，又是经营管理者，是典型的自我治理；合作社成员一人一票选举理事会，因而将理事会置于全体成员的控制与监督之下。总之，合作社治理结构的核心就是成员自我治理，主要表现在以下几个方面：（1）合作社是成员民主控制的组织；（2）投票制度——“一人一票”；（3）退社制度——退社自由；（4）合作社文化——信任与认同。在农民专业合作社中，社员控制（管理）有多种方式，最通常的方式是异议（提意见、发牢骚），最正式的方式是投票，最具有战略意义的方式是退出。显而易见，在一个比较规范的农民专业合作社中，基于社员权利均衡的民主控制能够比较有效地保证普通社员（当然包括贫困社员）的权利，进而也就能够比较有效地保证合作社的益贫性。无疑，虽然农民专业合作社内部的制度安排及其变迁有其经济合理性，但合作社如果不能够使大多数农民成员受益就失去了其发展的基本意义。完善合作社治理结构，建构合作社与社员（特别是贫困社员）之间恰当的利益联结机制，保障普通社员的利益是农民专业合作社健康发展的基础。

不过，尽管农民专业合作社具有“天然的”益贫性和显著的益贫功能，但应该明确指出的是，合作社并没有什么针对穷人和小农户的特殊制度安排。

三、农民专业合作社实现益贫功能的现实约束

（一）基于成员异质性的内部结构矛盾

在当今中国，农民分化更加严重，合作社成员异质性问题极为突出。一般而言，富裕的农民往往是拥有一定的政治、经济或文化资源的“农村精英”，而贫困的往往是那些依旧耕种几亩地，缺乏各类社会经济资源的家庭。这种农民分化现象在很大程度上决定着农村产权主体的异质性，而正是这种产权主体的异质性深刻影响着农民专业合作社形成和发展中的产权结构、治理结构以及益贫取向等。

作为“弱者”的小农通过合作来维护其自身利益是农民专业合作社发展的初衷。然而，在具体实践中，绝大多数农民专业合作社的形成和发展主要还是依赖生产大户、运销大户、农村基层组织、供销合作社和龙头企业等少数处于相对“强势”地位的非小农群体。换言之，“强者牵头，弱者参与”是当前我国农民专业合作社在成长路径上的客观现实，非小农主导的外生型的以股份化产权结构为基础的农民专业合作社成为合作得以产生的近乎必然的选择。

因此，势之必然地，合作社经营在强势社员的左右下倾向于盈利目标，盈利倾向与服务目的之间的矛盾不断突出。这是合作社这种经济组织形式在运行过程中存在的一个内在矛盾，特别是在当今激烈竞争的市场环境中，盈利往往不能不成为许多合作社的重要目标，而一旦如此，合作社的非成员业务就会成为其业务额的主要部分，雇工经营之类现象也会日益增加。合作社就像一个谋求收益最大化的一般企业一样行事，这与合作社原有的以服务社员为主的益贫宗旨就会有所背离，影响到农民社员特别是小农的权益，甚至使合作社性质发生异化。

(二) 基于农业产业化的外部市场压力

自市场化进程开始以来，我国农业经济发展就呈现出与欧美国家不同的路径。欧美国家的通常路径是先合作社(横向一体化)，后产业化(纵向一体化)。与之不同，我国则是在推行农业家庭承包制十多年后，先产业化(纵向一体化)，后合作化(横向一体化)。不难理解，这种由于资源禀赋及经济、社会条件的差异，导致实现农业现代化的起步方式和发展路径不尽相同，必然会造成我国农民专业合作社的发生和发展的目标、方式和走向的独特性。事实上，这种制度路径的差异，使得我国目前的农民专业合作社从一开始就具有股份化的色彩，这种色彩愈是在产业化经营较发达的沿海地区就愈浓重。因此，从总体上看，农民专业合作社不再单纯追求社员导向，而是更多地注意消费者导向；不再简单地强调传统意义上的人的联合，而是更多地实现现代意义上的要素联合；不再粗放地通过产能规模化盈利，而是更多地谋求提高附加值；不再简单地着眼于同类农业生产者的横向联合，而是更多地强调整个供应链中诸主体之间的纵向协调；当然，必然还包括，不再机械地恪守国际合作社的基本原则，而是更为灵活地在对国际合作社基本原则的尊重与对各地现实的农民合作实践的认同之间的基本平衡。

因此，在扶贫视阈中，我国农民专业合作组织的制度安排目前呈现出一些日益显著的特点：(1) 组织旨趣上，益贫性不再显著；(2) 组织目标上，逐步从“互助益贫”走向“合作共赢”；(3) 组织战略上，逐步从成员导向走向市场导向；(4) 组织形式上，逐步从互助型合作社转变为共赢型合作社；(5) 组织制度上，更多的具有要素合作性质，而且是多要素合作。

参考文献

[1] 中国发展研究基金会. 在发展中消除贫困(中国发展报告 2007)[M]. 北京：中国发展出版社，2007.

[2] 徐旭初. 中国农民专业合作经济组织的制度分析[M]. 北京：经济科学出版社，2005.

略论农民专业合作社财务管理问题

刘广安　操亚龙
（河南省周口市农经站）

近年来，农民专业合作经济组织发展迅猛，对促进农业和农村经济发展发挥了十分重要的作用，实实在在地增加了农民的收入。但农民专业合作社作为一种新的组织形式，其发展还有许多不成熟的地方，尤其是在财务管理方面，由于专业合作社负责人一般都是由种植、养殖和贩销大户担任，忽视财务核算和管理，出现了原始凭证手续不完备、在农产品的收购和销售环节出现打白条及记流水账等现象，漏洞很大。笔者结合河南省周口市的实际，谈几点粗浅的看法。

一、农民专业合作社财务管理存在的突出问题

从2007年以来，周口市农民专业合作社发展很快，势头很猛，截至2008年5月底，据工商部门提供的数字，已经突破了500家，农民专业合作社注册资金5.2亿元，拥有农民社员3万多户，社员股金达到7亿元，合作社统一销售农产品超过亿元，辐射带动周边农户约15万户，农民专业合作社已成为周口市建设新农村的重要平台与载体。

但是由于这项工作刚刚起步，在财务管理方面也存在着这样或那样的问题，突出表现在以下几个方面：

（一）账簿设置不完整，科目使用不准确

有些农民专业合作社没有及时规范建账。在工商部门登记取得营业执照后，没有设立总账、明细账和现金存款日记账；有些虽然设立总账、明细账，但是各项业务只登记在现金存款日记账中，没有真实反映在总账和明细账中。

（二）会计资料收集不齐全

有些农民专业合作社会计资料收集不够规范和齐全。用白条代替收款或付款凭证入账，有的只是零碎地把会计凭证夹在一起，没有按规定装订成册，有的甚至无档案柜。

（三）财务管理制度不健全

有部分农民专业合作社财务管理制度不健全，执行不到位。没有建立相应的财务管理制度和监督制度，有的虽然制定了制度，但挂在墙上作为摆设，执行不到位。

（四）大部分农民专业合作社没有固定的财务公开栏

没有定期向社员公开财务收支情况和经营成果，有的即使公开了，也只是公开几笔数字，而没有详细公开内容，社员看不懂。

（五）财务人员素质低

合作社业务相对较少，收入有限。为了降低成本，财务人员多为兼职，不是兼职的财

务人员也大多来自社员，文化素质低，没有专业知识。我们通过对全市 60 多家合作社财务人员的调查发现，初中以下学历的占 80%，高中学历的占 15%，他们基本没有受过系统的专业培训，不懂会计核算，不懂基本的财经政策法规，根本无法发挥财务核算和监督的职能。

二、成因分析

(1) 有些农民专业合作社负责人对会计管理工作重要性认识不足，重视程度不够，没有把会计工作真正作为经济管理的基础工作来抓，直接影响了会计管理规范有序地运转，导致会计工作未能深入扎实地开展。

(2) 大部分农民专业合作社会计专业水平不高，素质低。虽然农民专业合作社都建立了会计制度，配有会计人员，但这支队伍中具有财会专业学历的人员不多，也没有接受过严格的岗位培训，水平参差不齐。

(3) 财务公开制度不完善。部分农民专业合作社财务公开民主监督管理制度落实方案不完备，监督不力，造成有些合作社执行该项制度时不认真、不严格。对财务公开民主监督管理工作未能做到按月或按季公开，按时检查，对存在的问题无法及时发现、及时解决。

(4) 管理机制滞后。在创办农民专业合作社过程中，财务会计制度以及与之相关的金融、税务、审计制度等存在一些与市场经济不相适应的问题，财务会计管理工作的宏观秩序还没有完全形成，这些都给加强财务管理工作带来很大难度。

(5) 有些农民专业合作社存在着小农经济意识：认为自己生产的农产品还是自产自销自得益来得方便实惠，不愿意入账后再分配；认为把所有收入都记入账户，会影响专业合作社所得税缴纳数额。

三、强化农民专业合作社财务管理的意义

合作社财务管理，是为组织开展合作社经济活动服务的。它是按照党和国家的农业方针、政策，遵循自然规律和市场规律，通过财政、财务、会计工作职能，采取财务计划、制度、标准、定额和财务检查、监督、分析及会计核算等手段，正确处理合作社与国家之间，合作社与会员之间等方面的经济关系，从而科学地组织开展合作社经济活动，满足市场经济的要求，达到发展壮大合作社事业经济繁荣国民经济的目的。

(一) 它是适应社会主义市场经济发展的客观要求

社会主义市场经济体制的建立，为农民专业合作社面向社会，走入市场，从而加快农民专业合作社的发展创造了良好的外部环境，提供了难得的机遇。这同时也给农民专业合作社的财务管理提出了新的基本要求，即：适应社会主义市场经济体制的新形势，引入竞争机制，扩大业务范围，并通过建立健全财务管理制度，实现财务管理的制度化、法制化，努力降低成本，争取效益最大化，从而提高农民专业合作社的财务管理水平，促进农民专业合作社走向市场，自我积累、自我发展，不断适应社会主义市场经济发展的客观要求。

（二）它是组织开展农民专业合作社活动的必要前提条件

要组织开展农民专业合作社经营活动，离不开财务管理。只有在财务管理的情况下，才能使农民专业合作社经营活动更健康、持久地开展下去。通过采取财务计划、制度、标准、定额和加强会计核算，促进农民专业合作社合理地、有计划地筹划、安排使用各项资金。通过组织进行财务检查、监督和分析，推动农民专业合作社加强经济核算，改善经营管理，正确地执行财务方针、政策和财务计划、制度、维护和遵守财经纪律。由此可见，农民专业合作社财务管理是组织开展合作社经营活动必不可少的前提条件。只有加强农民专业合作社财务管理，才能促进农民专业合作社经营活动健康地开展起来。

（三）它是发展壮大农民专业合作社切实可行的有力工具

组织开展好农民专业合作社经营活动，切实加强财务管理，是发展壮大农民专业合作社的一个重要方面。只有切实掌握并运用农民专业合作社财务这个有力的工具，才能促使农民专业合作社对于直接用于开展经营活动的资金，统筹安排，合理分配，节约使用；才能积极组织收入，加速资金周转，提高资金使用效率；才能在加强农民专业合作社财务管理中，及时总结经验教训，狠抓增收节支，增加盈余，扩大积累，增强自力更生发展农民专业合作社的能力，加快实现农业现代化的进程。

（四）它是农民专业合作社经营管理的要求

农民专业合作社的资金筹集、使用和分配都与财务管理有关，它的生存和发展离不开财务管理，合作社生产、服务、销售、分配的每一个环节都离不开财务的反映和调控。合作社的经济核算、财务监督更是合作社内部管理的中枢。财务管理是合作社经营管理的重要组成部分，渗透到合作社的各个领域、各个环节之中。合作社的最终经营成果，都要通过财务得到反映。加强合作社财务管理，能有效地筹集运用资金，有效地控制经营管理成本，最大限度地获得合作社对外经营盈余，确保合作社持续发展。

（五）它是维护社员利益的要求

合作社财务管理的最终目的是社员服务，社员是合作社的所有者，开展合作社财务管理，保证合作社持续发展，使社员在合作社的发展中不断增加收入，实现社员利益的最大化，加强合作社财务管理，保证合作社财务依法进行，防止合作社在发展中被少数人控制，利益为少数人占有，维护广大社员的利益。合作社必须依法规范使用各级政府的财政扶持资金，将扶持资金记入成员账户，保证这部分资金专款专用，不被私分或移作他用。

四、加强合作社财务管理的建议

周口市是农业大市，是传统农区，小农意识一直禁锢着人们快速发展的脚步。小农意识其本身并不应作褒贬，因为它是时代给每一位社会人的烙印，具有普遍性和顽固性。但是，小农意识支配下的传统农区农民专业合作社发展却很难有突破性发展。由于受小农意识的影响，周口市农民专业合作社大部分是由一两个能人合伙牵头成立，经营规模不仅小，而且几乎都是粗放式经营。合作社虽是经济组织，同时也是亲属组织或朋友组织，合作社“总经理”往往认为合作社归我所有，需不需要财务管理无关紧要，自然产生了淡薄财务管理的意识。如果要快速发展农民专业合作社，引导农民摒弃小农意识，学会用市场化、规模化、现代化的头脑去思考问题是关键。那么加快农民专业合作社的发展，加强财务规范化管理，用财务核算提供的数据去分析合作社营运过程的问题，指导经营是非常重要的。

（一）要完善组织体系，这是根本

专业合作社是通过农民在自愿入社、缴纳股金联合起来的利益共享、风险同担的经济组织。它是一种机制灵活，体制全新，实行企业化运作和管理的合作经济组织，因此必须按现代企业制度要求，制定适合市场经济要求和合作经济特点的章程，并健全组织体系，这是做好财务管理工作的根本。专业合作社应完善“三会”（社员代表大会、理事会、监事会），切实发挥其在经营管理中的作用。社员代表大会是专业合作社的权力机构。为达到同股同权，理事会的财务报告、年终的盈余分配方案等，必须通过社员代表大会审议，并向社员公开。理事会作为社员代表大会的执行机构，必须制定包括财务管理在内的各项规章制度，加强行业管理，随时向社员代表大会报告财务收支情况，对外代表合作社签订合同、协议等。监事会作为监督机构，要切实履行职能，认真检查合作社的财务收支状况等，做到事前、事中、事后全程监督，避免出现重大损失。

（二）要建立规范的财务管理体系

专业合作社必须按《会计法》和《内部会计控制规范——基本规范》等规定，明确企业内部岗位责任制，实行钱、账、物分管，建立健全签收、审批和内部稽核制度。

（1）专业合作社是自主经营、自我服务、自负盈亏的经济实体，财务上要实行独立核算，按现代企业制度要求，根据专业合作社的不同形式，制定适合不同专业合作社的核算流程，如收购环节的核算、加工环节的核算、销售环节的核算等。

（2）完善内部财务机构，配备合格的财务人员。目前多数合作社缺乏专业的财会人员，有的甚至没有财会机构。事实上财务管理最基础最重要的机构设置和人员配备，必须引起高度重视。

（3）按制度规定实行岗位分工，规范货币资金审批使用程序。货币资金收支实行理事会会长一支笔审批制度，按照规定的程序办理货币收支业务，对重要或额度较大的货币资金支付业务，应当集体决策和审批，并建立责任追究制度，防范贪污、侵占、挪用货币资金的行为。

（4）实行现金管理双人监督制。现金收付必须有两人以上签字方可生效。加强现金库存限额管理，现金收入必须及时入账，严禁收款不入账，不得账外设账，不得私设“小金库”。

（5）建立内部会计监督制度。一是建立内部会计稽核制度。建立会计机构内部稽核制度，其目的在于防止会计核算工作上的差错和有关人员的舞弊。通过稽核，对日常会计核算工作中出现的疏忽、错误等及时加以纠正或者制止，以提高会计核算工作的质量。二是建立内部审计制度。根据《农民专业合作社法》规定，合作社的财务审计应当由设立的执行监事或者监事会负责内部审计，审计结果应当向成员大会报告。也可以由该合作社成员大会委托审计机构对本社的财务进行审计。也可以参照现行农村集体经济组织的做法，把农民专业合作社的财务审计纳入农村财务委托代理的管理范畴，由合作社成员大会

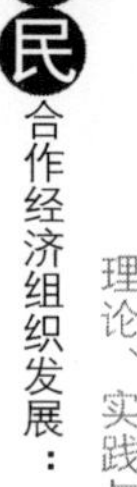

审议通过并委托乡镇经管站对合作社财务逐月或逐季度进行一次审计，对审计中发现的问题，及时给予帮助解决。

（三）要加强财会人员队伍建设，提高财会人员素质

培养一支高素质的财会人员队伍，是搞好农民专业合作社财务管理的基础和关键。各级农村经营管理部门要以贯彻落实合作社财会制度为契机，广泛开展对农民专业合作社财会人员的培训，着力提高财会人员的政策水平和业务素质，使财会人员全面理解和掌握合作社财会制度的内容和要求。各级农村经营管理部门要把培训工作摆上重要议事日程，切实抓紧抓好。要逐步实行财会人员培训上岗制度，把农民专业合作社财务管理工作提高到一个新的水平。

专业合作社应配备高素质的专门财会人员从事会计核算和财务管理工作，财会人员不仅要熟悉企业会计制度，同时要熟悉专业合作社独特的生产经营模式，了解不同类型专业合作社在财务处理中的特殊要求。财会管理人员要加快知识更新，不断努力提高自身综合素质。

（四）要实行财务公开，强化监督机制

实行财务公开实际上就是把会计监督对象和内容向社员公开，即把与社员利益相关的经济活动如财务计划、每月的经营情况、财务收支情况等，以适当的方式向社员公开。还应在专业合作社的章程中明确财务公开的内容、形式、时间等，并作为一种制度确定下来，以便接受社员和股东监督，实行民主决策、民主监督、民主管理，社员监督与外部监督相结合，年终接受上级部门的经济评价，使全体成员都能接受和认知，达到和推动合作社组织进一步发展的目的。

（五）要健全收益分配制度

一个好的分配制度是合作社的灵魂，既是社员努力工作的核心激励手段，也是合作社吸引非社员加入的关键制度安排。要明确合作社是社员的经济组织，合作社的宗旨是为社员谋福利。合作社的收益分配制度是实现社员收益的重要手段，搞清社员加入合作社应该得到的各种收益至为关键。除了留取一定的积累，合作社的收益分配包括利润返还、股金分红和股息的支付三个组成部分。社员作为顾客应该得到利润返还，作为投资者应该得到股金分红和股息。根据国际经验和中国的实践，股息既可以在税前列支，也可以在税后利润中支付。但是必须强调利润返还不是股金分红，股金分红也绝不是仅仅支付股息。三者收益各自所占比重，由合作社的具体发展情况来决定。初创阶段，股金分红的比例高一点，可以吸引社员的加入；发展阶段的关键是稳定，利润返还应该成为分配制度的主角。如果合作社中社员缴纳的股金数量较大，在合作社总资产中的比重较高，股金分红就应该占较大的比重，反之，则应该着重进行利润返还。合作社要在利润中留出一定比例的公积金、公益金、教育基金、发展基金、风险基金等。这些资金的比例一般不应太大，也不一定样样俱全，要根据合作社的发展状况、社员的意见具体制定。合作社的收益分配中不能包括人员的工资等，这些要计入成本，不属于收益部分。

（六）要扩大筹资渠道，增加资金实力

农民专业合作社应适应现代市场经济的客观要求，扩大筹资渠道，使筹资渠道和方式呈现多样化，增加资金实力。一方面，通过对我国的农业合作社股金筹集机制进行创新，增强其内源融资能力。我国农民专业合作社可根据各个合作社成员收入能力、合作社规模、经营宗旨等适当提高入社社员的股金，实行股金额与交售量相联系的机制。同时，制定吸引外部资金投入的灵活机制，以提高合作社资金实力。另一方面，利用良好的外部融资环境来提高合作社资金筹集能力。《农民专业合作社法》的颁布为农民专业合作社健康发展提供了法律依据，使得合作社的发展有法可依，利用政府为合作社创造的良好财税环境、金融环境，并为其创造的有效贷款担保机制，筹集来源于金融机构的资金，以提高资金实力。

基于农民专业合作社治理结构的法律服务

任丹丽
（东南大学法学院）
陶光辉
（江苏薛济民律师事务所）

《中华人民共和国农民专业合作社法》（以下简称为《农民专业合作社法》）的颁布与施行，在我国产生了既不同于公司等企业法人，也不同于从事非营利性经营活动的社会团体法人的一种特殊法人组织——农民专业合作社。农民专业合作社具有独立的法人地位，独立经营、自负盈亏、民主管理、民主决策，不受任何组织和个人的非法干预，是独立的市场主体。

农民专业合作社成员间合作的基础是劳动而不是资本。这一基本特征使农民专业合作社更加注重以人为本，决定了其在促进农村经济发展、社会和谐方面具有不可替代的地位和作用，是构建农村和谐社会的重要组织基础。为农民专业合作社提供法律服务是基层法律服务者新的业务领域。把握合作社的经济性质、社会性质以及区别于其他市场主体的法律性质将有利于法律服务者对服务对象的全面认识。

一、农民专业合作社治理的特点

《农民专业合作社法》颁布之前，农民专业合作社遇到的设立、登记的障碍、贷款的障碍和交易的障碍都与其法律地位不明确直接相关。在该法的制定过程中，关于农民专业合作社所属的法人类型是争议较大的问题之一。民法通则将法人区分为企业法人和非企业法人，其中前者又分为公司制企业法人和非公司制企业法人，后者包含机关法人、事业单位法人和社会团体法人。农民专业合作社既不同于公司这样典型的企业法人，也不属于社会团体法人，在设立目的、社会功能、治理结构、交易方式和盈余分配等方面有其自身的法律特征，是否可以将其作为特殊类型的合作社法人，需要在法律体系和法人理论上进行突破。目前来看，这种突破还存在着很大障碍。尽管该法没有明确规定合作社所属的法人类型，但依照该法，农民专业合作社登记后即享有法人地位①，即法律认可了其相对独立的民事主体地位，从而可以享有法人的权利能力和相应的行为能力。

除了农民专业合作社的法律地位以外，影响农民专业合作社发展壮大的一些深层次

① 《中华人民共和国农民专业合作社法》第4条：农民专业合作社依照本法登记，取得法人资格。农民专业合作社对由成员出资、公积金、国家财政直接补助、他人捐赠以及合法取得的其他资产所形成的财产，享有占有、使用和处分的权利，并以上述财产对债务承担责任。

矛盾还需得到有效解决。在治理结构方面，我国现有的农民专业合作社具有以下几个特点：

（一）内部人控制

在西部一些不发达地区的农村，初具规模的农业产业、合作带头人、政府扶持等一些促成合作社成立的基本条件都已经具备，但是合作社并没有像人们想象的那样蓬勃发展，其主要原因在于大多数农民对于核心社员控制合作社存在信任恐惧，在资本非常稀缺的条件下，农民投资风险意识非常强，他们不愿将资金投入或加入一个自己既无法预期其成本、收益和风险，又无法主导其发展的经济组织。这种信任恐惧主要来自于对内部人控制问题的担心和无奈。

为了防止资本对劳动的支配，体现农民合作社"民办、民管、民受益"的特性，避免出现一股独大的局面，西方农民合作社的经典原则规定：所有会员无论投入股份大小，均有一票的决策表决权；限制会员个体股份数额；资本投入只能获得有限报酬。我国《农民专业合作社法》也有类似的规定，对企业、事业单位和社会团体作为团体社员加入合作社的数量比例进行了限制。[①] 但是，出于吸纳社会资本的考虑，《农民专业合作社法》并没有对优势股份的数额比例作出明确规定，这给优势资本控制合作社留下了制度缺口。加上治理结构的不规范、对优势股权监督约束机制的缺位、农村资金要素的极度稀缺、代理人的机会主义倾向和信息控制优势、农民较低的合作参与水平等因素，决定了合作社内部人控制问题在短期内无法克服。

（二）机构不健全

内部人控制的现象，与机构的不健全往往是并存的。农民专业合作社是农民自己的经济组织，是社会主义市场经济体制下的一种新型市场主体。它以农民自愿加入、自由退出为基础，以自我管理、自我服务、自负盈亏为运行机制。运行机制表明了农民专业合作社的法人治理不同于公司企业的法人治理，也不同于其他组织机构的治理结构或治理方式。

治理结构一方面应当表明谁拥有决策权，另一方面应当反映收益和成本是如何分配的。农民专业合作社的治理即体现为如何设计和实践一种不断适时变化的方案，该方案能够使得农民专业合作社的所有成员参与者获得最大的收益，尤其是经济收益。关于法人机关的设置，《农民专业合作社法》体现了更多的灵活性。首先，农民专业合作社应当设立成员大会作为合作社的权力机构，符合法定条件的可以设立成员代表大会，行使成员大会的职权。其次，法律规定合作社应当设立理事长，理事长为本组织的法定代表人，但是否设立理事会则由合作社自己确定。再者，因为在规模较小的农民专业合作社中，合作社的经营活动是全体成员共同参与的，所以，是否设定专门的监督机构，也由合作社自己决定。设立监督机构的，组织可以依据需要选择设立执行监事或者监事会。

借鉴公司治理结构的经验，许多国家的合作社采取了董事会（理事会）和经理层的营

① 《中华人民共和国农民专业合作社法》第15条：农民专业合作社的成员中，农民至少应当占成员总数的百分之八十。成员总数二十人以下的，可以有一个企业、事业单位或者社会团体成员；成员总数超过二十人的，企业、事业单位和社会团体成员不得超过成员总数的百分之五。

运模式，其优点是董事会与经理层分工明确，从而能对市场的任何变化迅速作出反应。我国的《农民专业合作社法》也体现出这一明显的趋势。这种做法带来的问题是，社员对合作社的控制减弱，造成社员对合作社的向心力下降，为此一些国家的合作社通过运用现代的信息技术，利用互联网把社员联系在一起，及时披露合作社的有关信息，通过网络鼓励社员参与合作社的决策过程等来解决这个问题。我国农村现有的合作社绝大多数规模较小，加上农村职业经理阶层的形成还有一个相当长的过程，完全采用公司治理结构还不太现实。但当前通行的社员（代表）大会、理事会、监事会管理模式也有问题，因为一个专业社往往几十户、百十来户社员，实在没必要设太多的层次。

（三）农民参与热情不高

尽管我国农民合作经济组织取得了空前的发展，但是与发达国家相比还有很大的差距。目前，发达国家的农民80%以上是农民合作经济组织的成员，80%以上的农产品是通过农民合作经济组织销售的，80%以上的农业生产资料是通过农民合作经济组织提供的。据统计，仅国际合作社联盟就代表了全球数十万个合作社的近8亿会员，直接受益人口30亿。我国农民有8亿，加入到农民合作经济组织的比例还不到10%。从横向比较和从农民和农业的现实情况来看，我国农民合作经济组织还远远不能满足农民的需求和当前农业生产的发展需要。

制约我国农民合作经济组织发展的因素有很多，既有体制、政策和法律法规等外部的原因，也有我国农民合作经济组织自身的缺陷与不足。农民专业合作社的社员，其法律意识、经济意识没有城市中公司的股东、企业的投资者等长期受市场经济氛围影响的主观意识强。促成和维系农民合作的纽带在中国不仅仅是经济利益上的关联，可能更多的是几千年来围绕在世代农民中的乡土信任关系。农村社会的亲缘关系和大量存在于农村社会中的非正式文化制度是农民专业合作社治理当中应该考虑的因素。

二、农民专业合作社治理结构对法律服务的要求

《农民专业合作社法》对治理结构的一般规定，体现了以农民专业合作社的成员为本、以农民为本的精神，维护了成员的利益。农民专业合作社治理结构的人合性特点，主要体现在农民专业合作社成员的身份、成员间紧密的信任与合作关系、成员间的决策机制上。在规模小的合作社中，农民专业合作社成员与经理是合一的，不存在外聘经理的问题；在规模较大的合作社中，出现农民专业合作社少数成员与经理合一。农民专业合作社的重大事项都要提交成员大会讨论通过，农民专业合作社成员在成员大会上享有平等的选举权，一般实行一人一票的投票方法。当农民专业合作社成员对合作社的服务不满意时，就可以选择退出农民专业合作社，不再与合作社开展交易。

农民专业合作社治理法律服务作为一个新的法律服务业务领域，必须考虑到农村社会的特殊因素。要真正地发挥出法律服务者的专业优势，辅助农民治理好自己的合作组织，就必须了解农民，融入农民生活当中，而不是仅仅提供冰冷的专业法律知识。针对农民专业合作社的法律服务，不但要做到以农民为本，还应当满足以下要求：

（一）更大的参与性

目前，能够进入合作社理事会和监事会的均为乡村精英和机构代表，这种结构堵塞了中小社员有效监督代理人行为的渠道。中小社员的代表进入合作社的理事会和监事会，不仅有可能影响合作社的经营决策和分配政策，而且有利于合作社向全体社员披露信息，增加透明度，减少合作社的管理者采取机会主义行为的可能性。法律为农民专业合作社的自治留下了足够的空间，包括成员的出资额、出资方式，是否设立理事会、监事会，成员代表大会的设置及其职权的行使等可以由章程规定。

农民专业合作社的章程是合作社的根本大法，农民间的合作与冲突都可以借载章程得以维系和消解。农民专业合作社在治理当中，正式有效的渠道无疑是关注章程的制定和修改。但基于农民自身知识、法律意识的影响，很多农民专业合作社仅仅把章程当作应付工商行政部门的需要而制定的，其实这种现象同样在公司企业中大量存在。章程千篇一律，变成了工商行政部门的章程，有些在公司设立时就算是精心设置了公司章程，但在公司运作中，章程也被束之高阁了。

现实中，农民专业合作社的章程更是如此，为了引导农民制定规范的专业合作社章程，农业部甚至制定了标准的农民专业合作社示范章程。有章程，基于现实的原因，农民也不一定按章程办事。这就要求律师在提供农民专业合作社治理法律服务过程中，要亲自参与合作社社员间的冲突和矛盾当中，时刻提醒和要求农户按照章程办事。在农民专业合作社理事会决议时，农民基于其法律意识的淡薄，参与性不高。一般社员缺乏对合作社的长期关怀，内部监督机制被虚置，民主控制丧失基础等现象已经在部分地区农民专业合作社中出现。因此律师作为农民专业合作社的被委任人，基于合作社的整体和长远利益，经常亲身深入到农户中，宣传合作社章程的意义，提示农民依法依章程办事，要求农民按事先制定的规则合作，促进农民民主管理等带有明显的亲身参与性的特征，就成为律师提供农民专业合作社治理法律服务的一大特色。

（二）更多的协商性

农民专业合作社是具有独立市场地位的农民在有联合需求的情况下，自发组建的经济组织。凡是具有民事行为能力、能够利用农民专业合作社提供的服务、承认并遵守合作社章程的农民，都可以申请加入。同时，按照章程规定，农民也可以退出合作社。农民加入或退出合作社，都是个人的自由选择，任何组织和个人都无权干涉。既不能依靠行政命令或其他手段强行要求农民加入某个合作社，也不能限制农民加入某个合作社，更不能剥夺农民退出合作社的自由。①

“入社自愿、退社自由”是农民专业合作社的基本原则，农民专业合作社的治理当然也应贯彻这一原则。应该注意的是，这种自由是赋予农民成员的。就农民专业合作社本身而言，组建和维持是立法的宗旨。基于农民专业合作社的这一特殊性及其在我国的发展

① 《中华人民共和国农民专业合作社法》第3条：农民专业合作社应当遵循下列原则：（一）成员以农民为主体；（二）以服务成员为宗旨，谋求全体成员的共同利益；（三）入社自愿、退社自由；（四）成员地位平等，实行民主管理；（五）盈余主要按照成员与农民专业合作社的交易量（额）比例返还。

实践,《农民专业合作社法》对其解散和清算作出了与其他法律不同的规定。主要表现在：(1) 在清算时,如果清算组已经就清算事项通知其所有成员和债权人的,则免除其公告义务;(2) 接受国家财政直接补助形成的财产在解散破产清算时,不得作为可分配剩余财产分配给成员,而应当按照国务院规定的办法处置;(3) 农民专业合作社破产时,其破产财产在清偿破产费用和共益债务后,应当优先清偿破产前与农民成员已发生交易但尚未结清的款项。该规定说明农民成员与本组织交易而形成的债权不同于一般债权,而具有优先受偿的性质。

律师在提供相关法律服务过程当中,也特别要注意到这一点。当农民因为决策、财务分配等原因产生内部矛盾时,律师应该从合作社整体利益出发,更多地提出中间的协商方案,或者逐一与农民进行会谈,了解农民的真实想法,争取用协商的办法解决纠纷,而不是鼓动某个农户去打官司。农民组建合作社是国家法律鼓励的,在退社自由的原则下,专业合作社很容易面临解散的危险。一旦合作社治理中内部矛盾显现,作为合作社的被委托人律师,应该及时地积极参与调解协商,这恐怕也是将来律师提供农民专业合作社治理法律服务的一大特色。在调解、仲裁等非讼争议解决机制作用的日益凸显,律师应该积极参与法庭调解及深入农村、农户家中做耐心细致的调解工作,充分发挥律师疏导和解决社会矛盾的作用。

(三) 更强的外在性

农民专业合作社是在农村社区基础上建立起来的一种组织,具有先天的亲缘关系特征,农民专业合作社的成长和治理势必会带有传统社会关系的特征。同时,在市场经济和社会发展的冲击下,农民专业合作社又带有市场经济关系的特征。这两种特征的交织,使得我国大部分农民专业合作社呈现出一种新的农村社会关系。

律师参与农民专业合作社治理,必须考虑到实际的农民专业合作的依附土壤。从制度经济学角度来看,合作社的发展与壮大,不仅仅在于社员的市场能力与创新能力,还在相当程度上在于社员间、社员亲缘关系间的非正式的人际交流。专业合作社的治理是多维的,是多制度的,包括正式与非正式的。律师提供的法律服务仅仅是治理中需要的一种,它必须结合其他,甚至是在其他力量的引导下,才能得以成功。借助于对农村社会的理解,借助于合作社社员的亲缘关系,如请某个社员的亲戚或村中德高望重的老人出面,借助于更多的团体法人的外在力量,律师才能更好地切入到农民专业合作社的治理法律服务当中,这可以称得上是律师提供农民专业合作社治理法律服务的另一大特色。

综上所述,针对农民专业合作社的法律服务不同于针对公司企业的法律服务。针对公司治理的法律服务的目标是接受委托人的委托,为创造一个最大经济利益的可操作的法律方案设计而工作。而发展农民专业合作经济组织,是当前"三农"工作的一项重要任务。国家采取财政支持、税收优惠和金融、科技、人才的扶持以及产业政策引导等措施,促进农民专业合作社的发展。国家还鼓励和支持社会各方面力量为农民专业合作社提供服务,法律服务当然也在其中。

因此,为农民专业合作社治理提供法律服务不仅是法律服务者的新业务领域,而且也是法律所支持和鼓励的一种法律援助活动。这种法律服务有其特殊性,认清农民专业合作社治理的法律服务的特点，是法律服务者服务于农民专业合作社的前提。更多地参与、协商，借助外在力量，是农民专业合作社治理本身的要求，也是广大法律工作者为支持伟大新农村建设的理性表现。对农民专业合作社治理提供量体裁衣式的法律服务，是法律服务者成功的前提，当然也是成功的保障。

参考文献

[1] 陈合营等.农民专业合作社的内部人控制问题研究[J].理论导刊，2007(5).

[2] 林琳，张广智，李莉莉.专业合作社：农村经济组织新变革[N].河南日报，2007-06-19(15).

[3] 李群.农民专业合作社的法人治理结构研究[J].江西农业大学学报(社会科学版)，2007(1).

[4] 马彦丽，孟彩英.我国农民专业合作社的双重委托—代理关系——兼论存在的问题及改进思路[J].农业经济问题，2008(5).

论农村市场中介组织的概念与边界

刘东英
（河北经贸大学商学院）

在农村经济体制改革之后，长期与市场分隔的农民逐渐与市场联系起来，而农户经营的个体化、私营化和分散化与大市场之间衔接不畅的问题也随之凸现。为了改变市场力量的对比，顺利实现农户与市场的对接，在20世纪90年代，实践中出现了一些将农户组织起来进入市场的具有服务性质的组织，一些学者将其称为农村市场中介组织。综观农村市场中介组织的研究文献可以看出，随着中国有特色的社会主义市场经济的深入发展，对市场中介组织的重视已经在研究领域达成共识，但是，在研究的内容、方法以及研究程度上还存在一些不足。其中首要一点就是，在对农村市场中介组织的内涵与外延的认识上没有达成共识。

从现有文献对农村市场中介组织的定义看，很显然，学者们的认识并不一致，也似乎从未准备就其内涵给出准确定义，而是各自从自己的研究角度或研究目的出发，有的以其作用为定义，有的以其类型为定义，有的则在定义中强调其性质，这样就使得农村市场中介组织的内涵研究既互不矛盾也互不包含，看起来十分散乱。而且现有研究大都是在对实践中的组织现象进行描述和总结，就事论事，没有从实践中提升出来，从包含其产生、存在和发展趋势的整体角度就其本质给出定义。笔者认为，农村市场中介组织的发展必将伴随市场经济发展的全过程，尽管其存在的特点具有阶段性特征，但是其本质内核是一定的，研究者们必须将这个特定的本质内核明确地界定出来，使各个角度的研究能够真正地统一在“农村市场中介组织”这一概念之下。

一、农村市场中介组织的概念界定

鉴于大部分学者对农村市场中介组织概念的界定都是基于对现象的概括和描述，所以未能找到其一般规律性，本文将首先剖析农村市场中介组织概念的构成因素，然后从一般意义上对农村市场中介组织的内涵和外延进行界定。

（一）农村市场中介组织的概念构成

基于实践的变化和研究的进展，本文认为，要让农村市场中介组织的概念既能涵盖普遍规律性，又能包容实践中的复杂多样性，首先需要对概念的构成要素予以认识。

1. 对概念中“农村市场”的理解

根据古典经济学的假定，在一个统一的市场上，产品、资源和要素是可以完全流动的，因此市场机制的有效性和灵敏性能够优化配置资源要素，实现社会经济增长的目标。而现实中，这种完全市场并不存在，其中一个重要原因在于城市地域和农村地域长期发展中所存在的巨大差异甚至是隔离。如中国这样一个传统的农业国家，由于发展基础差，农村人口压力大，人均收入低，兼之改革开放前的片面工业化战略的负面影响，所建立起来的工业体系主要集中在少数大中城市，农村地域发展非常落后。虽然改革开放后农村市场化程度有了很大提高，但是其落后的特点还是没有得到彻底改变。因此，我们所关注的"农村市场"这个概念，不是一个简单的地域概念，它还承载着发展传统、制度选择、政策偏向以及意识形态等方面的长期积累。

对农村市场认识的关键，一是要认识到农村市场是农户从小农经济的主体转化为市场经济主体的重要依托，从生产资料、日常用品的购买到农产品的生产和出卖，从剩余劳动力的转移到农用资金的融通，农户越来越需要它、依赖它；二是要认识到农户作为农村市场的一类重要主体，所固有的、难于改变的弱质性。一个市场的完善与否，发育的层次如何，与市场主体的是否完善关系很大。市场主体发育健康，市场就发育良好，运行效率就高，反之则相反。这就决定了在中国的农村市场上一切能改变农户这种市场地位的努力，都将受到欢迎和鼓励。

2. 对概念中"市场中介"的理解

《现代汉语词典》中把中介等同于媒介，即"使双方发生关系的人或事物"。经济学者又根据这一概念引申出了"市场中介"的概念，1993 年由新华出版社出版的《市场经济大辞典》给市场中介下了这样一个定义：在市场经济运行中联结各个行为主体，即市场主体之间的媒介形式或手段。进而指出，市场中介既可以是有形的媒介形式或手段，比如个人、组织或规章制度，也可以是无形的媒介形式，比如经济信息、市场竞争、价格等。具体而言，市场中介按照它联结的市场主体不同，可以划分为三类：一类是联结生产者之间的中介形式，也可以说是联结市场供给主体之间的中介形式，比如生产者集团、供给者集团、供给者协会、生产者之间的经济行为的规则和规章制度及竞争等。另一类是联结消费者之间的中介形式，也就是联结市场需求主体之间的中介形式，比如消费者组织、消费者权益的保障规则和规章制度、消费者之间竞争以及消费风尚和习惯的市场导向与示范效应等。再一类是联结市场的供给者与市场需求者之间的媒介形式，它是市场中介的主体，包括价格、供求信息、市场信息、交易规则和规章制度、交易中介人和仲裁机关、交易后的权益保护等。当然还有一类是政府与企业之间的中介形式，如经济政策、行业协会、工会等。但这些都可以看做是上述三种形式的延伸。

在市场经济中，通过各种有形的和无形的市场中介，把活动在市场上的各个行为主体联结起来，从而使各自独立分散的经济行为主体组成一个有机的社会经济整体。无论是有形的还是无形的市场中介，需要把握的都是其居间联结的作用。

(二) 农村市场中介组织的内涵与外延

1. 农村市场中介组织的内涵

根据我们对农村市场中介组织这个概念中"农村市场"和"市场中介"的理解与把握，将农村市场中介组织的内涵定义如下：农村市场中介组织是居于农户与市场其他主体之间，为农户在生产和经营中所发生的要素和产品的需求与供给活动提供服务的非政府组织。

该定义首先强调了居间服务性。居间服务是中介的基本含义，农村市场中介组织的居间服务是在农户与其他市场主体之间发生的，其他的市场主体包括除了农户以外，在农村市场中与农户发生各种类型对手交易的经济主体。值得提出的是该定义特别强调了为农户服务，这是由农户在农村市场中的市场地位决定的。虽然一般而言，居间服务应该为交易双方提供同样的服务，但是这里暗含了双方具有对等交易条件的前提，而农户难于从市场中获利的主要原因正是他们不具有这样的交易条件。所以从农户的需求上讲，农村市场中介组织的服务首先是改变它们由于过低的组织化程度而形成的较低的市场地位，这样一来，农村市场中介组织的居间服务从客观上已经具有向农民的偏向性。而这种偏向性的存在决定了农村市场中介组织最可能从农民内部产生。

该定义明确了农村市场中介组织居间服务的领域是农户在生产和经营中所发生的要素和产品的需求与供给。形成市场的基本要素就是需求与供给，由此引发的各种活动显示了市场繁荣还是萧条，决定了市场萎缩还是发展。农村市场上的各种活动就是由农户的需求和供给引发的，农户要生产、要经营，由此产生了对生产资料的需求、对资金融通的需求，农副产品的供给、剩余劳动力的供给，还有对技术和信息的衍生需求。农村市场中介组织的居间服务存在于所有这些领域。农户生活消费与城市居民消费在形式上没有本质区别，只是购买力水平上的差异，因此在这一领域并不特别需要中介组织的介入。

该定义指出农村市场中介组织是非政府组织。在对市场中介组织的研究中，有许多学者提出了市场中介组织在形成过程中对体制改革下政府工作人员的分流，以及对政府职能的分担，使得许多的中介组织具有半官方或半政府的性质。本文认为，在理解农村市场中介组织时，特别是当关注其发展趋势时，这样的特点不具有普遍性，也不具有效性。而且，由于"三农"问题的特殊性，各级政府采取各种措施包括成立一些特定的机构参与农村事务，"非政府组织"的界定可以明确地将政府工作与中介组织活动区分开来，也将村级集体经济组织排除在外。

2. *农村市场中介组织的外延*

在对农村市场中介组织内涵有了明确界定之后，其外延也就比较容易把握了。下面所列组织从其活动方式和服务内容看都属于农村市场中介组织的范畴。

第一，针对单个农户的农产品售卖提供居间服务的组织。包括将单个农户和农副产品需求者联系起来并撮合成交的经纪人及其组织；为单个农户提供交易场所和信息服务，使农户比较容易找到交易对手的农村专业市场等。这些组织提供居间服务，改善农户市场地位的有效性主要体现在，通过传递市场信息并帮助农户找到合适的交易对手，缩短农户熟悉和进入市场的时间，降低农户的交易成本。

第二，先将农户组织起来，再为其生产和销售提供居间服务的组织，主要包括农民专业协会和农民合作社。这两类组织是目前农村市场上最普遍也最有效的农村市场中介组织。它们居于农户和生产资料销售商之间、农户和农业技术研发部门之间、农户和农副产品购买商之间，为农户提供生产资料联合采购服务、生产过程中的管理标准制定和技术指导服务、农副产品销售和物流服务，有时还有资金融通服务。其有效性在于它们改变了农户的组织化程度，从而改变了与其他市场主体之间的力量对比。这两类组织的居间服务明显具有对农户的偏向性，因而只能是由农户自己组织形成。

第三，与农户建立起组织内分工与合作关系，为农户获得生产技术、生产资料，实现农副产品的加工增值提供居间服务的组织，主要是一体化组织。一体化组织通常以一个农副产品加工企业为核心，与农户建立起稳定的合作关系，将生产资料供应、农户生产、技术指导、农副产品收购、加工、储存、销售等完全纳入一体化管理。单从组织形式看，一体化组织是一个经营实体，而不像一个中介组织，但是从其为农户提供的服务来看，它彻底改变了农户与市场的衔接方式，大大降低了农户的生产经营风险，并使农户分享了一部分农副产品加工转化的增值。因此，只要是农户并不是以加工企业员工的身份存在的，那么一体化组织就可以被看做是居于农副产品的供给者和需求者之间，并主要为供给者即农户提供服务的农村市场中介组织。

二、农村市场中介组织产生的理论必然性

农村市场中介组织的产生并非偶然，要准确把握农村市场中介组织在农村社会经济生活中所发挥作用的灵活性和复杂性，进一步理解农村市场中介组织的内涵与外延，就必须首先从理论角度寻找其存在和发展的必然性。

（一）经济学意义上的必然性

经济学是以市场和交换关系为研究起点的有关稀缺资源配置的研究，而在市场交易关系中，最基本的形式是商品交换的关系。在长期的交换实践中，市场主体越来越认识到交易成本是影响交换成功与否的重要因素。交易成本经济学解释了市场中介组织存在的必然性。

交易成本经济学有两个有关人类行为的基本假定：第一个假定是人类行为是有限理性的。在诺斯看来，人的有限理性包括两方面的含义：一是环境是复杂的，在非个人的交换形式中，由于参加者很多，同一项交易很少重复进行，所以人们面临的是一个复杂的、不确定的世界，而且交易越多，不确定性就越大，信息也就越不完全；二是人对环境的计算能力和认识能力是有限的，人们不可能无所不知。威廉姆森认为，只要或者是不确定性、或者是复杂性的存在达到了必要的程度，有限理性就会产生。与有限理性相连的是决策中可能出现问题。在农村市场上，交易主体特别是作为供给者的农户，他们在经营中面临着非常大的不确定性，而其个人对环境的认识能力有限，所以他们非常需要一个依托来帮助他们提高对环境的认识能力并减少环境的不确定性，这个依托必然是农村市场中介组织。

第二个假定是人的机会主义倾向。这是人们对自我利益的考虑和追求，意思是，人具有随机应变、投机取巧、为自己牟取更大利益的行为倾向。威廉姆森认为，“机会主义是指信息的不完整的或受到歪曲的透露，尤其是旨在造成信息方面的误导、歪曲、掩盖、搅乱或混淆的蓄意行为。它是造成信息不对称的实际条件或人为条件的原因，这种情况使得经济组织的问题大为复杂化了”。在非均衡的农村市场上，交易主体追求收益内在、成本外化的逃避经济责任的机会主义行为造成了高昂的交易成本，极大伤害了交易。商品的供求双方都希望借助一个外力来抑制对方的机会主义行为，作为第三方的农村市场中介组织成为一个必然的选择。

新制度经济学研究指出，制度变迁的大方向就是为了不断减少市场交易成本，使各种资源的所有者在交易过程中尽可能达到自己的交易目的。中介组织作为一种制度形式，

它的存在就是减少不确定性、减少信息搜寻成本并分散风险。在农村市场上，商品的供求双方一方面都是有限理性并且具有机会主义倾向的，另一方面又都希望能够降低交易成本，实现交易目标。由此，在农村市场上出现为商品交易双方提供信息的搜寻和筛选服务、提供价格谈判的协调服务、提供维持长期交易的保证服务、提供交易公平的维护服务的农村市场中介组织就成为必然。

（二）社会学意义上的必然性

社会学是关于社会生活、社会变迁和人类行为的社会原因和结果的研究。社会学家调查群体、组织和社会的结构，以及人们如何在这种背景下互动。

从历史的角度看，社会在发展，与发展过程相联系的是结构分化。而结构分化是一个过程，借助这个过程“从一个社会角色和组织，分化为两个或两个以上能充分有效地在新的历史条件下发挥功能的角色”。在社会发展的初期，人们建立社会组织的基础大多是同一部落、同一种族或同乡关系。而随着发展进程的推进，人们交往的网络变得更为复杂，兴趣也变得更加多样化，于是，出现了建立在经济、政治、娱乐、艺术等不同利益和兴趣基础上的新的社会组织。这些新的社会组织在那些结构已经变得规模宏大、因素众多、异质性强的社会中，似乎成为社会共同体整合的适当形式，而其中一部分是具有经济功能的。然而由这些组织所织成的社会关系网络再严密，也会存在波特（Burt，1992）所说的“结构洞”，而中介组织就是要将“结构洞”周围的组织联系在一起。

新中国成立以来，中国社会虽然经过了半个多世纪的发展和演变，但至今仍然呈现出明显的二元社会结构特征。农民“在政治上缺少参与的平等机会，在政策上成为被动的接受者，在行政上是被管理的对象，在经济上形不成集团力量，在就业上受到各种限制，缺少流动的自由权利，在公共服务上属于最后考虑的范畴，在社会保障和国家福利上处于自然状态”。城乡二元社会结构使农民陷于相对封闭的状态，大大减缓了农村社会的演化，在城市和乡村之间存在着社会组织网络的巨大的“结构洞”。然而市场经济条件下，城市与农村在发展过程中的相互依赖和相互约束的力量必然由包括农民在内的各类市场主体亲自感受和把握，他们因而必然需要有中介组织来填充这个“结构洞”，将他们更密切地联系在一起。值得重视的是，在这个“结构洞”周围的组织并非同质，而是在形成基础和交往能力上存在着巨大的落差，从这个意义上讲，他们不仅需要农村市场中介组织来修补“结构洞”，还要它能尽力来抹平这个落差。

从社会学的意义上来讲，农村市场中介组织是城市与乡村二元社会结构向一元社会结构转化的必然产物。他们通过改善农民的弱势地位、传递来自先进社会的各类经验，打破农村与农民的封闭状态，以经济角度的突破带动农村社会各个层面与先进社会的融合。

前面对农村市场中介组织的内涵进行界定的时候，还强调了它的非政府组织的性质，国际经验表明，非政府组织在满足弱势群体的社会需求、解决一些长期性的社会问题方面具有独特的优势。这些优势使其具有政府、市场不可替代的作用。

（三）伦理学意义上的必然性

在中国农村，长期以来形成的地缘与血缘关系特征是农村与城市的本质区别，而基于血缘与地缘形成的伦理观念深刻地影响着农村社会生活的各个方面。然而，包括基于血缘与地缘的伦理观念在内，农村的传统伦理体系正在受到来自各个方面的冲击，整个社会政治经济体制的变化极大改变了农民的伦理观，从而改变了农民行为选择的标准。

首先，市场经济体制的建立促进了农民主体意识的增强，培养了农民现代的自由平等的道德意识；使农民的生产能力突破狭窄的范围和孤立的地点，并形成了公平变换、平等获利的预期。其次，由于经济结构重组、利益格局调整等因素的作用，农民在计划经济体制下养成的过分依赖行政控制，凡事喜欢“等、靠、要”的心态，逐渐转化为价值取向多元、价值选择务实的伦理意识。第三，农民的时间和效益观念得到加强，自然经济下散漫、拖沓、慢半拍的习惯彻底改变，竞争和创新意识融入了农民的伦理体系。新的伦理观念一旦形成，必将产生相应的对实践效果的预期，然而农民在市场实践中同时发现，由于诸多方面的原因使他们经常处于弱势地位，且依靠自己的力量不能改变。

农村市场中介组织在新的伦理观念与不协调的实践效果下必然产生。因为，在新的伦理观念下，农民解决现实问题将不再简单地依靠政府，而是从更宽泛的视角依靠自己以及自己周围一些更有能力解决问题的人，并把突破了血缘与地缘基础的信任和委托放在他们及他们的组织身上；而这些人和组织恰好能够在尊重农民的自由平等的基础上，帮助农民改变市场实践中的弱势地位，获得公正、平等的交换条件和广泛的交换空间。

显然，从伦理学角度更能够理解农村市场中介组织的内涵与外延，理解其形成的基础。

三、农村市场中介组织的边界

然而，在对农村市场中介组织的实践进行观察的过程中，我们仍然存在很多疑惑：农村市场中介组织行为在整个农村市场体系中具有普遍意义吗？为什么会有多种形式的农村市场中介组织，它们的主要区别在哪里？为什么农村市场中介组织的规模普遍较小，这种规模状态是合理的吗？有没有演化的空间？借鉴科斯对企业边界的研究，我们试图对上述问题进行回答。

一些经济学家认为，经济体制是由价格机制来协调的，也有一些经济学家注意到了现实中资源的流动并非因为相对价格的变化而是服从于某种命令。在企业之外，价格变动决定生产，这是通过一系列市场交易来协调的。在企业之内，市场交易被取消，伴随着交易的复杂的市场结构被企业家所替代，企业家指挥生产。由此马歇尔把组织作为第四种生产要素引入经济理论。那么在经济理论中就含有了两个假设：一是资源的配置由价格机制决定，另一个是资源的配置依赖于作为协调者的企业家。科斯的研究目的就是说明实践中影响在这两者之间进行选择的基础。

科斯指出企业在一个专业化的交换经济中出现的根本原因在于利用价格机制是有成本的。最明显的成本就是发现相对价格的工作，另外市场上每一笔交易的谈判和签约的费用也必须考虑在内。所以，市场的运行是有成本的，通过形成一个组织，并允许某个权威来支配资源，能节省某些市场运行成本。

那么企业规模的扩大或缩小又是什么原因造成的呢？科斯的结论是：企业扩大必须达到这一点，即在企业内部组织一笔额外交易的成本等于在公开市场上完成这笔交易所需的成本，或者等于由另一个企业家来组织这笔交易的成本；资源浪费带来的亏损等于在公开市场上进行交易的成本，或者等于由另一个企业家组织这笔交易的亏损。

(一) 农村市场中介组织对市场的替代

农村市场对资源的配置是围绕农民进行的，农民是农村微观经济的主体。农民作为生产者、流通者、消费者三种角色参与农产品市场、生产资料市场、日用消费品市场。市场经济体制改革之后，农民逐步认识、了解价格机制，并自觉依靠价格机制来实现资源的配置。但是，这个过程中也出现了农民对市场的不适应，也就是价格机制不能完全解决农民所遇到的问题，特别是在农副产品售卖和农用生产资料购买方面。然而，农民角色的多重性，使农村市场体系既相互联系，又相互分离，从而对农户家庭生产经营形式的理解也变得复杂。

就农业生产而言，德国的大卫(Ed David)在《社会主义与农业》(1922)第二章"有机生产与机械生产的本质差异"中，将机械生产的工业与有机生产的农业进行比较，指出有机生产的农业具有异质性。农业生产的这种异质性的存在是客观的，既不随技术的进步而改变，也不随制度的更迭而改变。它直接导致的就是以家庭为单位的生产制度的普遍存在，实践证明了家庭生产是富有效率的。由此可见，除非农业生产的过程特别容易监督、农产品质量很容易按照一定标准分级的领域(这样的情况很少)，将农业作为一个严格意义上的生产车间的做法并不更加富有效率。这就意味着在农村市场上不存在简单的企业(组织)与市场之间的替代。

尽管生产阶段的效率是普遍存在的，然而，当农民为了保证生产而进入生产资料市场，为了实现农产品的价值而进入农产品市场的时候，他们的小规模分散的特点大大提高了交易成本。如果存在某种力量能够简化农民参与市场交易的步骤，把交易成本降下来，显然，那正是农民所寻找的。也就是说，当农民与其他市场主体进行交易的时候，有可能存在某种组织对市场的替代，这个市场是以农民个体卷入交易为特征的。

(二) 农村市场中介组织的理论边界

农村市场中介组织对市场的替代在于它能够带来交易成本的节约。同时农村市场中介组织的运行也是有成本的，那么借鉴科斯的研究，我们说农村市场中介组织的理论边界应该在边际组织成本等于边际交易成本那一点得到。为了能更清晰地理解这个理论边界，我们必须弄清楚农村市场中介组织所节约的交易成本是什么、所耗费的组织成本又是什么。

1. 农村市场中介组织节省的交易成本

在科斯看来，交易成本是获得准确的市场信息所需要付出的费用，以及谈判和经常性契约的费用。威廉姆森认为，交易成本可以分为两部分：一是事先的交易费用，即为签订契约、规定交易双方的权利、责任所花费的费用；二是签订契约后，为解决契约本身所存在的问题，从改变条款到退出条款所花费的费用。在农村市场上，为达成交易而产生的行为包括：(1) 寻找有关价格的确切信息；(2) 在价格内生的情况下，为弄清楚买者和卖者的实际地位而必不可少的谈判；(3) 订立合约；(4) 对对方是否违约的监督；(5) 当对方违约之后强制执行合同和寻求赔偿。所有这些行为都引发交易成本，农民和其他交易对手之间的交易深度决定具体会发生哪种行为，从而决定发生哪种交易费用。农村市场中介组织视其组织形式和规模大小对上述交易成本均有不同程度的节约。

2. 农村市场中介组织耗费的组织成本

组织成本在某种意义上与交易成本相对，资源配置选择由组织替代市场，但并不会全面替代的原因就是因为组织是有成本的。组织成本就是要使组织有效行使配置资源的功能所必须支付的费用。具体到农村市场中介组织,它的组织成本应该包括创办组织并维持其正常活动所必须花费的开办费用和运行费用、取得农民和其他交易主体信任的费用;代理多个农民的活动时用于摆脱“集体行动的逻辑”①的费用。

3. 交易成本节约与组织成本耗费的均衡点

参与农村市场的交易主体必须支付什么样的交易成本与他们的交易对象和交易目的直接相关,这里我们从农民的角度做分析。如果农民要出卖的是供给量和需求量都很大的农产品,且农产品主要产于自家有限的承包土地,属于剩余产品,那么农民的主要交易成本就是用于寻找交易对手、了解价格行情所支付的费用,满足这类农民需求的农村市场中介组织必须有较低的组织成本耗费与相对较低的交易成本节约空间相对应,经纪人就是一例。当农民生产的农产品具有鲜活性、易腐烂、稀有性等特点,且农民的生产具有较强的专业性和一定的规模后,农民将在寻找交易对手上更具急迫性,对价格有更高的期待,对农资保障和技术有更强烈的需求。这些方面所耗费的交易成本较上一类将有很大提高,满足这类农民需求的农村市场中介组织有较大的交易成本节约空间,因此承受较大的组织成本耗费,农民专业协会、农民合作社等组织形式主要在这个领域存在。如果农民在农产品生产过程中投入了较高的专用性资产,农民将对保持交易关系的稳定有更高期待,那么将涉及订立合约并监督合约的执行,交易成本进一步扩大,此时,组织成本最高的一体化组织作为农村市场中介组织的一种形式就有了存在的空间(见表 1)。

表 1 农村市场中介组织的边界与形式

交易成本节约 \ 组织成本耗费	低	较高	高
低	经纪人	——	——
较高	——	农民专业协会 农民合作组织	——
高	——	——	一体化组织

(三) 农村市场中介组织演化的影响因素

分析农村市场中介组织的边界,帮助我们了解为什么会存在多种形式的农村市场中介组织,它们的区别在哪里,各自会在什么领域活动。接下来的问题是:在形式区别之外,组织成本耗费与交易成本节约的边际均衡点有没有变化的可能呢?也就是说这个均衡点会不会移动,可能因为什么而移动呢?

我们认为交易成本的上升和组织成本的节约都可能导致边际均衡点的位置变化,即影响农村市场中介组织的规模,进而推动农村市场中介组织的演化。

威廉姆森认为,资产专用性会使利用市场进行交易的成本上升。专用性资产是指沉

① 奥尔森认为,在追求集体行动的收益的过程中,“除非一个集团中人数很少,或者除非存在强制或其他某些特殊手段使个人按照他们共同的利益行事,有理性的、寻找自我利益的个人不会采取行动以实现他们共同的或集团的利益”。奥尔森将这种由于个人利益与集体利益往往不一致,从而对集体有益的目标难以实现的情况称为“集体行动的逻辑”。

没成本较高的资产。当某种资产不能或者不花费极高的成本就难以转做其他用途时，这种资产就是专用性较强的资产。产生资产专用性的原因主要有：资产本身的技术特征导致其通用性较差、该资产在空间上转移困难以及要素市场的不完善。在有限理性和机会主义的假定前提下，资产专用性的存在使投资者面临被交易对手套牢的危险。比如农民生产的普通小麦资产专用性较弱，而专门为某一加工企业生产的黑小麦就具有一定的资产专用性，那么黑小麦生产者为了不在小麦种植收获后被加工企业剥削准租，就要为此付出较普通小麦生产者高得多的交易成本。

不确定性的存在是又一个抬高交易成本的原因。哈耶克认为，人们之所以对经济组织问题感兴趣，只是由于它和不确定性有关。农产品交易市场本来就是一个变数极大的市场，而且随着整体农产品交易规模和交易范围的不断扩大，竞争日益激烈，农民日益处于一个不确定的市场环境中，不确定性增加了机会主义行为发生的可能性，从而导致更高的交易成本。

交易成本的提高意味着农村市场中介组织具有更大的节约空间，借以支撑较高的组织费用耗费，实现在既有形式下的规模扩大。

在交易成本相对稳定的前提下，农村市场中介组织的组织成本节约也支持其规模扩大。具体来说，开办费用的降低、组织行为的规范、保持信誉以取得信任、制度与法律保证等都可以降低组织费用。在组织费用降低之后，农村市场中介组织扩大规模就成为可能，而且规模扩大与增强降低交易成本能力之间将有望形成良性循环。

比较而言，致力于降低农村市场中介组织的组织成本耗费，对农村市场中介组织的演化更具积极意义。明确农村市场中介组织的法人地位，确定并简化其开办手续有利于降低农村市场中介组织的开办费用；以法律和规章明确其运行规则，对其服务活动进行有效约束，有利于降低其维持健康运行的费用，并可以建立信誉，从而降低赢取信任的费用；选择有效的治理结构，摆脱“集体行动的逻辑”，都可以降低组织成本。

在不断降低组织成本，更多地节约交易成本的过程中，农村市场中介组织将不断演化，变得更具规模优势并富有效率。

参考文献

[1] Burt R S. Structure Holes: The Social Structure of Competition [M]. Cambridge, Mass: Harvard University Press, 1992.

[2] [美]迈克尔·迪屈奇. 交易成本经济学[M]. 北京：经济科学出版社，1999.

[3] R. 科斯著，盛洪等译. 企业的性质[A]. 载科斯. 论生产的制度结构[C]. 上海：上海三联书店，1994.

[4] M. 奥尔森. 集体行动的逻辑[M]. 上海：上海三联书店，上海人民出版社，1995.

[5] 林光彬. 社会等级制度与“三农”问题[M]. 读书，2002(2).

我国农村社区合作经济组织的产权制度安排

傅 晨
（华南农业大学经济管理学院）

从产权划分，一般而言，我国农村的合作组织有两种类型：一是农民专业合作经济组织，是农民在家庭承包经营基础上，同类农产品的生产经营者个人产权的自愿联合；二是农民社区合作经济组织，是农民以土地等集体所有的财产为基础，把社区集体财产部分或全部地折股量化到每个成员头上，参照股份制和合作制的原则成立股份合作组织，集体财产统一经营，农民则以股份参与实行管理和分红，这种制度又称为社区型股份合作制。前一种形式在全国各地普遍出现，后一种形式则发源或主要见之于沿海经济比较发达的广东珠江三角洲以及江浙地区。本文研究农民社区合作经济组织的产权制度安排。由于这种合作在广东较为典型，本文的研究主要以广东为例。本文从发展的视角进行研究，全文分六节：第一节分析股权设置；第二节分析折股到人；第三节分析产权权利；第四节分析分配制度；第五节分析存在的主要问题，第六节提出进一步发展完善的政策建议。

一、股权设置

农村社区合作组织的产权制度安排首先是清产核资。清资对象最初是除土地以外的生产性固定资产、现金和存款，土地没有纳入清产核资。20世纪90年代，出现于广东南海的土地股份合作把土地也纳入了产权界定，珠江三角洲别的一些地方农村也学习这种办法，反映了在农村工业化和城市化的过程中，农村集体的两大块财产——土地和非农产业，都经历了产权改革的洗礼。

清产核资后是设置股权。股权设置是社区股份合作制产权制度安排的核心，改革的目的就是要改变过去笼统模糊的“集体所有”，把评估后的集体财产明确界定给社员，转变为具体的差别性的个人按份所有。股权设置的基本做法是把评估后的集体净资产分解为“集体积累股”和“社员分配股”，社员在分得个人股份时同时个人现金入股，由此形成了三元股权结构。

集体积累股，简称集体股，是集体共同拥有的股权。理论上，集体股的持股人应当是所有者即社区全体成员，但实践中只能是由股份合作经济组织“代表”持股。集体股就其设立的初衷来看，主要是为了避免化公为私之嫌，减少政治风险。改革初期，“姓社姓资”在很大程度上影响人们的行为，特别是在1989年政治风暴之后，“私有化”成为一个非常敏感的问题。各级基层政府都明文规定必须设立集体股，把它作为是否坚持社会主义的一个重要标志，规定集体股占大头，一般都在股份总额的60%以上，高的竟达到80%以上。

社员分配股是原集体资产折股后分配给社员的股权，持股者是社员本人，按照规定，这部分股份只能占总股份的40%以下。社员分配股界定了社员个人在集体财产中的产权，但一般规定社员对所持股份只有分配权，即每年按股分红，不得抽资退股，不得转让买卖，不得做抵押，大多数村还规定不能继承，持股人死亡，股权就自然消失和终止。由于分配股是分来的，用以分享集体收益，因而往往被称为福利股。

现金股是股份合作经济组织根据企业发展的需要在本村或向社会集资组成的股份。然而，社区型股份合作社的现金股主要是在本社区内筹集，之所以如此，现实中筹集资金并不是唯一动机，有些地方现金股实际上成为分配集体收益的一个工具。如广州天河登峰村曾经规定按固定月息一分二每年支付现金股利息，在8年内还本付清。可见，这里现金股不能算作股份，顶多只能是债券。大多数村对现金股采取保息分红，不承担风险。

在社区型股份合作制的股权设置上，最大的争议是集体股应否设立。改革初期，农民群众囿于"姓社姓资"的困惑，唯恐清产核资界定产权被说成是化公为私瓜分集体经济，在基层地方政府的规定下，大多数乡村都设置了极高的集体股。但是，集体股的设置非但于明晰产权的改革目的无补，相反是明晰产权的一道障碍。首先，集体股的产权依然是不明确的，集体股名义上属于集体全体成员共有，但由社区经济组织"代表"持股，由于依然缺乏明确的产权人格化主体，这仍然没有摆脱旧产权制度的窠臼。其次，集体股使政企不分的状况难以改善，现实中集体股实际上由少数干部来执掌，干部们事实上获得了"大股东"身份，行政干预有强化的势头。再次，集体股削弱了农民群众对改革的热情和参与积极性，集体股占总股份太大的比例，分到社员个人身上的股份寥寥无几，与农民的产权要求相去甚远。最后，集体股给深化改革蒙上了一层政治阴影，由于设置集体股是为了确保社会主义集体经济的公有性质，而一旦人们感到集体股有问题，欲施改革，就会面临"瓦解集体经济"的问罪而却步，或是重陷于"姓社姓资"的争论。

其实，集体股的设置从制度安排者的"正式"表达来看，是为了维护和保证集体经济的公有性质，实际上集体股是人们不能无视具有强大影响势力的既得利益团体——基层干部——的产物。设置一个庞大的集体股，迁就了这个既得利益团体，从而减少了改革的阻力，使改革政策得以出台和落实。这也就是集体股的历史合理性。但是，集体股毕竟存在上述的弊病，而且伴随着实践越来越严重。1993年前后，理论界对集体股总的是持批评态度的。在这种舆论氛围中，各地普遍采取了降低集体股比重的做法。1992年深圳特区内城市化了的原农村社区实行集体股不低于51%，而特区外的农村社区则多数把集体股降到占30%左右，广州天河区则在1994年底在全区取消了集体股，代之以分配时先集体提留后个人分红的办法。这些做法虽然不能说是完善的，但产权制度的安排又前进了一步。

二、折股到人

社员分配股要具体地量化到每一个成员身上，这是一个极为复杂的利益均衡过程。这里，农民群众从实际出发的创新的精神和技巧得到了淋漓尽致的体现。折股到人的办法各地做法不尽相同，但基本的线索是：首先确定"股东"资格，即规定一个期限，在此期间凡农业户口在本村、劳动服务在本村、行政管理在本村，对本村的经济、社会承担责任和义务的村民，才拥有股东资格；然后，按照某种大多数人认可的办法，着重公平，兼顾贡献，把股份基本上无偿地分到每个成员头上。

杨箕村是广州天河区下属的一个行政村。1987 年该村在进行股份合作制改革时，按照 6∶4 的比例把集体资产 2170 万元分为集体积累股和个人分配股两大部分。集体积累股所有权属集体经济组织全体成员，由组织代表村民行使。个人分配股按以下的标准分配：(1) 人头股。对实行股份合作制当年拥有本村村民身份的人口，加上 1987 年以来被招工转出的农民及其家庭，每人计 1 股。人头股截至 1987 年，以后新增的人口不再设人头股。人头股主要体现公平。(2) 农龄股。自 1966 年 1 月 1 日起至 1987 年底止，曾在本村劳动的社员每 3 年计 1 股。农龄股体现贡献。(3) 发展股。凡留在村里继续从事集体经济生产经营活动的社员以及新开工的社员，每劳动满 3 年增加 1 股。发展股其实也是农龄股。个人分配股每股交 50 元现金入股，作为股份合作基金。个人分配股不得转让，不得继承，持股人谢世之后其股份自行消失。凡离开本村不再参加股份合作经济组织生产经营活动的人，只享有为期 20 年的股份权益，期满发还入社股份基金，其股权同时消失。

登峰村是天河区最早进行股份合作制改革的另一个行政村。该村素有劳动力的评级制度，根据劳动力参加集体劳动的时间长短、技术熟练程度进行评级。1987 年在实行股份合作制改革时，登峰村利用了这一制度资源。第一期(1987 年 4 月底清产核资)折股资产的 61.7%(4399 万元)折入集体积累股，38.3%(2730 万元)折入社员分配股。每股金额 650 元，按劳动级别量化到人。具体为：1～4 级 6 股，4.5～8.5 级 24 股，9～11 级 36 股。同时集资社员现金入股，每股 500 元，1～4 级 3 股，4.5～6 级 6 股，6.5～8.5 级 12 股，9～11 级 18 股。离退休人员按离退休时的级别计算股份，残疾人员和“五保户”按 4.5～6 级分股。由村聘来工作享受村民待遇的外来人员按现有工资级别计算，在本村工作 5 年以下，按同等级股权 1/3 计股，5 年以上 10 年以下，按 2/3 计股，10 年以上享受全股。第二期(1987 年 5 月至 1991 年 12 月底)清理新增固定资产折股方法与第一期基本相同，但对担负领导职责的干部视岗位不同适当增加股份。正副部长、正副车间主任增配 6 股，店正副经理、正副厂长、正副场级增配 12 股，正副公司经理、村级干部增配 18 股。增配股份包括那些已经退休但享受该级待遇的人。分配股份公开张榜公布，确认无误后，由股份合作经济组织发给经区人民政府确认的社员股权证书。

从上述案例中我们看到，在股份的分配中，公平无疑具有优先的地位，不仅人人有份(如人头股、基本股)，而且对曾经为社区集体积累做过贡献、现在已经离开社区的人的权利也予以某种追认。个人分配的股份每隔两三年调整一次，也是力图从动态保持公正。为了鼓励参军、上学，对于在部队服兵役和在校大中专学生均保留股东资格。这些做法满足了社区成员的产权需求，实现了某种程度“皆大欢喜”的“帕累托改进”。这是社区型股份合作制能够推开和维持的重要原因。同时，效率的机制被适度地引入，如实行以劳动力等级和农(工)龄配股，就是考虑到“多劳多配”。我们特别注意到，在配股时人力资本的因素也被考虑进去，管理和经营才能这些重要的人力资本要素在制度安排中得到肯定，表现为承担有一定的领导职责则相应增加配股。当然，这部分股份不能太大，尤其在缺乏科学的量化依据时，这部分股份太大就会有“以权谋股”之嫌。

在调查中我们发现一个有趣的现象，开始，社区型股份合作社社员的个人股份都是标明面值的，但目前大多数村折股到人的股份只是明确股数，而没有面值，村民只是知道自己在共有的财产中占有几股，而不知道具体有多少。为什么过去曾经确定每股面值的做法逐渐被取消了呢？这一变化值得深思。基层同志的看法是，由于集体资产的价值每年都在发生变化，影响因素很多，如果计算每股的价值，则每年都要清产核资，工作量很大，而且也不一定准确，尤其目前股份主要是参与分红，不能上市流通，社区范围的流通也很少发生，因而计算股值没有多大实际意义，只要算清每个成员在集体资产中占有的份额，按份分红就行了，这也简便。显然，这种做法从抽象原则的角度来看，当属产权不清，可能会被一些人认为改革走了“回头路”，但是，从实际出发，确实是一个节省制度交易费用的简化。

三、产权权利

社区型股份合作的产权制度一般都规定个人对分配的股份只拥有名义上的所有权，只能据此参与分红和有限的管理（一人一票），没有处置权，不能转让、买卖、抵押，甚至不能继承。按照产权理论，完备的产权是一束权利的集合，至少包含使用权、收益权和处置权。产权是否完备，除了要看权利束的结构，还要看所有者是否能够充分地行使产权。因而，排他性和可转让性是前提条件。如果产权所有者对他所拥有的权利有排他的使用权，收入的独享权和自由的转让权，就称他拥有的产权是完整的；如果这方面的权利受到了禁止、限制或侵蚀，就称为产权残缺。以此来判定农村社区型股份合作制个人的分配股权，显然是不完备的，或说严重残缺，农民群众深刻地称之为“虚权”。

为什么不给予农民群众完整的产权呢？从历史的角度辩证地看，社区型股份合作制的改革应先易后难，循序渐进。对于社区型股份合作制来说，首要的问题是满足社区成员对集体经营的剩余索取权。这是产权之一，但并不是全部产权。然而，改革只要能明晰这个权利，就能出台；相反，一开始就要全面明晰产权，可能会带来困惑，增大改革的阻力。改革应当满足最迫切的制度需求，因而最重要的产权界定当属收益权的界定。因此，在制度选择的集合中，人们选择了产权不那么明晰的制度安排。这符合成本最小原则，是创新者理性的表现。对此不应用抽象的原则去过分加以指责。正如巴泽尔（Barzel Y.）所说，是由于彻底界定产权的代价过于高昂，人们按照对自己有利的原则，决定把产权界定到什么程度。

但是，这种“虚权”的制度安排从制度上设置了股份合作制发展的障碍。其一，由于社员股东对个人的股份不具有所有权，股份及其权利就十分软弱。例如，股权不能流转，股东失去了“用脚投票”这样重要的表态方式，股份合作社难以实现民主管理和政企分开。其二，股权不流动，自我封闭，不仅集资渠道单一，尤其不利于人口流动，不利于社区分工和分业的发展。其三，股权仅仅体现为分红权大大地削弱了改革的价值，使人们以为股份合作制仅仅是一个解决收入分配的办法，而且似乎解决了分配也就解决了一切问题，忽略了对集体经济产权制度进行深入的改革。

不过，我们欣喜地看到，改革并没有就此止步，社区型股份合作制个人产权的界定不断向前演进。产权怎样由残缺走向完备呢？它基本上是沿着两条路线进行：

(1)“生不增、死不减”，即个人分配股份一次性确定，以后不再调整。1992 年 7 月 1 日深圳特区内实行了这一规定。1994 年天河区全区实行了个人股份允许继承的制度，并试行个人股份“一刀断”。南海市里水镇草场管理区以土地为中心的股份合作社也实行“生不增、死不减”的一次性分股。

(2) 区别对待，有偿配股。一个典型是深圳龙岗区横岗镇荷坳村。从 1998 年 1 月 1 日起，荷坳村把股权设为三种：集体股占总股份 30%，个人股占 60%，募集股(即现金股)占 10%。村民股东也分为三类，第一类股东为截至 1997 年 12 月 31 日户口在本村、享有全额股权和分红权的原股东，需要缴纳 20%～30%的股份金额，方可享受全额的个人分配股权和分红权。第二类股东为原来不能享受全额股权和分红权的股东，他们除需缴纳与第一类股东相同的金额外，还需缴纳个人股份的 20%～30%，方可享受全额的个人分配股权和分红权。第一、二类股东所交金额可在分红中逐年扣除，若一次性交清，只需付出所需缴纳金额的 80%。第三类股东是新迁入和新出生的村民，只能按 1∶1 等额一次性购买募集股。

综上所述，制度演进的轨迹呈现为从不断地调整社员股份逐渐过渡到一次性配股，从过去的无偿配股逐渐过渡到有偿购股。由于社员个人股份一次性分配后不再调整，或由于出资购买，产权具有更多的排他性和可转让性，而越来越走向完备。

四、分配制度

社区型股份合作制的分配借用了股份制按股分红的形式，一般是首先由董事会提出股份分红方案，经股东大会讨论通过后执行。分红资金必须是当年股份合作经济组织生产经营的纯收入扣除了上缴税费、公积金和公益金后的余额。但是，社区型股份合作制的分配与股份制不完全相同。

首先，社区型股份合作制的制度安排一般都要求把集体经济收入的大部分用于集体扩大再生产和公共福利事业，保证集体经济不断壮大发展。如天河区规定，股份合作经济组织的分配要保持集体经济用于扩大再生产和集体福利事业资金占本组织纯收入的 60%以上。

其次，社区型股份合作制的分配制度最大的特点是把股份分红与股东履行社会义务的责任结合起来。各地普遍制定了极为详细的惩罚规定，持股人员若违反国家法律和有关政策规定，如违反计划生育、犯罪判刑入狱、逃避兵役、吸毒、不遵守社区管理等，都要依据章程的有关规定进行扣罚。各种违规行为的界定和处罚制度规定程度之细腻，让人叹为观止。虽然这种制度安排似有损“股权面前人人平等”的抽象原则，但确实是减少社区管理成本、加强社会公共意识的一个有力措施。这已经成为社区型股份合作制的一个重要功能。

五、存在的主要问题

（一）制度变迁路径依赖

制度变迁具有路径依赖（path dependence）的特点。在社区型股份合作制的发展中正是存在一定程度的“路径依赖”。几乎所有社区型农村股份合作组织的产生都是直接起因于社区成员对分享集体经济收益的要求，这种状况使得社区股份合作组织一产生就把解决成员对集体经济收益的所谓“第二次分配”作为主要任务。制度安排“天生”具有重分配的价值取向，人们把太多的精力都花在如何搞“第二次分配”，忽视了产权建设。由于初期的创新目标不明和产权安排不当，这就产生了“路径依赖”，制约了社区型股份合作制度功能的发挥，使改革被“锁定”在低速的发展状态。这种状况若不能得到及时和有效地克服，可能使农村社区型股份合作制偏离健康的发展轨道。

（二）产权仍未完全明晰

第一，集体股并未完全退出舞台。集体股是政社政企不分、行政干预的经济基础。目前，除了广州天河在一个区内完全取消了集体股，在实行社区型股份合作制的其他地方大多还保留着集体股，有的比例还很高。深圳特区外集体股的比例大多维持在30％～40％，特区内集体股的比例仍高达51％。一些地方减少或取消集体股的工作推行非常困难，既得利益团体仍以“维护集体经济”为由，竭力保留集体股。一些地方集体股名义上被取消了，但行政干预不减，特别是经营项目、分配方案等重大决策的制定是干部说了算，各种提留的比例很大，干部的分配和行政开支不公开，这实际上相当于庞大的集体股分红。明显和隐形的集体股难以取消，相当一部分集体资产仍处于巴泽尔所说的“公共领域”（public domain）。

第二，个人股份的产权严重残缺。强大集体股的反面就是个人股份产权的软弱。目前，改革初期关于个人股权的基本制度安排，如个人只拥有分配股份的名义所有权，只能据此参与分红，没有处置权，不能转让、买卖、抵押等，在大多数地方均未发生实质的改变。有的地方革新的制度安排虽然已经见诸文字，但被束之高阁；有的未能得到很好的执行；有的地方甚至书面上也没有多大的变化。没有所有权，再加上产权不能流转，离开社区就意味个人产权的丧失，人们也就不愿离开社区，这就阻碍了社区劳动力向外部转移和分工分业的发展，形成强烈的社区封闭性。

第三，产权的不明晰还表现在社员个人行使产权的困难。产权是否完备，除了要看权利束的结构，还要看所有者是否能够充分地行使产权。普通股东行使权利主要是出席股东代表大会。目前，虽然社区型股份合作组织普遍引入了股份公司的治理结构，成立了股东代表大会、监事会等组织机构，但这些组织基本上还没有发挥作用，不少形同虚设。大多数村很少召开股东代表大会，因而村民股东缺少行使自己权利的机会。根据笔者的调查，大多数的社区股份合作社每年仅召开一次股东代表大会，召开两次以上的很少。调查还显示，大多数时候普通股东参加股东大会只是听取负责人的报告或宣布事宜，人事安排、项目建设、分配方案等重大事项，都是由上面决定的，普通股东只是被动接受，有时也采取投票表决，但仅仅是形式。可以想象，如果普通村民股东即使参加股东代表大会也不能发表自己的意见，这就会大大影响他们出席股东大会的积极性。农民群众参与社区管理和监督的权利得不到体现，这使他们依然深刻地感到自己手中的股权是“虚权”。

（三）社区福利主义

农村社区型股份合作制产权制度的另一个重大问题是重分配的价值取向，体现了社区的分配性努力最大化，形成了浓厚的社区福利主义。表现在：

第一，社区型农村股份合作社通过折股量化落实产权，并按股分红，但是，囿于平均主义的传统思维定式，折股量化实质上考虑的是福利分配人人有份，股权分配主要以社区成员的“天然”资格为依据，差别仅仅体现在年龄上，并没有真正体现贡献和效率。而且，大多数社区股份合作组织每隔两三年就要调整一次股份，对变动人口的资格进行认定，也是为了在动态上保持公平。股权的重新调整不仅本身劳民伤财，而且矛盾重重，这是一笔昂贵的交易费用。对外嫁女和招赘郎的股权处理是农村社区型股份合作制最棘手的具体问题之一，反映了当事人和社区组织双方的最大化努力，一方不愿意离开，一方不愿意留。由于社区股份合作社制度安排的基本特点是“肥水不流外人田”，对此的规定和操作大多不利于流动人员，产生和积累了大量的矛盾，增加了社区的不安定因素，基层组织和干部陷入无尽的纠纷，消耗了大量的精力。资源配置没有优化，反而由于分“蛋糕”的人多了，“蛋糕”被切得越来越小。

第二，社区经济面对激烈的市场竞争，客观需要高素质的管理人员和员工队伍，改善人力资本构成。然而，社区福利主义对外部人员的进入呈强烈的排斥性。调查显示，社区型股份合作组织的中高层管理人员中很少有外来人员，大多是刚刚“洗脚上田”的本村农民，文化素质不高，缺乏经营管理技能。但是，各村对引进人才却普遍具有排斥的心理。这种状况使社区型股份合作组织人才匮乏，经营能力差，制约了社区型股份合作制的发展。

第三，社区福利主义滋生了一些所谓的“农民贵族”。这些人以“四不”为荣（不做工、不务农、不经商、不读书），无所事事，游手好闲，其中的一些人发展为精神颓废，胡作非为，扰乱社会治安。据深圳对该市社区股份合作组织的调查，大约只有10%的股东参与社区的经济活动，其余90%的股东大多无所事事。“农民贵族”意识的形成和蔓延诱发种种恶性治安案件，扰乱了社区的安宁，尤其严重地腐蚀着人们的进取精神，使社区的人力资本素质大大降低。这种情况的产生及其严重性恐怕是社区股份合作制的创始人始料未及的。对此，社区一直拿不出有力的对策。虽然不少的村在章程中规定对“四不”人员不予分红，但是面对社区劳动力素质普遍低下与劳动力市场求职难竞争激烈的矛盾，社区既不能向成员提供充足的就业机会，也无法辨别哪些人是找不到工作，哪些人是存心游手好闲，或者由于辨别的成本过高，也就无法执行规定。

第四，福利主义滋长人们的分配性努力，形成了一种分配刚性，即不仅年年要分红，而且分红年年要增长，分配的要求与经济发展严重脱节。一些股份合作组织迫于股东的分配刚性压力，即使盈利不多、甚至亏损，也分红，甚至多分红，给长期经济发展带来致命的损害。另一些股份合作组织的领导人乘机表现出“迁就”股东的意愿，少积累多分配，甚至借债分配，结果把经济搞垮。

第五，社区型股份合作社股东分红与承担风险严重不对称，普遍是只分红，不承担亏损，对此，制度安排一直没有进行调整。

问题的严重性还在于，这种分配性努力倾向是如此的强烈，以至于它的负面影响已经很严重了，很多人还不愿意放弃。笔者在调查中发现，一次性配股、有偿配股的做法虽然能够有效地遏制福利主义，但很难普遍推行，如目前深圳特区外仅龙岗区荷坳一个村试行，相当一部分人对这一改革措施很不理解，认为集体的财产本来就是大家的，新增加的人口分不到股份，岂不是太不公平。在已经实行了一次性配股的一些地方，也时时出现要求调整股份的呼声。

六、政策建议

（一）取消集体股

目前，农村社区型股份合作社均程度不同地保留有集体股。一些地方虽不设集体股，但要从利润中首先提取相当的比例（40%～60%）由"集体"掌管，类似于集体股分红，这里集体股实际上是以隐蔽的形式存在着。如果说赋予农民群众对部分集体财产的个人产权是社区股份合作制改革的第一步，那么彻底取消集体股，让农民群众获得对全部集体财产的股份就是社区股份合作制改革的第二步。就集体股设立的初衷来看，主要是为了避免化公为私，并减少政治风险。如今，这种担心已经完全没有必要。一些人认为设集体股可以保证社区公共开支，其实也是误解，因为完全可以通过健全分配制度来实现。集体股的设置有弊无益，只有取消集体股，才能够把改革引向深入。目前一些地方改革还停留于集体股多一点、还是少一点的思维定式，这是一种"路径依赖"，必须转变。需要指出，虽然我们主张完全取消集体股，但是考虑到实践中情况的复杂多样，我们认为可以采取渐进的方式，即不是立即强制地取消集体股，而是从制度设计上削弱集体股的影响力。可选择的办法是，进一步降低集体股的比重。集体股的分红主要用于社区公益事业、干部行政开支和补农建农，因此，应当根据合理需要为限，确定集体股的比重，严格按股分红。也可将集体股确定为优先股，从而使集体股被替换为社会股，其持股人被替换为优先股股东，不参与企业的管理和经营。成立由社员股东代表大会领导的股东基金会或集体资产管理委员会，由其代表全体股东持有和行使集体股权益。

对那些形式上已经取消了集体股的社区，应当做些什么？我们认为，检验集体股是否真正退出的标志就是看行政干预是否存在及其程度。正是因此，我们认为目前那些名义上取消了集体股的社区型股份合作社大多还存在事实上的集体股。今后的任务是通过完善制度安排，确保政企分开，使社区股份合作社能够按照法人治理结构的机制运转。

（二）个人拥有完备产权

即使完全取消集体股，若个人股份产权残缺，产权改革仍然没有落到实处。我们认为，个人具有完备的股份产权，从根本上说，就是股东对个人股份具有所有权，可以处置，可以转让。可流转的产权可以为所有人带来收益，才会增强所有人对它的爱护和增值的激励。可流转的产权是所有人重要的表态方式，才能增强对财产托管人的监督。我们认为，如果个人股份主要来自于社区存量资产的折股分配，这种个人股份要取得完备产权是很困难的，股份分配的福利性决定了它必然具有"附加条件"。因此，我们主张淡化福利配股，增大现金购股，以优惠的价格出售股份不失为一种良好的渐进方式，有条件的还可以溢价出售。这就出现了一个问题，社员个人出资购买自己作为集体财产所有者一分子的财产权利是否不合理呢？我们认为是合理的。一个简单的类比是国有企业是全民所有的，国有企业的股份化改革不是把企业的资产无偿“划”给全国人民，而是通过出售股份。也许有人会说，国有企业所有人太多，无法通过折股量化来界定产权。其实，这个回答只是说明社区经济的范围小，更容易通过股份化明晰产权。真正的问题是，怎样掌握和运用出售社区集体财产后的收入？显然，如果把这笔资金用好了，对社区成员来说就是“蛋糕”做大了，是一件何乐而不为的事。所以，关键的问题是要管好和用好出售社区财产后的收入。

（三）规范社区内外部股东的产权权利

社区型股份合作社不可避免地要冲破封闭，向社区外部的个人和法人融取资金。因此，在产权配置上，另一重要的问题是如何设计合作社内部成员与外部成员的产权权利，既顺畅资金融通渠道，又内外有别。按照合作制的一般原则，社员入社必须入股，但个人股份只是入社的“门票”，个人股份只是资格证书，而不是资本权利。现代合作社为广泛向社会吸纳资金，提高了资金报酬率，但为了避免合作社沦为资本控制的工具，往往限制股金的数量和界定外部人入股的权利。社区型股份合作制应当借鉴现代合作社的做法。我们认为，社区股份合作社应当合理制定外部人持股的比例，应当区别内部成员和外部成员持有股份的权利，从制度上保证社区成员的主体地位。一般来说，在持股比例上，外部人持股的比例应以不能控制合作社为限。在股权权利上，内部成员的持股为普通股，具有选举权和被选举权，参与决策管理，利率不固定，利益共享，风险共担，外部成员的股份为优先股，股息率固定，优先分红，在企业清算时具有优先索偿的权利，但不具有选举权和被选举权，不参与管理。为了提高吸引力，体现市场经济条件下按生产要素稀缺程度获取报酬的原则，社区型股份合作社可以适当提高优先股的报酬率，必要时也可以建立优先股表决制度，对涉及优先股东权益的事项，让优先股股东参与表决，必要时甚至实行一股一票。

（四）组建社区产权流转市场

可流转是完备产权的根本标志之一。为了打破产权不流动带来的封闭性和社区福利主义，为了增强产权的可行使性，社区集体财产以股份形式（有偿和无偿）量化给个人后的流转势在必行。目前，越来越多的人认识到股权不流转带来的弊端，一些社区股份合作社已经或正在制定允许股份流转的规定。现在的问题是人们到哪里去进行产权交易？我们认为，应当积极探索建立地区性的产权交易市场。从国际上看，即使在一些市场经济发达国家，大量的产权交易也是在股票市场之外进行的（资本市场的概念大于股票市场的概念），能在全国性的正规市场上挂牌交易的企业只是少数。因此，不能一说到产权流转就只想到“大市场”，只想到正规市场，而忽视地方性的非正式的“小市场”。应当积极着手创办地方性的产权交易市场，为社区型股份合作社这一类不上市的经济组织的产权交易创造条件。

（五）积极开展社区集体企业的股份合作制改革

社区型股份合作制的改革并不能完全覆盖其内部经济实体的改革，需要与单个经济实体的产权改革结合起来，取得协同效应。我们把讨论限于乡村集体企业。我们认为，应

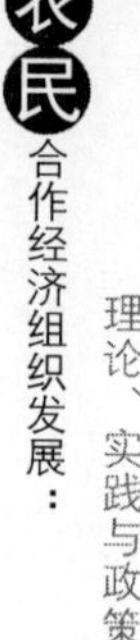

当加强社区企业股份合作制改革的力度。从体制交易费用比较的角度看，目前股份合作制是一种较适宜的企业制度形式，因为相对来说承包制仅仅是在一定时期内划分权益，而股份合作制通过折股量化，重新塑造了产权主体，更多地触及企业产权结构的本质。集体企业股份合作制的产权安排与社区型股份合作制有相通的一面，即要合理设置股权，明晰产权权利，确保产权的行使，转换经营机制。

参考文献

[1] 傅晨.农村社区合作经济的理论与实践[M].广州：广东人民出版社，2007.

[2] 傅晨.中国农村合作经济：组织形态与制度变迁[M].北京：中国经济出版社，2006.

[3] 傅晨.农村社区型股份合作制研究——一个制度分析方法的阐释和运用[M].北京：中国经济出版社，2003.

中国农村集体经济组织的农业投资行为分析

韩东林

(安徽大学工商管理学院)

一、中国农村集体经济组织的基本情况

农村集体经济组织曾经在中国农业经济发展中起了重大作用，但随着中国农村经济制度的变迁，农村集体经济在衰落，传统的农村集体经济组织在萎缩，因此，农村集体经济组织的农业投资功能在降低。农村集体经济组织作为独立的农业投资主体，为农业发展提供各种服务和基本建设条件，对农业发展起着"中介"作用(农村集体经济组织是介于政府和农户之间的农业投资主体，为农户提供农业发展所需的公共产品以及各种中介服务)。

根据国家统计局统计(见表1)，截至2005年底，中国农村集体经济组织中，乡镇为35509个，村集体为640139个，其中乡为16621个，镇为18888个。总体来看，1990年以来，各级农村集体经济组织数量都在下降，其中乡镇总数由1990年的55838个降至2005年的35509个；而村集体总数则由1990年的743278个降到2005年的640139个。农村集体经济组织数量的减少，主要在于农村机构改革，国家根据农村经济发展的需要，撤并了一些农村集体经济组织，这对于减轻农民负担具有重要意义，但也反映了传统农村集体经济组织的衰落趋势。

表1　中国农村集体经济组织情况

年　份	乡镇个数	乡个数	镇个数	村集体个数
1990	55838	44446	11392	743278
1995	47136	29854	17282	740150
2000	43735	24043	19692	734715
2003	38028	18440	19588	678589
2004	36952	17781	19171	652718
2005	35509	16621	18888	640139

资料来源：根据《中国农村统计年鉴(2003—2006)》整理。

二、农村集体经济组织农业投资状况分析

改革开放以前，中国农业资金投入的一半左右来源于农村集体经济组织，因而农村集体经济组织是农业投资的重要主体。改革开放之后，随着家庭承包经营制的确立和普遍推行，许多原来由集体承担的投资职能改由农户承担，从而使集体经济组织的农业投资地位下降。

（一）农村集体经济组织农业固定资产投资总量分析

改革开放以来，虽然由于各种内、外在因素的制约，农村集体经济组织对农业固定资产的投资总量有限，但整体来看，农村集体经济组织的农业固定资产投资一直在不同程度地增长。表2显示，1990—2004年间农村集体经济组织农业固定资产投资由1990年的62.3亿元增长到2004年的433.6亿元，增长了5.96倍；但是农村集体经济组织农村固定资产投资则由1990年的366.1亿元增长到2004年的8086.5亿元，增速为21.09倍，可见农村集体经济组织对农业的固定资产投资与农村集体经济组织对其他行业的投资相比，增速明显较慢。这反映了农业投资比较利益低下，农村集体经济组织宁愿将资金投入到农村其他行业尤其是农村工业，以获取较高的投资收益。

表2　农村集体经济组织农业固定资产投资（1990—2004年）　（单位：亿元，%）

年　份	农村集体农业固定资产投资	农村集体农业固定资产投资增长	农村集体组织固定资产投资	农村集体固定资产投资增长率	农村集体农业固定资产投资所占比重
1990	62.3	NA	366.1	－4.8	17.01
1991	72.0	15.57	494.0	34.9	14.57
1992	87.9	22.08	994.9	101.4	8.84
1993	83.3	－5.23	1631.2	64.0	5.11
1994	145.2	74.31	1988.6	21.9	7.30
1995	203.9	40.43	2367.7	30.7	8.61
1996	266.5	30.70	2802.3	－2.3	9.51
1997	305.9	14.78	3055.6	9.0	10.01
1998	310.0	1.34	3233.3	5.8	9.59
1999	381.5	23.06	3343.1	3.4	11.41
2000	367.5	－3.67	3791.6	13.4	9.69
2001	384.6	4.65	4235.7	11.7	9.08
2002	422.8	9.93	4887.9	15.4	8.65
2003	370.8	－12.30	6553.9	34.1	5.66
2004	433.6	16.94	8086.5	23.4	5.36

资料来源：根据《中国统计年鉴（1990—2005）》和《中国农村统计年鉴（1990—2005）》计算整理。农村集体组织农业固定资产投资数据中1990—1998年的数据来源于中国社科院农村发展研究所等主编的《1998—1999年：中国农村经济形势分析与预测》，社会科学文献出版社1999年版，第170页。

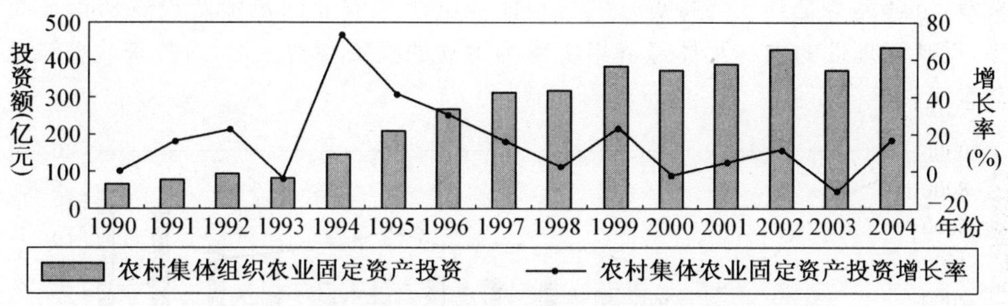

图 1　农村集体经济组织农业固定资产投资及其增长变化

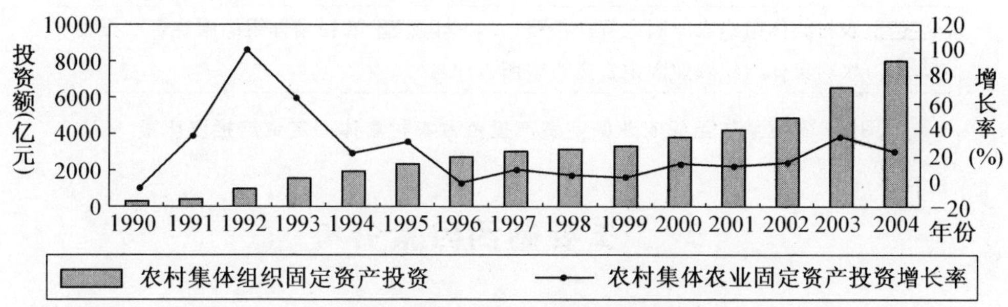

图 2　农村集体固定资产投资及其增长变化

另一方面，从农村集体经济组织农业固定资产投资的年增长速度来看，1990—2004年间，农村集体经济组织农业固定资产投资的年增长速度波动性比较强。比如，1994年的农村集体经济组织农业固定资产投资的年增长速度高达74.31%，而1993年的增速则下降5.23%，2000年下降3.67%，2003年更是下降12.30%。除此以外的其他年份，农村集体经济组织农业固定资产投资的年增长速度都呈不同速度的增长。与农村集体经济组织农业固定资产投资相比，农村集体经济组织对农村固定资产的投资增速的波动性相对较小。虽然个别年份农村集体经济组织的农村固定资产投资也出现一定程度的投资下降，特别是20世纪90年代初，农村集体经济组织的农村固定资产投资波动性很强，这一点和其对农业固定资产的投资波动性相似，但是自1996年以后，农村集体组织固定资产投资增长速度的波动性明显降低，基本上是呈缓慢增长趋势。从图1也可以清楚直观地看出农村集体经济组织农业固定资产投资增速的动态变化过程，强烈的波动性是其主要特征。而图2则显示，农村集体经济组织固定资产投资总额在缓慢增长，增长速度的波动性在1996年以后明显减弱，并且增速也在缓慢提高。

(二) 农村集体经济组织农业固定资产投资的相对比重分析

虽然农村集体经济组织的农业固定资产投资总量在增长，但是农村集体经济组织农业固定资产投资占农村集体经济组织固定资产总投资的比重近年来却在不断下降。1990年农村集体经济组织农业固定资产投资所占比重为17.01%，1993年则降至为5.11%，此后农村集体经济组织对农业固定资产的投资占农村集体经济组织固定资产投资比重缓慢上升，1999年升至11.41%，但此后该比重指标再次下降，2004年农业固定资产的投资占农村集体经济组织固定资产投资比重只有5.36%。图3则清楚地显示了1990—2004年间农业固定资产的投资占农村集体经济组织固定资产投资比重的变化轨迹及其趋势，总体来看，下降趋势是其主要特点。农村集体经济组织农业固定资产投资所占比重的变化趋势，反映了理性的农村集体经济组织作为独立的投资利益主体，对投资收益较低的农业投资意愿较低。

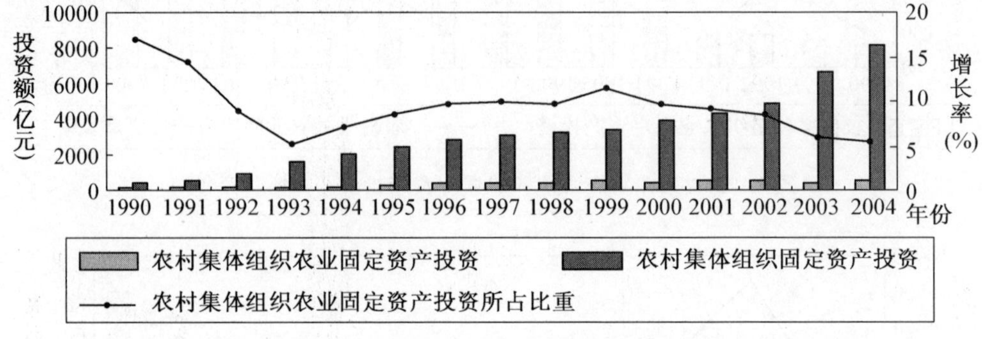

图3 农村集体组织农业固定资产投资占农村集体固定资产投资比重

三、主要制约因素分析

农村集体经济组织作为独立的利益主体，在农业投资过程中，是追求投资收益最大化的，当然农村集体经济组织提供的是农村准公共产品，具有较强的外部性和公益性。不过由于在深刻的社会变革中，农村集体经济组织无论是在可控经济资源上，还是在自身体制上，都存在较大问题，制约了农村集体经济组织对农业的投资；同时，由于中国农业投资效益一直很低，导致农村集体经济组织对农业投资的意愿并不强。

（一）农业投资收益低弱化了农村集体经济组织的农业投资动机

总体来看，一直以来，中国农业投资收益很低，比较投资收益也很低；同时，由于农业生产周期长，农业投资主体既要面对农业生产经营的市场风险，也要应对可能发生的自然风险。投资风险大，投资收益低，必然会对独立的理性的投资利益主体的投资行为产生直接影响。农村集体经济组织既然是经济组织，从事独立的农业投资活动，并在农业投资过程中，承担农业投资风险，获得农业投资收益，那么，农村集体经济组织的农业投资行为也必定是理性的，是以获取投资收益最大化为投资目标的。所以，农业投资收益低也必然会对农村集体经济组织的农业投资行为产生重要影响，弱化农村集体经济组织的农业投资行为动机。

（二）产权不清，法律地位不明，制约了农村集体经济组织的农业投资行为

农村集体经济组织虽然是独立的农业投资利益主体，但农村集体经济组织并不是独立的法人，也就是说农村集体经济组织不具备公司法人的独立权利主体和行为主体的地位。因此，农村集体经济组织在市场交易过程中，不能得到法律强有力的保护，在发生毁约或者经济纠纷时，农村集体经济组织的利益往往受损。另一方面，农村集体经济组织虽然是农村集体土地的拥有者，是农村集体财产的合法占有者，但是农村集体经济组织却是一个虚置的产权主体。农村集体经济组织名义上拥有农村土地和一定财产的所有权，但实际上农村集体经济组织由于不具备法人地位，对所拥有的财产往往并不能够有效控制，

农村集体的农业投资收益也往往不能有效获取，在实际经济活动中，各种侵害农村集体经济利益的行为比较普遍。因此，在这种情况下，农村集体经济组织的农业投资行为必然受到制约。

（三）经济实力弱，债务负担重，削弱了农村集体经济组织的农业投资能力

改革开放以后，农村集体经济组织拥有的土地以承包合同的形式归农户所实际占有和使用，农村集体不再拥有农地的使用权，同时农村集体经济组织原来拥有的很多生产资料也被分配给广大农户。这使得农村集体经济组织的经济实力与改革前相比大大削弱。农村集体经济组织经济实力的下降，必然会削弱其对农业领域的投资能力。与此同时，随着农村改革的不断深入和经济的不断发展，农村集体经济组织由于各种原因形成的债务负担却越来越重。农村集体经济组织债务产生的原因是多方面的，既有农村集体经济组织在举办各种企业过程中，由于经营不善导致债务负担；也有农村公益性开支过大，农村集体经济组织中的各种业务费用过多等原因。近年来，中国农村经济组织普遍出现债务负担加重的趋势，农村集体经济组织的债务负担重，不仅会削弱农村集体经济组织的农业投资能力，也会严重影响中国农村社会的稳定和经济的发展。

四、主要对策选择

虽然农村集体经济组织在中国农业投资和农业发展史上都发挥了重要作用，但是当前中国农村集体经济组织在农业投资过程中存在的一系列问题，必须通过深化改革原有体制，不断提高农业投资报酬率等政治、经济、法律措施来降低农业投资风险，提高农业投资收益，从而强化农村集体经济组织的农业投资功能，塑造农村集体经济组织比较强势的农业投资主体地位。

（一）变革现有农村集体经济制度，增强农业投资功能

现代市场经济要求市场主体是具有明晰的产权边界、排他性的独立法人地位的经济组织。但从中国农村集体经济组织产生和发展的历史来看，无论是带有“政社合一”色彩的农村集体经济组织还是农村新型合作经济组织，集体经济组织的独立法人地位和产权的边界都是模糊的。因此，为了增强农村集体经济组织的农业投资功能，必须变革现有农村集体经济制度，确立排他的集体经济组织的产权，构建独立法人地位的农村集体经济组织。

一是明确农村集体经济组织是农民利益组合组织的原则。农村集体经济组织应该是农民为了共同利益，自发组织起来的带有集体性质的经济组织。农民在生产过程中，进行各种合作，实现共同利益最大化，因此，必须明确农村集体经济组织是农民利益组合组织的原则。

这种原则的确立，既可以使得农村集体经济组织的功能定位明确，又可以使农村集体经济组织进行农业投资时具有明确的投资收益分配方向，从而为农业投资增添了强劲的内在动力，同时也为传统具有政权色彩的农村集体经济组织的变革打下了基础。

二是去除农村集体经济组织的政权性质，塑造独立化的市场经济主体。长期以来，中国农村集体经济组织具有“典型”的政权性质，这种政权性质使得农村集体经济组织脱离农民的利益目标，成为凌驾于农民利益之上的组织。这种制度安排，在传统计划经济时代，也许有其存在的必要，但在构建市场经济体系的过程中，作为经济组织，就必须去除政权性质，返本于农民利益组合组织的本来面目。因此，在建设社会主义新农村的新时期，我们必须按照新的现实需要，塑造农村集体经济组织的市场经济主体地位，使农村集体经济组织真正成为广大农民在自愿基础上，为了自身利益最大化所建立的经济组织。

三是制定专门的农村集体经济组织法律规范，确立清晰的产权边界和独立的法人地位。在变革农村集体经济制度过程中，仅仅确立农村集体经济组织的农民利益组合原则和去除传统农村集体经济组织的政权性质，还不能彻底改变农村集体经济组织产权模糊的状况，也不能塑造农村集体经济组织的市场经济主体地位，从而就不能解决农业投资动力不足问题。所以，有必要从法律规范的角度，进行强制性的农村集体经济组织的制度安排。

目前，我国《公司法》明确规定了有限责任公司和股份有限公司的独立法人地位，其他经济组织由于不是公司，因此，从法律地位来看，都不是独立法人。农村集体经济组织目前的法律地位不明，产权不清，学术界也为此提出了在现有框架内，实现公司化或者股份化改造的方案。但是如何改造？目前还缺乏可操作的具体办法。其中主要原因就是对农村集体经济组织的根本地位没有明确，农村集体经济组织的政权性质还仍然保留，从而难以实现传统农村集体经济组织到现代市场经济主体的跨越。有鉴于此，本文认为，不管农村集体经济组织采取什么形式，国家都应该出台相关法规，明确农村集体经济组织是公司化的企业，具有排他的产权，所有参与农村集体经济组织的农民都是股东，都是投资者和农业投资收益的所有者和分配者。同时，将农村集体经济组织的行政功能去除，归乡镇及其以上级别的政权组织所有和行使，使之完全成为农民经济利益的联合体。这样就为农民建立自己的公司化经济组织奠定了基础，也为农村集体经济组织的农业投资功能的增强奠定了基础。

（二）提高农业投资报酬率，降低农业投资风险

目前农村集体经济组织在农业投资过程中，不管是提供各类农村公共产品和准公共产品，还是提供各种农业生产服务，都不可避免地面临投资收益不高、投资风险较大的现实。

因此，提高农村集体经济组织的农业投资报酬率，降低农业投资风险，就成为改善农村集体经济组织农业投资状况的必然选择。

一是确立农业投资收益率不低于其他行业平均收益率的原则。长期以来，我国各类农业投资主体的农业投资收益都不高，农村集体经济组织也不例外。从农村集体经济组织对农业的固定资产投资占农村集体经济组织农村固定资产投资的比重长期不高，并有下降趋势的情况来看，根本原因在于投资收益率不高。因此，为了从根本上提高农村集体经济组织对农业的投资，必须确立农业投资收益率不低于其他行业平均收益率的原则，使得农村集体经济组织的农业投资报酬率等于甚至高于农村集体经济组织对其他行业的投资，从而解决农业投资动力不足问题。

二是构建农业投资补贴新机制，加大补贴投入。为了提高农村集体经济组织农业投资报酬率，实现农业投资收益率不低于其他行业的原则，各级政府尤其是中央政府必须构建农业补贴新机制，加大对农业投资的补贴投入，不断提高农村集体经济组织的农业投资收益。

根据发达国家的经验，我们可以直接对农村集体经济组织的农业投资行为进行直接补贴，确定合理的补贴比例，使得补贴收入与农业投资的其他收益之和，达到甚至超过农村集体经济组织对其他行业的单位投资报酬。同时应该规定，农业补贴资金必须逐渐提高，不能降低。至于资金的来源，从目前中央财政收入规模和支出结构来看，补贴资金不成问题。

三是建立政府支持的农业保险体系，降低农业投资风险。一直以来，农业都是高风险行业，农业投资主体不仅要面对自然风险，而且要面对市场风险。对于农村集体经济组织来说，农业投资（主要是固定资产投资）较高的投资风险，必然降低投资主体的投资积极性，所以建立政府支持的农业保险体系刻不容缓。从农业保险制度比较完备的欧、美、日等发达国家的实际经验来看，农业保险体系的建立都需要政府的大力扶植，政府对农业保险实行巨额财政补贴和减免赋税等政策，并且普遍建立了非营利性的政策性保险发展模式。中国在建立农业政策性保险发展模式过程中应该积极借鉴发达国家的有益经验，一方面政府动用财政资金，对购买农业保险的农业投资者给予一定比例的保险补贴，减免税收，促进对农业保险的需求；另一方面，强制性规定一些保险险种，如对一些关系国计民生的大宗农作物实行强制性保险，以保障这些农作物的稳定生产。国家在对农业保险进行政策性扶植的同时，可以考虑建立专门的农业政策性保险公司。鉴于中国还是小农经济，农村集体经济组织经济实力较弱，承担风险能力有限，加之农民的自身素质和保险意识较差，仅靠商业性农业保险不能满足农业投资者的需要。因此，中国应该建立符合中国国情的非营利性政策性保险公司，作为中国农业保险体系的重要组成部分，为广大农村集体经济组织进行农业投资，提供可以接受的农业保险服务。

（三）化解债务危机，提高农业投资能力

中国农村集体经济组织债务关系的形成，原因是多方面的，既有经济活动形成的，也有各级农村集体经济组织行政活动形成的（特别是20世纪90年代各种名目繁多的招待费）。沉重的债务负担，必然制约农村集体经济组织的农业投资行为，为此，必须根据债务关系形成的原因，采取相应措施进行化解。

对于农村集体经济组织经济活动形成的债务，主要是农村集体经济组织与农村金融机构之间的债务，国家可以考虑从支持农业发展的战略角度出发，对农村集体经济组织的债务进行核销，以减轻农村集体经济组织进行农业投资的资金不足和债务压力。对于农村集体经济组织行政活动形成的债务，应根据不同情况，分别进行处理。对于未经村民大会或者村民代表会议民主讨论通过的债务，要坚决实行谁举债，谁还债的原则，由相关责任人承担还债责任。也可以动用农村集体经济组织的部分资产，对农村集体经济组织的债务进行冲销。通过对农村集体经济组织债务关系的处理和化解，可以使农村集体经济组织“轻装上阵”，大大提高其农业投资能力。

（四）重塑社会主义新农村建设中的农村集体经济组织的农业投资地位

党的十六届五中全会通过的《关于推进社会主义新农村建设的若干意见》，提出了建设社会主义新农村的重大历史任务，为做好当前和今后一个时期的“三农”工作指明了方向。该《意见》明确指出，顺应经济社会发展阶段性变化和建设社会主义新农村的要求，坚持“多予、少取、放活”的方针，重点在“多予”上下工夫。调整国民收入分配格局，国家财政支出、预算内固定资产投资和信贷投放，要按照存量适度调整、增量重点倾斜的原则，不断增加对农业和农村的投入。扩大公共财政覆盖农村的范围，建立健全财政支农资金稳定增长机制。

在这种背景下，应该充分利用有利时机，重塑农村集体经济组织在社会主义新农村建设中的农业投资地位。一方面对农村集体经济组织进行彻底变革，消除一切阻碍农村集体经济组织发展的障碍，使农村集体经济组织真正成为农民为了共同利益进行联合的利益共同体，为其农业投资奠定组织基础；另一方面，从财政、金融等方面，对农村集体经济组织进行全方位的资金支持，不断增强农村集体经济组织的财力，为其农业投资奠定资金基础。

参考文献

[1] 马艳. 中国农村集体经济的理性分析[J]. 中国集体经济，2005(1).

[2] 刘炜. 农村集体经济产权的股份制改革及其优化[J]. 华南农业大学学报(社会科学版)，2006(3).

[3] 孔有利，王荣. 农村集体经济组织产权结构分析[J]. 财经问题研究，2004(4).

[4] 刘以宏等. 农村集体经济组织债务形成的原因及对策[J]. 山东省农业管理干部学院学报，2005(4).

[5] 李洪波. 农村集体经济组织制度创新与功能发挥的理论思考[J]. 农村经营管理，2006(4).

[6] 王春平，张立富. 农村集体经济组织的法律地位与公司化改造[J]. 农业经济问题，2002(2).

[7] 农业部课题组. 推进农村集体经济组织产权制度改革[J]. 中国发展观察，2006(12).

农村土地股份合作制的农户收入效应

——基于江苏省苏南地区的农户调查

张笑寒

（南京农业大学公共管理学院）

一、引　言

发源于珠江三角洲地区农村土地股份合作制是我国特定历史时期的产物，也是市场化进程中广大农民作出的一项重大选择。20世纪90年代初期，为了探索农村土地股份合作制改革的新路子，经国家农村改革试验区批准，在广东省南海市农村改革试验区开展了以土地为中心的股份制改革试验。其后，江苏、浙江、山东等沿海地区农村也纷纷开始出现集体土地股份合作化现象。尽管各地在具体运作方式上存在差别，但基本做法大致相似，即将农民承包的集体土地使用权和其他资产一起折价入股，组成各类股份合作社或有限公司，进行统一生产或经营，公司收益实行按股分红，按劳取酬。作为一种农地制度创新，理论界对于农村土地股份合作制的作用有褒有贬，但绝大多数持肯定的态度，认为这是一种实现"帕累托改进"的制度形式，它在一定程度上克服了家庭联产承包制的某些缺陷，解决了土地分散经营与农业现代化、分户经营与产业化、小生产与大市场等之间的矛盾，既能够提高土地规模经济效益，又能促进农民收入的增加。

当前我国推行农村土地股份合作制的主要目标之一在于提高农民收入，因此，合理评价农村土地股份合作制的农户收入效应十分重要。一些学者分别运用实际案例来说明土地股份合作制促进农民增收的绩效，但是他们一般侧重于宏观层次和规范分析方法，实证研究相对较少，特别是从农户这一微观主体角度的实证研究则更少。不可否认，实行农村土地股份合作制后，许多入股农户的收入水平比以前明显提高了，但是这种提高在统计上是否显著？农户收入的提高在多大程度上源自土地股份合作制产生的效应？这些问题则需要我们认真思考。鉴于此，本文以2007年初江苏省苏南地区的农户实地调查为依据，运用工程评估中的"倍差法"来对农村土地股份合作制的农户收入效应进行实证研究。

二、数据来源与样本情况

（一）数据来源

截至2007年6月底，江苏省农村组建土地股份合作社已达到682家（其中较规范的

为 190 多家)，入股土地总面积 21093km²，入股农户涉及 125077 户。① 从区域分布上看，江苏省农村土地股份合作制的开展及其成效存在显著的地区差异。其中以苏州、无锡、常州、南京为代表的苏南地区试点推行农村土地股份合作制起步较早，发展较快，现已拥有占全省总数 74.2%的土地股份合作社，覆盖面广，实施后所带来的农户增收效应已明显凸现。以扬州、泰州、南通为代表的苏中地区，从 2004 年才开始推行土地股份合作制，苏北的淮阴、徐州等地 2006 年才启动试点工作。苏中和苏北两地的土地股份合作制不仅覆盖面窄、规模小、实力薄弱，而且制度效应在短期内难以充分显现，因而使得调查面临样本量少、数据资料难以获得等现实困难。基于这一情况，调查样本的选择区域放在全省试点较早、成效较为显著的苏南地区。

本文使用的数据基于 2007 年 1 月对江苏省苏南地区开展土地股份合作制的村庄农户问卷调查。在选择被调查农户样本时，入股农户必须满足以下条件：首先，所在村庄开展农村土地股份合作制起码已有两年或两年以上，以保证该村农户入股后的收入效应已趋于正常化；然后，在已符合条件的村庄中，按照随机原则进行抽取。非入股农户的选择较为宽松，可在被调查的入股农户所在村庄或附近村庄中随机选取。② 最后，调查区域范围覆盖了江苏省苏南地区的南京六合区、苏州吴中区和常熟市、无锡锡山区、常州武进区等五个区、市(县级市)，共包括 6 个村庄、175 户农户，其中 118 户是已入股农户，57 户是非入股农户(见表 1)。

表 1　调查样本分布情况

调查村庄	所属地区	调查农户数(户)		
		合　计	入股户	非入股户
上林村	苏州吴中区	29	21	8
李袁村	苏州常熟市	36	24	12
丽安村	无锡锡山区	25	16	9
松芝村	无锡锡山区	30	20	10
大墩村	常州武进区	25	18	7
长山村	南京六合区	30	19	11
合　计		175	118	57

(二) 样本农户特征和数据描述统计

本次调查我们掌握了各样本农户的家庭基本特征，包括家庭人口数量、户主年龄、户主受教育程度、家庭劳动力比例、家庭成员是否担任村组干部、家庭人均耕地面积等数据。对已实施土地股份合作制的村庄中农户家庭人均总收入的变化、人均种植业收入的变化、人均非农就业收入的变化和人均其他收入的变化进行了统计。为了做到科学完整，既对

① 资料来源：江苏省农林厅经管处统计资料(2007 年)。

② 调查中有相当一部分村庄是部分农户入股，而另一部分农户非入股。在这类村庄对农户的入股收入效应进行评价的结果较准确，因为影响入股农户与非入股农户收入的其他社会经济因素在同一村庄中大体相似，故本次调查选取的基本上都属于该类村庄。

入股农户的收入变化进行了调查，也对部分未入股农户的相关情况进行了调查，并对两组收入变化的情况进行了对比研究。这样，可以对土地股份合作制本身产生的收入效应进行更为准确的估计。

另外，尽管苏南地区从2000年起就开始出现土地股份合作制，但真正大面积推广是到2002年以后。因此，本研究以2001年作为土地股份合作制改革前的基准年，将2006年作为改革后的评价年。

表2和表3分别列出了样本农户的家庭基本特征和各类人均收入的统计结果。从表2可见，入股农户与非入股农户在家庭人口数量、户主年龄、户主受教育程度、家庭劳动力比例和家庭成员是否担任村组干部等方面基本没有明显差异，差异稍大的是家庭人均耕地面积。

表2　2001年和2006年非入股农户和入股农户家庭基本特征

	非入股农户		入股农户	
	2001年	2006年	2001年	2006年
家庭人口数量(人)	4.47 (1.20)	4.47 (1.17)	4.45 (1.40)	4.48 (1.40)
户主年龄(年)	49.23 (10.97)	54.20 (10.97)	49.61 (10.47)	54.61 (10.47)
户主受教育程度(年)	6.97 (3.17)	6.97 (3.17)	6.86 (2.84)	6.86 (2.84)
家庭劳动力比例(%)	71.46 (13.56)	72.28 (14.52)	72.76 (15.13)	73.21 (14.81)
家庭成员是否担任村组干部 (1=是,0=否)	0.23 (0.43)	0.23 (0.43)	0.25 (0.44)	0.25 (0.44)
家庭人均耕地面积(公顷/人)	14.55 (5.10)	14.40 (5.10)	15.45 (7.65)	15.15 (7.65)
样本数	57		118	

资料来源：根据作者调查资料整理。

注：括号内数值为标准差。

表3　2001年和2006年非入股农户和入股农户各类收入比较

农　户	非入股农户			入股农户			综合差异
年　份	2001	2006	2006—2001	2001	2006	2006—2001	
序　号	(1)	(2)	(3)= (2)-(1)	(4)	(5)	(6)= (5)-(4)	(7)= (6)-(3)
人均家庭 总收入(元)	6888.67 (3714.84)	7806.56 (3822.84)	917.89	6996.46 (4666.58)	8361.17 (5940.62)	1364.70	446.81

续 表

农 户	非入股农户			入股农户			综合差异
年 份	2001	2006	2006—2001	2001	2006	2006—2001	
人均农业纯收入(元)	542.23 (535.40)	596.00 (560.77)	53.77	552.50 (342.54)	623.86 (362.26)	71.36	17.59
人均种植业纯收入(元)	502.90 (506.86)	543.28 (546.81)	40.38	517.82 (318.67)	576.27 (324.11)	58.45	18.07
人均非农业收入(元)	6346.43 (3350.26)	7210.56 (3472.81)	864.12	6443.96 (4743.85)	7737.30 (6042.65)	1293.34	429.21
样本数	57			118			

资料来源：根据作者调查资料整理。

注：(1) 括号内数值为标准差；

(2) 农业纯收入(包括种植业收入和畜牧业收入)，只扣除生产经营中的物质费用，未扣除劳动力成本；

(3) 农户入股分配收入统计在种植业收入中；

(4) 表3中所有收入统一以2001年为基期的消费价格指数进行了换算。

表3显示，在2001年，非入股农户与入股农户之间的各类人均收入差距很小，尤其是人均农业纯收入和人均种植业纯收入，后者分别只多出10.27元、14.92元。这反映了在同一苏南地区，在其他条件相似情况下，农产品价格和生产成本等基本接近，各个农户之间的农业生产效益也大致相近。但是，到了2006年，这一差距有所拉大，入股农户因入股行为所获得的土地股份收益比其自行经营的收益普遍要高，故他们比非入股农户的人均农业纯收入和人均种植业纯收入分别高出了27.86元、32.99元。

从2001年至2006年，非入股农户和入股农户的人均家庭总收入、人均农业纯收入、人均种植业纯收入和人均非农业收入均有不同程度的增长。其中入股农户人均家庭总收入和人均非农业收入的增长速度似乎更快，从而他们与非入股农户之间的收入差距增大。这一点其实不难理解，入股使农户放心地离开土地外出打工，收入来源渠道增多，其非农业收入及家庭总收入必然提高。

三、计量分析方法和模型

(一) 分析方法

下面的计量分析中，应用“倍差法”(Difference-in-Differences Estimation，简称DID)对农村土地股份合作制的农户收入效应进行评价。“倍差法”是政策分析和工程评估中广为应用的一种计量方法，用于估计一项政策或一个项目工程给政策或工程作用对象带来的净影响。其基本思路是将随机抽取的调查样本分为两组：一组是政策或项目作用对象(简称“作用组”)，一组是非政策或项目作用对象(简称“对照组”)，计算作用组在政策或项目实施前后某个指标(如收入)的变化量(收入增长量)，以及对照组在政策或项目实施前后同一指标变化量，上述两个变化量的差值（即“倍差值”）即反映了政策或项目对处理组的净影响。

理论上，农村土地股份合作制遵循国际合作社的“自愿平等”入社基本原则，这一点在各个企业制定的章程中也得到明确反映。几乎绝大多数的村组在组建土地股份合作企业时都征求了社区农户的意见，并取得他们的一致同意。但是，据笔者所知，现实中纯粹由农户自发组建的股份合作企业不多，有相当数量的农村土地股份合作企业是在基层政府部门的行政力量推动下而组建起来的，一些地区还把农村土地股份合作制的试点作为一项部门任务指标而安排落实下去。可见，实际上农村土地股份合作制是在多数农户一致同意和基层政府主动倡导下的结果，是一种既取决于农民自身选择又依靠政府行政推动的、内外因素共同作用的产物。因此，借鉴公共政策效应分析中的“倍差法”来分析农村土地股份合作制对农户收入的影响具有一定的可行性。同时针对研究中可能遇到的自选择（self-selection）问题，即主体是否参与工程或受政策影响可能有内生性，这里分别选用较为可行的固定效应法（fixed effect）和一阶差分法（first-difference）来加以解决。

（二）计量模型

假设我们要分析实施土地股份合作制对农户收入的影响，被调查的按照是否参加分为入股户和非入股户，其中 A 组（作用组）农户入了股，B 组（对照组）没有入股。令变量 P 为农户是否入股的虚拟变量，农户入股则 P 等于 1，否则等于 0；变量 T 代表样本数据是否来自土地股份合作制改革后那个时期的虚拟变量，如果是，T 等于 1，否则等于 0。再设 ε 为扰动项，代表其他无法观察到的没有控制的影响农户收入的因素。这样，就可以建立以下农户收入的 DID 模型：

$$Y=a_0+a_1.T+\gamma.p+\delta.T\cdot P+\varepsilon \tag{1}$$

根据上述模型，我们可以分别得到入股户和非入股户收入变动的模型，其中：

对于非入股户，P 等于 0，故模型(1)变换为：

$$Y=a_0+a_1\cdot T+\varepsilon \tag{2}$$

非入股户在土地股份合作前后的收入分别为：

$$Y=\begin{cases} a_0 & \text{当 } T=0\text{，入股前} \\ a_0+a_1 & \text{当 } T=1\text{，入股后} \end{cases} \tag{3}$$

因此，股份合作前后，非入股户的收入平均变动为：

$$\text{dif1}=(a_0+a_1)-(a_0)=a_1 \tag{4}$$

对于入股户，P 等于 1，故模型(1)变换为：

$$Y=a_0+a_1\cdot T+\gamma\cdot p+\delta\cdot T\cdot P+\varepsilon \tag{5}$$

入股户在土地股份合作前后的收入分别为：

$$Y=\begin{cases} a_0+\gamma, & \text{当 } T=0\text{,入股前} \\ a_0+a_1+\gamma+\delta & \text{当 } T=1\text{,入股后} \end{cases} \tag{6}$$

因此，股份合作前后，入股户的收入平均变动为：

$$\text{dif2}=(a_0+a_1+\gamma+\delta)-(a_0+\gamma)=a_1+\delta \tag{7}$$

由于我们的样本是随机选取的，假设入股户和非入股户之间不存在系统差异，那么如果入股户不参加股份合作制，他们的收入变动就应该与非入股户的收入变动一样，即收入平均变动 a_1，而实际上他们在合作制前后的收入变动平均为 $a_1+\delta$，因此，土地股份合作制对于入股农户的净影响为(见表4)：

$$\text{dif}=\text{dif2}-\text{dif1}=(a_1+\delta)-(a_1)=\delta \tag{8}$$

模型(1)中 $T\cdot P$ 项参数 δ 即代表了土地股份合作制对入股农户收入的净影响。

表4　土地股份合作制对农户收入的净影响

农　　户	土地股份合作制预期收入		差　　分
	改革后	改革前	
入 股 户	$a_0+a_1+\gamma+\delta$	$a_0+\gamma$	$a_1+\delta$
非入股户	a_0+a_1	a_0	a_1
差　　分			δ

由于 dif 只是一个纯数量概念，是否显著还需统计检验。检验方法一般有两种：一种是固定效应估计法，另一种是差分估计法。这两种估计方法在处理非观测效应上是相似的，而且两者都是无偏的，至少是一致的。由于本研究只涉及两期综列数据，两种方法的估计值及其全部检验统计量应该没有多大差异。为了对比，本文分别采用这两种方法来估计土地股份合作制实施后农民收入的变化。

首先，按照固定效应法建立起相应的固定效应模型是：

$$Y_{it}=a_0+a_1T_t+\gamma p_i+\delta T_iP_i+\beta X_{it}+\mu_{it} \tag{9}$$

式中，i 代表农户，t 代表时期。Y_{it} 是农户 i 在 t 时期的不同类别人均纯收入；P_i 是一个二分变量，1代表入股农户，0代表非入股农户；T_t 也是一个二分变量，1代表土地股份合作制实施后，0代表土地股份合作制实施前。X_{it} 是一组可观测的影响农户收入 Y_{it} 的控制变量，包括农户家庭人口规模、户主年龄、户主受教育程度、劳动力比例、家庭成员是否担任村组干部、家庭人均耕地面积等。μ_{it} 是影响农户收入、但无法观测的、因农户和时间不同而不同的其他因素。

模型(9)与模型(1)的不同之处，在于模型(9)中控制了许多影响收入且可观测的因素。运用最小二乘法，我们可以直接估计模型(9)。

然后，对模型(9)的两期数据进行一阶差分，得到一阶差分模型(10)。由于 X_{it} 中的户主年龄和受教育年限等变量不随时间而变化，故在一阶差分模型中，这些变量将消失。所以，模型中的控制变量($Z_{i1}-Z_{i0}$)只有那些时变因素的一阶差分。

$$Y_{i1}-Y_{i0}=a_1+\delta P_i+\beta(Z_{i1}-Z_{i0})+(\mu_{i1}-\mu_{i0}) \tag{10}$$

四、实证分析结果

表 5 列出了固定效应模型(9)的参数估计结果，其中的工程参与净效应 δ 与前文中描述统计结果(表 3 中的综合差异值)基本一致，说明了土地股份合作制可以提高农户人均家庭总收入、人均非农业收入，但其影响作用不太显著；对农户人均农业纯收入和人均种植业纯收入的作用则很小。这一点还可从方程的 F 检验值也都不高看出来。可能的原因在于：一是由于这里运用的是农户两期截面数据，数据存在一定的误差；二是由于影响农户收入的其他因素没有全部列入方程。

表 5　农村土地股份合作制的农户家庭收入效应：固定效应模型估计结果

被解释变量	常数项(a_0)	时变不可观测因素效应(a_1)	入股农户与非入股农户不可观测差异效应(γ)	工程参与净效应(δ)	F 检验
人均家庭总收入	−1469.965 (−0.408)	244.500 (0.216)	262.598 (0.268)	441.901 (0.320)	6.056
人均农业纯收入	−214.472 (−0.641)	5.682 (0.054)	−10.406 (−0.114)	19.561 (0.152)	3.640
人均种植业纯收入	−119.197 (−0.374)	−0.447 (−0.004)	−3.911 (−0.045)	19.912 (0.163)	3.052
人均非农业收入	−1255.492 (−0.354)	238.817 (0.214)	273.005 (0.283)	422.340 (0.310)	6.457

注：括号内为 t 值。

表 6 列出了一阶差分模型(10)的参数估计结果，并进行了模型自相关检验(DW 检验值)。结果表明，运用一阶差分模型估计的工程参与净效应 δ 值也不显著，但至少与固定效应模型的估计结果比较接近。此外，表 6 中的 DW 检验值表明一阶差分模型的扰动项基本不存在自相关问题，即上述两个模型估计结果较为有效。因此就本研究而言，以上分析结果已经基本能够说明问题。

表 6　农村土地股份合作制的农户家庭收入效应：一阶差分模型估计结果

被解释变量	一阶差分模型		
	时变不可观测因素效应(a_1)	工程参与净效应(δ)	DW 检验值
人均家庭总收入	870.855 (2.919***)	431.075 (1.175)	1.839450
人均农业纯收入	53.648 (1.493)	22.46 (0.508)	1.663800
人均种植业纯收入	44.186 (1.125)	25.013 (0.517)	1.782540
人均非农业收入	817.207 (2.746***)	408.614 (1.116)	1.835746

注：1. 括号内为 t 值；2. ***、**、*分别表示在 1%、5%和 10%水平上显著。

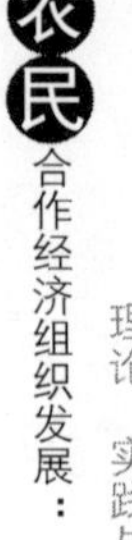

五、政策含义

上述实证分析的结果表明：

(1) 农村土地股份合作制确实能够提高农户家庭人均收入，尤其是人均非农业收入，但不够显著。欲发挥该项制度的长期增收效应，根本出路在于加快发展农村第二、三产业和城镇化进程，使更多的农村富余劳动力从土地中转移出去，实现农民持续增收。

(2) 农户土地入股后来自于土地的股份收益得以增加并保持相对稳定，但增长程度有限。要想持续提高农村土地股份合作制的产出效益，各企业必须尽快寻求适合自己的发展模式，开发一些产品技术含量高、市场潜力大的优质农业项目，走现代农业、效益农业、规模农业的道路。

(3) 作为地方政府，在农村土地股份合作制改革初期给予一定的扶持与帮助非常重要。政府一方面在招商引资、项目引荐、技术指导、政策配套等方面可以发挥积极作用，使土地股份合作企业尽早步入正常运行轨道；另一方面，要更加重视对农村剩余劳动力的技术技能培训，使他们既能适应未来现代农业对高级农业人才与技术的需要，又能顺利转移到农村其他行业就业，促进农民收入的长期而稳定增长。

参考文献

[1] 郭剑雄，苏全义. 从家庭承包制到土地股份投包制[J]. 中国农村经济，2000(7)：26—30.

[2] 傅晨. 农地股份合作制的制度创新[J]. 经济学家，1996(5)：99—105.

[3] 蒋励. 股份合作制：农村土地制度改革的最优选择[J]. 农业经济问题，1994(12)：30—34.

[4] 万宝瑞. 我国农村经营体制的创新——辽粤湘豫农村土地实行股份合作的调查[J]. 求是，2004(15)：50—52.

[5] 管敏文，蔡裕亮. 温岭市社区土地股份合作制的实践与思考[J]. 农村经营管理，2003(11)：32—34.

[6] Wooldridge J M. 计量经济学导论：现代观点[M]. 北京：中国人民大学出版社，2003.

[7] 东梅. 生态移民与农民收入——基于宁夏红寺堡移民开发区的实证分析[J]. 中国农村经济，2006(3).

我国农村金融合作演化路径的模型分析

佟光霁　王　威

（东北林业大学经济管理学院）

一、引　言

在过去的经济实践中，农业支持问题一直是困扰诸多专家学者的一个必须切实解决的问题，而且也进行了广泛深入的研究，但实际的服务绩效却非常有限。随着 2006 年中央 1 号文件“社会主义新农村建设”战略的推出，“多予、少取、放活”成为农村变革的主导方向。然而，现行农村金融支撑体系的“短板”桎梏在此背景下却日益凸显。虽然农村改革以来中央政府在农村金融领域实施了一系列改革，但在一个完全孤立的状态下，只能导致农村金融支持体系对农村支持政策的“绩效不合作”。

农村金融绩效不合作最为严重的后果是广大农户的金融需求无法得到满足。有关数据显示，全国金融机构存款约 20%来自农村，但是，农业贷款仅占全国金融机构贷款总额的 4%，在超过 2 万亿元的农村资金流向城市的同时，占全国总人口 70%的农民却面临着贷款难的问题。我国农村金融机构并不匮乏，三大金融体系运作多年，农村金融供给依然存在不足的问题，四大国有商业银行退出农村地区，农村合作金融的异化，这已经说明了农村地区不具有金融机构存续和发展的条件。所以，诸多问题都是对外生于农村经济的市场交易环境的排斥反应而已。因此，着眼于整个农村金融交易环境的改善，改善农村金融交易的不足，促进农村金融体系“绩效合作”，可以使农村金融走出“发展片面性的”困境。

合理的农村金融合作应该由三种类型的体系合作构成。这三种支持类型分别是：商业性金融体系、合作金融体系、政策性金融体系。它们成为建构农村金融合作的基本因素。在可观察和可描述的状态下，农村金融合作效率取决于三类体系的各自效率。但问题是，当三种金融体系处于某种分离状态时，其各自的效率将因为它们的分离而出现不可避免的“漏损”。所以，尽管有了三种基本的合作体系，若实现预期的服务效率，还必须要有效建构。因此，本文将以农村金融交易活动为分析单元，以农村金融机构为分析对象，试图通过模型分析来阐释农村金融合作的体系结构及其演化路径。本文结构安排如下：第二节是构建模型的前提假设；第三节从通过模型的约束和求解，描述了中国农村金融合作的结构性组态；第四节通过模型的角点解来分析达成金融合作不同演化路径所必须满足的结构条件；最后是本文的结束部分。

二、模型的前提假设

假设一：参与服务的每个金融机构兼有生产和消费的特征。

审视金融活动我们发现这一假设可以适用于解释我国农村金融合作。因为在理论上参与金融交易的每一个金融机构都既是资金的需求方，又是资金的供给方。对于单一机构来说交易收入可以用于机构消费或金融储蓄，还可以用来购买更多的要素或资本积累，而且实践中消费和生产决策两分的局限性反证了我们假设的可行性。如把金融市场中的参与者一分为二，一边是资金的需求方，即有需求的金融机构；另一边是资金的供给方，包括各类其他金融机构(本质上来源于企业和各类个人投资者)。如果一方面排斥了需求方在金融市场上自主运用资金的其他可能性，必然影响其投资的效益；另一方面又剥夺了大多数其他金融机构在金融市场运用资金的权利。在这种分离银行业储贷功能对金融机构进行支持任务的指导思想下，建立与发展的金融市场，带有的局限性是相当明显的。

假设二：金融合作的主导是投资者而不是融资者。

投资者通过选择金融产品而形成从储蓄到投资转化的金融合作，进而构成了一个无数投资者在其间互动的复杂系统。我们区分以往的融资的立场来分析问题，而是以投资者角度来分析，因为融资者的立场实际上暗含了金融合作的存在，而投资者的立场可以面临消费与储蓄选择，只有选择了储蓄才会涉及金融合作的结构演进。

假设三：金融合作是全体金融机构参与并作出投资决策的一种决策系统。

当全体金融机构作出不投资的决策，这也是一种决策。在这里，就不发生储蓄。这样一种情形并不只是一种理论上的设想，实际上由于国有商业银行的退出在现实中这种情形已经部分地发生了。投资者是这个系统运转的基本决定力量。如同商品交易带来效用的利益，投资能带来报酬的机会是决策者参与金融合作的诱因。

假设四：当前的交易费用就是一种增加未来收入的投资。

理论模型中的时间要素禀赋也适用对投资者生产函数的约束，投资者的劳动时间制约劳动收入。投资者行为的产生，毫无例外地是针对着未来可能发生的变化，如果未来与现在没有差异，就不需要有应对的准备。从当前消费与未来消费难以兼顾的两难冲突意义上讲，投资决策类似于对合作水平的决策。合作的动态效果一般都是增加未来的生产率和消费，但是合作后马上会增加的是当前的交易费用和减少当前的消费。假若机构有对当前消费的偏好，而未来的一定消费量贴现后比当前同样的消费效用更低，则合作创造的未来好处更不容易抵消当前的交易费用。

假设五：政府的宏观调控过程能促使合作双方进行金融交易。

从金融交易入手研究农村金融合作演进的过程及在这一个过程中出现的经济现象，完全符合现代经济学的基本研究思路。贷款机构对借款机构的融资是一种金融交易活动。融资是跨时期的特殊交易，是当前的现金流量与将来一系列现金流量的交易，因而交易中的不确定性因素更多，贷款机构承担的风险较大，要减少交易的不确定性、降低交易风险和促使交易顺利进行而发生的交易成本也要高得多。融资前，借款机构要寻找潜在的贷款机构，贷款机构要调查借款用途或投资项目的可行性，都要发生相应的成本；融资进行时的讨价还价(谈判)也要发生相应的成本;融资之后,贷款机构要监督借款机构,防止款项被挪作他用,也要成本;此外,借款机构违约时,贷款机构要通过法律程序获得赔偿,都要发生相应成本。品种繁多的交易成本,可能阻碍融资行为的发生。如果没有政府的宏观调控过程,借贷双方可能因交易费用过高而无法进行金融交易。

三、模型的构建和结构性组态

我们假设社会中有 M 个决策前完全相同的消费——生产行为的投资者(体系内的金融机构),这里 M 相当大。投资者可以生产两种产品:资本品 x 和最终消费品 y。x 可以作为中间产品投入到 y 的生产过程中,从而提高 y 的生产效率,但是这个过程中需要交易服务 r,作为迂回生产工具的 x 来自于投资者以积累时间作为唯一要素投入获得的劳动收入,三种产品为模型的资源最小约束,增大模型的资源约束将使中间过程趋于复杂,在此只讨论简单的情况。

每个投资决策者有相同的效用函数:

$$U = y + k^{*}(r + r^{d})^{*} y^{d}$$

式中,y 是自给自足的生产量;r 是自给自足的交易服务;y^{d},r^{d} 分别为购买最终消费品和交易服务量:$(r+r^{d})$为投资者自给的交易服务量与购买的交易服务量之和;k 为交易效率系数,是投资者所不能改变的,而交易费用系数为$(1-k)$。

假设生产函数分别为:

$$x + x^{s} = l_{x}^{a} \qquad \text{(中间产品)}$$

$$y + y^{s}\{l_{y}[x + k(r + r^{d})x^{d}]\}^{b} \qquad \text{(最终消费品)}$$

交易技术为:

$$r + r^{s} = l_{r}^{c}$$

式中 x,y 分别代表 x,y 的自给量;r 为自给自足的交易服务;x^{s},y^{s} 分别代表 x,y 的供给量;r^{s} 为提供交易服务量 $x+x^{s}$,$y+y^{s}$,$r+r^{s}$ 分别是这 3 种产品和服务的产出水平:l_{i} $(i=x,y,r)$是某个机构生产金融产品(或服务)的合作水平;这里 $a>1$、$c>l$、$0<b<\frac{1}{2}$ 为合作经济程度参数。

禀赋约束为:

$$l_{x}+l_{y}+l_{r}=W \quad l_{i}\in[0,W],\ i=x,y,r$$

决策者的劳动以积累金融产品的时间来计量,假设每天积累为 W 小时。单一机构的时间限制为唯一的显示设定要素限制,是因为其他资源禀赋的可用性只受机构积累能力等模糊因素的限制,单一机构的积累能力决定着它的生产率,这种能力的决定因素就是单一机构可利用的有限时间。

预算约束为:

$$P_{x}x^{s} + P_{y}y^{s} + p_{r}r^{s} = p_{x}x^{d} + P_{y}y^{d} + p_{r}r^{d}$$

式中，p_i 是产品（服务）i 的市场价格；x^s，y^s 分别代表产品 x，y 的供给量；r^s 为提供交易服务的量；x^d，y^d 分别代表 x，y 的需求量；r^d 为购买的交易服务。因而上式的左边是投资决策者的收益，右边是投资决策者的支出，此预算约束方程式表示投资决策者的收支平衡，即收入等于支出。

我们可得到投资决策者的决策模型为：

$$Max: U = y + k(r + r^d)y^d$$

$$s.t. \quad x + x^s = l_x^a$$

$$y + y^s\{l_y[x + k(r + r^d)x^d]\}^b$$

$$r + r = l_x^a$$

$$l_x + l_y + l_y = W$$

$$P_x x^s + P_y y^s + p_r r^s = p_x x^d + P_y y^d + p_r r^d$$

式中，i，i^s，i^d 和 $l_i(i=x,y,r)$ 为决策变量，可以取 0 或正值。p_i 为金融产品（或服务）的价格。W 为积累时间。决策模型对所有投资者都是相同的。

由于这些决策变量值在不同组合之间是非连续的，必须利用最优决策条件排除一些组合，然后再比较各组合之间的局部最大目函数值，找出整体最优解。可以列出必须考虑的组态有 10 种。

（1）完全封闭只有一种组态 WF。

（2）组态 (i/j)，即决策者出售金融产品（或服务）i，购入产品（或服务）j，其中 i，$j=x$，y，r，我们可以得到这一类的组态为 6 种，分别是：(x/y)，(y/x)，(x/r)，(r/x)，(y/r)，(r/y)。

（3）组态 (i/je)，即决策者出售金融产品（或服务）i，购入产品（或服务）j，e，其中 i，j，$e=x$，y，r，可以得到这一类的组态为 3 种，分别是：(x/yr)，(y/xr)，(r/xy)。

除了完全封闭，其他的任意一组匹配的组态间能形成相当多的稳态结构，但这里只列出其中的基本结构，如图 1 所示。

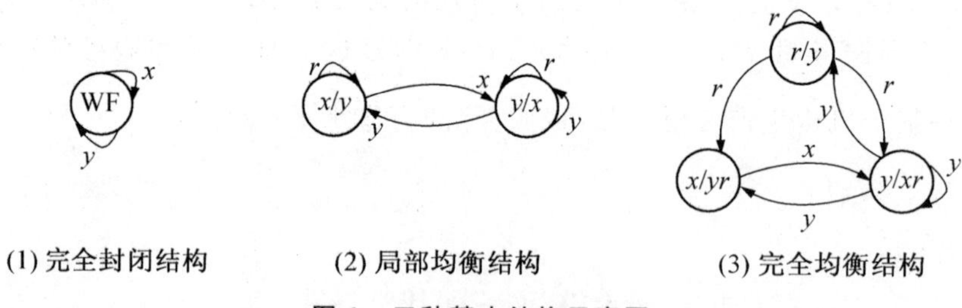

图 1　三种基本结构示意图

如果我们把每次交易都抽象为一个点，把交易往来看作连接点与点之间的线，那么三个点之间会出现不同的网络状态，对应不同的金融合作结构模式，网络的形状是不一样的。金融机构合作因而产生，交易的合作结构也应运而生，在这种简单的交易合作结构里，金融机构体系处于中心位置，而资金生产者处于周边位置，或者说交易层系的底层是资金生产者，而金融机构体系位于顶层。

下面为了便于讨论角点均衡解，这里我们假设投资者的禀赋约束为 8 小时，即机构的标准工作时间，只要其不为零就不影响均衡解。

组态 WF 的角点解为：

$$l_x^* = W * a/(a+1), l_y^* = W/(a+1), x^* = [W * a(a+1)]^a$$

$$U_{WF} = y^* = [W^{a+1} * a^a (a+1)^{a+1}]^b$$

按角点均衡的定义，组态 WF 中的角点解就代表结构 WF 中的角点均衡。

局部均衡结构 JH 的角点均衡可如下求得：

由效用相等条件和供求平衡条件：

$$U^*_{(x/y)} = U^*_{(y/x)}$$

$$M_x x^{s^*} = M_y x^{d^*}$$

得出角点均衡为：

$$P_{xy} = \frac{b^b(1-b)^{1-b}k^{2b-1}\left(\frac{W}{c+1}\right)^b\left(\frac{W_c}{c+1}\right)^{bc}}{\left[\left(\frac{W_a}{c+a}\right)^a\left(\frac{W_c}{c+a}\right)^c\right]^{-b}}$$

$$U_{JH} = U^*_{(x/y)}U^*_{(y/x)} = b^b(1-b)^{1-b}k^{2b}\left(\frac{W}{c+1}\right)^b\left(\frac{W_c}{c+1}\right)^{bc}\left(\frac{W_a}{c+a}\right)^{ab}\left(\frac{W_c}{c+a}\right)^{bc}$$

$$M_{xy} = \frac{M_x}{M_y} = \frac{b * k * \left(\frac{W_c}{c+a}\right)^c}{(1-b)}$$

式中，$P_{ij} \equiv p_i/p_j$ 是 i 与 j 的角点均衡的相对价格，U_{JH} 是结构 JH 中的机构真实收益，$M_{ij} \equiv M_i/M_j$ 是出售金融产品 i 的个数与出售金融产品 j 的个数之比的角点均衡值。

完全均衡结构 WH 的角点均衡可如下求得：

由效用相等条件和供求平衡条件可知：

$$U^*_{(x/yr)} = U^*_{(y/xr)} = U^*_{(r/y)}$$

$$M_x y^{s*} = M_x y_x^{d*} + M_y y_r^{d*}$$

$$M_x x^{s*} = M_y x^{d*}$$

得出角点均衡为：

$$P_{xy} = (1-2b)^{1-2b} * b^{2b} * k^{3b-1} * W^{2bc+ab-a-c-b/3+2/3}$$

$$P_{ry} = (1-2b)^{1-2b} * b^{2b} * k^{3b-1} * W^{2bc+ab-2c-b/3+2/3}$$

$$P_{xy} = W^{c-a}$$

$$U_{WH} = U^*_{(x/yr)} = U^*_{(y/xr)} = U^*_{(r/y)} = (1-2b)^{1-2b} * b^{2b} * k^{3b} * W^{(3c+a-1/3)*b}$$

$$M_{xy} = \frac{W^{c-2/3} * k * b}{(1-2b)}$$

$$M_{ry} = \frac{3 * W^{c-2/3} * k * b}{(1-2b)}$$

$$M_{xr} = \frac{1}{3}$$

式中，$P_{ij} \equiv P_i / P_j$ 是 i 与 j 的角点均衡解的相对价格，U_{WH} 是结构 WH 中的单个机构平均真实收入，$M_{ij} \equiv M_i / M_j$ 是出售金融产品 i 的个数与出售金融产品 j 的个数之比的角点均衡值。

四、模型的结构演化路径

完全协调是所有局部协调中效用最大的一个，每个完全协调都是基于角点解，完全协调是众多角点均衡或称局部协调中的一个。每个角点均衡解决给定供给水平的资源配置问题，而完全协调决定供给的水平和结构。当交易效率参数接近某个临界值时，完全协调会在角点均衡之间非连续地跳跃。因此，当实际交易效率小于临界交易效率时，完全封闭结构中的角点均衡是完全协调，就是每个机构的生产结构相同，每种活动的生产率也相同；当实际交易效率大于临界交易效率时，模式结构中的角点均衡是完全协调。

从模型的三种合作结构中的完全协调可以推出以下结果：

$$U_{JH} > U_{WF}\text{，当且仅当：} k > \frac{(1+c)^{\frac{1+c}{2}}(a+c)^{\frac{a+c}{2}}}{(1-b)^{\frac{1-b}{2b}} b^{\frac{1}{2}} (a+1)^{\frac{a+1}{b}} (W * c)^c} = k_0$$

$$U_{WH} > U_{JH}\text{，当且仅当：} k > \frac{(1+c)^{\frac{1}{3}-c}(1-b)^{\frac{1-b}{b}} a^a c^{2c}}{(1-2*b)^{\frac{1-2b}{b}} b (c+1)^{c+1} (c+a)^{c+a}} = k_1$$

$$U_{WH} > U_{WF}\text{，当且仅当：} k > \frac{W^{\frac{1}{2}-c} a^{\frac{a}{3}}}{(1-2*b)^{\frac{1-2b}{3b}} b^{\frac{2}{3}} (a+1)^{\frac{a+1}{3}}} = k_2$$

从 $\frac{\partial U_{JH}}{\partial k} > 0$，$\frac{\partial U_{WH}}{\partial k} > 0$ 中得到，效用函数 U 是交易效率系数 k 的单调递增函数。这里分两种情况进行讨论：

(1) $k_2 < k_1$ 时

若 $k < k_2$，$U_{WF} > U_{JH} > U_{WH}$	最大的效用为 U_{WF}
若 $k_2 < k < k_0$，$U_{JH} > U_{WF} > U_{WH}$	最大的效用为 U_{JH}
若 $k_0 < k < k_l$，$U_{JH} > U_{WH} > U_{WF}$	最大的效用为 U_{JH}
若 $k > k_1$，$U_{WH} > U_{JH} > U_{WF}$	最大的效用为 U_{WH}

(2) $k_2 > k_1$ 时

若 $k < k_1$，$U_{WF} > U_{JH} > U_{WH}$	最大的效用为 U_{WF}
若 $k_l < k < k_0$，$U_{WF} > U_{WH} > U_{JH}$	最大的效用为 U_{WF}
若 $k_0 < k < k_2$，$U_{WH} > U_{WF} > U_{JH}$	最大的效用为 U_{WF}
若 $k > k_2$，$U_{WH} > U_{JH} > U_{WF}$	最大的效用为 U_{WH}

最终完全协调的结果列于表 1。

表 1　完全协调及比较静态分析

参数范围	$k_2<k_1$			$k_2>k_1$	
	$k\in(0,k_2)$	$k\in(k_2,k_1)$	$k\in(k_1,1)$	$k\in(0,k_0)$	$k\in(k_0,1)$
	完全封闭结构	局部均衡结构	完全均衡结构	完全封闭结构	完全均衡结构
完全协调结构	U_{WF}	U_{JH}	U_{WH}	U_{WF}	U_{WH}

当交易效率高于临界值时，应选择协调配置，协调配置只有当两个体系都选择时才可能，因为协调配置不但意味着精细化，而且意味着不同精细化的多样化。

从表 1 中已可以清晰地看到金融合作的产生、发展、成熟这一从无到有的全过程，此过程伴随着交易效率和机构真实收入的提高。当参数达到这些临界值时，协调便从一种组织结构转移到另一种组织结构。

金融体系出现完全协调的配置性供给，政府的介入也是金融合作协调发展形成的标志。协调的好处除被生产 x 和 y 的两方分享外，提供协调性服务的政府也从自己提供的金融服务中取得协调的好处，这就形成一个三赢的局面。结论已被模型所证实，当 $k>k_1$ 时，$U_{WH}>U_{JH}$，所有参与者的真实收入均比部分协调阶段要高，没有政府介入过程，每个金融服务输出机构和输入机构在输出和输入金融服务时都要自行收集信息寻找适宜的交易伙伴。所以此时总的交易费用较高，在一定利率水平下实现的货币化交易额比较少，政府介入可通过提供公共信息和信用使得社会总信息成本下降。

从表 1 还可以看出，金融合作协调发展的演进可以有两条不同的路径可走。当 $k_2<k_1$ 时，形成一条从完全封闭到局部均衡，再到完全均衡的逐步演进的过程；当 $k_2>k_1$ 时，却形成从完全封闭直接到完全均衡这样的直接跃进式演进。如果仅从理论上比较，我们愿意采用后一种跳跃式演进，但是实际过程中究竟采用哪种方式的演进形式，取决于各种金融服务产品生产函数的资源配置性供给经济参数，资源配置性供给经济参数反映了决策者的资源供给能力，受限于交易费用的大小。由于农村金融市场的存在，模型中的生产可能性边界(PPF)是与完全均衡相关联的，然而如果交易费用超过了金融市场的资源供给约束，则帕累托最优或效用边界可能与完全封闭的模式相联系。随着交易效率的改进，均衡将越来越接近 PPF。从这一特点可知交易效率的生产力意义，而在联系制度安排对交易效率的影响和作用后，这个意义就更加突出了。

五、结束语

制度绩效取决于“制度供给路径”并通过“制度兼容”与“交易成本节约”而实现。农业是国民经济的基础性产业，而农村金融又是农业的基础。因此，农村金融合作的制度效率，必然通过其微观经济主体(农户、公司等)的金融——经济效率而得以表现，例如激励信贷需求、改进信贷治理、节约信贷交易成本、优化信贷结构与信贷资源配置等。伴随着微观动机形成宏观行为的过程，政府的介入形成了金融合作的标志。协调合作的好处除被交易的双方分享外，提供协调性服务的政府也从自己提供的金融服务中取得协调的好处，这就形成一个三赢的局面。合理的制度安排能够降低由资源供给约束和金融市场的发展所带来的交易成本，减少个体收益与社会效益之间的差异，激励个体从事协调性活动，最终导致金融总量的增长。

参考文献

[1] Clarke G, Lixin Colin Xu and Heng-fu Zou. Finance and Income Inequality: Test of Alternative Theories[R]. World Bank Policy Research Working Paper 2984, 2003.

[2] Dorward A, Poulton C and Kydd J. Rural and Farmer Finance: An International Perspective[R]. ADU Working Paper, Imperial College Wye, 2002.

[3] Peter L Lousseau. Historical Perspectives on Financial Development and Economic Growth[J]. The Review of Federal Reserve Bank of St. Louis, 2003.

[4] 郭晓鸣. 农村金融：现实挑战与发展选择[J]. 经济学家，2005(3).

[5] 张杰(主编). 中国农村金融制度：结构、变迁与政策. 北京：中国人民大学出版社，2003.

[6] 徐忠，程恩江. 利率政策、农村金融机构行为与农村信贷短缺[J]. 金融研究，2004(12).

[7] 金雪军，章华. 制度兼容与经济绩效[J]. 经济学家，2001(2).

"国家与社会"视野下的近代农村合作运动

刘纪荣

（中国社会科学院农村发展研究所）

一、引 言

在中国近代合作运动史上，相对于全国其他各个区域来说，唯有华北农村合作代表了近代中国农村合作运动由发生、发展到高潮的全过程。因此，考察华北农村合作运动就具有某种整体意义上的代表性。学术界现有关这一历史研究领域的成果较多，如有从社会经济史角度对近代合作运动的整体分析（赖建诚，1990）以及专就民国时期农村合作社的发展与评价（潘劲，2002 等）；有先后就南京国民政府农村合作运动的成因、过程以及政府与合作社及乡村社会关系等所作的深入研究（姜枫，1990；赵泉民，2007）；也有对华洋义赈会或河北、山东等区域农村合作运动所作的个案描述和评价（章元善，1981；杨菲蓉，2001；刘招成，2003；薛毅，2003；蔡勤禹，2005）；李金铮等（2000）、王先明等（2002）还就二三十年代华北乡村合作社的借贷活动及其资金构成来源等作了广泛探讨，并以此揭示了近代乡村社会变迁的一个侧面；潘培志（2006）、郝宏桂（2006）等就晏阳初、梁漱溟等历史人物的合作思想及其活动有过简要论述；关于考察近代中国农村合作运动进程中的"国家化"以及阐释国家与社会力量在农村合作运动中的相互作用这一问题的成果似乎还不多见，陈意新（2001）在讨论"20 世纪早期西方合作主义在中国的传播与影响"中对此略有提及，但未作详论；时至今天，依旧未见学术界相关的专题讨论。然而，近代农村合作运动的"国家化"趋势是如何提出、演变，并得以逐步形成？这一发展趋势究竟有何利弊？对此后我国农村合作运动有何深远影响？同时，以民间社会力量为倡导、肇端于华北地区的近代农村合作运动对我国当今积极发展农民专业合作社、促进社会主义新农村建设又有何历史借鉴？对于这些事关历史认知与现实发展的重大理论问题，学术界应给予充分的认识和总结，亟待作出客观解答并详加讨论。为回答上述问题，笔者拟在"国家与社会"视野下，力图就此作一专门论述，以求教于方家。

需要说明的是，本文的"国家"所指，即世俗政权力量，包括中央政府和地方政府；"社会"或民间社会，即游离于世俗政权之外的在野力量，特指具有一定法人资格、从事社会公共（益）事业的民间团体。在现代化进程中，"公共领域"或"市民社会"的形成，即"国家"与

* 基金项目：安徽省教育厅人文社科研究基地（安徽财经大学合作经济研究中心）资助项目"我国农村合作金融的制度变迁研究"（项目编号：2008SK196ZD）的阶段性成果。本文写作先后得到了导师王先明教授和张晓山研究员的细心指导，特致谢忱。

"社会"的分解，是社会现代化①的重要标志。从我国近代以来合作运动发展形态的自然演进的全过程来看，华北农村合作运动似乎沿着一条具有内在规律性的轨迹次第渐进，分别历经了三个形式不同、内容有别、结果迥然相异、整体上却又是互为关联的发展阶段或发展模式，即初期由中国华洋义赈救灾总会独立倡导的民间社会"合作防灾"实验，比较自然地过渡到由社会团体如在定县的中华平民教育促进会、在山东邹平的乡村建设研究院等，因缘于南京国民政府的"县政建设实验"，得以与地方政权联合实施并积极推行农村合作事业，从而开创出"社会与地方政权联合"的实验；但最后归结为由政府全面控制，国家颁布统一的《农民专业合作社法》及其"实施细则"，制定合作政策，规范合作系统，强力推行并严格限制社会团体独立性的国家权力"规范化"合作运动。在华北农村合作运动的整个发展过程中，国家权力的作用逐步加大，因而可以说，特定于近代中国农村社会之政治经济生态环境（危机日益加剧、农村濒临崩溃）中的农村合作运动，其发展的客观趋势似乎只能是"国家化"，即合作运动的"自上而下"。这不仅是华北农村合作运动区别于国内其他地区的典型特征，也是中国近代农村合作运动区别于西方纯粹"自下而上"合作运动的最根本之处。

二、民间社会的"合作防灾"实验

近代中国的农村合作运动最初发端于民间社会在华北地区的"合作防灾"实验。1920年，华北大旱，赤地千里。中外人士纷纷成立各种救助性机构。为统一领导、加强联络、协调管理，经反复磋商和筹备，各地华洋义赈会代表于1921年11月16日在上海集会，最终成立一个全国性的民间社会救助团体，定名为"中国华洋义赈救灾总会"（以下简称"华洋义赈会"；英文名称为China International Famine Relief Commission，简称"CIFRC"），下设执行委员会，华、洋委员各半，由总干事（首任为美籍传教士，后一直由章元善担任）直接负责日常事务，并颁布《中国华洋义赈救灾总会章程》；规定在各地设立分会，拥有相对独立的财权和用人权，但须接受并负责总会的计划安排。这标志着华洋义赈会的正式成立。该会因机构广布，又汇聚中外民间力量，或被称为民国时期我国最大的专门赈济天灾的"民间性国际赈灾机构"。

华洋义赈会从反复的救灾实践中深刻认识到，"救灾不如防灾"，只有防患于未然，才能事半功倍。为此，该会"设法建立一种互助性的制度，来壮大贫苦农人的经济能力，从而摆脱高利贷的残酷剥削"，以实现灾后重建和农村经济的复兴；在经过周密的农村调查和研究后，决定在农村倡导德国"赖夫艾森"式农村信用合作社，首先以河北省为实验区，推行"合作防灾"新理念。1922年4月，华洋义赈会"执委会"下设农利分委办会②；1923年5

① 学术界有关"现代化"的讨论非常丰富。张静如先生认为，"现代化"应表现为社会的物质生活和精神生活的各个方面的先进状态；只有整个社会是先进的、发达的，才能称得上是"现代化"，因此他更赞成用"社会现代化"的提法。笔者认同并支持这一提法。

② 该会下设若干负责具体事务的分委办会，办理农村信用合作社最初由"农利分委办会"具体负责。

月，农利分委办会制定了《农村信用合作社空白章程》，开始试办农村信用合作社；1923 年 6 月，在河北省香河县城内福音堂创设“香河县第一信用合作社”，成为我国农村历史上第一个赖夫艾森式的无限责任信用合作社[①]；同年 8 月，农利分委办会议决定设立合作委办会，专门负责农村合作社的设计与规划，由总会拨款 5000 元，作为设立农民借本处的试办费；11 月初聘请于树德为合作指导员，农村合作运动从此开始。

华洋义赈会以“为协助农民促进农业建设，提倡合作事业”作为自己办理农村合作事业的动机和目的，并从一开始就制定了合作事业发展的具体步骤和方针，即《处理农村合作事业方针》，明确了办理合作事业的具体步骤是“三先原则”，即“先从信用合作社入手，逐渐提倡它种合作及联合会；先河北再逐渐推及全国；先办预备社，后转正式社”。在办社方针中，尤为突出的是对合作教育的规定：“相机办理合作教育，如讲习会及巡回书库等，并将关于各种合作、农村经济、农村改良及农村副业等事项之材料尽量汇集，编印定期刊物和专刊等藉供参考”，以增益社员的合作意识及合作精神，培养合作人才，奠定合作事业的坚实基础。

华洋义赈会对农村合作社采取“承认制”。先由各地依据章程组织合作社，规定一定的观察期，经该会派员调查、确认合作社为组织健全者，始才予以正式承认，并提供贷款之便利。1924 年初，河北省内有两个信用合作社经调查后获得“承认”，是为该会承认信用合作社之始。1925 年 7 月，执行委员会决议拨款 2.2 万元给农利分委办会，指明以 2 万元扩充为合作社的借款基金，以 2000 元作为组织、宣传及经营合作事业之用，开始印行半月刊《合作讯》(仅有 5 期)。1925 年 10 月，华洋义赈会设立“农利股”，作为合作运动的正式执行机关；该股的职责为合作社的调查、组织、承认，并区分合作社之等级与放款金额，以及负责其他有关信用合作社之事务。为培养农民自助自立的能力，农利股采取的组社办法可谓“别具一格”：首先让农民必须有自动组社的动机；其次要等该社提出协助要求，农利股适时寄给空白章程及各种表格，一般以通信方式而不是以直接下乡方式来指导、协助农民组社。这样既可以激发农民的主动性，又可以训练农民对合作社的组织能力。1926 年 1 月，《合作讯》恢复刊行。随着合作社日渐增多，为提高社务经营效率，确定合作社的经营效果，华洋义赈会实行“社务考成制”；1926 年 4 月，合作委办会议定《社务成绩分等办法》，开始对合作社进行社务考核分等。[②] 至此，华洋义赈会倡导农村合作事业的制度建设告一段落。

由于形成了一套相当严格的经营管理制度，华洋义赈会的农村合作事业得以稳步发展；到 1929 年，共有合作社 818 社(246 个承认社、572 个未承认社)，社员总人数达 21934 人，社员股金达 35688.25 元，已承认社的存款、储金和公积金共计 6882.52 元，总资本额达 45277.27 元。详情参阅表 1。

---

① 关于“第一个农村合作社”最早出现时间的提法不一，香河县城内的“第一信用合作社”成立虽早，却并未取得华洋义赈会的最早承认及合作放款。

② 由于华洋义赈会对农民自发组织的合作社采取“承认制”，即对考察合格的信用合作社加以“承认”，并给予一定数额的合作社放款，这种合作社为“承认社”，否则为“未承认社”，但给予其相应的资信支持等。

表 1　河北省合作事业历年发展情况一览表(1923—1929 年)

年　份	社　数	社员数	社　股	股　款	资本总额	县　数
1923	8	256	176	286	286	8
1924	11	450	462	735	3739	10
1925	100	2332	2100	3523	10281.82	24
1926	317	8032	6682	11703	31453.47	43
1927	561	13190	11954	20697.96	39349.32	56
1928	604	15031	16373	23930.8	34597.89	58
1929	818	21934	22324	35688.25	45277.27	61

资料来源：1. 巫宝山. 华洋义赈救灾总会办理河北省农村信用合作社放款之考察[J]. 社会科学杂志,1936,5(1);2. 中国华洋义赈救灾总会. 十年合作事业大事记[J]. 1933 年刊行;3. 李文伯. 华洋义赈会与中国合作运动[J]. 南大半月刊,1936(109).

面对农村合作社当时较为可喜的发展局面,华洋义赈会为进一步将同一地区的合作社组织起来,加强合作社之间的"合作",提出在条件成熟的地方组织区合作社联合会或联合社,得到了不少合作社的响应;1927 年,安平县西南区、涞水县西北区、深泽县西区的农村信用合作社组织了三处联合社。

1930 年以前,华洋义赈会在河北省创设的合作社组织并没有相关的法律依据,也无所谓的"登记限制";该会为使合作社取得合法地位,一面呈请农商部通令河北省各县对于合作社组织准予设立登记,一面印就呈文表格寄给各社填呈县政府登记。尽管如此,由于军阀混战及政权分割,当时的国家政权对华北农村合作事业缺乏应有的关注。事实上,不仅当时的北洋政府曾下令"查禁合作社",就连 30 年代前的河北地方政府对华洋义赈会的农村合作社也是采取消极或限制的态度。这充分表明,"民间社会"实验形态的农村合作运动,最初几乎未得到国家政权力量的积极支持。笔者认为,或许正是由于乡村社会急需救治,而在当时弱势的国家政权——北洋政府无力顾及乡村社会救治的条件下,才有了像华洋义赈会这种民间社会性质的团体力量在乡村救治中的滋生和崛起,从而弥补了政府行为在相关领域的缺失或不足。应该说,这也是华洋义赈会这种"民间社会"实验形态农村合作运动得以存在和发展的真正历史缘由。

当然,华洋义赈会这种民间力量对于偌大的中国农村的贫困现实来说,是十分有限且难以满足广大农民尤其是贫苦农民真正需要的。农村合作运动虽取得了一定程度的有效成就,在总体上却只能是一种无可厚非的"中农化"趋势(陈意新,2005)。此后,随着南方的江浙两省在南京国民政府的直接推动下,从 1928 年开始由地方政府力量主导农村合作运动的实验;在华北,河北省政府也自 1929 年始,由农矿厅将农村合作列为政务之一,并于 1930 年初颁发了《河北省合作社暂行条例》。由此,近代中国的农村合作运动进入了一个新阶段,即民间社会与国家政权联合主导的农村合作运动时期。虽然在之后的一段时间内,华洋义赈会作为一支重要的民间社会力量,依然在积极从事河北、山东、陕西等省的农村合作事业的展开,并发挥了十分可观的历史作用;但就全国农村合作事业的整体形势来说,其行动作用及地位已不在农村合作运动的主流之列了。

三、社会团体与地方政权联合实验

20世纪二三十年代，紧随华洋义赈会在华北倡导农村合作运动之后，中国社会已有相当部分知识分子，在全国各地纷纷组织乡村建设团体，举办平民教育、乡村教育等各种建设性实验，掀起了“乡村建设运动”的潮流；并与国民政府的“农村复兴运动”及“县政建设实验”有局部性合流，均将举办农村合作事业纳入其中，企图以此达到“复兴农村、恢复经济”的社会建设性目标。据不完全统计，到1935年，这类有关的社会团体机构至少有一千余个。其中，在华北乃至全国，规模最大、影响最著者，当属晏阳初主持的河北定县平民教育实验和梁漱溟主持的山东邹平乡村建设实验。这两个实验的一项主要内容除了各自倡导的实验内容之外，其共同的一个内容就是组织、创建合作社，从而使得它们成为推动当地合作社事业发展的重要力量。尤为突出的是，当定县平民教育实验、邹平乡村建设实验转向与国家政权相结合的“县政建设实验”时，就开创了由民间社会团体与国家政权有机结合、共同推行农村合作运动的新模式或新形态。这表明，华北农村合作运动在发展形态上可谓进入了“社会与国家”联合实验的新阶段。这种新模式或新阶段以中华平民教育促进会（以下简称“平教会”）最早于1929年提倡合作社为起点，至抗日战争爆发后虽被无可奈何地终结了（当然，战争外因并非导致“终结”的唯一因素，也有受国民政府控制、地方势力干预、内部资源不足等种种内在因素的影响），但它为近代中国农村合作运动增添了崭新的内容。

（一）晏阳初与定县平民教育实验

晏阳初，平教会的创始人和定县平民教育实验区的主持者。他认为，农民有“愚、穷、弱、私”四大缺点，首先需要采取“除文盲、作新民”的方针，对之进行四大教育，即文艺教育以救愚，生计教育以救穷，卫生教育以救弱，公民教育以救私；实施四大教育的具体途径是三大方式，即学校式、社会式和家庭式。其生计教育主要从三个方面入手，在农业生产上，“应用农业科学，提高生产”；在农村工艺上，“除改良农民手工业外，并提倡其他副业，以充裕其经济生产能力”；在农村经济上，“利用合作方式教育农民，组织合作社、自助社等”。可见，组织合作社是平教会进行生计教育、挽救农民贫困的重要措施之一。

平教会于1926年确定以河北省定县翟城村为中心试验基地。虽然，定县早有农村合作社的创立，但在平教会设立之初，因以平民教育为中心，并未注重农村合作。而早在1927年后，平教会即计划调查各种借贷组合及农家记账，制成各种农业经济统计表，以为创办合作社及各种农业经济组织之依据。1929年将实验区范围扩大为整个定县，开展以县为单位的大规模实验，进行系统的实验计划，合作事业开始提上了议事日程。[1] 最初，

---

① 定县有华洋义赈会第一批成立的农村信用合作社如悟村、大尧头等，因遭北洋政府农商部的“查禁”而解散。其合作事业原来分为两部分，即最早由华洋义赈会倡导和后来平教会组设。1924年，定县旱蝗成灾，华洋义赈会赴县放赈救灾，提倡农村合作事业，先后成立了16个信用合作社。1935年1月，华洋义赈会认为定县各合作社进展便利，为尊重平教会实验区域的完整起见，将其在定县指导成立的信用合作社，全部移交平教会指导协助。参阅：定县合作社移请平教会处理[J].合作讯，1935(115)：5.冯锐.平教总会兴办乡村平民生计教育之理由方法及现状[J].教育杂志，1935,19(9)：12.

由于一般农民缺乏基本的合作事业认识与必要的组织训练，因此仅有少量为研究实验而设的合作社数处。1932年1月，平教会在定县指导成立了第一个合作社——高头村消费合作社。同年，派人考察江、浙、鲁、冀各地及定县本地华洋义赈会所办的合作社，着手县单位合作组织的设计与准备。1933年10月，定县被划为河北省县政实验县，并成立河北省县政建设研究院，晏阳初任院长。自此，平教会以"政教合一"[①]的力量推广合作社。为此，该会借鉴华洋义赈会的经验，先指导农民组设自助社，以为合作社的预备组织；同时还定期举办讲习班宣传合作大意，并对自助社职员进行专门训练，还与中国银行、金城银行等各银行接洽，在定县办理仓库抵押业务，设法谋求合作社的资金流通等工作，由此奠定了定县农村合作事业的基础。到1934年底，定县全县共有自助社276处，覆盖率占全县村庄的3/5。[②] 由于农民已能逐渐体会到合作社的需要，请求成立及改组者日渐增多，1934年底成立了50个合作社，至1935年6月，仅半年就增加到95个，社员3000多人，到1935年底，合作社增至130个，仅一年时间就翻了一番多。这些合作社除了少数单营的信用合作社之外，多为兼营合作社；农村合作社业务以"兼营"为主，可谓定县"县单位"合作事业之最为突出的特点。

此外，平教会还于1933年9月成立了县联合社，1936年3月成立了县联合总会，作为更高一级合作社的联络和经营组织。定县自创办合作社之后，三年之内，县里取息特重的印子房全部关闭；而合作社除发挥经济上的效用外，还取代了平民学校的毕业同学会，成为改良农业、技术推广的有效媒介。借着合作社组织，将散漫的农民组合到一起，形成了乡村社会一股新力量，并用以推展各项乡建工作。难怪章元善在参观定县实验后指出，平教会"从办平教而办合作，将来更会以经济的组织——合作社——为中心发展村治"。平教会创办的合作事业，已有力地说明了农村合作运动对改善农村社会经济的正面效能。

（二）梁漱溟与邹平乡村建设实验

梁漱溟为山东乡村建设研究院和邹平实验区的主持人。他认为，中国的基本问题是文化失调，文化属性的破坏力是乡村破坏的最大力量；因此，晏阳初所论之"愚穷弱私"并非妥当；乡村建设的重要意义除了消极的救济旧乡村之外，更紧要的是积极地创造新文化。这个新文化就是以中国传统的儒家文化精神为主，并融会西洋思想的某些精华。梁氏建设乡村的具体方案是，继承和改造中国古老乡约，建立乡农学校，培养乡村组织，走由农业引发工业的经济建设之路。实现此方案的手段，一是教育，二是合作。梁认为，中国社会是以家庭为社会组织细胞的"伦理本位、职业分殊"的特殊社会，提倡从农民组织入手，通过合作社把农民组织起来；合作合乎中国人的精神，无论是发展农业，还是抵抗外国的侵略和压迫，都必须走合作之路，以自觉自动自发原则建设合作社。可见，组织合作社是梁漱溟进行乡村建设的一项非常重要的内容。

山东省乡村建设研究院（以下简称"研究院"）是1931年6月在省主席韩复榘的支持

---

① 因平教会乃一教育机构，与地方政府机构通力合作，故俗称为"政教合一"。

② 定县共有427个村庄。参阅李景汉.定县社会概况调查[M].北京：中国人民大学出版社，1986.晏阳初，陈筑山.定县实验区工作概略[J].参见江问渔，梁漱溟.乡村建设实验（第三辑）.中华书局，1938.

下成立的，梁漱溟任研究部主任；研究院将邹平划为乡村建设实验区后，梁任实验区主任，这使邹平实验一开始就兼具官民的双重性质。在梁漱溟"乡建"思想的指导下，研究院特别重视合作社的实验。邹平县的合作事业，始于1931年研究院农场之推广美棉、提倡造林、指导养蚕等事；1932年秋，将最初推广试种脱子美棉的219户农民组成15个美棉运销合作社，成为研究院在邹平组织的第一批合作社。1933年7月，邹平、菏泽两县被山东省政府确定为"县政建设"实验县，均受研究院的领导；1935年，梁漱溟又相继担任了邹平实验县县长和邹平实验县合作事业指导委员会委员长，这些都为邹平合作社的发展创造了条件。据统计，到1936年底，邹平合作社已有棉花运销、蚕业、林业、购买、信用、庄仓①等多种，共计307个，社员8828户。在邹平所有农村合作事业中，庄仓合作社与信用合作社最受农民的欢迎，获得了较快的发展。梁漱溟鉴于邹平合作事业发展较快，急需金融机构资助，1934年10月将原县属农村金融流通处改组扩充，以调剂农村金融，资助各种合作社，减少高利贷剥削。当年底，就贷放合作社7000元。信用合作社由农村金融流通处支持，以供农民贷款和储蓄为主，1933年入社者仅15人，1935年增至589人，贷款被控制在少数人手中，直到1936年时情况方逐渐好转。由此可知，要防止富农、地主垄断合作社是一个困难，而农民普遍不懂农村合作的真谛，是邹平农村合作化运动的困难之一；然而，山东邹平的合作事业始终在持续的进展之中，直到我国全面抗战兴起，方遭受严重顿挫。

定县和邹平之合作事业的事实说明，乡村建设团体在与"县政建设实验"结合的过程中，有效利用了自身及地方政府的多种资源，对于促进当地合作社的建立和发展起了不小的作用。其中，尽管社会团体与国家机构相互融合的程度难以估量，但在同等比较的意义上说，"县政建设"实验县取得了超越其他合作运动指导机关的非凡成绩，这一点是应充分肯定的。同时，这种结合也回应了单独的民间组织如前期的华洋义赈会，在"孤力奋战"中所发出的呼声：希望"有更多的社会团体——尤其是政府——能拿雄厚的力量来扶持这方在萌芽的合作运动"，真正建起了社会团体与政府组织积极互动、共同推进农村合作事业的新局面。尽管这种实验的范围有限，相对于整个华北地区乃至全国来说，其所建合作社的数量也显得微不足道，但其所产生的示范和辐射作用，应当充分估计。

应当说，定县与邹平两实验县开创的社会与地方政权"联合实验"农村合作运动的新模式，对于中国农村的合作事业，或许更具有非同一般的创新意义和启示作用。倘若假以必要的时日和条件，或能开辟近代农村合作事业的另一番局面。然而，历史总难遂人意，更不容假设；与全国各地合作运动一样，包括定县与邹平在内的华北农村合作运动最终进入了由国家主导的统一模式形态。

四、国家权力的规范发展

华北地方政府作为国家权力机构正式提倡农村合作事业，始于1929年河北省农矿厅将"农村合作"列为政务之一，比南方的江浙地区稍晚。进入30年代，随着南京国民党政

① "庄仓合作社"为邹平合作事业所特有，是类似于一个仓库性质的粮食调剂、借贷机构。农民(社员)将平时结余的粮食等物直接存入庄仓作为储蓄；庄仓以低利放贷，相互调剂缺用。

权的日渐稳固，合作事业已当成一种国家政策，由政府“自上而下”严令推行。至此，南北农村合作运动相应在数量上均呈现出快速增长；当时评价农村合作的流行话语是“突飞猛进”、“一泻千里”。然而，快速催长下的农村合作社的质量确实令人担忧，其业务经营与组织管理等弊窦丛生，“整理”、“规范”之声不绝于耳。合作界人士正视现实，于1934年值国民政府商定《宪法》之时，纷纷要求将合作事业列入《宪法》，纳入法规体系终获通过；同年又相继颁布《中华民国合作社法》与其《施行细则》。

这一系列措施的出台，确立了合作社的法律地位，并在国人并不熟识合作社的环境下设计了一个“自上而下”发展合作社的统一模式，为合作社的规范化发展及掀起全国范围内的合作运动奠定了基础。1934年，具体负责华北事务的政府机构——华北农业合作委员会也正式成立。于是，以1934年为分界点，华北农村合作运动可谓进入了第三阶段——即“国家权力规范发展”时期，直到被抗日战争无可奈何地打断。

国民政府规范发展农村合作运动，主要围绕合作行政（包括合作指导）、合作教育及合作金融等实施机制，与合作立法机制一起，共同构建成一个初具形态的合作运行体系。

首先，政府确立“自上而下”合作行政体系。在合作运动初期，国民党对合作社只是原则性提倡，并未设置统一的行政机构。各地方政府出于自身的需要，在相关部门设置了合作行政机构。为加强合作事业的统一管理，作为全国唯一的最高行政机构——合作司，于1935年9月在国民政府实业部内正式设立，聘请华洋义赈会总干事章元善任司长。合作司的成立，标志着全国合作行政系统的基本完成。在中央，实业部合作司为主管机关；按“自上而下”设置地方各级合作行政管理机构并委派合作专家任职；各省为建设厅，各县为县政府，直属行政院之市为社会局。全国各省市、各团体组建的合作社均被纳入统一的管理体系，规定各类合作社必须在所属县政府进行甄别并重新登记。这样，每一个合作社只有一个主管机关，只有一处可以取得合法之登记，且不得越级申请。

其次，特别强调合作教育。合作教育是开展、健全合作事业的基础。当时国民党政府从中央到地方，对各级合作教育给予了应有的重视，初步形成初、中、高三级合作教育体系，为合作社建设提供了多层次人才。初级合作教育主要借鉴了华洋义赈会经验，有合作讲习会、职员或社员训练班等形式；中级和高级合作教育为政府根据需要加以创办，如中级有合作指导人员养成所、特种合作人员训练班以及中等学校开设之合作课程等，高级合作教育有中央合作人员训练所、中国合作学社之合作研究班以及各高校设置的合作院系等，南开大学经济研究所招收合作类研究生，为我国高级合作教育的最早成果（胡昌龄，1935）。河北省农村信用合作事业迭有进展，主要得力于合作教育的兴办。华北农业合作事业委员会为加强社员的合作基本常识，促进合作事业的发展，于1935年至1936年2月，共举办两期初级性质的合作传习会，参加人数多达三四千人。同时，为培养传习会讲员及地方合作领导人才，该会还于1935年11月间，招考社员，从事训练。此外，河北省建设厅不定期地办理合作指导员养成所，培植指导员以辅助知识程度薄弱的农民认识合作组织。至于学校机关，则专为培养推展合作运动之行政人才为主，均设有合作课程供学生选修。

再者，注重合作金融。合作金融为合作组织之“血液”。正统的合作金融系统（在最高级之中央为中央合作金库，省为省金库，县有县金库；合作金库应以同级之信用合作社为主干，与同级之信用合作社联合会相辅而行，或合而为一）应由合作社本身组织所产生，以独立自主之姿态，主持合作社全部业务资金之周转与流通。然而，由于合作社本身自中央到地方之完整的体系尚未建立（当时最高级别者仅为县合作社联合会，省级和全国性的合作组织尚未发育），这种正统的合作金融系统并未真正确立。政府用以取而代之的在中央有专为农业金融特设的中国农民银行和农本局，省县为省银行或分行。1936 年，农本局开始在县级设立合作金库，但效果欠佳。之后，虽曾多次尝试建立"合作金库"，最终成为国有银行性质的金融机构，而非真正的合作金融体系。

1936 年 4 月，在国民政府的命令下，华洋义赈会把各地所有的合作事业全部移交实业部合作司；至此，全国合作行政权力已基本集中。抗战前夕，全国合作社的系统建设业已初步规范化和系统化。华北农业合作委员会在 1934 年成立之初，仅接收战区各县的农赈工作，协办战区各县农村合作事业，直到 1936 年春，华洋义赈会始将大兴等 23 县所属的合作社之指导考核工作，移交该会继续办理。统一规范后的华北各地合作社普遍增长良好，河北省信用合作社 1936 年分布的县数达 122 个，几乎遍及全省；总社数为 5646 社，社员数达 118641 人，社员股金计 507464 元；山东省自推行合作事业之后，1931—1933 年，其合作社总数居全国第四位，仅次于苏、冀、浙，到 1934—1936 年间跃居全国第二位，仅次于河北。① 直到抗战爆发，华北农村合作运动始终位于全国领先地位，成绩殊为瞩目。然而，农村合作运动的整体均非处于一个健康良好的发展态势之中，当时社会各界对包括华北在内的农村合作运动诸多激烈的批评就是最好的证明。这既有来自从事合作理论界的深刻反思，又有来自合作实践层面具体的问题探讨；众多涉农报纸杂志如《东方杂志》、《中国农村》、《合作月刊》、《民间》、《教育与民众》、《独立评论》以及《大公报》、《益世报》等，都给予了及时关注；涉及农村合作的时著如郑厚薄的《中国合作运动之研究》，其中"中国合作运动之批评"单立成篇，几乎占用了 1/3 的篇幅（第三篇共六章），综合当时各种有关"合作运动"的批评言论，就合作社组织、合作行政、合作指导、合作教育、合作金融等层面给予了全面批判及建设性意见，堪称一时之兴。由此可见，国民政府力图就合作运动作规范统一的"国家化"趋势，并未取得富有成效的"发展"，尚需全面"改进"。

至此，近代农村合作运动并未完成"国家化"的整个过程，尚处在演进之中。1937 年华北沦陷，日伪政府虽未取消农村合作组织，然而华北平原的农村合作运动被迫进入一种非常态下的生存环境中。就全国而言，抗战前国民政府已有"纳合作于保甲之途，使经济得循政治而发展"的政治经济考虑，指出：合作运动与目前之保甲运动，"如车之两轮，鸟之两翼，尤有联系作用，盖保甲之于农民为救死，合作之于农民为求生，保甲在使之安居，合作则使之乐业也"，明确强调农村合作的社会控制功能。1939 年 9 月 19 日，国民政府行政院颁布实行《县各级组织纲要》，时人称之为"新县制"；农村合作运动又进一步与"新县制"结合，服从于抗战建国的战时经济环境；特别是 1940 年 8 月 9 日《县各级合作社组织大纲》的颁布，规定"以乡镇为单位，并按保组织分社，户户皆为社员，一律采用保证责任兼营制"；农村合作运动的社会控制功能被不断强化，经济功能反而弱化，合作运动与地方

① 1933 年日本关东军入侵冀东、察哈尔，制造"华北事变"，经"塘沽协定"而停战；华北农业合作委员会应此而立，负责战区"农赈"，创办宣传杂志《农赈》，最初系借助华洋义赈会的经验模式，共襄合作。

自治密切连接起来，标志着农村合作运动的转型与发展路向的偏移。农村合作运动至此已不再是孤立的社会经济运动，而是与国家决策、基层政权建设密切相关、由国家行政力量推动的农村社会变革运动(魏本权，2007)。国民政府农村合作运动的"国家化"态势最终得以完成。

诚如陈意新(2001)指出，我国合作思想界(包括国、共两党在内)早有"国家化"的认知。为探明近代合作运动"国家化"的历史渊源，拙作(2005、2006)曾追寻陈意新先生揭示的路径，就享有"中国合作导师"之誉的薛仙舟先生的毕生成果——《全国合作化方案》分别作了简要论述，揭示并肯定了该方案实为一个"民生主义的合作计划"；国民政府的农村合作运动及其"国家化"在一定程度上反映了薛氏"方案"的意图和旨趣。1927年，薛氏已经认识到华北农村合作运动的兴起及中国社会革命的现状，特倡导"合作主义"来谋求"社会革命"，这实际上反映出了一种维持现实社会稳定需要的"社会理想"。他认为，实现民生主义(节制资本、平均地权)、使革命成功者"固不专在合作"，但最根本、最彻底而于民众本身做起的"则舍合作莫属"；鉴于中国民间力量的弱小及社会革命的急迫性，他大声疾呼"应以国家的权力，用大规模的计划，去促成全国的合作化，实现全国合作共和，以为世界倡"。

人是社会一切的中心，从事经济制度的改革，须改造实行制度的人；用教育的手段，从根本上改造人性中的"恶"——即自私自利以及由此而生的种种不良习性，养成"善"——互助合作的美德，实行人的自身革命，彻底改造广大民众，由此奠定合作共和的基础和前提。薛氏设计了以"合作训练院"为核心、加以全国合作社和全国合作银行共三大"组织大纲"组成《方案》主体内容，强调首要任务是培养"具有许身于民众决心"的合作人才，并"藉密布全国的合作机关，做社会事业的中心"；"投之于民众中间，与民众共同生活、共同尝甘苦，去服务民众、教导民众、组织民众、辅助民众，使民众与之同化"；他坚信"必如此然后民生主义始能真正实现，革命才算是成功"。①

以今人后见之明，薛氏《方案》所表达出的这种"社会理想"或因超越相当现实而难以接受；一旦国民党在政权得以逐步稳固后须"欲所作为"，该方案无疑是一个难得的备选。抗战前，农村合作运动在短时期内快速的"规范化"发展，似乎为此给出了一个很好的注脚。然而，抗战爆发，薛氏原定为"社会事业"属性的"合作化"运动，被迫转型为更具"社会控制"性质的"合作化"，这样，近代以来的农村合作运动完全"国家化"了。站在"国家利益"的高度，战时这种合作运动的"国家化"无疑是必要的。然而，近代农村合作运动为之付出的代价极为沉重，且影响深远。

五、结　语

总之，通过考察近代华北农村合作运动的发展过程及其形态，我们发现，抗战前的华北农村合作运动整体上在逐步发展、壮大，运行状况也基本良好；作为先后倡导与推行农

---

① 以上引文均参见薛仙舟.全国合作化方案[C].秦孝仪主编.革命文献(84).台湾：中国国民党中央委员会党史委员会，1982：239—241.

村合作运动的两种外在的主导力量：民间社会团体与国家政权，在“国家与社会”的框架下交相更替；民间社会团体从最初的创导者地位逐步淡出，而象征国家权力的政府机构却几乎沿着一条与民间社会团体相反的趋势伸入；在“此消彼长”间，虽曾一度“相携合作”，然而，近代农村合作运动最终为国家政府所控制，在总体上可以说完成了一种“国家化”的态势。国家力量在整个农村合作运动发展中占绝对的主导作用，民间社会的力量几乎完全退出。历史似乎已昭示，农村合作运动的健康发展唯有建立在“国家与社会互动的基础上”，双方在力量上的角逐、相互掣肘，并最终达到平衡。毋庸置疑，单一的“国家化”发展模式并不是一个理想选择。

目前，国家为提高农民组织化程度，加快农业产业化进程，增加农民收入，建设社会主义新农村，以构建和谐社会，尽快有效解决持续已久的“三农”问题，相继出台、实施了《农民专业合作社法》，确立了农民专业合作社的合法地位，大力发展农村新型合作社组织。在这种大好形势下，就如何定位“国家”与“社会”在发展农民新型合作社过程中的指导作用，应充分汲取人类历史上的有效经验和积极的教训。人类社会在漫长的历史演进中，经历人与自然以及国家与社会等各种关系之间长期的合作与竞争，才迈进了全面现代化之新的发展阶段。发源于西欧的世界近代合作运动是人类社会现代化进程中的一个重要组成部分，它蕴涵了国家与社会两种力量的共同作用，其中一直存有不同程度和范围的合作与竞争；正因为如此，才促进了世界现代合作事业的全面发展。从本质意义上说，合作运动更应是一场社会经济运动，是一种具有社会经济性质——即促使社会进步和经济发展的现代化运动；人类历史在有了一定程度和质量的社会进步及经济发展后，往往出现新的社会转型，进入新的发展阶段。国家作为人类社会发展的一个阶段性产物，在社会（经济）现代化运动中应负有相应的使命和责任；同样，社会作为人类现代化的一种参与主体，其作用也不可忽视。这是历史的结论，无论中西，概莫能外。

作为现代社会经济运动重要组成部分的农村合作运动，东西方的发展历程、特征等或有各自不同之处，而社会力量在农村合作运动中的积极作用和成效是显而易见的，在不同时期的个别地区，甚至发挥了主导作用。20世纪二三十年代我国华北地区农村合作运动的发展历史表明，社会力量如华洋义赈会等在我国农村合作运动进程中最初处于主导地位，且效果显著。国家与社会之间也有过阶段性合作，如代表定县和邹平在“县政建设实验”时期的平教会和研究院，就是国家与社会共同合作的历史产物，它们因各自特定的历史条件，也产生了较为积极有效的历史作用，在南京国民政府农村合作运动发展的整个历程中，可谓取得了令人注目的成效。完全由代表国家力量的各级政府所主导的农村合作运动，虽然颁布了相关的法律制度，也建立了必需的配套运行机制，如合作教育、合作金融、合作行政等机构体系，但由于法律不健全、机制不完善、农村不稳定等内外因素，政府并未能就此取得预期的效果。作为国家力量在农村合作运动中一个有代表性的具体实施机构，华北农业合作委员会通过组织农民互助社和各种合作社，在战后赈济和恢复生产等方面虽然取得了一些可观的成效。然而合作社“即立即消”，寿命短暂；分布完全不平衡，仅限于灾区或铁路沿线；内部结构不合理，有的合作社完全为地方势力所控制，真正的贫困农民难得实惠。这些诸多弊端，无疑如同南方地区的农村合作社组织一样，也受到了社会各界的批评和指责。

或因鉴于我国近代农村合作社进程中的种种“异化”现象，赵泉民最新的研究(2007)指出，这种体现“国家意志”价值取向的合作运动，是一种“强制性”制度安排，很难植根于中国乡村社会，必然会因发生“变异”而陷入一个自身难以消解的“困境”。就单纯由国家主导的农村合作运动来说，即合作运动“国家化”如本文所考察的华北地区中后期以及三四十年代江浙地区的农村合作运动，笔者完全赞同这种观点和分析。在华北农村合作运动的中前期，由不同的社会力量所倡导组织的农村合作社，似乎更迎合了当时大多数农民的迫切需要，而为乡村社会普遍接受。虽然，这些社会团体在组织乡村合作社的过程中存在方方面面的阻碍和困难，却为解救当时乡村社会经济的发展困境指出了一条实际可行之路，也曾创造了农村合作事业的不凡业绩。南京国民政府建立后，正是有鉴于华北农村合作运动的良好发展态势，最终确立了旨在“复兴农村、恢复经济”的合作政策。只不过合作政策确立后，政府或有急功近利之图，为维护和确保政府意图的实现，欲单纯凭借自身力量，尽量排挤或消解社会力量，终于走上了农村合作运动的“国家化”之途，从而导致了合作运动的“变异”。由此可见，国家或政府良好的初衷，未必一定能解决所有问题；中国农村的广袤和农民的众多，非政府独力所能承受，需社会力量的共同参与及积极合作。国家与社会的良性互动，才能更有效发展我国农村合作等各种事业，解决困扰我国社会经济现代化发展又迫在眉睫的“三农”问题。

近代农村合作运动的历史曾经如此“浓墨重彩”，留下了深刻的经验与教训，那么，现实中的农村合作社发展该选择哪一种或哪几种各具区域特征的理想模式呢？如何培育和激发民间社会力量广泛参与到新世纪的农村合作社发展事业？如何吸取历史的经验教训以促进国家与社会力量在农村合作社发展历程中的良性互动？相关问题亟待当下有志之士尽快达成共识，并付诸加倍的努力。诚如是，再造中国农村合作社事业的“昔日辉煌”则指日可待。

参考文献

[1] 姜枫.抗战前国民党的农村合作运动[J].近代史研究，1990(3).

[2] 赖建诚.近代中国的合作经济运动——一种社会经济史的分析[M].台北：正中书局，1990.

[3] 杨菲蓉.梁漱溟合作理论与邹平合作运动[M].重庆：重庆出版社，2001.

[4] 高立克.历史与价值的张力——中国现代化思想史论[M].贵阳：贵州人民出版社，1992.

[5] 陈意新.二十世纪早期西方合作主义在中国的传播和影响[J].历史研究，2001(6).

[6] 陈意新.农村合作运动与中国现代农业金融的困窘——以华洋义赈会为中心的研究[J].南京大学学报(哲学社会科学版)，2005(3).

[7] 刘招成.华洋义赈会的农村合作运动述论[J].贵州文史丛刊，2003(1).

[8] 章元善.华洋义赈会的合作事业[C].载全国政协文史资料研究委员会编.文史资料选辑(第80辑).北京：文史资料出版社，1981.

[9] 刘纪荣.“乌托邦”还是“理想”：《全国合作化方案》论析——兼与赖建诚先生商

榷[J].历史教学,2005(2).

[10] 刘纪荣."民生主义的合作计划"——论薛仙舟《全国合作化方案》[J].贵州社会科学,2006(1).

[11] 潘劲.民国时期农村合作社的发展与评价[J].中国农村观察,2002(3).

[12] 潘培志.梁漱溟乡村建设模式透视[J].学术论坛,2006(8).

[13] 薛毅.华洋义赈会与民国合作事业略论[J].武汉大学学报(人文科学版),2003(6).

[14] 蔡勤禹,侯德彤.二三十年代华洋义赈会的信用合作试验[J].中国农史,2005(1).

[15] 李金铮,邓红.二三十年代华北乡村合作社的借贷活动[J].史学月刊,2000(2).

[16] 王先明,张翠丽.二三十年代农村信用合作社借贷资金的构成及其来源——20世纪前期中国乡村社会变迁研究[J].天津师范大学学报(人文社会科学版),2002(4).

[17] 郝宏桂.晏阳初的乡村建设理论与实践的历史启示[J].民国档案,2006(4).

[18] 赵泉民.政府·合作社·乡村社会——国民政府农村合作运动研究[M].上海:上海社会科学院出版社,2007.

[19] 刘纪荣,王先明.二十世纪前期农村合作医疗制度的历史变迁[J].浙江社会科学,2005(2).

[20] 魏本权.农村合作运动与小农经济变迁——以长江中下游地区为中心(1928—1949)[D].南开大学2007年博士毕业(学位)论文(未刊打印稿).

[21] 孔雪雄.中国今日的农村运动[M].上海:中山文化教育馆,1934.

[22] 于永兹.中国初期合作运动在河北[J].合作评论,1936,3(2).

[23] 张镜予.中国农村信用合作运动[M].上海:商务印书馆,1930.

[24] 陈序经.乡村建设运动[M].上海:大东书局,1946.

[25] 章元善,许士廉.乡村建设实验(第一辑)[M].中华书局,1935.

[26] 许孟瀛.谈平教运动[M].上海:商务印书馆,1937.

[27] 梁漱溟.梁漱溟全集(第1卷)[M].济南:山东人民出版社,1989.

[28] 朱汉国.梁漱溟乡村建设研究[M].太原:山西教育出版社,1996.

[29] 章元善.合作与经济建设[M].长沙:商务印书馆,1938.

[30] 寿勉成,郑厚博.中国合作运动史[M].北京:中国合作学社,1937.

新情势下中国农民合作经济组织的发展与变革

——"中国农村改革30年：中国农民合作经济组织发展"国际研讨会综述*

徐旭初　邵　科

（浙江大学中国农村发展研究院）

新型农民合作经济组织的产生和发展，是我国当前农业经营体制的重大创新，特别是农民专业合作社更日益成为我国开拓中国特色农业现代化道路的重要组织载体。在我国农村改革30年之际，也即《农民专业合作社法》实施1周年之际，为了回顾总结我国农民合作经济组织发展的历程和经验，研究探讨我国当前农民合作经济组织发展的有关理论和实践问题，借鉴交流有关国家和我国各地农民合作经济组织发展的经验和教训，2008年9月18日至19日，浙江大学中国农村发展研究院（CARD）与农业部经管司和经管总站、国际劳工组织（ILO）、浙江省农业厅、中国农村合作经济管理学会和《中国农村经济》杂志社在浙江杭州联合召开了"中国农村改革30年：中国农民合作经济组织发展"国际研讨会。会上，来自全国人大、农业部、人力资源和社会保障部、国际劳工组织和国际合作社联盟等国际组织、高等院校和科研院所的60多位专家和学者，部分省市农业部门负责人，以及浙江省一些优秀农民合作经济组织负责人，围绕着农民合作经济组织的本质和功能、组织环境与制度安排、《农民专业合作社法》实施以来的经验和问题、各类农民合作经济组织的发展实践，以及有关国家与国际组织的发展和对中国的项目支持等主题，进行了广泛而深入的交流探讨，提出了很多颇有见地的学术观点和政策建议。现将本次研讨会与会者的主要观点综述如下：

一、农民合作经济组织的本质规定性和功能定位

（一）农民合作经济组织的概念

农民合作经济组织是一个广义的概念，根据不同的标准，可以划分为不同的类别，但无论如何，其主要成员应该是由农民组成，其基本分布在农村或城郊，也大致对应于国外所称的农民合作社或农业合作社。对于我国而言，当前农民合作经济组织实际上主要包括正在蓬勃发展的专业型的农民专业合作社和起源于20世纪50年代合作化运动的、但已发生变异且面临严重发展困境的社区型的村合作经济组织（当然其中还有一种充满发展希望但仍有待检验的土地股份合作社），而且在更广泛意义上，还可能包括农民互

* 本次会议同时得到国家"985二期""中国农村发展研究创新平台"项目和国家社科重大项目（项目编号：04ZD012）"解决中国'三农'问题的理论、思路与对策研究"的支持。

助金融组织(小额信贷机构),已明显发生变异的但还在理论上残存合作经济组织属性的供销社和信用社,以及当前同样在经历着变革和重构的、实际上可能更远离合作社属性的农村合作医疗组织。而本次研讨会上,与会者实际上主要聚焦于农民专业合作社展开探讨,同时也关注到当前村合作经济组织的发展情况。有学者指出,在农民合作经济组织的诸多类别中,农民专业合作社实际上最为符合国外所谓的"Farmer Cooperatives"和"Agricultural Cooperatives"的定义。目前看来,农民专业合作社实际上也更加符合市场经济的发展规律和要求。

(二) 农民合作经济组织的本质规定性

正因为农民合作经济组织有着如此繁多的类别,以至于会上有国外专家提到难以搞清楚中国合作社类别的划分标准。所谓本质规定性,可以将之视为"排除了那些……就没有一个组织能称为合作社"的制度特性。如果以国际合作经济界公认的合作社原则及其演变为研究主线,通过对罗虚代尔原则和其后国际合作社联盟诸次提出的原则以及进入20世纪90年代以来"新一代合作社"发展态势的考察,合作社的本质规定性大致可以归结为两条:自我服务和民主控制,其他则是一些派生规定性。有学者鲜明地指出,这两条本质规定性又都围绕着合作社的根本旨趣展开,这一根本旨趣就是经典合作社鲜明的制度益贫性。不过,随着西方经济社会文化的演进,特别是伴随着各国社会保障制度的全面建立和逐步完善,人们的生活水平特别是底层劳动者的生存境遇有了很大提升,从而,经典合作社这一本质性的组织旨趣也就不再鲜明。相应的,合作社的本质规定性也正经历着深刻的挑战和嬗变。

(三) 农民合作经济组织的功能定位

就我国农民专业合作社而言,当前主要体现出其显著的经济功能,即带领社员通过农产品销售、农业投入品采购或是农业服务的统一运营和规模扩展,以获得更多的交易机会和较高的市场地位,从而实现合作社成员收益最大化。有专家详细列举了农民专业合作社的八方面功能,包括:(1) 规模集成功能;(2) 技术传递功能;(3) 智能共享功能;(4) 信息整合功能;(5) 诚信培育功能;(6) 作业协同功能;(7) 成员能力互补功能;(8) 产业开发功能。然而,由于政府干预的客观存在以及政府对合作社社会功能的要求,目前我国很多农民合作经济组织承载了政府所要求的许多非经济功能,这种情况在村经济合作社尤为明显。有学者指出,实际上村经济合作社之所以陷入多重发展困境,其重要原因就在于过多承载了非经济功能,而目前村经济合作社则已经基本丧失了实现经济功能的能力。也有学者认为,在农民专业合作社发展过程中也有这种问题。从合作社角度来看,获得政府的支持可能是其最现实的、低成本的、可期待的资源,因此,政府对合作社的支持资源往往就成为要求合作社承担政府某些经济或社会功能的交换条件。还有学者指出,对于农民专业合作社进一步发展而言,还需要政府允许其拓展金融、保险等方面功能。而且,随着合作社的发展壮大,其政治功能也必将逐渐体现出来,虽然这对于我国现行体制而言是一种挑战,但并不可怕。

二、农民合作经济组织的组织环境和制度安排

与会者普遍认为,近些年来,农民合作经济组织的发展被嵌入到深刻变化的组织环境

中，从而带来了内部治理和制度安排的显著挑战。世界上许多国家这样，我国更是如此。由此，这成为与会者重点研讨的领域。

首先，与会者普遍注意到农民合作经济组织正面临着前所未有的组织环境。

在市场经济环境中，合作社从一开始就是一个“防卫性”应激机制，现在它依然具有这样的特征。过去，当市场环境是清晰的、安全的和持久的，合作社的内部世界也是相对稳定的，其战略也是明确的，其成员利益也是同质的和明显的。问题在于，现在，“这个原本清晰的、舒适的世界已经改变了”。近二三十年来，农业产业正处于具有深远意义的结构变革中。这种结构变革集中体现在：一是产品供求（或供应链，或价值链）从生产到终端用户（消费者）的发展；二是在农业经营过程中对加工控制技术的采用，以及在整个产品链特别是农业生产方面的智能化。这些变革的影响是普遍性的且是戏剧性的，在农业产业中很少有参与者会在此变革中被忽视，而且这些变革会挑战一些参与者长期习惯或坚持的基本价值或前提。一些学者指出，对于农民合作经济组织而言，不仅是外部环境面临以纵向协调为主要特征的农业纵向一体化与供应链管理趋势，迫使以成员利益为导向的合作社必须尽快适应以市场需求为导向，而且就内部环境而言，随着社会经济发展和合作社规模扩大，社员异质性显著增大，从而社员的战略选择差异日益突显，合作社的信任基础受到冲击。实际上，这些既是世界性问题，更是本土性问题。

在我国，农民合作经济组织还面临一些中国特色的发展环境。由于 20 世纪五六十年代合作化、人民公社运动的发展误区，使得我们不但遗留了村合作经济组织的历史问题，而且也使得长期以来农民专业合作组织的发展并没有受到足够的重视。改革开放以来，正是由于广大农民群众积极利用发展社会主义市场经济的良好环境，才使得新型农民合作经济组织在我国发展壮大起来。特别是 2000 年以来，以浙江为代表的东部沿海省市，更是成为农民专业合作组织迅速发展的典范。有学者提出，我国农民专业合作社的发展有两个基本背景：一是处于市场化、工业化、城市化、现代化、全球化的复合进程中；二是处于结构嵌入，主体异质性、村社传统、供应链时代、社会政治结构等多重嵌入之中。一些学者认为，如果没有各级政府的推动和介入，中国农民专业合作组织是很难快速发展起来的。2007 年 7 月 1 日开始实施的《农民专业合作社法》，便是政府有效作为的一个鲜明体现。但是，也有学者明确指出，政府和有关部门对合作社要多做引导、支持和服务的事，不要过度热情，不要过多干扰，不要盲目附加合作社难以承受的某些经济或社会职能。

其次，与会者深入研讨了农民合作经济组织（特别是我国农民专业合作社以及村经济合作社）的内部治理与制度安排。

当农业合作社被嵌入到这样一种新的内外部组织环境中，农业合作社应如何面对、适应和调整？我国刚刚起步的农民专业合作社应如何面对、适应和调整？不少专家学者都认为，合作社必须进行组织创新和结构调整以适应组织内外部环境的变化。这些调整和创新意味着：其一，尽管组织旨趣一直未发生根本改变，但组织关注点已越来越转向关注市场和合作社自身，而非社员；其二，合作社的经营战略必然地要走向供应链，参与供应链，融入供应链。而这些又必然要求农业合作社的产权安排、治理结构等作出相应的且深刻的变革。这种情势在欧美发达国家已比较普遍，在我国也已初显端倪。

有学者指出，我们应该在理论上和实践上重视这样几个问题：（1）经典合作社的制度益贫性，可能因为社会经济地位的提升和社会保障制度的建立不再显著。（2）经典合作社的成员同质性，可能因为成员多元异质而呈旨趣“异化”和战略“漂移”。（3）经典合作社的市民社会基础，可能因为发展中国家“先天”缺失而导致这些国家合作社的实用性倾向。（4）经典合作社的自我服务旨趣，可能因为外部市场环境的变化和挤压而不得不发生“外向性扭曲”。因此，我国农民专业合作组织的制度安排呈现出这样几个特点：（1）益贫性不再显著；（2）更多的具有要素合作性质，而且是多要素合作；（3）目标逐步从“共同脱贫”走向“合作共赢”；（4）战略逐步从成员导向走向市场导向。

从本质上讲，合作社是一种治理结构。与会者普遍注意到我国农民专业合作社内部民主治理亟待加强和完善。目前，虽然农民专业合作社几乎都制定了章程，设立了理事会、监事会、成员大会，但实际上大多为大户、能人或者龙头企业所控制。大户、能人或者龙头企业积极参与合作社的管理和决策，虽有利于提高合作社的决策效率和经营绩效，但也往往使得普通社员或者社员大会难以起到监督作用，而且客观上很多普通社员有搭便车的心理，有时不太愿意积极参与合作社的治理，从而可能使得一些合作社异化到被某一个或几个成员或企业所控制的程度。假设这种局面长期存在，就会使得合作社的内部治理和制度安排出现与预期目标相差甚远的结果，进而有可能影响合作社的长期可持续发展，甚至最终走向解体。但是可以想见，在较长一段时间里，这种制度状态难以发生根本性改变。未来可能的改变将取决于纯农户博弈能力的提高、合作组织之间以及与其他经营主体之间的竞争、政府的规制和导向、农村民主政治进程等。有学者预计，一部分合作社将会在市场导向下呈现越来越显著的公司化趋势，一部分合作社将在政府干预下承载越来越多的社会功能，而大多数合作社将在市场竞争中面临越来越大的市场压力。

有学者讨论了目前我国尚属鲜见的农民专业合作社联合社，认为我国农民专业合作社联合社的发展，一是需要成员间相互信任和共享；二是需要政府的支持和推动；三是需要重视自上而下的作用，而且不必拘泥于封闭还是开放，主要看基层社的需求。

也有些专家学者聚焦于我国农村社区合作经济组织的制度安排。有关专家以浙江省农村改革30年的历程为例，说明浙江省的农村改革在坚持市场化取向下，贯穿的主线之一就是坚持和发展农业合作制，稳定和完善家庭承包经营为基础，统分结合的双层经营机制。一方面，与时俱进地加强以社区土地股份合作制为标志的村经济合作社建设，先后颁布和修订了《浙江省村经济合作社组织条例》，明确其法律地位，完善其治理结构，赋予村经济合作社新的内涵。另一方面，适应农业发展新要求，大力培育和发展农民专业合作社，率先在全国制定了《浙江省农民专业合作社条例》，出台了支持农民专业合作社的扶持政策，将农民专业合作社引进到农业各产业发展中，运用到农业各生产经营环节上，不断提高农业生产经营组织化程度和农业现代化水平。也有专家明确指出，目前，社区型股份合作制的产权制度还不完善，存在一定程度的“路径依赖”，产权仍不明晰，社区福利主义蔓延。所以，在今后的发展过程中，一要取消集体股；二要让个人拥有完备产权；三要规范社区内外部股东的产权权利；四要组建社区产权流转市场；五要积极开展社区集体企业的股份合作制改革。

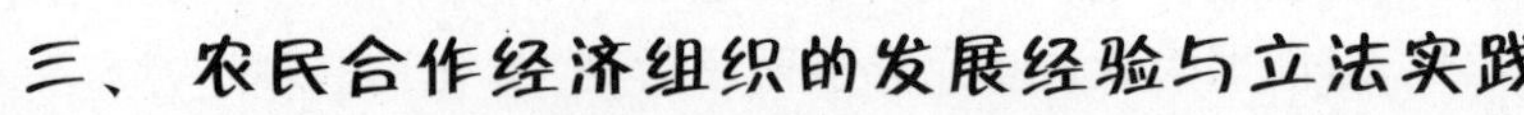

三、农民合作经济组织的发展经验与立法实践

就全国范围而言，改革开放以来中国农民合作经济组织的发展历程表明，其发展是我国农业生产专业化、规模化、市场化趋向的必然结果，是广大农民群众在农村改革实践中又一伟大创造和自主选择，也是党和政府尊重农民群众首创精神的结果。特别是以农民专业合作社为主流形式的农民专业合作组织，既有与国际合作社运动基本规律相一致的地方，也具有与中国国情相适应的自身特色，是对农村统分结合的双层经营体制的丰富和完善，是我国农村经营制度的发展和创新，也是实现邓小平同志提出的中国农业第二次飞跃的重要突破口。

聚焦到省级层面，以浙江省为代表，浙江作为农民专业合作组织发展的领军省份，其发展历程大致可分为自发发展、推动发展和规范与持续发展阶段。浙江省农民专业合作组织的成功发展，除了坚持以家庭承包经营为办社基础，以“民办、民管、民受益”为办社原则，以增加农民收入为办社宗旨，更是得益于其良好的生产集群基础、出色的多元组织主体、显著的市场需求导向、宽松的社会文化氛围和恰当的地方政府作用等。有学者指出，作为我国最早颁布农民专业合作社地方法规的省份，浙江省地方政府在其农民专业合作社发展中的角色作用表明，地方政府有可能通过其行政范围内的制度创新试验而发挥特殊作用。实际上，这种作用不仅体现在对农民专业合作组织的发展问题上，而且对于制度变革已经进入深水区、区域发展异质性不断增强的我国而言可能具有更为深远的启示价值。

当然，我国农民专业合作组织特别是农民专业合作社还处于初级阶段，面临诸多新的挑战。所以，为了更好促进农民专业合作社的发展，与会者也在会上提出了相关的政策建议：(1) 要加大项目扶持力度，把合作社作为支农项目建设的实施主体；(2) 要加大财政补助力度，对中西部地区、少数民族地区、边远地区和贫困地区的农民专业合作社，以及生产国家和社会急需的重要农产品的粮食、油料、生猪、奶业等相关产业的农民专业合作社给予优先扶持；(3) 要加快出台金融支持政策，为农民专业合作社提供多渠道的资金支持和有利的经营服务；(4) 要落实税收优惠政策，同时加快制定支持农民专业合作社发展的特殊税收政策；(5) 要加大培训力度，加快培养造就一批合作社带头人和一支辅导员队伍；(6) 要加强示范指导和典型宣传，营造支持农民合作社发展的良好舆论环境和氛围；等等。

同时，与会者还深入研讨了《农民专业合作社法》立法实践和实施效果。

有专家认为，《农民专业合作社法》实施一年来的实践证明，立法期望目标已经实现：(1) 通过赋予农民专业合作社法人地位，确立新型的市场经济主体；(2) 通过在发展中规范，促进《农民专业合作社法》的发展；(3) 通过法制化规范，确立国家对农民专业合作社的支持体系，扶持和促进农民专业合作社的健康发展。同时也证明，《农民专业合作社法》提供了宽松的法律环境，促进了农民专业合作社的多元化发展，体现了丰富的中国特色。与会者普遍认为，《农民专业合作社法》是一部符合中国农村经济社会发展实际，符合中国农业生产发展实际，符合农民专业合作发展要求，能够促进农民专业合作社在中国农业和农村经济发展中充分发挥作用的法律。

当然,《农民专业合作社法》的实施目前还有一些问题需要解决:一是区域发展和地区发展不平衡的问题;二是合作社成员间紧密的联结机制的问题,特别是依托龙头企业和专业大户的合作社,如何建立龙头企业成员和专业大户成员与普通农民成员之间真正紧密的利益联结机制,是这类合作社巩固与发展的重要问题;三是进一步简化登记手续的问题;四是进一步完善农民专业合作社发展的外部环境问题,比如税务登记问题、法人代码证问题、合作社生产设施用地审批问题、扩大税收优惠问题、金融扶持问题、扶持资金的下达问题、承担产业项目问题、土地集约化经营的问题等。

四、有关国家和国际组织的发展和对中国的项目支持

(一)有关国家和国际组织的发展

当前,世界上农业合作社发展模式主要有欧美的专业型合作社和亚洲(尤其东亚)的以日韩为代表的综合型合作社两种模式。关于这两种模式,国内很早就有了不少介绍,并由此也形成了发展社区型还是专业型合作社的争论。而我国历史遗留的村经济合作社是否属于真正的社区型合作社,以及要不要恢复、甚至大力发展村经济合作社也正在成为各界关注的问题。而国际合作社联盟和韩国农协的专家有关对亚洲农业合作社、韩国农协的现状和趋势的分析,使得与会者对以韩国为代表的综合性合作社模式有了更为客观的认识。

而研讨会上通过有关国际组织官员和专家的介绍,与会者既了解了国际劳工组织的概况和国际劳工组织在促进农村就业方面与中国合作的现状与未来,又认识了国际合作社联盟及其所支持的亚太地区农业合作社的发展情况。而且,与会国际专家还介绍了合作社法对企业可持续发展的影响以及产业价值链分析在中国农村合作社发展当中的可能应用。

(二)有关国家和国际组织对中国的项目支持

近年来,我国农民合作经济组织尤其是农民专业合作社的发展过程,也吸引了许多国家和国际组织对中国的项目支持。它们通过与我国政府以及民间组织和机构的合作,在我国展开了许多研究工作,甚至通过设立试验点的方式来展开具体的项目实验。中加农业发展项目和中德合作中国华北地区集约化农业的环境战略项目就是其中的两个代表。前者这些年来在我国投入了大量的财力和人力,产生了较为广泛的影响;而后者其实一开始并没有注意到合作社的重要性,但是随着项目的推进,他们逐渐认识到发展合作社对农民增收和改善环境的作用,由此在其项目实施过程中大力促进农民专业合作社的发展。

后　记

2008年9月18日至19日，农业部经管司和经管总站、国际劳工组织(ILO)、浙江省农业厅、浙江大学中国农村发展研究院、中国农村合作经济管理学会和《中国农村经济》杂志社在浙江杭州联合召开了“中国农村改革30年：中国农民合作经济组织发展”国际研讨会。在这次国际研讨会上，来自国际组织、高等院校和科研院所的数十位专家和学者，全国六省一市的相关农业部门负责人，以及浙江省许多优秀农民合作经济组织的负责人，围绕我国农民合作经济组织发展的诸多主题，从理论、实践、立法以及政策等角度，展开了热烈的交流和深入的研讨。现在，我们精选了30余篇论文和主题发言汇编成册，予以出版。

由于篇幅有限和其他方面的原因，我们不能将所有与会者(特别是国外学者和官员)的论文和发言都精选在本书中，在此我们表示深深的歉意。但我们仍要感谢他们热忱关注中国农民合作经济组织发展，积极参与本次会议。

本次国际研讨会的成功举办以及本书的顺利出版，不仅得到了会议主办单位、承办单位的支持和努力，而且还得到了国家“985工程”二期项目“中国农村发展研究创新平台”、国家社科基金重大项目“解决中国三农问题的理论、思路与对策研究”(项目编号：04ZD012)和国家社科基金项目“发展农村专业合作经济组织研究”(项目编号：06BJY070)的支持和资助。对此，我们表示衷心的感谢。

我们还要感谢不少同志，包括研究生，他(她)们为这次国际研讨会的成功举办和本书出版过程中的会务安排、资料整理、作者联系、文字润色等，做了大量的、细致的、默默无闻的工作。他们是刘旭、戴晓初、童日晖、顾剑明、郑水明、郑娟、许彩燕、应风其、吕丹、张玉洁、徐丽安、徐旭初、毛迎春、胡伟斌、邵科、俞宁、梁巧、胡济飞等。其中，我们要特别感谢徐旭初的努力，他主要承担了实际编辑的工作。

编　者

2008年10月25日